住房城乡建设部土建类学科专业"十三五"规划教材
高等学校土木工程学科专业指导委员会规划教材
（按高等学校土木工程本科指导性专业规范编写）

建设工程项目管理

（第二版）

臧秀平　主　编

成　虎　主　审

中国建筑工业出版社

图书在版编目(CIP)数据

建设工程项目管理/臧秀平主编. —2版. —北京:中国建筑工业出版社,2019.8(2024.11重印)
住房城乡建设部土建类学科专业"十三五"规划教材 高等学校土木工程学科专业指导委员会规划教材 按高等学校土木工程本科指导性专业规范编写
ISBN 978-7-112-23770-8

Ⅰ.①建… Ⅱ.①臧… Ⅲ.①基本建设项目-项目管理-高等学校-教材 Ⅳ.①F284

中国版本图书馆 CIP 数据核字(2019)第 095825 号

　　本教材以《高等学校土木工程本科指导性专业规范》和《高等学校工程管理本科指导性专业规范》中对工程项目管理原理与方法的教学要求为指导,系统地介绍了建设工程项目管理的基本理论和基本方法,并尽可能全面地反映国内外工程项目管理理念、理论和方法的新进展及最新的教学改革研究成果。

　　本教材在编写过程中充分考虑了我国土建类专业学生的就业越来越基层化的现状,并注意与我国工程建设项目的管理体制相结合,在注重建设工程项目管理知识体系介绍的完整性的同时,兼顾了知识的实用性和可操作性,还特别加强了"对工程项目要进行全生命周期管理、要加强前期的决策管理及后期的后评价工作"等先进的工程项目管理理念的培养,力求将项目管理的理论与我国的工程实际相结合,希望读者能够喜欢。

　　本教材可作为土木工程、工程管理等土建类本科专业工程项目管理课程的教材,也可作为水利工程、采矿工程等相关专业本科的教材或参考书,还可供各相关专业的工程技术人员参考使用。

　　为更好地支持本课程教学,我们将向选用本教材的教师免费提供教学课件,邮箱为:jiangongkejian@163.com。

责任编辑:吉万旺　王　跃　牛　松
责任校对:党　蕾

住房城乡建设部土建类学科专业"十三五"规划教材
高等学校土木工程学科专业指导委员会规划教材
(按高等学校土木工程本科指导性专业规范编写)

建设工程项目管理　(第二版)

臧秀平　主　编
成　虎　主　审

*

中国建筑工业出版社出版、发行(北京海淀三里河路9号)
各地新华书店、建筑书店经销
北京科地亚盟排版公司制版
建工社(河北)印刷有限公司印刷

*

开本:787×1092毫米 1/16 印张:22 字数:462千字
2019年8月第二版 2024年11月第十四次印刷
定价:49.00元(赠课件)
ISBN 978-7-112-23770-8
(34082)

本系列教材编审委员会名单

主　　　任：李国强

常务副主任：何若全

副　主　任：沈元勤　高延伟

委　　　员：(按拼音排序)

白国良　房贞政　高延伟　顾祥林　何若全　黄　勇
李国强　李远富　刘　凡　刘伟庆　祁　皑　沈元勤
王　燕　王　跃　熊海贝　阎　石　张永兴　周新刚
朱彦鹏

组 织 单 位：高等学校土木工程学科专业指导委员会
　　　　　　中国建筑工业出版社

出 版 说 明

近年来，我国高等学校土木工程专业教学模式不断创新，学生就业岗位发生明显变化，多样化人才需求愈加明显。为发挥高等学校土木工程学科专业指导委员会"研究、指导、咨询、服务"的作用，高等学校土木工程学科专业指导委员会制定并颁布了《高等学校土木工程本科指导性专业规范》（以下简称《专业规范》）。为更好地宣传贯彻《专业规范》精神，规范各学校土木工程专业办学条件，提高我国高校土木工程专业人才培养质量，高等学校土木工程学科专业指导委员会和中国建筑工业出版社组织相关参与《专业规范》研制的专家编写了本系列教材。本系列教材均为专业基础课教材，共20本，已全部于2012年年底前出版。此外，我们还依据《专业规范》策划出版了建筑工程、道路与桥梁工程、地下工程、铁道工程四个主要专业方向的专业课系列教材。

经过五年多的教学实践，本系列教材获得了国内众多高校土木工程专业师生的肯定，同时也收到了不少好的意见和建议。2016年，本系列教材整体入选《住房城乡建设部土建类学科专业"十三五"规划教材》，为打造精品，也为了更好地与四个专业方向专业课教材衔接，使教材适应当前教育教学改革的需求，我们决定对本系列教材进行第二版修订。本次修订，将继续坚持本系列规划教材的定位和编写原则，即：规划教材的内容满足建筑工程、道路与桥梁工程、地下工程和铁道工程四个主要方向的需要；满足应用型人才培养要求，注重工程背景和工程案例的引入；编写方式具有时代特征，以学生为主体，注意新时期大学生的思维习惯、学习方式和特点；注意系列教材之间尽量不出现不必要的重复；注重教学课件和数字资源与纸质教材的配套，满足学生不同学习习惯的需求等。为保证教材质量，系列教材编审委员会继续邀请本领域知名教授对每本教材进行审稿，对教材是否符合《专业规范》思想，定位是否准确，是否采用新规范、新技术、新材料，以及内容安排、文字叙述等是否合理进行全方位审读。

本系列规划教材是实施《专业规范》要求、推动教学内容和课程体系改革的最好实践，具有很好的社会效益和影响。在本系列规划教材的编写过程中得到了住房城乡建设部人事司及主编所在学校和学院的大力支持，在此一并表示感谢。希望使用本系列规划教材的广大读者继续提出宝贵意见和建议，以便我们在本系列规划教材的修订和再版中得以改进和完善，不断提高教材质量。

高等学校土木工程学科专业指导委员会

中国建筑工业出版社

第二版前言

本教材第二版能够出版首先要感谢住房城乡建设部土建类学科专业"十三五"规划教材遴选专家能够认可本教材的第一版,并将本教材第二版列入《住房城乡建设部土建类学科专业"十三五"规划教材》。其次要感谢广大同行的认同,自本教材第一版出版后一直给予大力支持,使本教材第一版每年都能重印。第三要感谢徐州工程学院和山东现代学院各级领导和同事对本教材的关心、支持和帮助。第四要感谢同类教材编者,无论是本教材第一版本还是第二版的编写,都受到了你们的启发。

本教材第二版根据第一版教材的读者反馈意见和编者在使用过程中所发现的一些不足和错误进行了完善和修改。为了统一编写风格,第二版全部由国务院特殊津贴专家、研究员级高级工程师臧秀平修改。本次修订对第1、5、9章进行了改写,其他章节根据最新的《建设工程项目管理规范》《建设工程监理规范》和《工程建设施工企业质量管理规范》等规范及《建设工程施工合同(示范文本)》和《建设工程委托监理合同(示范文本)》等政策导向性文件进行了内容完善和文字修改。希望通过本次再版,使本教材的理论知识介绍更加系统,重点更加突出,与实际工程的联系更加紧密,概念更加准确,文字更加通顺。

教材的完善永无止境,由于编者的水平、精力和时间有限,书中不妥之处在所难免,真诚地欢迎广大读者多提宝贵意见。

臧秀平

2019 年 2 月

第一版前言

目前与《建设工程项目管理》相类似的教材已经非常多，既有国外的原版教材及翻译教材，也有国内专家和学者编写的教材。每一本教材都是编者根据自己对课程和使用对象的分析和理解后，从不同的角度精心编写而成的，对"工程项目管理"课程的教学和改革起到了很好的促进作用。但由于工程项目管理是一项系统工程，涉及工程技术、管理、法律法规和经济等多个学科，还与工程项目的管理体制有着非常密切的关系，课程的内容非常庞杂，如何在有限的学时内给学生传授恰当的知识仍然需要广大的编者在教学实践中不断地探索，并且我国的高等教育形势和工程项目管理体制都在实践中不断地改进和完善，与工程项目管理相关的法律法规也在不断地修订，因此，课程的教材需要根据上述的变化不断地进行更新。

本教材以《土木工程指导性专业规范》和《工程管理指导性专业规范》中对工程项目管理原理与方法的教学要求为指导，系统地介绍了建设工程项目管理的基本理论和基本方法，并尽可能全面地反映近年来国内外工程项目管理理念、理论和方法的新进展及最新的教学改革研究成果。全书共分13章，内容包括工程项目管理概述、工程项目主要参与方的项目管理、工程项目管理组织、工程项目的人力资源管理、工程项目质量管理、工程项目进度管理、工程项目建设费用管理、工程合同管理、工程项目风险管理、工程项目信息管理、工程项目安全及环境管理、工程项目招标投标管理，最后对工程建设监理的相关知识进行了简单的介绍。

本教材在编写过程中充分考虑了我国土建类专业学生的就业越来越基层化的现状，并注意与我国工程建设项目的管理体制相结合，在注重建设工程项目管理知识体系介绍的完整性的同时，兼顾了知识的实用性和可操作性，还特别加强了"对工程项目要进行全生命周期管理、要加强前期的决策管理及后期的后评价工作"等先进的工程项目管理理念的培养，力求将项目管理的理论与中国的工程实际相结合，希望读者能够喜欢。

本教材的第1、5、9章由西安建筑科技大学李慧民教授编写，第2~4、6~8及10~13章由国务院政府特殊津贴专家、徐州工程学院研究员级高级工程师臧秀平编写，最后由臧秀平负责统稿。

在本教材的出版过程中，得到了中国建筑工业出版社的大力支持，特别是王跃、吉万旺和牛松编辑为本教材的策划、编写和修改做了大量艰苦而细致的工作，对本教材的最终定稿起到了很大的帮助作用，在此对中国建筑工业出版社的领导和所有相关人员表示衷心的感谢。

本教材的出版得到了徐州工程学院和西安建筑科技大学各级领导和同事

的关心、支持和帮助，受到了许多同类教材的启发，在此编者向以上单位的领导及相关人员表示衷心的感谢。

全国高等学校工程管理专业指导委员会委员、东南大学的博士生导师成虎教授认真、仔细地审阅了全部书稿，并提出了许多有益的建议，对本教材的最终定稿起到了很大的帮助作用，在此表示衷心的感谢。

由于编者的水平和精力有限，加之时间仓促，本教材会有许多疏漏、不足甚至错误之处，真诚地欢迎广大读者批评指正，并对本教材的进一步完善多提宝贵意见。

臧秀平

2011 年 4 月

目　录

第1章
工程项目管理概述

本章知识点

【知识点】

工程项目的特点、工程项目的全生命周期及工程项目管理的概念、工程项目管理的主要任务、工程项目管理成功的标准、建设工程项目管理的含义、我国的工程项目管理制度。

【重点】

掌握工程项目管理及工程项目的全生命周期管理的概念，熟悉我国的工程项目管理制度及工程项目管理的主要任务。

【难点】

如何把握我国的工程项目管理制度。

1.1 项目的概念

1.1.1 项目的含义

"项目"一词越来越广泛地被人们应用于社会经济和文化生活的各个方面，并对人们的工作和生活产生着重要影响，如建筑工程项目、开发项目、科研项目、社会公益项目等。人们关心项目的成功，探寻使项目圆满完成的方法。但是到目前为止，国内外对于项目的定义却并不完全统一。如美国项目管理协会（Project Management Institute，PMI）、联合国工业发展组织、世界银行（World Bank）等组织对项目的定义就各不相同。德国工业标准 DIN 69901 和国际标准《质量管理—项目管理质量指南（ISO 10006）》等标准和规范中对项目的定义也不一样。综合国内外对于项目的各种定义，可以把项目理解为：

项目是具有预定的目标，受到时间、人力、物力、财力等资源条件限制的，由专门组织完成的一次性任务。根据上述定义，组织一次会议、举行一个舞会、开发或研制一个新的产品、建设一座工厂、修建一条公路等都可以作为一个项目。

1.1.2 项目的特点

虽然人们对项目定义的角度和描述各不相同，但作为项目通常都具有以下特点（图 1-1）：

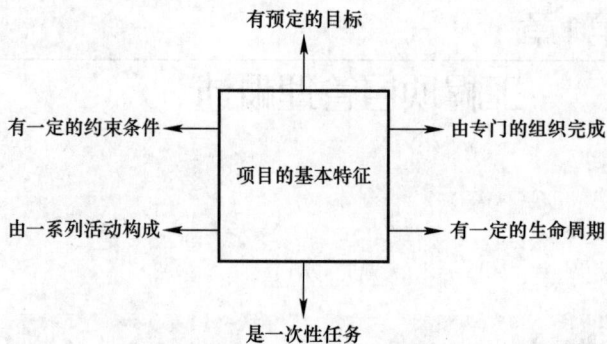

图 1-1　项目的基本特征

1. 目标明确

任何项目都有其明确的目标，没有目标的项目不是项目管理的对象。项目目标可分为成果性目标、约束性目标和顾客满意度目标。成果性目标是项目的来源，也是项目最终目标及项目的交付物。通常，项目的成果性目标被分解为若干个项目的功能性要求。成果性目标是项目的主导目标。约束性目标是指项目合同、设计文件和相关法律法规等所要求实现的目标，一般包括时间目标、质量目标、费用目标和安全目标等。顾客满意度目标是指与项目有关的相关方或干系人的满意度，既包括外部顾客的满意度，也包括内部顾客的满意度。

2. 一次性

项目的一次性是指每个项目都有其明确的起点和终点。当一个项目的目标已经实现，或者该项目的目标不再需要，或不可能实现时，该项目即达到了它的终点。项目的一次性决定了项目的生命周期属性。

3. 独特性

独特性也称唯一性。每个项目都是独特的，或者其提供的成果有自身的特点；或者其提供的成果与其他项目类似，然而其时间和地点，内部和外部的环境，自然和社会条件有别于其他项目，因此，每个项目都是独一无二的。

4. 动态性

项目的动态性体现在两个方面：一方面，项目在其生命周期内的任何阶段都会受到各种外部和内部因素的干扰和影响，因此，项目进行过程中发生变化是必然的，在项目进行之前应充分分析可能影响项目进展的各种因素；对项目进行有效的管理，并需要根据项目进展情况及时地调整、管理的方法和措施。另一方面，项目的生命周期内各阶段的工作内容、工作要求和工作目标均不相同，因此在不同阶段的项目的组织和工作方式也不尽相同。

5. 项目的生命周期性

项目从开始到结束为止全部过程称为项目的全生命周期。项目从开始到结束需要经过策划、启动、实施和结束等一系列的过程。

6. 作为管理对象的整体性

项目是一个系统，由各种要素组成，各要素之间既相互联系又相互制约。因此，在进行项目的管理和配备资源时，应具有全局意识和系统思维，必须以整体效益的提高为标准，做到数量、质量、结构的整体优化。

1.1.3 项目的构成要素

项目由以下五个基本要素构成：

1. 项目的范围

项目的范围是完成项目的过程中涉及对象的范围和完成项目需要完成的工作范围的总称。它是制定项目计划的基础。

2. 项目的组织

项目的组织是项目的组织结构设计、人员配备、工作职责划分及工作流程等管理制度的制定等工作的总称。

3. 项目的时间

任何项目的完成都需要一定的时间。项目的时间具体表现为项目的进度。项目的时间管理与项目的进度控制密切相关。

4. 项目的费用

任何项目的完成都需要发生一定的费用。项目的费用管理要确保项目在预算的约束条件下完成。在估算项目的费用时，要考虑经济环境（如通货膨胀、税率和兑换率等）对项目的影响。当费用估算涉及重大的不确定因素时，应设法减小风险，并对余留的风险考虑适当的应急备用金。

5. 项目的质量

项目的质量是对目标的满足程度。项目的质量管理应确保质量目标的实现，最大限度地使客户满意。

1.1.4 项目的分类

项目分类的方法很多，常用的项目分类的方法有按项目的规模分类、按项目的性质分类、按项目的行业分类、按项目的成果分类和按项目的周期分类等。

1. 按项目的规模分类

项目分为宏观项目、中观项目和微观项目。一般将关系到国家宏观经济建设和发展的项目归集为宏观项目，如南水北调、西气东输、三峡水电站建设等。中观项目主要指关系到地区的经济发展、人民生活水平的提高，如某城市新建垃圾处理厂、修建绕城高速公路等。微观项目主要是指企业内部项目，如某电子企业研发一项新产品等。

2. 按项目的性质分类

项目分为研发项目、技改项目、引进项目、风险投资项目、转包生产项目等。

3. 按项目的行业分类

项目分为建设项目、制造项目、农业项目、金融项目、电子项目、交通项目等。

4. 按项目的成果分类

项目分为有形产品和无形产品。建设工程项目既提供有形产品——工程实体，也提供无形产品，如土地使用权、专利技术等。

5. 按项目的周期分类

项目分为长期项目、中期项目和短期项目。一般情况下，长期项目的周期为5年以上，中期项目的周期为3～5年，短期项目的周期不超过1年。

1.2 工程项目的概念

1.2.1 工程项目的含义

工程项目是指在一定约束条件下（主要指费用、时间和质量等），由专门的专业组织完成，有明确目标的与实体工程相关的一次性任务。

1.2.2 工程项目的全生命周期

工程项目的全生命周期是指工程项目从决策开始到结束为止的全部过程。工程项目的全寿命周期包括决策，勘察、设计，施工，运营和结束等阶段，如图1-2所示。

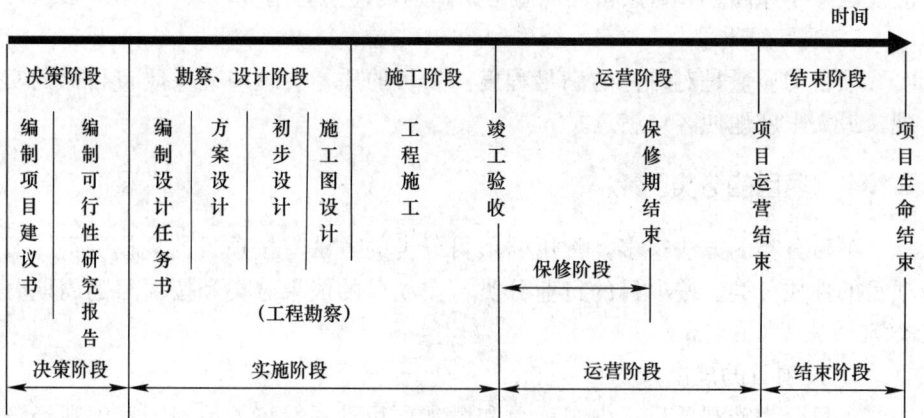

图 1-2 工程项目的全寿命周期

1.2.3 工程项目的特点

工程项目除具有项目的一般特性外，还具有以下特点：

1. 单件性

工程项目只能一个一个地做，无法像工业产品那样在生产线上批量生产。

2. 过程不可逆性

工程项目全寿命周期的过程中的各个环节只能按照一定程序有序进行，过程不可逆。

3. 规模大

一个工程项目少的需要几万、几十万的投资，大的需要几亿、几十亿，甚至上百亿的投资。相对其他项目而言，规模很大，并且随着业主经济实力的不断增强和技术水平的不断提高，现代工程项目的投资越来越大，建设规模也越来越大。

4. 技术复杂

一个工程项目往往要涉及多个专业，特别是随着科学技术水平的不断发展，新技术、新工艺不断出现，技术越来越复杂。

5. 社会影响面广

一方面，工程项目需要经历由构思、决策、设计、计划、采购供应、施工、验收到运行等过程，由很多个在时间和空间上相互影响、相互制约的活动构成，会涉及的单位也非常多。另一方面，工程项目建成以后将会成为很多人工作、学习、集会、出行等活动的场所，一旦出现工程垮塌等安全事故，将会直接影响到很多人的生命和财产安全。所以，工程项目的社会影响面非常广。

6. 建设周期长

完成一个工程项目的全寿命周期过程少的需要几个月，长的需要几年、几十年，甚至是上百年（如三峡工程），建设周期比较长。

7. 目标是一个对立统一的系统

工程项目除了费用（或投资、成本、自己）、进度和质量三大基本目标外，如图 1-3 所示，还有安全、风险的许多目标，并且这些目标之间存在着对立统一的关系。如要想提高工程质量就需要高质量的工程材料和高水平的施工队伍，还需要精雕细琢，相应的就会影响到工程项目的费用和进度等。

图 1-3　工程项目的三大基本目标

8. 影响因素多

气候条件的变化，参与单位之间的工作不协调的许多因素都会影响到项目的进行。因此，工程项目的影响因素非常多。

9. 高风险

政治和经济环境的变化、资金不到位、自然条件的不确定性等许多因素的变化都可能带来工程项目的风险，因此，每一个工程项目都会面临诸多的风险。

1.2.4　工程项目的分类

工程项目种类繁多，如各类工业与民用建筑工程、城市基础设施项目、机场工程、港口工程等。为了便于科学管理，需要从不同角度进行分类。

1. 按建设性质划分

工程项目按建设性质可以分为新建、扩建、改建、迁建、重建等项目。

(1) 新建项目

新建项目是指从无到有，即新开始建设的项目。有的建设项目原有基础很小，需重新进行总体设计，经扩大建设规模后，其新增的固定资产价值超过原有固定资产价值 3 倍以上的，也属于新建项目。

(2) 扩建项目

扩建项目是指原有企事业单位为扩大原有产品的生产能力和效益，或增加新产品的生产能力和效益，而扩建主要生产车间或工程的项目，包括事业单位和行政单位增建的业务用房（如办公楼、病房、门诊部等）。

(3) 改建项目

改建项目是指原有企事业单位为提高生产效率，改进产品质量，或调整产品方向，对原有设施、工艺流程进行改造的项目。我国规定，企业为消除各工序或车间之间生产能力的不平衡，增加或扩建的不直接增加本企业主要产品生产能力的车间为改建项目。现有企业、事业、行政单位增加或扩建部分辅助工程和生活福利设施，并不增加本单位主要效益的项目也为改建项目。

(4) 迁建项目

迁建项目是指原有企事业单位由于各种原因迁到另外的地方建设的项目，不论其建设规模大小都属于迁建项目。

(5) 重建项目

重建项目是指企事业单位的固定资产因自然灾害、战争或人为因素等原因，已全部或部分报废，而后又投资恢复建设的项目。不论是按原来规模恢复建设，还是在恢复的同时又进行改建的项目，都属于重建项目。但是尚未建成投产的项目，因自然灾害损坏再重建的，仍按原项目看待，不属于重建项目。

2. 按建设规模划分

按建设规模（设计生产能力或投资规模）划分，分为大、中、小型项目。划分标准根据行业、部门不同而有不同的规定。

(1) 工业项目按设计生产能力规模或总投资，划分大、中、小型项目。

生产单一产品的项目，按产品的设计生产能力划分。

生产多种产品的项目，按主要产品的设计生产能力划分；生产品种繁多的项目，难以按生产能力划分者，按投资总额划分。

(2) 非工业项目可分为大中型和小型两种，均按项目的经济效益或总投资划分。

3. 按建设用途划分

(1) 生产性建设项目

指直接用于物质生产或为满足物质生产需要的项目，如工业项目、运输项目、农田水利项目、能源项目等。

(2) 非生产性建设项目

指用于满足人民物质和文化生活需要的项目，如住宅项目、文教卫生项目、科学实验研究项目等。

4. 按建设阶段划分

（1）预备项目：项目符合国家产业发展方向，由于某些原因未启动建设程序的项目。

（2）筹建项目：正在筹备中的项目。

（3）新开项目：刚刚开始建设的项目。

（4）在建项目：正在建设中的项目。

（5）续建项目：项目由于某种原因停建后，重新启动，继续建设的项目。

（6）投产项目：项目已建成投入生产运行。

（7）收尾项目：临近完工的项目，即主体工程已完成，但有少量零星工程尚未完工的项目。

（8）停建项目：项目由于某些原因中途停止建设的项目。

5. 按资金来源划分

（1）政府项目：是指国家财政预算拨款建设的项目。

（2）贷款项目：是指50％以上的投资通过贷款的建设项目。

（3）联合投资项目：是指多个机构共同投资的建设项目。

（4）自筹项目：是指建设资金完全来自于建设单位的项目。

（5）利用外资项目：是指有外国的政府贷款、国外的私人和企业参与投资的建设项目。

（6）外资项目：是指全部资金由国外的企业或机构投资的项目。

1.2.5 工程项目的相关单位

工程项目涉及建设单位、承包商、咨询单位、供应商、用户、政府、金融机构、公用设施（服务）和社会公众等众多利益相关方，如图1-4所示。

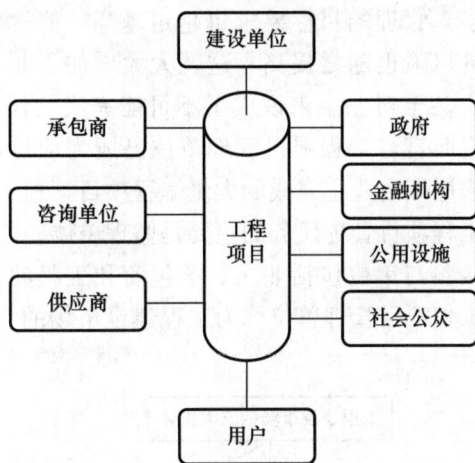

图1-4 工程项目利益相关方

1. 业主

指工程建设项目的投资人或投资人专门为工程建设项目而设立的独立法

8

人。业主可能就是项目最初的发起人，也可能是发起人与其他投资人合资成立的项目法人公司。在项目的保修阶段，业主有可能被项目产权的买家取代。

业主是工程建设项目的出资人和项目权益的所有者，也是项目的功能策划、定位、建设与投资规模、总体管理目标、运作模式及项目的其他参与方的多少及选择方式等重大问题的决策者。同时，业主也承担了项目的投资责任和风险。

业主是工程项目建设任务的发包人。在我国传统的建设行政管理体系中，通常也把业主称为"建设单位"。

2. 承包商

承包商是指按合同中约定、被发包人接受的具有项目承包主体资格的当事人，以及取得该当事人资格的合法继承人。根据该定义，承包商的概念非常广泛，包括了除发包人以外的所有参与项目建设的单位，包括所有的承担咨询、勘察、设计、建筑和安装工程的施工单位、材料和设备的供应商，以及专业的项目管理单位。但在实际工程中，对承包商的定义却有着不同的理解，大多数情况下把承包商理解为参与项目建设的工程咨询单位、设计单位、施工单位和材料、设备的供应商的总称，有时则仅仅指建筑和安装工程的施工单位，一般不包括专业的工程项目管理单位。本教材把承包商按照参与项目建设的工程咨询单位、设计单位、施工单位和材料、设备的供应商的总称来理解和介绍。

3. 工程项目管理单位

工程项目管理单位是以专业知识和技能为工程建设项目提供管理服务的单位。工程项目的管理单位也不是工程项目建设过程中必不可少的一方，对于一些规模较小或涉及的技术管理工作比较简单的项目，项目业主可以自行管理。此时的工程项目的建设过程就不需要工程项目管理单位的参加。但是，由于现代工程建设项目的规模越来越大，技术问题的管理越来越复杂，项目的参与单位越来越多，管理的目标要求也越定越高，使得项目管理的难度越来越大，项目管理的风险也随之提高。这就大大增加了业主自行完成工程项目管理任务的难度，甚至对业主来说成了不可能完成的任务。所以，对现代的大型工程建设项目而言，工程项目管理单位已成为项目业主不可或缺的助手。它们承担了本来应该由业主完成的大量工程项目管理工作。

在我国，承担工程项目管理任务的主要是监理单位。

工程项目的直接参与单位包括业主、承包商和工程项目管理单位。通常把业主、承包商和工程项目管理单位称为工程建设市场的三大主体，如图1-5所示。

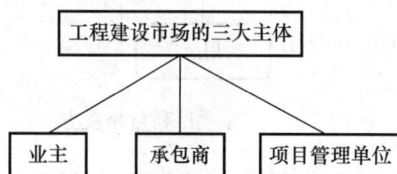

图 1-5　工程建设市场的三大主体

1.3 工程项目管理的概念

1.3.1 工程项目管理的定义

到目前为止，国内外对于项目的定义并不完全统一。如美国项目管理协会的《项目管理知识体系指南（第3版）》和《中国项目管理知识体系》中对项目的定义就不一样。综合国内外对于项目的各种定义，可以把项目理解为：

工程项目管理是在工程项目活动中，为了满足和超过业主对工程项目的需求和期望，运用知识、技能、工具和技术而开展的一系列管理活动的总称。

1.3.2 工程项目管理的分类

工程项目管理根据不同的分类标准可以划分出不同的类型。常用的分类方法有根据管理者的身份进行分类、根据工程项目的进展情况进行分类和综合分类等。

1. 根据管理者的身份分类

根据管理者的身份可以将工程项目管理分为业主的项目管理、承包商的项目管理和项目管理单位的项目管理等。

2. 根据工程项目的进展情况分类

根据工程项目的进展情况可以将工程项目管理分为决策阶段的项目管理、设计阶段的项目管理、施工阶段的项目管理等。

3. 综合分类

综合分类就是将多种分类方法综合运用进行分类。如将根据管理者的身份分类和根据工程项目的进展情况分类综合运用后可以将工程项目管理分为决策阶段业主的项目管理、设计阶段业主的项目管理、施工阶段业主的项目管理等。

1.3.3 工程项目管理的任务

工程项目管理有多种类型，不同类型的工程项目管理任务不完全相同，一般包括工程项目的投资（造价、成本、费用）、进度、质量控制，范围管理、合同管理、信息管理、安全管理、风险管理和组织协调等，其中工程项目的投资（造价、成本、费用）、进度、质量控制，合同管理、信息管理和组织协调通常称为"三控两管一协调"，是工程项目管理的基本任务。

1.3.4 工程项目管理的理论基础

工程项目管理需要的基础理论非常多，一般包括工程技术、管理、经济、法律和IT五大学科，如图1-6所示。

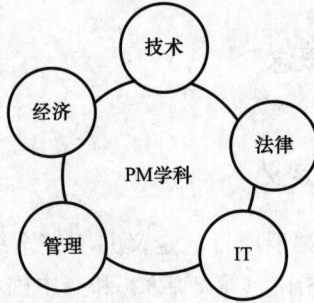

图 1-6 工程项目管理的理论基础

1.3.5 工程项目管理的基本环节

尽管工程项目管理的内容非常多，但是任何一个工程的项目管理都是由有限个制定计划、执行计划、检查实际状态和计划状态之间的符合情况，再根据检查结果确定下一步工作的循环（即 PDCA 循环，如图 1-7 所示）构成的。如果检查结果实际状态和计划状态之间一致或基本一致，则执行下一个阶段的工作计划。如果检查结果实际状态和计划状态之间有比较大的偏差，则需要根据工程的实际状态调整计划以后再执行调整后的工作计划。

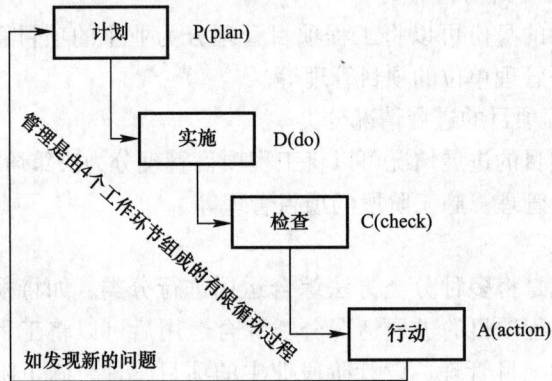

图 1-7 工程项目管理的基本环节

1.3.6 工程项目管理的特点

工程项目管理的特点如图 1-8 所示。

1. 复杂性

一个工程项目往往要涉及多个专业，特别是随着科学技术水平的不断发展，新技术、新工艺不断出现，技术越来越复杂。

2. 创造性

每一个项目都有其自身的特点，因此，每一个项目的管理都是一次项目管理的基础理论在具体工程中应用的新的实践，不可能完全重

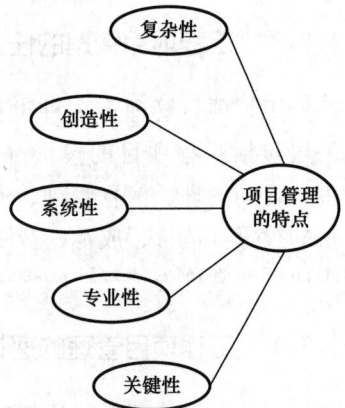

图 1-8 工程项目管理的特点

复以往任何一个工程项目的方法。也就是说，每一个项目的管理都是一次管理方法的应用的创新。

3. 系统性

一方面，工程项目的目标是一个对立统一的系统。在进行工程项目管理时，必须将目标系统内的各个分目标进行系统考虑。另一方面，工程项目的参与单位众多，这些单位之间的工作相互影响。在进行工程项目管理时，必须将各个参与单位的工作进行系统考虑。因此，工程项目管理是一项系统工程，必须要用系统工程的思维模式进行管理。

4. 专业性

任何一个工程项目都会涉及很多专业性非常强的技术问题。因此，工程项目管理必须要由专业的组织来完成，具有很强的专业性。

5. 关键性

一方面，工程项目决策的质量将会直接影响到工程项目投资目标的能否实现，甚至是影响的企业的前途和命运。如史玉柱就因为巨人大厦的建造由亿万富翁变成了"亿万负翁"。因此，决策阶段的工程项目管理可以避免决策失误，对项目的成败起到关键性的作用。另一方面，工程项目设计和施工的质量直接关系到工程建成以后能否正常发挥其功能。如很多豆腐渣工程都是由于管理不到位引起的。所以，工程项目管理是关系到项目成败的关键性工作之一。

1.3.7 工程项目管理的基本原理

1. 动态控制原理

由于工程项目的建设周期长、影响因素多，因此，虽然工程项目开始之前都会做各种各样的计划，但是工程项目真正开始之后，绝大多数情况下，工程项目的实际进展情况都会或多或少地偏离计划状态（如图1-9所示）。所以，工程项目管理应该及时跟踪实际进展情况，并且不断地进行实际状态和计划状态之间的比较，一旦发现实际状态偏离计划状态以后，就要及时地采取措施，尽可能地使实际状态回归到计划状态。这就要求工程项目必须根据动态控制的原理进行管理。

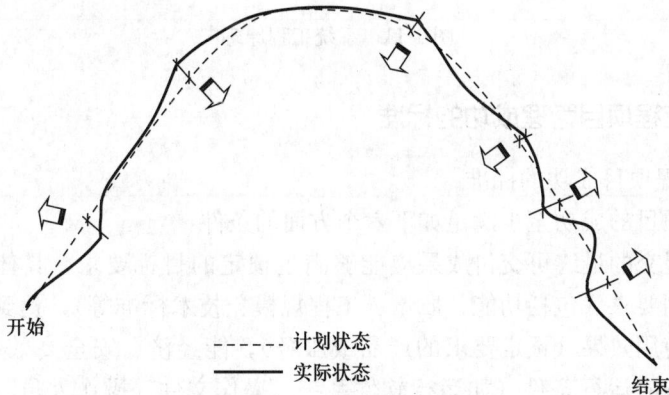

开始

------- 计划状态
—— 实际状态

结束

图 1-9　动态控制原理

2. 目标平衡原理

由于工程项目的三大目标之间是对立统一的关系，如果在工程项目管理过程中追求单一的最大化势必会影响到其他目标的实现，因此，在工程项目管理过程中应该考虑目标之间的平衡，根据目标平衡原理（如图 1-10 所示）进行管理。

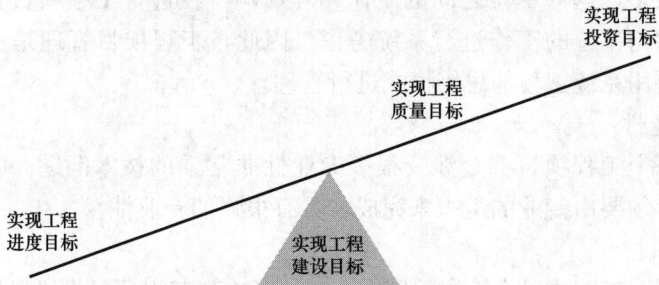

图 1-10 目标平衡原理

3. 系统工程原理

工程项目不仅三大目标之间存在着对立统一的关系，而且参与单位之间的工作也是相互影响的，如图 1-11 所示。如供应商不能及时供货，施工单位就无法继续施工；监理不能及时下达指令就会影响到施工单位后续工作的开展等。因此，在工程项目管理过程中应该系统地考虑三大目标之间的平衡和参与单位之间工作的协调性，采用系统工程原理进行管理。

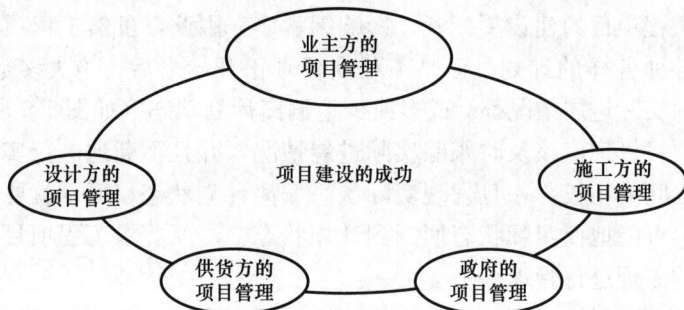

图 1-11 系统工程原理

1.3.8 工程项目管理成功的标准

1. 工程项目成功的标准

工程项目的成功至少满足如下六个方面的条件：

（1）提交的最终可交付成果应能够满足预定的目标要求，具体包括满足预定的使用要求（包括功能、质量、工程规模、技术标准等），达到预定的生产能力或使用效果（预定要求的产品或服务），能经济、安全高效率地运行，并提供完备的运行条件（如运行软件系统、操作文件、操作人员、运行准备工作等）。项目产品或服务能够为社会和市场所接受。

（2）在预算费用（成本或投资）范围内完成，并尽可能地降低费用消耗，减少资金占用，保证项目的经济性要求。

（3）在预定的时间内按计划、有秩序、顺利地完成项目的建设，不拖延，没有发生事故或其他损失，较好地解决项目进行过程中出现的风险、困难和干扰，及时实现投资目的，达到预定的项目总目标。

（4）项目相关者各方都感到满意，特别是能为使用者（顾客或用户）所接受和认可，投资者、承包者获得应得的利益，同时又照顾到社会各方面的利益。

（5）与环境协调，这包括：

1）与自然环境协调，没有破坏生态或恶化自然环境，具有好的审美效果。

2）与人文环境协调，没有破坏或恶化优良的文化氛围和风俗习惯。

3）项目的建设和运行与社会环境有良好的接口，为法律所允许，有助于社会就业、社会经济发展。

4）合理、充分、有效地利用各种资源。

（6）工程项目具有可持续发展的能力和前景。

1）工程项目对地区和城市可持续发展有贡献，符合城市和地区可持续发展的要求。

2）工程项目自身具备可持续发展能力，能长期地符合未来社会发展、人们生活水平的提高、审美观念的变化、科学技术进步的要求；能够为地区经济发展提供持续的支持；能够方便地进行功能的更新、结构的更新、产业结构的调整、产品转向和再开发。

要取得完全符合上述每一个条件的工程项目是十分困难的，因为这些指标之间有许多矛盾。在一个具体的项目中常常需要确定它们的重要性（优先级），有些必须保证，有些尽可能照顾，有些又不能保证。这属于项目目标优化的工作。

2. 影响项目成功的关键因素

影响项目成功的因素有很多，概括起来有如图 1-12 所示的 9 个方面。

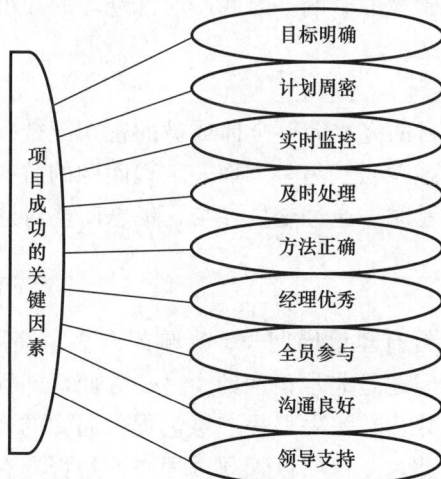

图 1-12　影响项目成功的关键因素

（1）目标明确

目标不明确，管理就失去了方向。因此，目标是否明确是影响项目成功的关键因素之一。

（2）计划周密

虽然工程项目的建设周期长、影响因素多，在工程项目进行过程中，实际状态偏离计划状态的情况时常发生，但是，这不代表工程项目计划就不重要，相反，需要工程项目计划更加周密。因为只有非常周密的计划才能够尽可能减少实际状态偏离计划状态的情况发生，尽可能地减少实际状态偏离计划状态对项目进展的影响。

（3）实时监控

由于工程项目的建设周期长、影响因素多，在工程项目进行过程中，实际状态偏离计划状态的情况时常发生，因此，需要实时监控项目的进展。

（4）及时处理

对于实时监控过程中发现的问题一定要及时处理。因为工程项目的活动是相互影响的，如果前面的工作中发现的问题没有及时处理会对后续工作产生影响。如模板支护的质量不好就会影响到混凝土浇筑的效果。

（5）方法正确

工程问题的解决没有标准答案。但是，这并不说明工程问题的解决方法就可以随便选择。因为虽然很多方法都可以解决同样的问题，但是不同的方法解决问题的效果是不一样的。同一个问题可能有很多种解决方法，最终解决方法的选择要具体问题具体分析。好的方法应该是既安全可靠，又经济合理的。当工程进行过程中遇到问题时，应该通过多方案比较来选择正确的解决方法。如工程结构有很多种，具体工程的结构选择应该要根据工程的用途、业主的要求、进度要求等许多因素来选择既安全可靠，又经济合理的结构类型。

（6）经理优秀

项目经理是整个项目的灵魂，对工程项目的质量、进度、造价和安全等方面目标的实现有非常大的影响。因此，项目经理的知识和能力水平是影响项目成败的关键因素之一。

（7）全员参与

一方面，工程项目的完成需要全体成员的密切配合。只有全员参与、积极配合才能顺利地完成项目。另一方面，工程问题的解决没有标准答案。工程进行过程中遇到问题时，通过全员参与、集思广益对选择正确的解决方法很有帮助。

（8）沟通良好

一方面，工程项目有建设周期长、影响因素多、高风险等方面的特点，工程进行过程中遇到问题是非常正常的。另一方面，工程项目管理需要实行动态管理，及时发现并及时解决工程进行过程中遇到的问题。发现和解决问题都离不开沟通。因此，工程项目管理过程中，是否具有良好的沟通也是项目成败的关键因素之一。

（9）领导支持

如前所述，工程进行过程中遇到问题是非常正常的，工程进行过程中遇到的有些问题可以现场解决，有些问题没办法现场解决就需要领导出面协调。因此，项目的成功离不开领导的支持。

1.3.9 建设工程项目管理的含义

建设工程项目管理是指为了实现投资目标，建设形成满足预期功能需求的工程，在项目的决策（项目建议书及可行性研究）、勘察设计、建筑施工、试运行等，直至竣工验收交付使用的完整过程中，运用科学的理论和方法进行决策与计划、组织与指挥、控制与协调、教育与激励等一系列工作的总称。

建设项目管理的内容很多，并且从不同的角度来划分可以得出不同的结果。从项目进行的阶段上来分，包括决策阶段的项目管理，勘察、设计阶段的项目管理，项目采购阶段的项目管理、施工阶段的项目管理、试运行阶段的项目管理、竣工验收阶段的项目管理和考核评价阶段的项目管理等；从项目管理的具体工作内容上来分，包括项目的范围管理、计划项目管理、组织管理、合同管理、采购管理、进度管理、质量管理、造价管理、职业健康安全管理、环境管理、信息管理、风险管理、沟通管理、收尾管理等；从项目管理的主体上来分，包括业主的项目管理、承包商的项目管理、监理单位的项目管理、供应商的项目管理、工程咨询单位的项目管理等。

1.4 我国的工程项目管理制度

我国的工程项目管理制度包括四大内容，即项目法人责任制、工程招标投标制、建设工程监理制和合同管理制。按照我国有关规定，在工程建设中，应当实行项目法人责任制、工程招标投标制、建设工程监理制和合同管理制。这些制度相互关联、相互支持，共同构成了工程项目管理制度体系。

1. 项目法人责任制

工程项目法人责任制是我国从 1996 年开始实行的一项工程建设管理制度。按照原国家计委《关于实行建设项目法人责任制的暂行规定》要求，为了建立投资约束机制，规范建设单位的行为，工程项目应当按照政企分开的原则组建项目法人，实行项目法人责任制，即由项目法人对项目的策划、资金筹措、建设实施、生产经营、债务偿还资产的保值增值，实行全过程负责的制度。项目法人可按《中华人民共和国公司法》的规定设立有限责任公司等。项目法人责任制是实行建设工程监理制的必要条件，建设工程监理制是实行项目法人责任制的基本保障。

2. 工程招标投标制

为了在工程建设领域引入竞争机制，择优选定勘察、设计、施工单位以及材料设备供应商，工程项目凡满足规定要求的，必须进行招标。这是工程建设成败的关键，也是建设工程监理成败的关键。招标投标活动及其当事人应当接受有关行政监督部门依法实施监督，依法查处招标投标活动的违法行为。《中华人民共和国招标投标法》中规定了一系列的禁止行为。

3. 建设工程监理制

按照有关法令的规定，工程项目在一定的范围内实行强制监理。工程监理的主要任务是控制工程项目的投资、工期、质量，进行工程项目的合同、信息等方面的管理，协调参加工程项目有关各单位间的工作关系。

建设单位一般通过招标投标等方式择优选定工程监理单位，双方应当签订书面的委托监理合同。监理企业组建项目监理机构进驻施工现场。项目监理实行总监理工程师负责制。项目监理机构在总监理工程师的领导下，遵循"守法、诚信、公正、科学"的基本准则，按照《建设工程监理规范》GB/T 50319—2013 中规定的程序开展监理工作。

在委托监理的工程项目中，建设单位与监理单位是委托与被委托的合同关系，监理单位与承包单位是监理与被监理的关系。承包单位应当按照与建设单位签订的有关建设工程合同及法律法规的相关规定接受监理。

4. 合同管理制

为使勘察、设计、施工、材料设备供应单位和工程监理单位依法履行各自的责任和义务，在工程建设中必须实行合同管理制度。合同管理制的基本内容是：工程项目的勘察、设计、施工、材料设备采购和工程监理都要依法订立合同。各类合同都要有明确的质量要求、合同价款和完成合同内容的确切日期，以及履约担保和违约处罚条款。违约方要承担相应法律责任。合同管理制的实施为工程监理开展合同管理工作提供了法律上的支持。

1.5　开展工程项目管理工作过程中应该注意的问题

工程项目管理过程中应该注意以下问题：

1. 管理人员应该根据自己的身份来选择解决问题的方法

工程项目的参与单位众多，对同样的问题，不同的身份解决问题的方法是不一样的。管理人员应该根据自己的身份来选择解决问题的方法。如对工程造价，有些项目是按照工程造价来收取设计费的，在选择设计方案时，设计单位就希望工程造价越高越好，而业主则希望工程造价越低越好。

2. 管理人员应该根据工程项目的进行阶段来选择解决问题的方法

虽然工程项目管理的基本任务大同小异，但是工程项目进行的不同阶段的工作重点是不一样的，管理人员应该根据工程项目的进行阶段来选择解决问题的方法。如同样是质量管理，决策阶段工作重点是投资方向和设计方案的选择，而施工阶段的工作重点则应该放在工程实体的质量控制上。

本章小结及学习指导

1. 工程项目有其自身的特点，最理想的工程项目管理方法是实行工程项目的全生命周期管理。

2. 我国的工程项目管理制度是在学习和消化国外工程项目管理的理论、方法和成功经验，总结国外工程项目管理失败的教训的基础上建立起来的，具有中国特色。在我国开展工程项目管理工作时，应该根据我国的工程项目管理制度特点和工程项目本身的特点来确定具体的工作方法，切不可盲目照搬国外工程项目管理方法。

3. 通过本章的学习应该掌握工程项目管理及工程项目的全生命周期管理的概念，熟悉我国的工程项目管理制度及工程项目管理的主要任务。

思考题

1.1 何为项目？项目的特点有哪些？如何进行项目分类？

1.2 何为工程项目？其特点有哪些？如何进行工程项目分类？

1.3 何为工程项目的全生命周期？

1.4 工程建设项目的相关单位有哪些？

1.5 何为项目管理？其特点有哪些？

1.6 何为工程项目管理？其特点有哪些？工程项目管理的主要职能和任务是什么？

1.7 工程项目管理成功的标准有哪些？

1.8 何为建设工程项目管理？其主要职能有哪些？

1.9 我国的工程项目管理制度有哪些？

1.10 工程项目管理中应该注意哪些问题？

17

思 考 题

第2章
工程项目主要参与方的项目管理

本章知识点

【知识点】

业主、工程咨询单位、工程项目管理单位、承包商和政府的工程项目管理的任务、方法和特点。

【重点】

掌握各种参与工程项目建设单位的工程项目管理工作的任务、方法和特点。

【难点】

如何根据自己的身份选择合适的工程项目管理方法。

2.1 概述

2.1.1 工程建设项目的主要参与单位

工程项目的建设是一项复杂的系统工程。在工程项目的决策、勘察、设计、施工、运营或使用，直到结束的任何阶段，都涉及大量的经济和技术问题，往往需要多个单位的共同参与和通力合作才能保证项目的成功。

工程建设项目的参与单位是指在项目内部参与活动的项目利益相关单位，一般包括以下几种类型。

1. 业主

指工程建设项目的投资人或投资人专门为工程建设项目设立的独立法人。业主可能就是项目最初的发起人，也可能是发起人与其他投资人合资成立的项目法人公司。在项目的保修阶段，业主有可能被项目产权的买家取代。

业主是工程建设项目的出资人和项目权益的所有者，也是项目的功能策划、定位、建设与投资规模、总体管理目标、运作模式及项目的其他参与方的多少及选择方式等重大问题的决策者。同时，业主也承担了项目的投资责任和风险。

业主是工程项目建设任务的发包人。在我国传统的建设行政管理体系中，通常也把业主称为"建设单位"。

2. 承包商

《建设工程项目管理规范》GB/T 50326—2017 中对承包商的定义是："按

合同中约定、被发包人接受的具有项目承包主体资格的当事人，以及取得该当事人资格的合法继承人。"根据该定义，承包商的概念非常广泛，包括了除发包人以外的所有参与项目建设的单位，包括所有的承担咨询、勘察、设计、建筑和安装工程的施工单位、材料和设备的供应商，以及专业的项目管理单位。但在实际工程中，对承包商的定义却有着不同的理解，大多数情况下把承包商理解为参与项目建设的工程咨询单位、设计单位、施工单位和材料、设备的供应商的总称，有时则仅仅指建筑和安装工程的施工单位，一般不包括专业的工程项目管理单位。本教材把承包商按照参与项目建设的工程咨询单位、设计单位、施工单位和材料、设备的供应商的总称来理解和介绍。

（1）工程技术咨询单位

工程技术咨询单位是指以专业知识和技能为工程建设项目提供技术咨询服务的单位。工程技术咨询单位并不是所有工程建设项目管理中必不可少的一方。对一些规模较小、技术问题简单的项目，业主完全可以自行解决技术问题。此时，工程项目的建设过程中就不需要工程技术咨询单位的参加。但由于现代工程项目的建设规模越来越大，技术问题也越来越复杂，因而在实际工程中，大多数工程项目的建设过程中都需要工程技术咨询单位提供技术服务。

在我国的工程建设项目的进行过程中，工程技术咨询单位一般承担在项目的决策阶段编制可行性研究报告等技术服务工作。

此外，也有部分技术力量比较薄弱的业主把招标工作委托给招标投标代理机构。

（2）设计单位

设计单位即工程项目设计任务的承担单位。按照国家的有关法规和规章，涉及工程建设项目的设计工作一般被划分为方案设计（或称为"工程方案与可行性研究"）、初步设计及施工图设计三个阶段，也被称为工程建设项目设计的三个阶段。国际工程界则习惯于把初步设计和施工图设计合称为工程设计，并把工程设计工作视为咨询服务，但根据中国现行的《合同法》中的分类和界定，工程的勘察、设计和施工合同一起被纳入了"建设工程合同"的范围。这样一来，在工程项目的可行性研究阶段为工程项目提供方案设计的行为在法律上就被界定成了咨询服务行为，而为项目提供初步设计和施工图设计行为则属于工程承包行为。这两种行为需要采用不同的合同。提供方案设计的行为需要采用适用于一般咨询服务的"委托合同"，而提供工程设计成果则需要采用"建设工程合同"或"工程设计承包合同"。同样，设计单位在承担咨询服务合同范围内的工作时，其身份是咨询服务方，而在承担工程设计承包合同范围内的工作时，其身份则为承包商。

（3）施工单位

施工单位指工程建设项目施工任务的承担者。对于施工单位，目前有广义的施工单位和狭义的施工单位两种理解。广义的施工单位既包括承担工程建造任务的建筑和安装工程的施工承包单位，也包括工程建设项目的承担工

19

程勘察任务的勘察单位。狭义的施工单位则是指承担工程建造任务的建筑和安装工程的施工承包单位。

在工程项目的建设过程中，施工单位参与方式是多种多样的。业主既可以把所有的项目施工和物资供应任务委托给一个施工单位，与某一施工单位签订施工总承包合同，也可以把项目的全部施工任务分解成许多独立的施工和材料、设备供应任务，甚至还包括部分构件的加工任务，按照分解后独立的任务，分别与多个单位签订施工、购销和加工承包合同，甚至还可以把所有的勘察、设计、施工和材料、设备供应及构件加工任务委托给一个总承包单位。在具体项目中施工单位参与工程项目建设的具体方式完全取决于业主的发包方式。在实际工程中常用的发包方式有如下几种：

1）施工总承包

业主把所有的项目施工和材料、设备供应任务委托给一个施工单位，与某一施工单位签订施工总承包合同的发包方式称为施工总承包。在施工总承包的方式下，业主也可以事先与施工总承包商约定好，将某些专业工程暂时按估价纳入施工总承包合同，而该专业工程的施工及材料、设备供应由业主和施工总承包商另行招标确定；施工总承包商也可按事先约定的方法和程序自行选择专业工程的施工单位和材料、设备供应的分包商。

2）分别发包

业主把项目的全部建设任务根据工作的性质和专业特点，分别发包给不同的单位承担的发包方式称为分别发包。如把设计和施工分别发包给设计单位和施工单位等。

（4）材料、设备供应商

任何工程项目的建设都需要使用大量的建筑材料和设备，因此，材料、设备供应商是所有工程建设项目管理中必不可少的一方。

3. 工程项目管理单位

工程项目管理单位是以专业知识和技能为工程建设项目提供管理服务的单位。工程项目的管理单位也不是工程项目建设过程中必不可少的一方，对于一些规模较小或涉及的技术管理工作比较简单的项目，项目业主可以自行管理。此时的工程项目的建设过程就不需要工程项目管理单位的参加。但是，由于现代工程建设项目的规模越来越大，技术问题的管理越来越复杂，项目的参与单位越来越多，管理的目标要求也越定越高，使得项目管理的难度越来越大，项目管理的风险也随之提高。这就大大增加了业主自行完成工程项目管理任务的难度，甚至对业主来说成了不可能完成的任务。所以，对现代的大型工程建设项目而言，工程项目管理单位已成为项目业主不可或缺的助手。它们承担了本来应该由业主完成的大量工程项目管理工作。

在我国，承担工程项目管理任务的主要是监理单位。在我国的工程项目建设过程中，业主通常在工程项目的施工阶段把施工技术管理工作委托给监理单位。在我国现行的建设法规中对部分项目的施工，要求实行强制监理，即业主必须把该部分工程的施工技术管理工作委托监理单位。这是业主委托监理的一种特例。对于大多数工程，业主可以根据项目的复杂程度、自身管理能力和精力等情况自行决定是否需要把对施工单位的技术管理工作委托给监理单位。

4. 政府部门

由于工程项目常常会影响到工程周围的环境、将来在工程中活动人群的健康和生命安全等许多社会公众的利益，所以，工程所在地的地方政府需要对工程项目进行管理。政府通常以为项目做出各种审批（如项目的立项审批、城市规划审批等）、提供服务（如发放项目需要的各种许可等）、实施监督和管理（如对招标投标过程和质量进行监督等）等形式参与项目管理。

政府对工程项目的管理主要注重工程项目的社会效益和环境效益，其中既包括对可以促进地方经济繁荣和社会可持续发展，能够解决当地的就业和其他社会问题，可以增加地方财力，改善地方形象的工程项目的扶持与帮助，也包括高能耗、高污染等项目的限制。

5. 项目的其他利益相关方

除上述的工程项目建设直接参与方以外，工程建设项目还有许多其他的利益相关方，例如与项目有关的金融机构、受到项目影响的社区及公众等。这些利益相关方可能不直接参与项目建设，也可能不从项目中直接获取利益，但它们工作或生活会受到项目的影响，与项目存在利害关系。

在实际工程中，通常也把业主、承包商和工程项目管理单位统称为工程建设市场的三大主体。

2.1.2　工程建设项目的管理类型

工程建设项目的管理类型从不同的角度可以得出不同的结果。

1. 根据项目进行的阶段划分

工程项目进行的不同阶段，无论是参与的单位还是工作的内容都是不一样的。所以，项目进行的不同阶段，工程项目管理的内容也不一样。从项目进行的阶段上分，可以将工程项目管理分为以下 7 种类型：

（1）决策阶段的项目管理。

（2）设计阶段的项目管理。

（3）施工阶段的项目管理。

（4）动用前准备阶段的项目管理。

（5）保修期的项目管理。

（6）运营或使用阶段的项目管理。

（7）结束阶段的项目管理。

2. 根据管理者的身份划分

在工程项目建设过程中，虽然各工程建设项目的利益相关方的工作都是围绕着工程项目而展开的，但各单位参与项目的目的各不相同。业主实施工程项目的目的是取得工程的实体。这个工程的实体可能是企业未来生产或经营的场所，也可能是在企业的未来竞争中使其本身获得某一方面的竞争优势，还可能是为某一地区的居民提供一系列的基础设施。而其他各个参与方则是为了通过承担工程项目的建设任务而获取利润。利益决定了人的行为方式。由于工程项目各参与单位的工作性质、工作任务和利益不同，其对项目管理的目的和方法也各不相同。因此，形成了不同类型的项目管理。

按照管理者的身份及建设工程项目不同参与方的工作性质和组织特征可以将项目管理分为如下几种类型：

(1) 业主的项目管理。

(2) 承包商的项目管理，包括总承包商的项目管理、设计单位的项目管理、施工单位的项目管理、供应商的项目管理等。

(3) 工程咨询单位的工程项目管理。

(4) 工程项目管理单位的工程项目管理。

(5) 政府的工程项目管理。

3. 综合分类

将工程项目的建设阶段和管理职能进行不同的组合可以得出上百种的项目管理类型。如仅仅根据表 2-1，就可以把工程项目管理分为决策阶段的合同管理、施工阶段的质量管理等 56 种项目管理类型。

工程项目管理的类型　　　　表 2-1

	造价控制	进度控制	质量控制	合同管理	信息管理	组织协调	安全管理	环境管理
决策阶段	决策阶段的造价控制	……	……	……	……	……	……	……
设计阶段	……	……	……	……	……	……	……	……
施工阶段	……	……	……	……	……	……	……	……
保修阶段	……	……	……	……	……	……	……	……
动用前准备阶段	……	……	……	……	……	……	……	……
运营或使用阶段	……	……	……	……	……	……	……	……
结束阶段	……	……	……	……	……	……	……	……

2.2　业主的项目管理

2.2.1　业主对项目管理的目的

1. 业主的项目管理的含义

业主的项目管理是指业主为了实现其投资目标，利用所有者的权力对项目的功能、资源和参与单位进行决策、计划、组织、协调、控制等全部管理活动。

2. 业主对工程项目进行管理的目的

工程项目的业主对工程项目管理的根本目的是：

（1）实现项目的功能目标

业主对工程项目的投入首要目标是实现项目的功能目标，如工厂建成可以投入生产、道路建成可以通车、办公楼可以启用、旅馆可以开业的时间目标等。因此，业主进行项目管理的首要目的是实现项目的功能目标。

（2）对项目进行投资控制

项目的功能目标一旦确定，实现项目功能目标的方案是多种多样的。如同样建一个服装厂，可以有不同的工艺流程和建设规模。业主可以根据其可利用的资金等资源情况，努力使工程项目投资控制在预定的或可接受的范围之内。工程项目的建设周期较长，需要的投入较大，加上工程项目建设过程中的不确定因素很多，如果不对项目进行有效的控制，项目费用很容易突破预算，为了保证投资者的预期收益，业主必须对工程项目的投资数量进行有效的控制。

（3）对项目进行质量控制

工程项目的质量既影响到未来在工程内工作或生活的人员的安全，也影响工程项目建成后的正常功能的发挥，还影响到工程未来的运营和维护成本。因此，工程质量上达到预定目标要求是实现项目建设目标与业主的投资目标的基本前提，业主必须对工程项目的质量控制。

（4）对项目进行进度控制

2.2.2 业主的项目管理的特点

业主在工程项目中的特殊地位决定了业主的工程项目管理主要具有以下几个方面的特点：

1. 业主是项目管理的中心

业主既是工程项目的决策者，又是工程项目实施的主持者，与工程项目有利害关系的其他参与方都是为了完成与业主签订的合同。业主可以通过合同对与工程项目有利害关系的其他参与方的管理目标进行直接控制，其地位是其他任何一方都无法比拟的，所以，业主是项目管理的中心。

2. 业主的管理水平决定了项目的成败

工程项目完成得好，最大和最直接的受益者是项目业主，反之，如工程项目无法实现预定的目标，损失最大和最直接的也是项目业主。所以，业主是项目的最大利益相关者。业主的管理水平将会直接影响工程项目预定的目标的实现程度，也就决定了项目的成败。

3. 业主实行的是工程项目的全寿命周期的管理

对于大多数工程而言，业主既是工程项目的策划者，也是工程建设的管理者，还是工程未来的使用者，因此，业主方的项目管理工作涉及工程项目的全寿命周期，业主对工程项目的管理实行的是工程项目的全寿命周期的管理。

4. 业主对工程项目管理以间接管理为主

工程项目建设涉及多个专业技术领域，因此，工程项目管理是对管理者的专业知识要求非常高、专业性非常强的高智商的专业技术工作。由于业主自身专业知识水平、时间和精力等方面的限制，往往无法胜任工程项目管理管理工作，而业主的管理水平又将直接影响到项目的成败。为了确保投资目标的实现，在项目建设过程中，业主对工程项目管理大多数采用的是以间接管理为主项目管理模式，即通过工程合同，把大量的专业性较强的技术管理工作委托给专业的工程项目管理单位，自己只负责项目的总体协调、控制和重大问题决策工作，保证项目功能目标的实现和如期建成，并尽可能地节省投资。

2.2.3　业主在项目管理过程中承担的主要任务

1. 业主在项目决策阶段的主要任务

工程项目决策阶段的主要工作任务是完成项目的策划、项目建议书的编制、项目的可行性研究及工程项目建设相关的报批工作，业主在此阶段的管理工作主要包括以下几个方面：

(1) 选择好投资方向。

(2) 选择好咨询机构，并做好对技术咨询工作的管理。

(3) 组织工程项目建议书和可行性研究报告的编制和评审。

(4) 办理项目的立项审批手续。

(5) 落实工程项目建设的相关条件，主要是取得项目选址、土地和资源利用、环境保护等方面的政府批准文件和落实原料、燃料、水、电等方面物资供应来源。

2. 业主在工程设计阶段的主要工作任务

(1) 明确设计要求。

(2) 选择好设计单位，并做好对设计工作的管理。

(3) 选择好勘察单位，并做好对勘察工作的管理，为工程设计提供可靠的勘察资料。

(4) 及时办理好设计文件的审批工作。

3. 业主在项目施工阶段的主要工作任务

在项目施工阶段业主的主要工作是按合同规定为项目的顺利施工提供必要的条件，并做好施工过程的检查、督促和协调工作，具体包括以下几个方面：

(1) 做好土地征用和拆迁补偿工作。

(2) 选择好施工单位，并做好对施工过程的管理工作。

(3) 办理好施工批准手续，如施工许可证，以及施工过程中可能影响到的道路、管线、电力、通信等公共设施取得法律、法规规定的申请批准手续等。

(4) 选择好监理单位，并做好对监理工作的管理。

(5) 选派合格的甲方代表。

(6) 按合同约定为设计和监理人员在施工现场工作提供必要的生活与物质保障。

（7）做好施工场地的水、电、路通畅和保证及场地平整工作（简称"三通一平"工作）。

（8）向施工单位提供施工场地的工程地质和地下管线等资料，并保证资料的真实和准确。

（9）组织图纸会审和设计交底工作。

（10）确定水准点和坐标控制点，以书面形式交给施工单位，并进行现场交验。

（11）协调处理施工现场周围地下管线和邻近建筑物、构筑物及文物、古树等的保护工作，并承担相应费用。

（12）做好与参建单位及政府管理部门之间的协调工作。

（13）做好甲方供应材料和设备的供应工作。

（14）督促、检查合同执行情况，并按合同约定及时支付各种款项。

（15）做好拟交付的工程竣工验收和工程决算工作。

（16）组织进行联合试车。

（17）办理工程移交手续。

（18）做好工程资料的接收和管理工作。

（19）进一步明确项目运营后与施工、监理等单位之间的关系。

4. 业主在项目建成后的生产准备阶段的主要工作任务

项目建成前的生产准备包括生产管理、生产人员、生产技术、生产物质、生产运营资金、生产配套条件及产品市场营销等方面的准备。

5. 业主在项目运营或使用阶段的主要工作任务

业主在项目运营或阶段的主要工作任务是保证工程项目功能的正常发挥、生产和经营业务的正常开展。

6. 业主在项目结束阶段的主要工作任务

业主在项目结束阶段的主要工作任务是根据政府部门的有关规定做好环境污染消除、土地复垦、人员安置和项目清算等善后工作。

2.3 工程技术咨询单位的工程项目管理

一般不直接参与工程项目建设的管理工作，因此，工程咨询的工程项目管理主要是单位内部的项目管理。

工程咨询的对外服务工作过程一般可以划分为：接受委托、组织实施、成果提交、工作总结和后期服务5个阶段。这5个阶段有如下内部管理工作：

1. 接受委托阶段

（1）要详细了解业主和工程的基本情况

工程咨询单位的技术服务工作是营利性的，而在工程建设过程中，业主拖欠工程款的现象非常普遍。所以，在接受委托之前，工程咨询和工程项目管理单位除了要对工程本身进行详细了解外，还应该仔细分析项目业主的信誉和财务状况，再根据业主的信誉和财务状况决定是否接受委托？在合同谈

2.3 工程技术咨询单位的工程项目管理

判过程中应采取什么样的对策?

（2）要仔细推敲合同

工程合同既是双方合作的基础，也是影响双方的权利和义务的最关键的工程文件。所以，工程咨询单位对合同中工作内容和要求、双方的权利义务等都要仔细推敲。在合同中对工作内容和要求、双方的权利义务的界定应该非常清楚。

（3）要认真编写咨询工作大纲

咨询工作大纲不仅是争取项目的重要技术资料，也是业主检查工程咨询和工程项目管理单位的主要依据，还是指导工程咨询单位工作的重要文件。所以，要认真编写咨询工作大纲。咨询工作大纲一般由项目经理来编写。

2. 组织实施阶段

（1）要组建优秀的项目团队

团队成员的组成情况将会直接影响到整个团队的工作水平和效率。在组建项目团队时要注意专业配套齐全，职称和年龄结构要合理，职责任务分工明确。

（2）要进驻现场或进行现场调研

项目经理应及时组织项目团队中的有关人员直接到项目现场进行工作或者进行现场调研，以便及时、准确地掌握现场的第一手资料。

（3）要注意工作的协调

除了项目团队成员要根据咨询工作大纲的要求，按照各自的分工认真完成工作任务外，项目经理还要对项目团队成员的工作进行组织与协调，特别是对基础数据和结论部分不能自相矛盾。一旦发现差异要及时查找原因，并有针对性地采取措施来消除差异。

为了使工作成果能够让委托方满意，在工作开展过程中，项目经理要经常与委托方沟通，特别是在正式交付工作成果之前，应该就工作成果中的主要问题与委托方进行一次交流，看看工作成果与委托方原期望结果之间是否存在差异。如果有差异，应该及时查找原因，并努力消除差异，以免在成果验收或鉴定时双方出现矛盾。

3. 成果提交阶段

将工作成果正式交付给委托方时，应该要求委托方对工作成果进行签收，并同时做好成果资料和委托方的签收文件的归档工作。

4. 工作总结

工作成果交付委托方后，项目团队应该对工作经验和教训等进行总结，既可以为今后的工作积累经验，也可以不断提高服务质量。

5. 后期服务

工程咨询单位在适当的时候，对委托方要进行必要的回访，一方面可以了解以往工作的实际效果，另一方面也可以听取委托方对本单位工作的意见，还可以为双方以后的合作创造机会。

2.4　专业管理单位的工程项目管理

2.4.1　专业管理单位的工程项目管理的概念

专业管理单位的工程项目管理是指专业管理单位接受业主的委托后，根据工程合同和法律法规的要求，以咨询工程师的执业标准为尺度，为工程项目建设提供的技术支持、帮助、指导、检查、督促、组织、协调等技术服务和管理活动的总称。

随着科学技术的不断进步和社会经济发展水平的不断提高，工程项目的规模越来越大，所使用的技术越来越复杂，涉及的专业领域也越来越广泛，对工程项目管理人员专业素质要求越来越高，工程项目的管理越来越离不开专业技术人员支持和帮助。工程项目管理单位的工程项目管理是随着科学技术的不断进步和社会经济发展水平的不断提高而逐渐产生的一种职业。

2.4.2　专业管理单位进行工程项目管理的目的

专业管理单位的工程项目管理活动是一种职业行为，因此，咨询工程师进行工程项目管理的目的与其他的工程项目建设参与单位有较大的区别。咨询工程师通过工程项目管理活动一般可以达到以下目的：

1. 完成业主委托的工作任务

专业管理单位的工程项目管理活动首要目的是为了完成业主委托的工作任务，具体的工作内容由技术服务合同的内容决定，既可以是为了帮助业主实现工程项目的质量、进度、投资控制等一个或几个方面的预期目标而进行的管理工作，也可以是帮助业主进行决策而提供诸如编制可行性研究报告等技术服务工作。

2. 获得劳动报酬

咨询工程师以技术服务和专业管理活动为职业，技术服务和专业管理活动的劳动报酬是其收入的主要来源，因此，获得劳动报酬也是咨询工程师参与工程项目管理的目的之一。关于咨询工程师的技术服务和专业管理活动的劳动报酬标准，国家有专门的规定。

3. 促进自身的业务发展

咨询工程师通过其技术服务和专业管理活动在完成业主委托的工作任务、帮助业主实现预期的愿望、获得合法收入的同时，不断积累新的工作经验、结识新的朋友、提高自身的专业技术能力和水平，从而促进自身的业务发展。咨询工程师还可以通过其高水平的技术服务和高质量的专业管理活动为咨询工程师的自身创造良好的社会声誉，不断扩大业务范围。

2.4.3　专业管理单位开展工程项目管理工作的特点

1. 专业管理单位的工程项目管理工作是技术服务行为

咨询工程师的工程项目管理工作需要集工程技术、经济、管理和法律等学科知识和管理经验为一体，在工程中灵活运用，具有较强的科学性、知识性和专业性。因此，专业管理单位的工程项目管理工作是技术服务行为。

2. 专业管理单位的工程项目管理工作必须是企业行为

由于工程项目管理工作需涉及的专业领域比较多，因此，仅仅凭借某一位咨询工程师的知识和能力是不可能完成好一个工程项目的全部管理工作的。需要由多位咨询工程师组成一个项目管理团队，并需要团队成员密切配合、通力合作，才能够管理完成好一个工程项目的全部管理工作。所以，在我国的工程建设法律法规中明确规定，工程项目管理工作必须是企业行为，不允许咨询工程师以个人名义承揽工程项目管理的相关业务。

3. 专业管理单位开展工程项目管理工作必须具备相应的资质

我国工程建设领域的执业资格管理制度已经全面建立。根据我国现行的工程建设法律法规的规定，从事工程项目管理工作的企业必须具备与所承揽的工程相适应的资质，参与工程项目管理的专业技术人员也必须具备个人的注册执业资格证书。从事工程项目管理工作的企业只能够在其已经具备的企业资质等级和专业范围内承揽相关业务。从事工程项目管理工作的个人只能在其已经具备的个人注册执业资格证书专业和等级范围内开展相关的专业技术服务或工程项目管理工作。具体工程的项目管理对企业的专业资质的种类和等级要求视工程的规模、复杂程度和工作性质情况而定。如编制可行性研究报告的企业应具备与工程条件相适应的工程咨询资质，主要专业技术人员应该具有注册咨询工程师证书；承揽监理业务的企业应具备与工程条件相适应的工程建设监理资质，主要专业技术人员应该具有注册监理工程师证书等。

4. 开展工程项目管理工作的资格证书都有有效期

我国的工程建设管理部门在核发企业的资质等级证书时，都明确规定了企业资质证书的有效期。有效期一过，企业的资质等级证书自动失效，原企业就失去承揽相关业务的资格。原企业如果要继续承揽相关业务，必须向工程建设管理部门重新申请核发新的企业资质等级证书。工程建设管理部门在对个人的执业资格证书进行注册时，也明确规定了注册证书的有效期。有效期一过，注册证书自动失效，个人也就失去了开展相关业务的资格。如果要继续从事相关业务，必须到工程建设管理部门重新注册。

5. 专业管理单位的工程项目管理工作属于营业行为

专业管理单位的工程项目管理工作是有偿的，属于营业行为。关于咨询工程师工程项目管理工作的收费标准，国家的有关政府管理部门有明确的规定。当然，在市场经济环境条件下，政府管理部门允许工程项目管理企业和业主协商确定具体工程的具体收费标准。

6. 专业管理单位的工程项目管理行为必须接受工程建设管理部门的监督和管理

我国的工程建设管理部门制定了比较完善的工程项目管理规范、市场准入条件、执业规则和道德准则标准。专业管理单位在开展工程项目管理业务时，必须按照相关的规范、市场准入条件、执业规则和道德准则标准开展工作。工程建设管理部门也会定期、不定期地对专业管理单位的工程项目管理活动进行检查，一旦发现违反有关规定的行为将会及时处理。

2.4.4 专业管理单位可以开展的工程项目管理业务

理论上讲，专业管理单位可以在项目进行的任何阶段为业主提供任何内容的工程技术服务和项目管理工作。实际上，专业管理单位在开展相关业务时一般要受到以下几个方面的限制：

1. 单位的资质条件

根据我国现行的法律法规的规定，只能够在其已经具备的企业资质等级和专业范围内承揽相关业务。

2. 业主的委托范围

咨询工程师的工作属于技术服务的范畴，只负责其接受委托的范围内的工作。

3. 自身的服务能力

任何一个工程咨询或专业管理单位所拥有的人力、物力、时间和精力等方面的条件都是有限的，只能够在其人力、物力、时间和精力等方面的条件同时允许的范围内开展工作。

在我国的工程实践中，咨询工程师一般可以开展以下的业务：

1. 工程项目决策阶段

在工程项目的决策阶段专业管理单位可以开展的工程项目管理的业务主要是为业主提供科学决策的依据，具体可以开展的业务一般包括以下方面：

（1）投资方向决策参考

专业管理单位可以根据业主所在地区、所属行业和企业发展战略，结合国家的宏观调控政策与发展规划、区域发展规划、业主所在地区的地区发展规划、业主所属行业的行业发展规划等，进行调查研究，对相关产品的市场情况和发展趋势等进行深入的研究，向业主提出未来投资方向上的建议，供业主决策参考。

（2）项目策划

专业管理单位可以根据业主的投资方向决策意见，为业主提供产品方案、生产工艺流程方案、建设规模、建设地点、工程建设规划等方面的决策参考意见，形成相应的研究或设计报告。

（3）项目的可行性研究

专业管理单位可以根据业主的项目策划意见，利用自身的专业知识，承担项目的投资估算、资金筹措计划制定、财务分析、风险分析、环境影响评价、国民经济评价等方面的全部或部分工作，并提出自己的咨询意见，供业主决策参考。

（4）协助完成项目的有关报批工作

2. 工程项目勘察设计阶段

在工程项目的勘察设计阶段专业管理单位可以开展的工程项目管理的业

务主要是向业主提供技术服务，具体可以承担的技术服务工作如下：

（1）帮助制定业主勘察设计计划。

（2）帮助制定业主勘察设计的技术要求。

（3）代理业主进行项目的有关勘察、设计和监理的招标工作。

（4）协助完成设计文件的报批工作。

（5）代理业主进行勘察、设计的项目管理工作。

3. 工程项目施工阶段

在工程项目的施工阶段专业管理单位可以开展的工程项目管理的业务主要是代理业主进行工程施工的管理工作。具体可以协助业主完成或代理业主进行如下工作：

（1）操作规程和规章制度的建立等准备工作。

（2）施工和材料、设备采购的招标工作。

（3）项目开工等方面的报批工作。

（4）设计内容的调整与修改工作。

（5）征地和周边关系的协调工作。

（6）施工过程的监督和管理工作。

（7）项目的中间评价工作。

（8）人员培训工作。

（9）项目的竣工验收工作。

（10）项目的后评价工作。

2.5 承包商的工程项目管理

承包商的概念非常广泛，其中既有承担咨询和设计任务的技术服务类企业，又包括了勘察、建筑和安装工程的施工单位，还包括材料、设备的供应商。

2.5.1 承包商进行项目管理的目的和特点

1. 承包商项目管理的基本含义

承包商分为两类，一类是承接项目的建筑、安装等工程的咨询、设计和施工任务的公司或其他法人组织，通常称之为工程承包商；另一类是承接材料、设备供应的公司或其他法人组织，包括设备制造的生产厂家，通常称之为供应商。本章中的承包商泛指以上两类承包商。

承包商的工程项目管理是指承包商为完成项目业主委托的工程建设任务，在工程项目的各建设阶段，对自己在项目中投入的各种资源进行计划、组织、协调、控制的过程。

2. 承包商进行工程项目管理的目的

承包商是为项目提供工程劳务的组织者或材料、设备的供应者。其对工程项目管理的目的主要是为了在工程建设中，以尽量少的人力、物力等资源投入，获得尽可能多的利润，实现其利益的最大化，具体包括：

(1) 在规定的时间内保质保量地完成工程合同中规定的工作任务

承包商在规定的时间内完成工程合同中规定的工程施工或材料、设备的供应任务，并保证质量上达到委托合同中规定的要求，这是承包商的义务，也是承包商进行工程项目管理的目的之一。

(2) 追求自身利益的最大化

在按时、保质、保量地完成工程合同中规定的任务后，获得相应的报酬是承包商的权利。工程合同一旦签订，承包商能够获得的工程款的数量已经基本确定，承包商为了保证其总体利益的最大化，就会希望通过加强对工程项目的管理来降低其成本。因此，承包商进行工程项目管理的主要任务就是降低成本。具体的降低成本的措施与工程合同的计价方式有很大的关系。对于单价合同、总价合同、成本加酬金合同和目标合同，承包商会采取完全不同的态度来进行工程项目的成本管理。

3. 承包商的工程项目管理的特点

承包商对工程项目管理的特点可以从不同的方面去总结，主要有以下几个方面：

(1) 对工程项目实体质量的影响巨大

无论是工程承包商，还是供应商，承包商的行为结果将直接作用于工程项目实体，对工程项目实体质量有着非常巨大的影响。因此，承包商对于工程项目管理的态度将会直接决定工程实体的质量。豆腐渣工程的出现，就是由于一部分利欲熏心的承包商过分追求利润的结果。同样，优质工程的产生则是由于承包商以对业主、社会以及自身的信誉高度负责的态度，对工程项目进行精心管理的结果。

(2) 以成本控制为中心

承包商参与工程项目建设的主要目的就是为了获取利润。工程合同一旦签订，承包商能够获得的工程款的数量已经基本确定，承包商的利润就完全取决于其对成本的控制水平，并且承包商在工程建设过程中的资金投入巨大，成本控制上的任何疏忽都可能对企业的利润带来较大的影响。因此，承包商的工程项目管理是以成本控制为中心的。

(3) 以履行工程合同为前提

虽然承包商参与工程项目建设的主要目的是为了获取利润，但承包商要想拿到工程款，必须在规定的时间内完成工程合同中规定的工程施工或材料、设备的供应任务，并保证质量上达到委托合同中规定的要求。所以，承包商在实施管理的过程中，以合同规定的内容为基础，合理地确定工程项目的质量、进度、成本等目标，认真地履行合同义务是实现其利润目标的前提。

2.5.2　承包商管理项目的主要任务

1. 施工单位项目管理的主要任务

简单地说，施工单位项目管理的任务包括工程施工的质量控制、进度控制、成本控制、合同管理、信息管理、安全管理以及与施工有关的单位或组织之间的关系协调等内容。完成上述的工程施工项目管理的具体工作任务如下：

(1) 做好工程项目的参与决策工作

工程施工单位是否参与工程项目受到工程项目的技术要求、风险程度和利润水平以及施工单位本身的资质条件、人员、设备、时间和精力等许多方面的限制。因此，在得到了工程项目的发包信息后，施工单位首先应该在对工程项目和自身条件两个方面进行深入分析和研究后，做好工程项目的参与决策工作。

(2) 做好工程项目的投标工作

一方面要做好投标书，另一方面做好合同谈判工作。

(3) 做好对工程合同的分析和理解工作

正确地理解合同是全面履行合同的基础，因此，施工单位在施工合同签订之后要认真做好对工程合同的分析和理解工作，特别应该做好对工程施工过程中的风险分析工作。

(4) 制定好施工组织设计

施工组织设计是施工单位组织施工的基础资料。施工组织设计质量的高低将直接影响施工合同的履行质量和施工单位的效益，因此，施工单位要认真做好施工组织设计的制定工作，特别是要做好质量保证计划、进度和成本控制措施计划及人员、物资供应措施计划。

(5) 做好施工准备工作

施工组织设计经监理单位审定后，施工单位应该积极地按照施工组织设计做好施工准备工作。准备工作具体应该包括技术资料、人员组织、机械设备和材料准备和资金准备等工作。

(6) 做好施工过程管理工作

施工过程管理是施工管理的主要工作，具体包括以下几个方面：

1) 按照有关部门对施工现场的安全生产和环境保护等方面的管理规定，办理好相关的手续。

2) 对工程的进度、成本、质量、安全生产和环境保护等方面工作进行定期和不定期的检查，发现偏差及时纠正。

3) 按照有关方面的规定和专用条款的约定，做好施工现场的地下管线和邻近建筑物、构筑物及有关文物、古树等的保护工作。

4) 自觉接受监理工程师的检查和监督，并按照规定的程序和周期，及时主动地向业主和监理单位提供各种申请、报告和报表。

5) 做好与相关单位的协调工作。

6) 做好索赔管理工作。

(7) 做好工程的竣工验收工作

工程施工完成、自检合格和各种竣工验收的资料准备齐全后，施工单位应该及时向业主提交竣工验收申请报告，并做好已完工程的保护工作。对竣工验收中发现的问题，施工单位要及时进行改进。

（8）做好工程的竣工结算

竣工结算是指施工单位完成合同中约定的工程施工任务，并通过竣工验收后，施工单位提交竣工结算书，发包人和监理工程师审查竣工结算书，工程造价咨询单位审核竣工结算书及办理拨付工程价款手续的过程。项目竣工结算的价款为：

$$项目竣工结算价款＝合同价款＋合同价款调整数额$$
$$－预付款－已结算工程价款$$

（9）做好工程的移交工作

承包商在办理完项目竣工结算手续，并收到工程竣工结算价款后，应在规定的期限内将竣工项目移交给发包人，及时转移撤出施工现场，解除施工现场全部管理责任。工程竣工移交的主要工作包括：

1）向发包人移交钥匙时，工程室内外应清扫干净，达到窗明、地净、灯亮、水通、排污畅通、动力系统可以正常使用。

2）向发包人移交工程竣工资料，在规定的时间内，按工程竣工资料清单目录，进行逐项交接，办清交验签章手续。

3）原施工合同中未包括工程质量保修书附件的，在移交竣工工程时，应按有关规定签署或补签工程质量保修书。

（10）做好项目回访保修工作

项目交工后实行保修是我国工程建设的一项基本法律制度。回访保修服务制度的贯彻，要求承包人在项目交付竣工验收后，自签署工程质量保修书起的一定期限内，应对发包人和使用人进行工程回访，发现由施工原因造成的质量问题，承包人应负责工程保修，直到在正常使用条件下，建设工程的质量保修期结束为止。

通过工程的回访和保修服务，承包商既可以完成其法定的保修义务；也可以体现"顾客至上"的服务宗旨，展示良好的企业形象；还可以保持与发包人的联系，为寻找新的合作机会创造条件。所以，承包商应该认真做好项目回访保修工作。

（11）做好项目的考核评价

施工单位应在项目结束后，应该对项目的总体工作和各专业的工作进行考核和评价。项目考核评价的定量指标可包括工期、质量、成本、职业健康安全、环境保护等。项目考核评价的定性指标可包括经营管理理念，项目管理策划，管理制度及方法，新工艺、新技术推广，社会效益及其社会评价等。项目的考核评价应按下列程序进行：

1）制定考核评价办法。

2）建立考核评价组织。

3）总体工作和各专业工作的考核评价。

项目的考核评价工作既可以发现已完成工作中的不足之处，以便在今后的工作中吸取教训；也可以对已完成工作中的成功经验进行总结，为今后的

33

工作积累经验。所以，承包商应该认真做好项目的考核评价工作。

2. 供应商项目管理的主要任务

供货方的项目管理工作主要在施工阶段进行，但它也涉及设计阶段、动用前准备阶段和保修期。

供应商在设计阶段项目管理的主要任务是积极争取使设计单位在工程设计过程中建议采用供应商的产品，为供应商承揽供应业务奠定基础。

供应商在施工阶段项目管理的主要任务是根据供应合同的约定，确定供货的成本、进度和质量目标，并在履行合同的过程中保证既定目标的实现。具体包括以下内容：

（1）保证在规定的时间内，按合同约定的价格、质量和数量向采购单位提供材料或设备，及时解决有关材料或设备的质量、缺损等问题，并做好施工现场的服务工作。

（2）按照合同约定，完成材料或设备的包装、运输、保险、设备调试、安装、技术指导、操作培训等相关工作。

（3）负责处理业主在使用其所提供的设备时与第三方产生的侵犯其专利权、商标权和工业设计权等方面的纠纷。

供应商在动用前准备阶段项目管理的主要任务是试车阶段的技术指导、设备调试、操作培训等相关工作。

供应商在保修阶段项目管理的主要任务是承担其供应的材料或设备的保修义务。

3. 设计单位项目管理的主要任务

设计单位项目管理的主要任务是在规定的时间内向发包人提交完整的设计资料，做好设计资料的修改、完善和变更等施工现场的服务工作，并保证其所提交的设计符合设计合同及国家的规范和标准的要求。设计单位项目管理的具体任务包括：

（1）根据设计合同的约定，合理地制定设计的进度、质量和成本目标。

（2）做好设计过程中的进度、质量和成本控制及与设计工作有关的单位和组织之间协调等方面的工作。

（3）做好设计资料的修改、完善和变更等施工现场的服务工作。

4. 工程总承包单位项目管理的主要任务

由于建设工程项目总承包的方式多种多样，所以，工程总承包单位项目管理工作的任务也因工程项目总承包的方式而定，既可以是设计单位和施工单位项目管理任务的组合，也可以是设计单位、施工单位和供应商的项目管理任务的综合，还可能是更多单位的项目管理任务的叠加，很难统一叙述。但作为工程项目建设的一个参与方，工程总承包单位项目管理工作的总体目标仍然是保证工程总承包合同中的既定目标的实现，其项目管理工作的主要任务仍然是其承包商任务范围内的质量、进度和工程造价控制，合同管理、信息管理、安全管理工作及与建设工程项目总承包方有关的单位和组织之间协调等方面的工作。

2.6 政府的工程项目管理

2.6.1 政府的工程项目管理的类型

政府的工程项目管理主要有非政府出资项目的管理和政府出资项目的管理两大类。在对这两种类型的工程项目进行管理的过程中，政府的管理职能是不完全相同的。

对于非政府出资的工程项目，政府主要是行使行政管理职能。政府的行政管理职能主要从维护社会经济安全运行、保障社会公共利益、保证社会资源的合理开发利用、保护环境等角度出发，根据政策和法律法规，对工程建设项目进行投资方向、资源开发利用、环境保护以及外债使用等方面进行控制和管理。

对于政府出资的工程项目，政府的管理具有业主管理和政府行政管理的双重内涵。为了确保政府有足够的精力行使行政管理职能，对于政府出资项目的一般实行项目法人责任制，即成立专门的项目法人行使业主的管理职责，或委托资产管理公司、国有投资公司行使业主的管理职责。

2.6.2 政府对工程项目进行行政管理的目的

政府对工程项目进行行政管理的主要目的是为了保护资源和环境，保障社会公共利益，保证社会经济能够健康、有序和稳步发展。

2.6.3 政府对工程项目进行行政管理的特点

1. 强制性

政府是政策和法律法规的制定者，也是政策和法律法规执行情况的监督者。政府可以通过立法、发布命令、制定政策等方式对工程项目建设行为进行引导和规范。任何的工程项目建设单位的工程项目建设行为必须符合宏观调控政策和法律法规的要求，对于违反宏观调控政策和法律法规的行为，政府的相关管理部门将实行强制管理。

2. 权威性

由于政府的特殊身份和地位，政府对工程项目的管理具有较大的权威性。

3. 公正性

政府对工程项目进行行政管理的目的要求其管理行为必须保持公正。

4. 宏观性

政府对工程项目的管理主要是宏观管理。政府主要通过制定各种宏观调控政策对工程项目的投资方向和布局等进行引导与调控，通过立法、发布命令等方式对工程项目建设行为进行规范，以保证国家经济的健康、有序发展。因此，政府不可能也不应该过多地干预工程项目的正常管理。

5. 管理手段的全面性

政府对工程项目管理的手段是多样的，既有行政管理手段，也有法律手段，还有奖惩、税收等各种经济手段，在参与工程项目的管理过程中，政府可使用的管理手段是全面的。

6. 鼓励行业自律

在行使行政管理职能的同时，政府鼓励成立行业相关协会等组织，实现行业的自我约束与管理。

2.6.4 政府对工程项目进行行政管理的主要任务

1. 制定各种宏观经济政策

为了保证社会经济能够健康、有序和稳步发展，政府需要通过制定产业政策、财政政策、货币政策、价格管理政策、就业政策、国际收支与管理政策等宏观调控政策来对工程项目的投资方向和规模进行引导和控制，用宏观统率微观。

2. 制订经济与社会发展战略和发展规划

为了保证国家的长远发展、地区的平衡发展和行业的有序发展，政府需要制订各种经济与社会发展战略和发展规划。

3. 对资源利用进行管理

（1）对土地资源使用的管理

为了保证土地资源的合理利用，政府需要通过制定政策和法律法规对工程项目建设过程中使用国有土地和集体土地的行为进行引导和规范。目前我国已经颁布了《中华人民共和国土地法》等政策和法律法规，已经对工程项目建设过程中国有土地和集体所有土地的取得方式、程序，土地的使用年限、税收等都做了比较详细的规定。为防止土地资源的浪费，对工程建设项目取得开工许可证后的土地闲置时间也做了具体限制。

（2）对自然资源进行管理

为了提高自然资源的利用效率，国家除了对涉及矿产资源开发利用与自然资源消耗量大的工程项目规定了严格的审批程序与批准条件外，还对矿产资源的开采技术的先进程度、资源利用率及资源开发后的土地复垦和自然环境恢复等都提出了明确的要求。

（3）对资金资源进行管理

为了保证国家的金融系统安全和经济的健康发展，国家会根据国内外经济形势的变化及时调整财政政策，并对外资、外债规模与增长速度进行控制。为了防止外债规模过大、特别是短期外债规模过大对国民经济的发展产生负面影响，国家对涉及外资、外债的项目要求根据外资、外债的种类和规模报国家有关部门审批。

4. 对环境进行保护

为了保护人类的生存环境，保证国家的可持续发展，政府需要对环境进行保护。为了防止工程建设项目产生新的污染，破坏生态环境，我国颁布了

《环境保护法》，国务院制定了《建设项目环境保护管理条例》。对工程建设项目实行环境影响评价制度。要求根据建设项目对环境的影响程度，按照下列规定对建设项目的环境保护实行分类管理：

（1）建设项目对环境可能造成重大影响的，应当编制环境影响报告书，对建设项目产生的污染和对环境的影响进行全面、详细的评价；

（2）建设项目对环境可能造成轻度影响的，应当编制环境影响报告表，对建设项目产生的污染和对环境的影响进行分析或者专项评价；

（3）建设项目对环境影响很小，不需要进行环境影响评价的，应当填报环境影响登记表。

《建设项目环境保护管理条例》第十六条明确规定："建设项目需要配套建设的环境保护设施，必须与主体工程同时设计、同时施工、同时投产使用。"

5. 对工程项目进行安全管理

为了保证人民的财产和生命安全，政府需要对工程项目建设与将来生产过程中安全进行管理。为此，我国已经国家制订了一系列与安全生产相关的法律法规。

本章小结及学习指导

1. 工程项目建设过程中的参与单位非常多，由于各个单位参与工程项目建设的目的各不相同，所关心的重点问题也不相同，因此，各个工程项目建设过程中的参与及单位工程项目管理工作的重心和方法也是有所区别的，在工程项目管理过程中，管理人员应该根据本单位参与工程项目建设的目的来确立自己的角色，确定自己工作的重心和工作方法。

2. 通过本章的学习应该掌握各种参与工程项目建设单位的工程项目管理工作的任务、方法和特点。

思考题

2.1 业主对工程项目进行管理的目的是什么？

2.2 业主的工程项目管理有什么特点？

2.3 业主进行工程项目管理的最关键阶段是工程项目建设的哪一个阶段？

2.4 施工单位对工程项目进行管理的目的是什么？

2.5 施工单位的工程项目管理有什么特点？

2.6 专业管理单位的工程项目管理的主要任务是什么？

2.7 业主的工程项目管理与承包商的工程项目管理有什么区别？

2.8 政府进行工程项目管理的主要任务是什么？

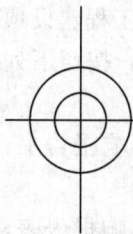

第3章
工程项目管理组织

本章知识点

【知识点】
工程项目管理组织的含义、构成要素和组织设计方法。
【重点】
工程项目管理组织的设计方法。
【难点】
工程项目管理组织的设计方法。

3.1 工程项目管理组织的概念

3.1.1 工程项目管理组织的含义

工程项目管理组织是指为完成特定的工程项目管理任务而建立起来的，从事具体工程项目管理工作的组织。该组织是在工程项目的生命周期内临时组建的，为完成特定的目的而成立，也会随着工程项目的生命周期结束而结束，因此，工程项目管理组织是一个临时的组织。通常情况下，工程项目建成以后的管理工作大多数都移交给了专门的生产或经营管理企业去组织生产或进行经营管理活动，并且此后的管理活动实际上已经属于企业管理的范畴，不再是工程项目管理，所以，绝大部分的工程项目管理组织都会随着工程项目建设工作的结束而结束。

3.1.2 工程项目管理组织的构成要素

工程项目管理组织由工程项目管理组织机构和组织的管理制度两个部分共同组成。组织机构又由管理层次、管理跨度、管理部门和管理职能四大要素共同构成，而组织的管理制度则由财务管理制度、人力资源管理制度等一系列的管理制度共同组成，如图3-1所示。

1. 工程项目管理组织的组织机构

（1）管理层次

管理层次是指从组织的最高管理者到最基层的实际工作人员的等级层次的数量。作为一个组织必须要有一定的管理层次，否则其运行将陷于无序状态，但组织内管理层次也不能过多，否则会造成资源和人力的巨大浪费。

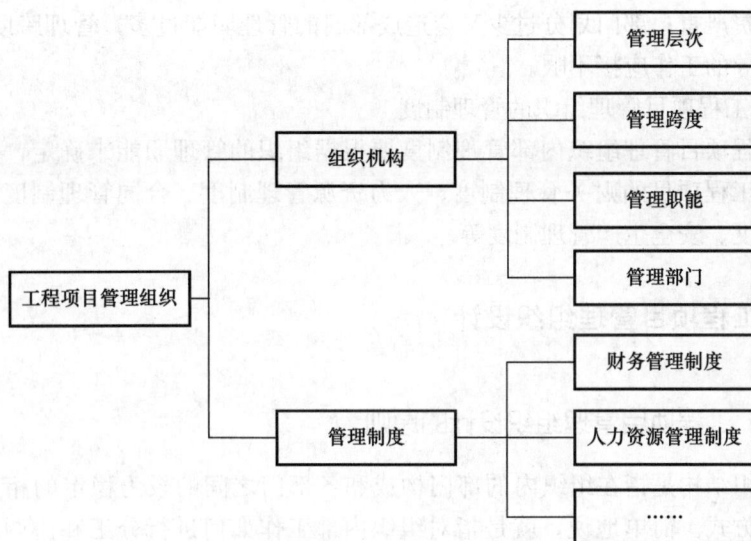

图 3-1　工程项目管理组织构成要素

工程项目管理组织的管理层次一般可以分为决策层、协调和执行层、操作层三个层次。该三个层次的职责和权限由上到下逐渐递减，而人数却逐层递增。

（2）管理跨度

管理跨度是指一个主管直接管理的下属人员的数量。在组织中，某级管理人员的管理跨度大小直接取决于该级管理人员的管理工作的内容多少及所要协调的工作量的大小。管理跨度大，要处理的人与人之间关系的数量随之增大。邱格纳斯的管理跨度计算公式是：

$$C = N(2^{N-1} + N - 1) \tag{3-1}$$

式中　　N——管理跨度；

　　　　C——工作接触关系数。

由上式可以看出，跨度扩大时，领导者和下属接触频率会迅速增加。因此，在组织结构设计时，必须适当地控制管理跨度。如果部门的跨度过大，会使领导应接不暇；如果部门的跨度过小，又会使管理部门过多，增加管理成本，很可能造成人浮于事的恶果。

（3）管理职能

管理职能是管理工作内容所作的理论概括。

在进行工程项目管理组织机构设计时，对各部门的管理职能的设计应以指令传递和信息反馈及时，横向部门之间的相互联系方便为原则。

（4）管理部门

工程项目管理组织的管理部门设置的基本原则是要便于工作的协调。具体的管理部门设置可以根据管理职能，对通过专业工作的细化分组结果、管理的地区、管理的顾客类型等来设置。组织中部门划分的合理程度对发挥组织效能有非常大的影响。部门划分过多会造成工作协调困难，人力、物力、财力浪费严重；部门划分过少又会造成部门的管理职能过多，管理跨度太大，部门领导的工作应接不暇。

2. 工程项目管理组织的管理制度

工程项目管理组织内部管理制度要根据组织的管理职能来确定，一般需要建立工程项目的财务管理制度、人力资源管理制度、合同管理制度、质量管理制度、安全生产管理制度等。

3.2　工程项目管理组织设计

3.2.1　工程项目管理组织设计的原则

组织结构是指在组织内的部门构成和各部门之间的较为稳定的相互关系和联系方式。简单地说，就是指对组织内部工作如何进行分工和协调。组织结构设计是对组织活动和组织活动之间的关系的设计，应该有利于提高组织活动的效能。组织结构设计时既要考虑组织的内部因素，又要考虑组织的外部因素，一般应该遵循以下基本原则（见图 3-2）：

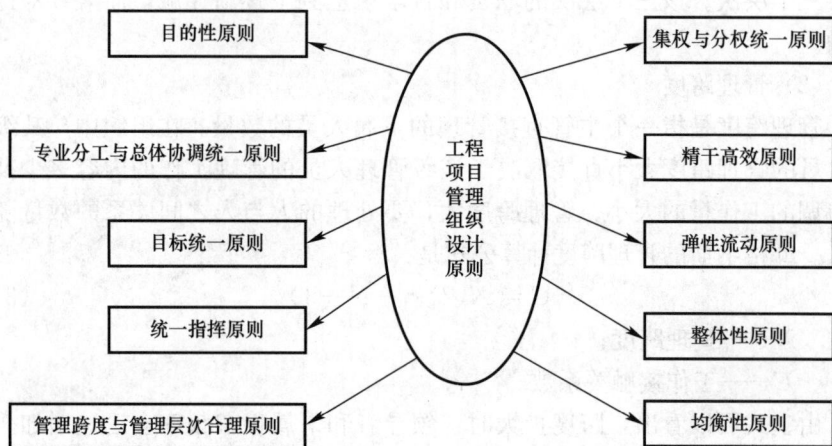

图 3-2　工程项目管理组织设计原则

1. 目的性原则

工程项目管理组织机构设置的根本目的是为了实现项目管理的总目标。因此，在工程项目管理组织机构设置时，应该因目标而设机构，因事而设岗位。

2. 专业分工与总体协调统一原则

工程项目建设本身是一个矛盾体。一方面，工程项目建设涉及多个专业，需要多个专业的人员互相配合，共同完成项目建设任务，并强调专业工作之间的协调统一；另一方面，各个专业的工作又需要有专业人员来完成本专业的工作。因此，在工程项目建设过程中，既需要有一部分人专门从事某一个专业的工作，同时又需要一部分人来从事各个专业工作之间的协调工作。这就是工程项目管理工作的本质，即在工程项目管理过程中，既需要在工程项目管理组织中设置不同的部门来管理不同专业的工作，又需要有更高层次的管理者来协调部门之间的工作。所以，在组织结构设计时要遵循专业分工与总体协调统一原则，在将专业性非常强的技术管理工作交给专业部门的同时，需要有人对整个工程的建设工作进行统一规划和协调。

3. 目标统一原则

明确而统一的目标是一个组织高效运行的基础。工程项目管理组织内的所有部门的目标必须以工程项目的总目标为基础而制定。由于工程项目绝大多数都是分阶段实施的。项目管理组织的成员可能来自于不同的单位，具有不同的目标和利益。所以，在工程项目建设过程中会存在着项目的阶段性目标与总目标、不同利益群体的目标与总目标之间的矛盾，对工程项目的建设形成障碍，为了确保工程项目建设总目标的顺利实现，在组织结构设计时，必须按照目标统一的原则制定各部门之间的协作制度。

4. 统一指挥原则

在组织内从最高层到最基层的权力路线中，每个管理者应该只对一个主管负责。

5. 管理跨度与管理层次合理原则

在一个组织中，如果跨度过大，会使领导应接不暇；如果跨度过小，又会使管理部门过多，增加管理成本，很可能造成人浮于事的恶果；如果管理层次过少将陷于无序状态，管理层次过多会造成资源和人力的巨大浪费。因此，在组织结构设计的过程中，一定要通盘考虑各种影响因素，科学地确定工程项目管理组织的管理跨度和管理层次。

6. 集权与分权统一原则

在一个组织内高度的集权会造成武断；过分的分权则有可能导致管理失控。所以，在组织结构设计时，在各个管理层次及同一管理层次内各部门的权力分配时，要根据实际情况科学地分配管理权限，采取集权与分权统一的形式。

7. 精干高效原则

在能够保证工程项目建设总目标实现的前提条件下，应该尽可能地简化组织结构，做到精干高效。

8. 弹性流动原则

工程建设项目的阶段性决定了工程项目管理组织内的人员具有流动性的特点。这就要求工程项目管理组织机构的设置，要按照弹性流动的原则根据工程项目建设工作的进展情况不断地进行调整，以适应组织机构的任务变化的需要。

9. 整体性原则

虽然工程建设项目具有阶段性的特点决定了工程项目管理系统是一个开放的系统，但工程项目的各单位工程之间，不同工序之间都是紧密相关的。这就要求在进行工程项目管理组织设计时，要将整个组织看成一个整体，周密地考虑层间关系、分层与跨度关系、部门之间的工作关系，将工程项目管理组织设计成一个完整的组织结构系统。在进行工程项目管理组织调整时，要将整个工程看成一个整体，周密地考虑前后工作之间的关联性。

10. 均衡性原则

在同一管理层次内的各个部门之间责权利的分配应该做到基本均衡。

3.2.2 工程项目管理组织的结构形式设计

工程项目管理组织的机构是根据项目管理组织的结构形式设置的。因此，工程项目管理组织的结构形式是影响组织运行效率的重要因素。常用的工程项目管理组织结构的形式有直线式项目管理组织、职能式项目管理组织、直线职能式项目管理组织和矩阵式项目管理组织等几种类型。

1. 直线式项目管理组织

直线式项目管理组织是在工程在最早采用的一种项目管理形式，其结构如图 3-3 所示。直线式项目管理组织来自于军事组织系统，特点是权力系统自上而下形成由专业技术人员组成的直线控制体系，权责分明，一般在独立工程或中、小型工程项目建设的管理过程中采用。

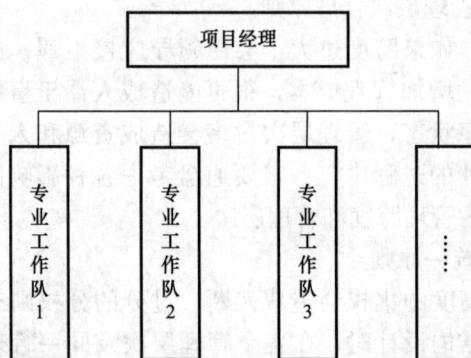

图 3-3 直线式项目管理组织结构示意图

直线式项目管理组织具有以下优点：

(1) 直线领导。每个组织单元仅有一个直接上层领导，指令唯一。一个上级只对下级直接行使管理和监督的权力，一般不能越级下达指令。团队成员的工作任务、责任和权力明确，扯皮和纠纷少，工作协调方便。

(2) 项目经理能直接控制资源。

(3) 信息流通快，决策迅速。

(4) 任务明确，责权利关系清楚。

直线式项目管理组织的缺点如下：

(1) 资源不能有效利用。每个项目都有一个独立的项目管理组织，每个组织单元仅有一个上层领导负责，会造成项目与项目之间、部门和部门之间的资源协调困难，无法有效地利用资源。

(2) 一切决策信息都集中于项目经理处。项目经理责任比较大，对项目经理的要求非常高。项目经理不仅要有全面的知识和丰富的工程经验，而且要有很强的工作能力，否则就会造成决策困难，甚至是决策错误。

2. 职能式项目管理组织

职能式项目管理组织形式特别强调管理职能的专业分工，并把管理职能作为划分部门的基础，其结构如图3-4所示。

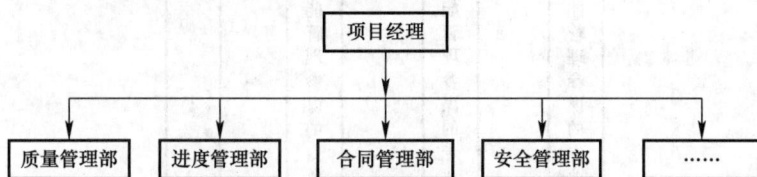

图3-4　职能式项目管理组织结构示意图

在职能式项目管理组织中，把项目的管理任务分配给了相应的职能部门，职能部门经理对分配到本部门的管理任务负责，要求职能部门经理对属于本部门管理的所有的专业技术工作进行管理，即职能部门经理既要熟悉管理业务，又要熟悉与其管理的工程项目相关的所有专业技术工作，因此对职能部门经理的要求非常高。

职能式项目管理组织形式的优点如下：

（1）由于部门是按管理职能来划分的，因此可以充分发挥管理人员的管理才能。

（2）如果各职能管理部门能很好地配合，可以对整个项目的管理起到事半功倍的效果。

职能式项目管理组织形式的缺点如下：

（1）各个职能管理部门对管理工作的优先级可能会有不同的观点，所以，某些部门的工作可能因缺乏其他部门的配合而难以开展。

（2）最基层的操作人员可能会接到来自不同职能管理部门的互相矛盾的指令，从而会感到无所适从。

（3）不同职能管理部门之间意见有分歧时，互相协调困难。

（4）职能部门直接对最基层的操作人员下达工作指令，使项目经理对工程项目的控制能力在一定程度上被弱化。

职能式项目管理组织形式主要适用于对专业技术要求比较低的工程项目。

3. 直线职能式项目管理组织

直线职能式项目管理组织结构是在综合了直线式项目管理组织和职能式项目管理组织两种结构的优点的基础上而形成的一种组织结构形式。它是以直线指挥为基础，并为各级直线主管配备相应的职能管理参谋。职能管理参谋只能对直线主管提供职能管理的建议或者为直线主管提供职能管理的业务指导，没有指挥和命令权，不能对下级直接发布命令，其组织结构如图3-5所示。

直线职能式项目管理组织保持了直线职能式项目管理组织的优点，又避免了职能式项目管理组织的多头指令的缺点。

44

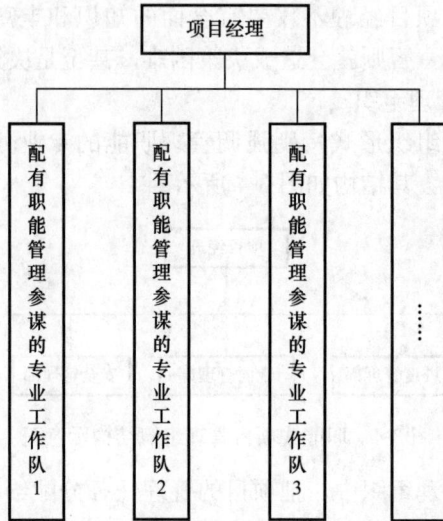

图 3-5　直线职能式项目管理组织结构示意图

直线职能式项目管理组织的缺点是职能管理参谋不能充分发挥其管理才能，工作的主动性和积极性会受到限制。

直线职能式项目管理组织的适用范围比较广泛，几乎可以适用于所有的工程项目。

4. 项目式项目管理组织

项目式项目管理组织的结构示意图如图 3-6 所示。项目经理把项目分解成若干个子项目，把对子项目的管理权下放给子项目经理，而自己则把精力集中在与外部协作单位和子项目之间的协调上。该项目管理组织的优点是：

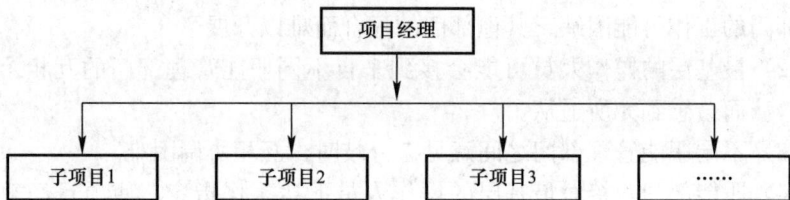

图 3-6　项目式项目管理组织结构示意图

（1）可以充分发挥子项目经理的积极性。

（2）项目经理可以精力集中做好协调工作，既可以保证与外部协作单位之间的关系顺畅，又可以保证与子项目之间的资源有效利用。

（3）可以根据项目的进展情况，随时进行子项目的增减，符合一般项目的建设规律。

该项目管理组织的缺点是项目经理对子项目信息的掌握可能不够全面和及时，有可能对子项目的管理失控。

项目式项目管理组织对于组织协调工作量比较大的大、中型项目比较适合。

5. 矩阵式项目管理组织

矩阵式项目管理组织有两种形式。一种是项目式和职能式的组合，即在工程项目管理组织中同时建立项目式和职能式两套项目管理组织，将子项目的管理和职能管理分别交给子项目和职能管理部门两套项目管理组织进行管理，其结构如图 3-7 (a) 所示。另一种形式是直线式和职能式的组合，即在工程项目管理组织中同时建立直线式和职能式两套项目管理组织，将工程项目的专业技术管理和职能管理分别交给直线式和职能式两套项目管理组织进行管理，其结构如图 3-7 (b) 所示。

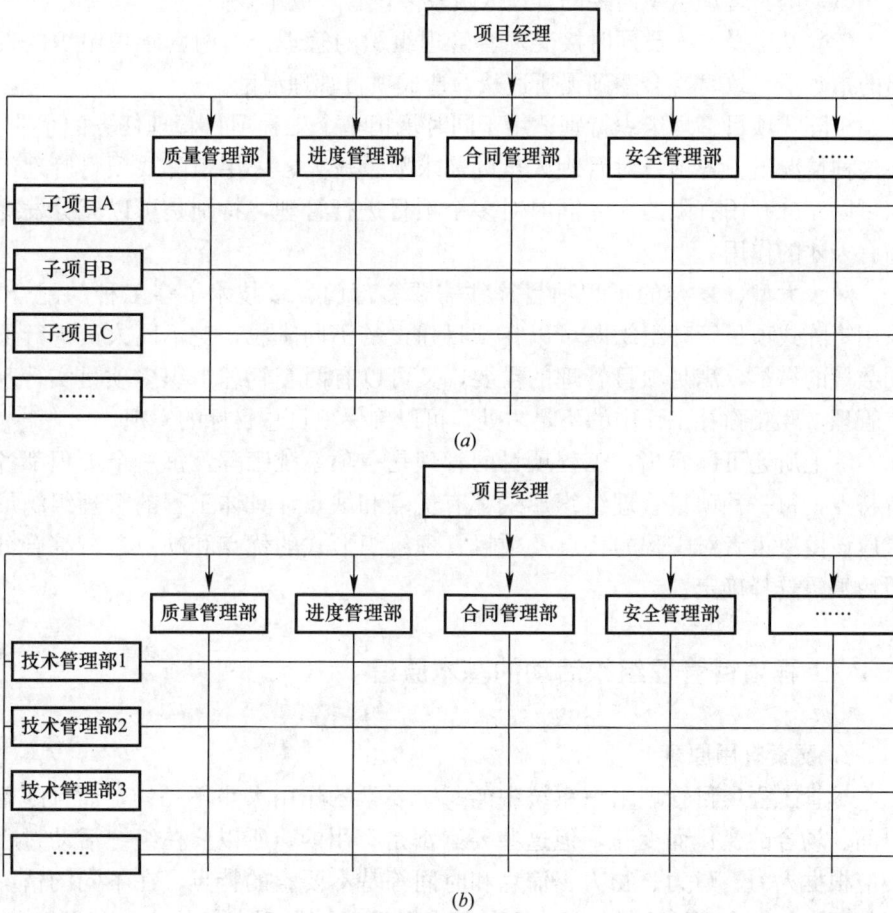

图 3-7　矩阵式项目管理组织结构示意图

矩阵式项目管理组织具有如下特征：

（1）由于有两套管理组织对项目进行管理，可以确保管理工作的全面、细致。

（2）在项目进行过程中，可以把职能管理部门作为永久性的管理部门，在整个项目的建设过程中始终保留，而另一套项目管理组织则可以根据项目的进展情况，随时进行子项目的增减，符合一般项目的建设规律。这样既可以保证项目管理工作的连续性，又使得项目管理组织具有很强的灵活性。

（3）当一个企业同时承担多个项目的建设任务时，可以把项目式管理组织作为项目管理的基本形式，而把职能管理部门作为项目管理的补充形式，这样既可以保证单个项目管理工作的相对独立，又可以使得单个项目管理工作中的不足通过职能管理部门的管理得到弥补，还可以通过职能管理部门来对整个企业的资源进行优化整合。

（4）项目经理可以从两套管理组织中获得项目的相关信息，对项目的进展情况理解比较全面和及时。

矩阵式项目管理组织的缺点是：

（1）两套管理组织需要的管理人员较多，管理成本较高。

（2）基层操作人员同时接受两套管理组织的管理，当两套管理组织的发出的指令不一致时，会感到无所适从，造成项目管理混乱。

矩阵式项目管理组织特别适用于同时承担多个工程项目管理任务的企业。在这种情况下，各项目对管理人员的需求数量较大，采用矩阵式项目管理组织可以充分利用有限的人才同时对多个项目进行管理，特别是可以充分发挥稀有人才的作用。

对于大型、复杂的工程项目往往需要多部门、多技术、多工种的配合，采用矩阵式项目管理组织既可以在项目建设的不同阶段，对不同人员进行不同数量的搭配，满足项目管理的需要，又可以有两套管理组织多项目实行双重管理，互相弥补工作中的不足之处，可以确保项目总目标的实现。

综上所述可以看出，工程项目的管理是一项系统工程，每一个工程都各有特点，每一种项目管理组织形式都有优点和缺点，具体工程的管理组织形式应该由决策者对工程的特点及项目管理组织形式的优点和缺点进行综合分析后慎重选择确定。

3.3 工程项目管理组织活动的基本原理

1. 要素有用原理

尽管工程项目管理组织系统中的每个要素的作用大小不一样，而且随着时间、场合的变化而变化，但这些要素都是有用的。所以，在组织活动过程中应根据人力、财力、物力、信息和时间等基本要素的特点，在不同的情况下的不同作用合理地安排、组合和使用各种要素，做到人尽其才、财尽其利、物尽其用，尽可能提高各要素的利用率。

2. 动态相关性原理

工程项目管理组织系统内的各要素之间并不是彼此孤立的，而是既相互联系，又相互制约的。在各要素的组合过程中，一加一可能等于二，也可能大于二，还可能小于二。因此，在工程项目管理过程中，要充分考虑组织系统内的各要素之间的相关性，特别是各要素之间的动态相关性，应该努力使组织机构活动的整体效应大于各局部效应之和，努力提高组织的管理效率。否则组织的存在就没有意义了。

3. 主观能动性原理

由于人是有生命的、有感情的和有创造力的，因此，人是工程项目建设过程中最活跃的因素。组织管理者应该充分发挥人的主观能动性，努力使组织机构的活动取得最佳效果。

4. 规律效应原理

规律是客观事物内部的、本质的和必然的联系。一个成功的管理者只有努力掌握管理过程中的各种客观规律，并按照客观规律办事，才能取得预期的效果，否则将会受到客观规律的惩罚。

本章小结及学习指导

1. 参与的单位和人员多、涉及的专业多、建设周期长、建设过程中的影响因素多是工程项目的基本特点，工作能力再强的人也不可能依靠个人的力量来完成一个工程项目的管理工作，因此，工程项目管理工作必须要靠工程项目管理团队来完成，组建工程项目管理组织是工程项目管理的基础性工作之一。

2. 通过本章的学习应该掌握工程项目管理组织的设计方法。

3. 工程项目管理组织的设计方法要根据工程项目的特点来确定。

思考题

3.1 什么是工程项目管理组织？

3.2 工程项目管理组织的构成要素有哪些？

3.3 工程项目管理组织设计的原则有哪些？

3.4 直线式项目管理组织的特点是什么？适用于什么样的工程？

3.5 职能式项目管理组织的特点是什么？适用于什么样的工程？

3.6 直线职能式项目管理组织的特点是什么？适用于什么样的工程？

3.7 矩阵式项目管理组织的特点是什么？适用于什么样的工程？

3.8 工程项目管理组织活动的基本原理有哪些？

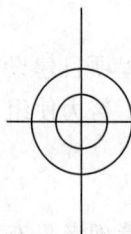

第4章 工程项目的人力资源管理

本章知识点

> 【知识点】
> 人力资源管理的基础理论和基本方法。
> 【重点】
> 掌握工程项目管理团队的管理方法。
> 【难点】
> 应用人力资源管理的基础理论和基本方法进行工程项目管理团队的管理。

4.1 工程项目人力资源管理的概念

1. 人力资源的定义

对于人力资源的定义众多的学者从不同的角度作了界定。综合他们的定义，可以将人力资源理解为在一定区域内的人口总体所具有的劳动能力的总和，或者是具有脑力劳动和体力劳动能力的总和。具体到一个工程项目，人力资源就是工程项目建设的内部和外部可提供服务和有利于工程项目建设的人的总和。

2. 人力资源管理的定义

人力资源管理是指运用现代化的科学方法，对与一定物力相结合的人力进行合理的培训、组织和调配，使人力、物力经常保持最佳比例，同时对人的思想、心理和行为进行恰当的诱导、控制和协调，充分发挥人的主观能动性，使人尽其才，事得其人，人事相宜，以便组织目标的实现。

3. 工程项目人力资源管理的定义

工程项目人力资源管理就是指运用现代化的科学方法，对工程项目管理团队成员进行合理的培训、组织和调配，使人力、物力经常保持最佳比例，同时对人的思想、心理和行为进行恰当的诱导、控制和协调，充分发挥人的主观能动性，使人尽其才，事得其人，人事相宜，以保证工程项目管理目标的实现。

4. 人力资源管理的在工程项目管理中的地位和作用

工程项目建设要实现其既定的目的，必须具备两方面的基本要素：首先要有一定数量的符合相关岗位要求的劳动者，即人力资源；其次要有一定的工具、设备和原材料，即物质资源。工程项目的建设是劳动者使用工具和设备，对原材料进行加工和组合，形成现实的生产力，完成各种工程项目建设任务，为社会创造出财富的过程。因此，工程项目的建设过程是人力资源与物质资源相互作用的过程，工程项目管理也包括对物的管理和对人的管理两个方面。

人力资源的一个最重要的特征是它的能动性。这是人力资源与其他资源最根本的区别。工程项目建设首先是人力资源的活动，只有人的活动才能够引发和带动其他资源的活动。人力资源的活动操纵和控制了其他资源的活动，并且人也是唯一能够在工程建设过程中起创造性作用的因素。因此，人力资源在工程建设活动中总是处于工程建设活动的中心，在工程项目管理中对人的管理也应该是处于工程项目管理的中心地位。

在当今世界，生产力水平和科学技术高度发达，现代化的设备功能越来越强大，人对现代化设备的驾驭能力对工程项目建设的质量和进度的影响作用也更加明显。对工程项目建设来说，能否很好地完成工程项目建设任务，并不取决于企业的规模是否宏大、资金是否雄厚、生产设备是否先进，而在于如何科学地管理人力资源，充分发挥人的主动性、积极性和创造性。在一定的物质条件下，人力资源管理好了，人的积极性、主动性和创造性得到充分发挥了，企业就有强大的活力，资金和设备就会得到合理的利用，劳动生产率就会得到提高，从而建设出高质量的工程；否则，再好的设备和原材料也无济于事。所以，科学的工程项目管理应该以人力资源管理为中心，以发挥人的积极性、主动性和创造性为出发点，做好对人的管理工作。

4.2　工程项目人力资源的特点

与物质资源相比，人力资源具有以下特点：

1. 临时性

工程项目建设团队因项目的产生而形成，也会因项目的结束而解散，并且即使在工程项目建设的不同阶段，也会因为工作内容的不同需要对工程项目建设团队的成员进行及时调整。因此，工程项目的人力资源具有临时性的特点。

2. 生物性

人力资源的载体是人，从而决定了它是有生命的活的资源。人的体力劳动的能力与人的自然生理特征息息相关。

3. 主观能动性

人是有思想和感情的，能够根据其对自身和外界的认识，对自身的行为做出抉择和调节，有意识、有目的地进行活动，能动地认识自然和改造自然，并能够对所采取行动的手段及结果进行分析、判断和预测。这是人力资源与其他资源的最根本的区别，也是人力资源的一个最重要的特征。人力资源的主观能动性主要表现在以下几个方面：

（1）具有很强的自我强化意识

在竞争日益激烈的今天，为了能够在激烈的竞争中处于不败之地，人们常常具有很强的自我强化意识，常常会通过接受教育、参加培训等学习活动来增长自己的知识，提高自己的能力。

（2）具有知识和技术创新能力

人的劳动过程既是其知识和能力的应用过程，也是知识和技术不断创新的过程。通过劳动人对自然规律和社会发展规律的认识不断深化，使自己的知识和能力不断提高，为今后的工作积累更多的经验。

（3）可以选择功利性投向

人不仅有趋利避害的动物本能，而且能够根据一定的功利性目的自主地支配自身的人力资源投向，有目的地决定其对于专业、职业、工作单位和岗位等问题的选择和变动行为。这要求工程项目管理人员要研究人力资源的思想行为规律，制定合理的人员招聘和管理政策，将优秀的人才吸引到工程项目建设团队中来。

4. 时效性

人力资源的形成、开发和利用都要受时间的限制。从生物学的角度来看，作为生物机体的人，有其固有的生命周期，在其幼年期、青壮年期、老年期的劳动能力各不相同。从社会学角度上看，人力资源也有其培养期、成长期、成效期和老化期。这要求工程项目管理人员要研究人力资源培养和使用的内在规律，使人力资源的形成、开发、配置和使用等处于一种理想的状态之中，从而更好地发挥人力资源的效用。

5. 社会性

工程建设项目的特点决定了工程项目建设必须是群体劳动。工程项目建设团队中的任何人都生活在一定的群体之中，团队成员的行为往往会彼此影响。这要求工程项目管理人员要研究人力资源的社会活动规律，为工程项目建设团队营造一种良好的团队氛围，充分发挥团队成员的积极性、主动性和创造性，为工程项目管理目标的实现奠定一个坚实基础。

4.3 工程项目人力资源管理的主要工作

工程项目人力资源管理的一般过程包括工程项目的团队设计、人员的选择和招聘、团队管理和团队解散四个阶段。

1. 工程项目的团队设计

工程项目的团队设计包括团队的组织结构设计、工作岗位分析、人力资源计划编制等内容。

工程项目团队的组织结构设计是指对工程项目团队的结构形式、部门设置、管理幅度、管理层次式、各部门各层次的权限等所做的分析和设计。由于该部分内容在第3章已经作了比较详细的介绍，在此就不再重复。

工程项目团队的工作岗位分析是对工程项目管理组织中的各工作岗位进

行分析，对各工作岗位的工作职责、工作环境、任职人员的资格要求和拥有的权利等进行详细的分析，最后制成各工作岗位需求的图表或说明书。

工程项目团队的人力资源计划编制是根据工程项目管理组织设计和岗位工作分析的结果而编制的工程项目团队的人力资源需求计划。

一个工程项目团队的人力资源管理首先要有足够数量的成员来满足工程项目建设的需要。同时，工程项目建设工作又属于专业技术工作，对参与工程项目建设的人员有一定的技术要求。因此，在编制工程项目团队的人力资源计划时，既要考虑人力资源的数量要求，也要考虑人力资源的质量要求。人力资源的质量是指最能体现人的体力和脑力状况的生理素质和科学文化素质以及这两者的综合。人力资源的数量和质量是密切联系的两个方面。数量是基础，质量是关键。

需要说明的是，工程项目人力资源组织计划编制方法与计划编制者身份有很大的关系。专业的项目管理单位和业主与承包商的工程项目团队无论是在组织机构形式、工作岗位需求，还是对人力资源的数量和质量的要求上都有很大的区别。专业的项目管理单位和业主的工程项目团队的主要任务是进行工程项目管理，其需要建立的是工程项目管理组织，需要的人员数量比较少，并且需要的主要是工程技术管理人员，而承包商主要任务是进行工程项目建设，其需要建立的是工程项目建设组织，需要的人员数量比较多，需要的主要是技术工人。在编制这两种组织的人力资源组织计划时，就需要从不同的角度去考虑问题。

2. 人员的选择和招聘

工程项目团队成员的选择和招聘是指通过制定人员选择和招聘的计划、方法、程序及根据工程项目团队的人力资源需求计划进行具体人员的选择和招聘的全过程。

工程项目团队成员的选择和招聘方法也与工作人员的身份有很大的关系。专业的项目管理单位和业主与承包商在工程项目团队成员的选择和招聘方法上也有很大的区别。专业的项目管理单位和业主的工程项目团队成员通常主要是从单位内部的工程技术管理人员进行选择，而承包商工程项目团队成员通常主要是从单位内部选择工程技术管理人员和对外招聘技术工人相结合。

3. 团队管理

工程项目的团队管理包括人员的培训、日常管理和绩效管理等许多方面。

（1）人员的培训

主要是通过各种形式对工程项目团队成员进行思想、技能和知识等方面的培训，旨在提高他们的技能，增长他们的知识，增强工程项目团队的凝聚力，以利于工程项目建设目标的实现。

（2）日常管理

工程项目团队的日常管理包括团队成员工作的日常安排、监督检查、组织协调、薪酬和福利管理等，其中最重要的是要做好团队成员的薪酬和福利管理工作。因为团队成员的薪酬和福利将会对团队成员的工作积极性产生最直接的影响。

　　工程项目团队的薪酬和福利管理工作包括薪酬管理和福利管理两个方面。做好工程项目团队薪酬管理工作的关键要制定出公平合理且具激励性的薪酬制度。在制定工程项目团队的薪酬制度时，要从团队成员的资历、职级、岗位及实际表现和工作成绩等多个方面进行综合考虑，制定出具有吸引力的工资报酬标准和相应的考核管理制度。工程项目团队的福利管理工作包括安排养老金、医疗保险、工伤事故保险、节假日福利等内容。工程项目团队的福利虽然使工程项目的人力成本有所增加，但能够体现团队对成员的关心，提高团队的凝聚力，保持团队成员的稳定，甚至可以吸引优秀的人员加入工程项目团队。

　　（3）绩效管理

　　绩效管理就是对工程项目团队成员的工作作出评价，并根据某一位成员工作表现和工作成绩对团队成员进行奖惩。目的是通过对团队成员进行奖惩来对成员工作中的不良表现进行惩罚及对工作表现好和工作成绩突出的成员进行奖励，在团队中营造一种良好的氛围，调动大家做好工作的积极性。

　　4. 团队解散

　　工程项目的特点决定了工程项目团队只能是一个临时组织，当工程项目建设工作完成之后，工程项目团队只能解散。但工程项目团队解散是为了下一次的相聚。所以，应该做好工程项目团队解散工作，特别是应该给团队成员留下一个好的印象，为下一次的相聚打好基础，也可以节省下一次团队组建和管理的成本。

4.4　人力资源管理的基础理论

4.4.1　人力资源管理的理论基础

　　了解人的行为过程是做好人力资源管理工作的基础。研究表明人的行为过程可以用图4-1来表示。由图4-1可以看出，人的行为动机就是为了满足人的未满足的需要。人力资源管理者如果能够适时地发现被管理者的未满足的需要，并安排适当的工作岗位来满足被管理者的未满足的需要，这样管理者和被管理者就能够形成一致的奋斗目标，就可以很好地激发被管理者的工作热情，非常有利于组织目标的实现。所以，人力资源管理工作的关键是如何发现管理者的未满足的需要，并为被管理者找到合适的工作岗位。要做到这一点就需要深入研究人的需要理论。在众多的人的需要理论理论中，以马斯洛的需要层次理论和赫茨伯格的双因素理论应用最为广泛。

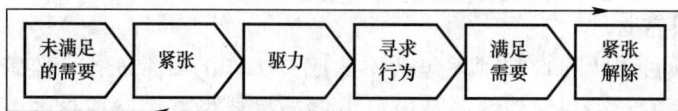

未满足的需要	紧张	驱力	寻求行为	满足需要	紧张解除

图4-1　人的行为过程

（引自：左美云，周彬. 实用工程项目管理与图解 [M]. 北京：清华大学出版社，2006.）

1. 马斯洛的需要层次理论

需求层次理论亦称"基本需求层次理论",是行为科学的理论之一,由美国科学家亚伯拉罕·马斯洛所提出。马斯洛理论把人的需求分成生理需要、安全需要、情感和归属需要、尊重需要和自我实现需要五个由低到高的层次(如图 4-2 所示)。各层次需要的基本含义如下:

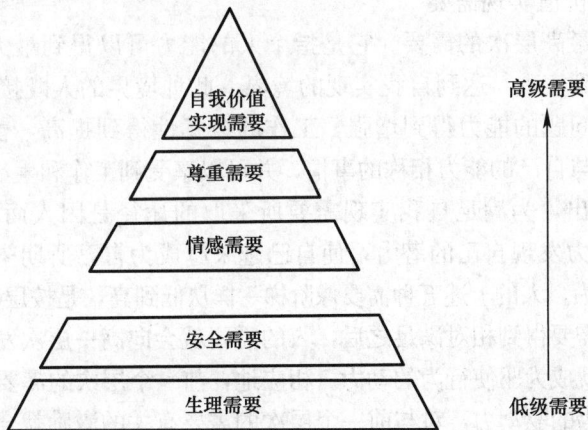

图 4-2 人的需求层次

（1）生理需要

这是维持人类生存的最基本的需要,包括吃饭、穿衣、喝水、住房、性满足等方面的要求。如果这些需要得不到满足,人类的生存就成了问题。因此,生理需要是推动人们行动的最强大的动力。

（2）安全需要

每一个人都希望自己能够有一个稳定的工作,生命和财产能够有所保障,可以摆脱事业的烦恼,避免受到丧失财产威胁和病痛的侵袭等方面的伤害。马斯洛认为,人的整个有机体是一个追求安全的机体,人的感受器官、效应器官、智能都是寻求安全的工具,甚至可以把科学和人生观都看成是满足安全需要的一部分。

（3）情感需要

这一层次的需要包括友爱和归属感两个方面的需要。友爱的需要包括对伙伴之间的友情、同事之间融洽的关系、朋友之间的友谊、男女之间的爱情等。马斯洛认为,每一个人都希望爱别人,也渴望接受别人的爱。归属感的需要是指人都有一种归属于一个群体的感觉,希望能够成为群体中的一员,并相互关心和照顾。感情上的需要比生理上的需要层次更高,更加丰富,并且和一个人的经历、受教育程度、宗教信仰等有关系。

（4）尊重需要

人人都希望自己的能力和成就能够得到社会的承认,得到别人尊重,有稳定的社会地位。人对尊重的需要又可分为内部尊重需要和外部尊重需要两个方面。内部尊重需要是指希望自己能够完全胜任自己角色需要,能够在自己工作和生活的环境中显得有实力、有信心，并能独立自主的工作和生活。外部尊重需要是指人希望能够在自己工作和生活的环境之外有地位、有威信，受到别人的信赖和尊重，并能够得到别人的高度评价。马斯洛认为，人的尊重需要得到满足后，可以使人在工作中充满自信，对生活充满信心，对社会满腔热情，体验到自己的社会价值。

（5）自我价值实现需要

这是人的最高层次的需要。它是指个人的能力可以得到最大程度的发挥，理想和抱负得到实现，达到自我实现的境界。此种境界的人既接受自己，也接受他人，解决问题的能力得到增强，工作的自觉性得到提高，善于独立处事，愿意完成一切与自己的能力相称的事情，并可以享受到工作和生活的最大快乐。

马斯洛提出，为满足自我实现需要所采取的途径是因人而异的。自我实现的需要是努力发现自己的潜力，使自己越来越成为自己所期望的人物。

马斯洛认为，人的上述五种需要像阶梯一样从低到高，是按层次逐级递升的。当某一层次的需要得到相对满足之后，人的需要就会向高一层次发展，追求更高一层次的需要就成为驱使行为的动力。相应地，前一个层次的需要得到相对满足后就不再是行为的驱动力，对与前一个层次的需要有关的激励就会失去兴趣。因此，人的某一种需要一旦相对满足后，相关激励措施也就不再成为激励的因素了，只有前一个层次的需要得到满足后，下一个层次的需要才能成为新的激励因素。

马斯洛的需求层次理论，在一定程度上反映了人类的心理活动和行为规律，抓住了如何有效地调动人的积极性的关键，也为人力资源管理政策的制定指明了方向。

2. 赫茨伯格的双因素理论

美国心理学家赫茨伯格在 20 世纪 50 年代末期，对一些企业职员进行了"人们希望从工作中得到什么"的调查，调查结果如图 4-3 所示。

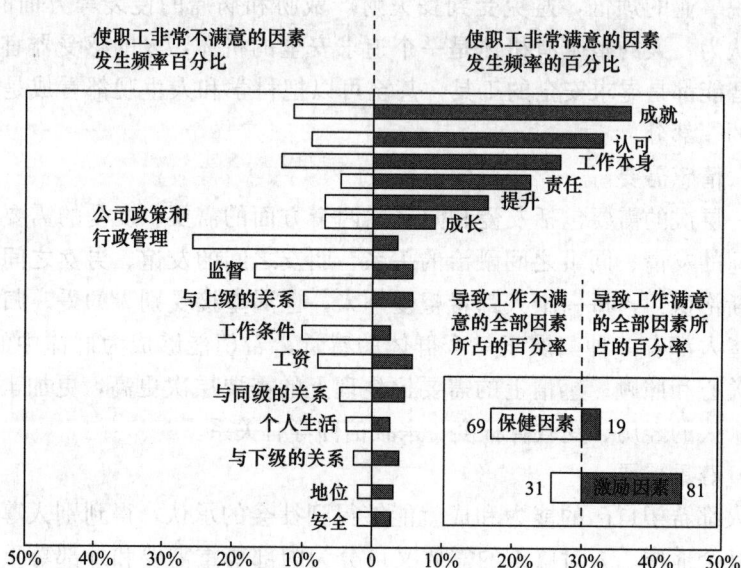

图 4-3　满意因素和不满意因素的比较

通过对 1844 个案例的调查发现,造成职工非常不满意的原因,主要是由于公司政策、行政管理、监督、与上级的关系、工作条件、与下级的关系、地位、安全等方面的因素处理不当。这些因素改善了,只能够消除职工的不满,还不能使职工变得非常满意,也不能激发其积极性,促进生产率的提高。赫茨伯格把这一类因素称为保健因素,见表 4-1。从另外的 1753 个案例的调查中发现,使职工感到非常满意的因素主要是工作富有成就感、工作成绩能得到社会承认、工作本身具有挑战性、负有很大的责任、在职业上能得到提升、成长等。这类因素的改善能够调动人的积极性和工作热情,从而会提高工作效率。赫茨伯格把这一因素称为激励因素。

保健因素和激励因素   表 4-1

保健因素	激励因素
公司政策	工作成就感
行政管理	工作成绩得到社会承认程度
监督与下级的关系	工作本身的挑战性高低
与上级的关系	工作责任大小
工作条件	在职业上能得到提升、成长情况
地位	
安全	

双因素理论认为,只有靠激励因素来调动人的生产积极性才能提高生产效率。

4.4.2　人力资源管理的基本原理

人力资源管理的基本原理是指导人力资源管理的制度建设和实践的思想、理论的总和。正确的人力资源管理原理可以指导管理者有效开发、合理配置、充分利用和科学管理人力资源,错误的人力资源管理原理则可能导致组织内部的人际关系紧张、内耗严重、效率低下。因此,人力资源管理基本原理的正确与否、运用是否得当关系到人力资源管理工作的成败。人力资源管理通常应该遵循以下的基本原理。

1. 分类管理原理

人力资源管理的分类管理原理是指管理者应该根据管理工作的需要,将按照科学的分类标准管理对象分成一定数量的类别,针对不同类别的管理对象采取不同的管理方式进行管理。这是由组织的特点所决定的。一方面,组织内会存在各种各样的工作岗位,需要有不同类型的人员来从事不一样的岗位工作。另一方面,人的基本素质也有很大差异,也需要有不同的工作岗位来满足不同素质的人的工作需要。因此,人力资源的管理者应该根据管理工作的需要,将工作岗位和管理对象按照科学的分类标准分成不同的类别,采取不同的管理方式进行管理,其中对工作岗位和被管理人员进行科学而合理地分类是做好人力资源管理工作的基础和前提。

2. 系统优化原理

人力资源管理的系统优化原理是指管理者要通过科学的管理方法,对组

55

织系统内的部门之间、成员之间及部门与成员之间的关系进行协调，使组织系统的整体功能大于各个部分功能之和，提高组织的运行效率，给组织带来更多的效益。

系统是由两个以上相互关联又相互影响的要素所组成的，具有特定功能和运行目标的有机整体。如果系统内各个要素合理组合，系统就可以发挥出正常的整体功能。如果对系统内各个要素组合进行进一步优化，就可以使系统的整体功能发挥出超常的功能。反之，如果系统内各个要素组合不合理，就会产生内耗，出现整体功能小于个体功能之和的结果。

人力资源管理的系统优化原理要求管理者把组织也可以看成是一个系统，把组织内的每一个部门和每一个成员都看成是组织系统内的一个要素，努力通过人力资源管理工作来发挥组织的最大功能，实现组织整体利益的最大化。在人力资源管理工作中运用系统优化原理时应遵循以下几个原则。

(1) 整体性原则

管理者在管理工作中要把着眼点放在组织系统的整体上来，重视组织运行的整体效应，把管理过程中所遇到的各种问题都放在组织系统的整体中来考虑，必要时甚至可以暂时牺牲部分部门或成员的利益来保证组织的整体利益。

(2) 结构性原则

所谓结构，是指系统内各要素之间的组织形式。系统是通过结构将要素联结起来的。系统的结构既是保持系统稳定性的根据和基础，也是影响系统整体功能发挥的决定性因素之一。因此，在人力资源管理的过程中，要努力通过对组织结构的精心设计来提高组织的运行效率。例如，可以通过规章制度的建设对部门和成员责、权、利进行合理分配来维护组织的整体利益，保持组织的生机和活力。也就是说，人力资源管理除了要努力提高组织成员的素质外，还要不断地进行管理制度和管理体制等方面的改革，不断完善组织结构，不断提高组织的运行效率。

(3) 层次性原则

在一个组织内既需要有管理层，也需要有中间层和操作层才能保证组织的正常运行。因此。在进行组织的人力资源规划时，应该要将组织系统分为不同的层次。如在做工程项目团队的人力资源规划时，一般要根据团队的总体目标情况，进行团队成员专业技术层次、年龄层次及层次之间的关系等方面的综合规划。

(4) 相关性原则

组织的部门之间、成员之间、部门与成员之间及组织与环境之间都是相互联系、相互影响的。它要求管理者在进行人力资源管理时要注意组织内的关联和影响关系，防止孤立、片面地看问题。

3. 能级对应原理

人力资源管理的能级对应原理是指管理者要把组织内的工作岗位和成员的能力科学、合理地配置起来，实现人适其事、事得其人、人事两宜的管理目标。这既是客观现实的需要，也是组织本身的需要。从客观现实的角度上看，由于先天条件、生活经历和受教育程度的不同，组织内每个人的能力有大有小，这是普通的社会现象。因此，组织内的每个人所蕴含的人力资源的层次和级别是有差异的。从组织的层面上看，组织系统内的各个工作岗位的工作难易程度和责任大小也是各不相同的，所需要的资格条件也就各不一样，需要有不同能力的人来担任不同的角色。如何使有着大小差别的人力资源和所需资格各不一样的工作岗位相匹配，就需要人力资源管理者运用的能级对应原理来匹配。为此，人力资源管理者就必须做到以下几点。

（1）在进行组织结构设计时要设置科学合理的能级结构。稳定的组织结构应该是呈三角形的能级分布（如图4-4所示）。所以，在进行组织结构设计时要设置科学合理的能级结构，并形成各种工作岗位的合理搭配组合，保证组织能够科学运行。特别要破除"人多好办事"的小生产的效率观，要从"多一个人就是多一个故障因素"的现代观念出发，尽量用最少的人办最多的事。

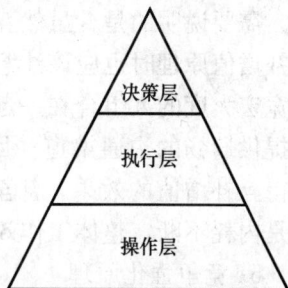

图4-4 稳定的组织结构能级分布

（2）组织内不同的能级应该有不同的责任、权利和义务。

（3）组织内能级的对应不是一成不变的，它是一个动态的过程。一方面，人的能力会随着知识的增长和经验的积累不断增强，也会随着年龄的增长、体力和智力的减退而下降，人力资源管理需要根据成员的实际工作能力的变化适时调整成员的工作岗位。另一方面，随着社会的发展和各种环境条件的变化，组织对工作岗位的要求也会不断变化，因此，人力资源管理需要根据上述的变化适时地调整组织内"能"与"级"的对应关系。

4. 互补增值原理

人力资源管理的能级对应原理是指管理者要把组织内的人力资源群体中各有长短的个体科学合理地组织在一起，取长补短，形成$1+1>2$的群体优势，起到互补增值的效果。人的能力不仅有大小的差别，而且各有长短。任何一个有劳动能力的人都可以在组织系统中的相应工作岗位上发挥作用；没有无用之人，只有不用之人。"智者千虑，必有一失"，再平庸的人，也有其闪光的一面，这就是互补增值的客观可能性。所以，在人力资源管理过程中，努力发现每一个成员的能力特点，并根据每一个成员的能力特点，把不同能力的人科学合理地组织在一起，取长补短，形成$1+1>2$的群体优势，达到互补增值的目的。常用的互补增值有：

（1）知识互补，即把具有不同专业知识或知识掌握的深度和广度有差异的人有机地组合在一起，实现互补，使群体的知识结构比较全面、科学和合理。

（2）能力互补，即把不同能力类型和能力大小的个体有机地组合在一起，实现互补，使群体形成合理的能力结构。

（3）性格气质互补，即把不同性格气质特征的人有机地组合在一起，实现互补，形成能够处理各种问题的良好的性格气质结构和良好的人际关系。

（4）年龄互补。一般来说，年老的人工作经验丰富、比较沉稳；中年人既有一定的经验，又具有很高的工作热情，且精力充沛，处理问题果断；年轻人则敢于开拓。因此，老、中、青的组合，可以实现互补，使工作做得更好。

（5）性别互补。不同性别有不同的特点。女性虽然比较柔弱，但较细心和耐心。男性虽然比较刚强，但比较粗犷。男女性别的互相搭配，可以实现优势互补。

需要说明的是，虽然互补增值原理可以提高组织的工作效率，但在运用互补增值原理时也应该注意只有把具有共同的理想和事业追求，有合作意愿且宽宏大度的人组合在一起才能形成互补增值。另外，还应该为各个互补群体提供通畅的沟通渠道。目标不同，志向各异，缺乏理解，沟通困难就难以取得互补增值的效果，甚至会钩心斗角，彼此拆台，不仅不能互补增值，反而是内耗不断，整体工作效率低下。

5. 竞争强化原理

竞争贯穿于组织发展和成长的整个过程，特别是在招聘录用、职务晋升、奖励、培训、考核和工资晋级等与组织成员的切身利益密切相关的环节。良性的竞争可以增强组织的活力，提高组织的工作效率；而恶性竞争，则会损害组织的凝聚力，产生内耗，降低组织的工作效率。

人力资源竞争大致可分为排他性竞争和非排他性竞争两种。在排他性竞争中实力强、条件优越者胜利，相形见绌者被淘汰。如在招聘录用中，一般来说，由于招聘录用的名额有限，而应聘者的人数通常又多于既定的录用数额，尽管应聘者都能够达到录用的标准要求，但由于名额的限制，只能是其中的优秀者获胜。这种淘汰性竞争，保证了招聘录用的高质量，达到了择优的目的。而对于落选者来说可能是不愉快的，甚至是残酷的，但只要正确对待，将压力变动力，将来仍有获胜的机会。所以，排他性竞争中的排他或淘汰是相对于一定的数量指标而言的，实质上对胜利者和淘汰者都是一种强劲的动力，都能达到强化的目的。非排他性竞争一般不受数量指标的限制，因而不存在你胜我负、你上我下的局面，而是你追我赶，力争上游，共同攀登新的高峰。比如，在培训中，知识的掌握和技能的增长，一般不具排他性质。可能有合格和不合格的区别，也可能是全体优秀。排他性竞争和非排他性竞争各有适用的范围，正确运用就能做到择优和强化人力资源的目的。

竞争是人力资源管理的有效途径，是人成其才、才尽其用的推动器。竞争强化是指通过各种有组织的良性竞争，培养人们的进取心、毅力和胆魄，使他们能全面地施展才华，为组织的发展做出更大的贡献。为使竞争产生积极的效果，应注意以下几点：

（1）竞争必须公平。也就是说，竞争的条件、规则、结果考评、奖惩标准等，对所有人必须一视同仁，不偏不倚。

（2）竞争必须以组织发展为重要目标。良性的竞争中紧紧围绕组织目标，把个人目标和组织目标结合起来。在竞争中,每个人不仅要同周围的人相比,而且要同组织目标相比;即使同他人比,也是要取人之长,补己之短,形成学先进、赶先进和超先进的良好风气。这样的竞争才有利于效率的提高、活力的增强,而恶性竞争,则是不顾组织目标,完全以个人目标为动力,为了取胜不惜损害组织或他人的目标和利益:这种竞争难以提高组织的效率,只会损害组织的凝聚力。

6. 文化凝聚原理

组织文化是一个组织长期发展过程中,把组织内部全体成员结合在一起的行为方式、价值观念和道德规范。它对成员具有巨大的凝聚作用,使组织成员团结在组织内,形成一致对外的强大力量。同时,组织文化强调个人自由全面的发展,实行自主管理、自我诊断、自我启发和自我完善,可以调动组织成员的积极性、主动性和创造性。一个组织的凝聚力和激励力,虽然与组织给予其成员的物质预期有关,但归根到底取决于组织内人们共同的价值观念。如果组织有了良好的群体价值观,管理就会达到事半功倍的效果。特别是在人们的温饱问题解决以后,人们的追求层次在逐渐提高。这就要求我们在管理工作中要抛弃那种"大棒加胡萝卜"的管理方式,而应该把着眼点放存满足员工的高层需要(精神需要)上来。实现以人为中心的管理,用高尚的组织目标和组织精神塑造人才、凝聚队伍、激励员工,取得人力资源开发和管理的高效益。

从组织管理的诸多要素在组织管理中的作用来看,组织文化处于整个构架的最上端,起着高屋建瓴、统率全局的作用。

4.5 工程项目团队的生命周期

一个工程项目团队的生命周期包括组建阶段、震荡阶段、正规阶段、表现阶段和解散阶段,如图 4-5 所示。

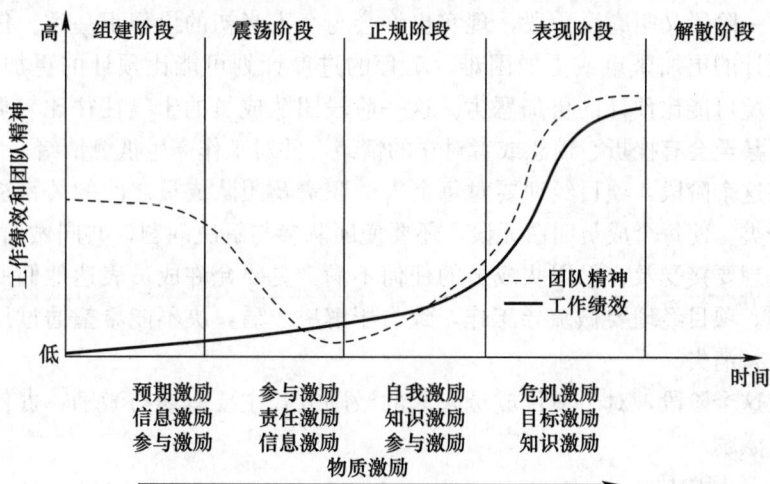

图 4-5 工程项目团队的生命周期

图中的 5 个阶段的激励方式都是该阶段的主要方式，其他阶段的激励方式也可以同时被很好地采用。要强调的是，对于项目建设人才，要更多地引导他们进行自我激励，要更多地对他们进行知识激励。当然，足够的物质激励是不言而喻的、自始至终的、最有效的激励。

激励的结果是使参与项目的所有成员组织成一个工作富有成效的项目团队，特点如下：

① 能清晰理解项目的目标；

② 每位成员对角色和职责有明确的期望；

③ 以项目的目标为行为的导向；

④ 项目成员之间高度信任，合作互助；

⑤ 震荡期尽可能的短等。

1. 组建阶段

工程项目团队的组建阶段，团队成员刚刚进入团队，每个人的心里都有许多疑问：我们的目的是什么？其他团队成员的技术水平、性格特点和人品怎么样？我能和其他成员合得来吗？我能被他们接受吗？团队成员在情绪上常常表现出激动、希望、怀疑、焦虑和犹豫等特点。

在这个阶段中，团队要建立起整体形象，需要明确方向。项目经理一定要向团队说明项目目标，并设想出项目成功的美好前景以及成功所产生的益处，公布有关项目的工作范围、质量标准、预算及进度计划。项目经理要介绍项目团队的组成情况，对团队成员的知识和能力结构要求，以及每个人所充当的角色。项目经理在这一阶段还要进行组织建设工作，包括确立团队工作的初始操作规程，建立起良好的沟通渠道和规范的文件审批、工作记录要求，并让团队成员参与制定项目计划。

在这个阶段，对于团队成员采取的激励方式主要为预期激励、信息激励和参与激励。

2. 震荡阶段

这一阶段又叫磨合阶段，现实也许会与个人当初的设想不一致。任务可能比预计的更加繁重或更加困难，工程的进度计划可能比预计的更加紧张，工作环境可能比预计的更加恶劣。这一阶段团队成员的士气往往比较低，部分成员甚至会有挫折、愤怒或者对立的情绪，并对工作产生抵触情绪。

在这个阶段，项目经理要对每个人的职责及团队成员之间的关系进行明确的分类，使每个成员明白无误，还要使团队参与解决问题，共同做出决策。项目经理要接受及容忍团队成员的任何不满，更要允许成员表达他们所关注的问题。项目经理要做疏导工作，致力于解决矛盾，决不能希望通过压制来使其自行消失。

在这个阶段，对于项目成员采取的激励方式主要有参与激励、责任激励和信息激励。

3. 正规阶段

随着项目的进行，工作将逐渐步入正轨，各项工作也将正常开展，工作的控制权及管理权也将逐步从项目经理移交给各活动或工作包的负责人。经过一段时间的磨合，项目团队成员逐渐接受了现有的工作环境，每个人逐渐进入了团队成员的角色，开始接受其他成员作为团队的一部分。成员之间开始相互信任，并建立了工作和生活友谊，团队的凝聚力开始形成。

除参与激励外，项目经理还采取两个重要激励方式：一是发掘每个成员的自我成就感和责任意识，诱导成员进行自我激励；二是尽可能多地创造成员之间互相沟通、学习的良好环境，以及从项目外部聘请专家讲解与项目有关的新知识、新技术，给成员充分的知识激励。

4. 表现阶段

这一阶段项目团队之间能够开放、坦诚、及时地进行沟通，彼此之间相互依信赖和依赖程度进一步提高，他们能够精诚团结，并在自己的工作任务之外尽力互相帮助。出现技术难题时，团队成员会自动地组成临时攻关小组，解决问题后能够将有关的知识或技巧在团队内部快速共享。团队能得到高度授权，大家对工作充满信心，团队的工作绩效很高，常常会得到表扬，团队成员能够获得完成工作任务后的满足感，集体感和荣誉感开始逐渐增强。

项目经理要将注意力集中在预算、进度计划等项目的目标控制上。如果实际进程落后于计划进程，要及时进行修正计划的制定和执行。

这一阶段激励的主要方式是危机激励、目标激励和知识激励。

5. 解散阶段

工程项目建设的特点决定了工程项目团队只能是一个临时性组织。尽管团队成员经过工程项目建设阶段的彼此合作，建立了深厚的友谊，但随着项目的结束，彼此不得不依依惜别，并盼望着下一次的合作。

4.6 工程项目团队的工作岗位分析

工作岗位分析是人力资源管理的基础性工作之一。它的主要任务是根据工程项目团队组织结构设计的结果，进一步明确工程项目团队内各个岗位及所需要的人员特点。这些工作既是招聘人员时所必需的基础性工作，也可以为以后的日常管理和绩效考核等奠定基础。

工作岗位分析的内容见表4-2，其结果既可以编制成工作岗位的说明书和工作规范，也可以做成如表4-2所示的工作岗位分析表。

工作岗位分析表　　　　　　　　　　　　　　表 4-2

岗位名称		相关岗位	
直接上级		需要使用的设备和工具	
直接下级		工作时间	
主要责任		加班要求	
具体任务		出差需求	
资格要求		考核标准	

61

在工程项目团队的所有工作岗位中，最关键的是项目经理岗位。

项目经理是建设工程项目经理的简称。他是施工企业为建立工程项目的质量、安全、进度和成本的责任保证体系，全面提高工程项目管理水平而设立的重要管理岗位，是施工企业法定代表人在工程项目上的委托代理人，也是项目实施阶段的第一责任人。对内，项目经理要对企业的效益负责；对外，项目经理在企业法人的授权范围内对建设单位等相关单位负责。项目经理也是与建设单位、监理单位、设计单位、政府部门、各种新闻媒体等组织之间联系的桥梁和纽带。

我国从1995年开始在全国推行建设工程施工项目经理负责制，目前已经在几乎所有的工程项目建设体系中都建立了以项目经理为首的生产经营管理系统，确立了项目经理在工程项目施工中的中心地位。

施工项目经理是工程项目施工的责任、权力和利益的主体。

首先，他是项目实施阶段的责任主体，他是工程项目施工的质量、进度、成本和安全等施工现场的所有工作的第一责任人。

其次，项目经理是工程施工项目的权力主体，权力是确保项目经理能够承担起责任的条件和手段，没有必要的权力，项目经理就无法对工作负责。为了确保项目经理能够承担起其责任，施工企业要赋予项目经理对施工现场的人、财、物、技术、信息等生产要素的全部的组织和管理权力。

第三，项目经理是项目利益的主体。利益是项目经理工作的动力。更多的项目经理负很大的责任，理应得到的更多的报酬。

综上所述可以看出，项目经理是工程项目建设过程中的非常关键的岗位，理所当然地要成为工程项目人力资源工作的重点管理对象。正是由于项目经理岗位的重要性，除了施工企业非常重视对项目经理的管理之外，行业协会也对项目经理的任职资格做了非常明确的规定。中国建筑业协会2005年3月1日发布的《建设工程项目经理岗位职业资格管理导则》中将建设工程项目经理的岗位职业资格等级划分为A、B、C、D四个等级：

A级为建设工程总承包项目经理；

B级为大型建设工程项目经理；

C级为中型建设工程项目的施工项目经理；

D级为小型建设工程项目的施工项目经理。

《建设工程项目经理岗位职业资格管理导则》对A、B、C、D四个等级的项目经理标准及必须具备的条件做了如下规定：

（1）A级项目经理标准及必须具备的条件如下：

1）具有大学本科以上文化程度、八年以上的工程项目管理经历，或具有大专以上文化程度、十年以上的工程项目管理经历。

2）具有国家一级注册建造师（或注册结构工程师、建筑师、监理工程师、造价工程师）执业资格，并参加过国际（工程）项目管理专业资质认证或工程总承包项目经理岗位职业标准的培训。

3）具有大型工程项目管理经验，至少承担过两个投资在1亿元以上的建设工程项目的主要管理任务。

4）根据工程项目特点，能够带领项目经理部中所有管理人员熟练运用项目管理方法，圆满地完成建设工程项目各项任务。

5）具备一定的外语水平，能够阅读或识别外文图纸和相关文件。

（2）B级项目经理标准及必须具备的条件如下：

1）具有大学本科文化程度、六年以上的工程项目管理经历，或具有大专以上文化程度、八年以上的工程项目管理经历。

2）具有国家一级注册建造师（或注册结构工程师、建筑师、监理工程师、造价工程师）执业资格。

3）具有大型工程项目管理经验，至少承担过一个投资在1亿元以上的工程项目的主要管理任务。

4）具有一定的外语知识。

（3）C级项目经理标准及必须具备的条件如下：

1）具有大专以上文化程度、四年以上的施工管理经历，或具有中专以上文化程度、六年以上的施工管理经历。

2）具有二级注册建造师及相应专业的执业资格。

3）具有中型以上工程项目管理经验，至少承担过一个投资在3000万元以上工程项目的主要管理任务。

（4）D级项目经理标准及必须具备的条件如下：

1）具有大专以上文化程度、两年以上的施工管理经历，或中专及以上文化程度、三年以上的施工管理经历。

2）经过项目经理岗位职业资格标准培训，并取得岗位职业资格证书。

3）具有小型工程项目管理经验。

《建设工程项目经理岗位职业资格管理导则》中还特别强调了对项目经理的培训与考核要求。该导则规定施工企业只能够从取得《建设工程项目经理岗位职业资格证书》的人员中，选择聘任项目经理。《建设工程项目经理岗位职业资格证书》由各省、自治区、直辖市或有关行业建设协会指定的机构依照项目经理岗位职业等级标准和要求及工程项目的规模及实际情况进行审核后颁发。也就是说，只有获得了《建设工程项目经理岗位职业资格证书》的人，才具有担任项目经理的资格。

4.7 冲突管理

4.7.1 冲突的概念

冲突是指一方为了限制或阻止另一方达到其预期目的而采取的行为和措施。所有项目中都存在冲突。在工程项目建设过程中，团队或成员为了达到自身的目的，在团队和团队之间、团队和成员之间或成员和成员之间常常会产生冲突。冲突如果处理不当可能会影响到项目的进度，甚至有可能左右项目的结果。因此，在工程项目管理过程中必须要做好冲突管理工作。

4.7.2　冲突的类型

由于工程项目建设的时间比较长，影响因素比较多，所以，在工程项目

建设过程中，冲突可能来源于任何一个影响工程项目建设的因素，其中最常见的冲突有进度冲突、项目优先权冲突、资源冲突、成本费用冲突、技术冲突、管理程序上的冲突以及团队成员间的个性冲突等（见图4-6）。

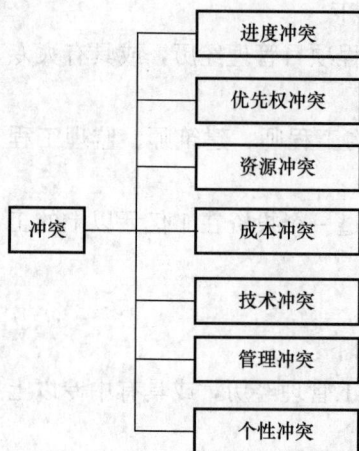

图 4-6　冲突的类型

1. 进度冲突

工程项目建设活动需要人、材料、设备等资源的共同作用才能够完成，因此，人准备工作做得不充分、材料的供应不及时、设备不能够如期进场或项目进行过程中出现设备故障等都可能影响到项目的正常开展，此时利益受到损害的一方就会和影响到项目的正常开展的一方之间产生冲突。

再有，工程项目的建设需要有一系列的项目工作任务（或工作活动）来完成，前一道工序不能如期完成或完成的质量不理想，也会给下一道工序带来影响，前一道工序和下一道工序之间也会产生冲突。

2. 优先权冲突

工程项目建设的一系列项目工作任务中，大部分工作任务之间都有着正常的先后顺序，但也有一些工作任务之间的逻辑关系并不明确，此时项目参加者就可能因为对现实项目进行过程中应该执行什么样的工作任务次序的意见不同而产生冲突。

3. 资源冲突

当项目的资源供应无法满足所有工作的需要时，项目团队成员会由于对资源分配意见的不同而产生冲突。

4. 成本冲突

工程项目建设任务的完成，可以采用的施工工艺及材料、设备等许多方面都没有统一的标准，而不同的施工工艺及材料、设备会产生不同的成本。在工程项目建设过程中，项目参与者可能因为不同的施工工艺及材料、设备而产生不同的成本问题产生冲突。

5. 技术冲突

在工程项目建设过程中，项目参与者可能因为工程的质量要求、设备的技术性能要求以及实现项目管理目标的手段等技术问题产生冲突。

6. 管理冲突

工程项目管理涉及的面非常广，在工程项目建设过程中，项目参与者可能因为围绕项目管理问题而产生冲突。项目工作范围的定义、责任的划分、

风险的分担、工作计划安排等许多方面都涉及项目参与者的切身利益，彼此之间可能因为利益分配问题而产生冲突。

7. 个性冲突

工程项目团队是一个临时性的组织，彼此之间在形成团队之前往往比较陌生，在形成团队之后，成员之间可能会由于价值观、事物判断标准等不同而产生冲突。

4.7.3 解决冲突的方法

尽管引发冲突的原因复杂多变，冲突的种类多种多样，各种冲突对项目影响的强度和性质也各不相同，但对众多的冲突处理仍然是有规律可循的，一般可以通过图 4-7 所示的 6 种方法来处理冲突。

1. 防止冲突

俗话说，防守是最好的进攻。做好冲突防范，防止冲突的发生是处理冲突的最佳方法。为此，需要项目经理在项目的工作任务开始之前明确项目的总体目标、成员的各自责任和工作目标及项目的总体实施计划，确保所有团队成员都能够熟悉项目计划的同时，努力培养团队成员的大局意识，为团队营造一个良好的合作环境，使团队成员之间能够相互理解、相互信任，并相互支持，积极地为完成项目的总体目标而努力工作。

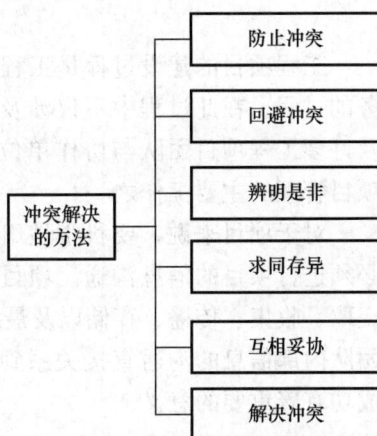

图 4-7　冲突的解决方法

（防止冲突 / 回避冲突 / 辨明是非 / 求同存异 / 互相妥协 / 解决冲突；冲突解决的方法）

2. 回避冲突

将卷入冲突的项目成员一方或双方从冲突中撤出，可以彻底避免冲突的进一步发展，彻底地解决冲突。

3. 辨明是非

冲突在可能会阻碍组织或个人目标实现的同时，也可能暴露出工程项目建设管理计划中没有考虑到的一些新问题，给项目决策带来新信息，产生解决项目中问题的新方法，促进项目管理工作的开展。当这样的冲突发生时，通过冲突来发现新问题，产生解决问题的新办法要比"勉强"保持人际关系更为重要。管理者可以让冲突的双方通过争论加深对问题的认识，使解决问题的方法进一步优化。

4. 求同存异

当冲突双方对引起冲突的事件既有共同认识，又有争议时，如果争议的问题不影响项目的正常进行，管理者在处理冲突时可以尽可能强调冲突双方的一致意见，而暂时搁置双方的不同意见，求同存异，先保证工作的正常开展。

5. 互相妥协

寻找一种折中方案，使争论双方的利益都能够在一定程度上得到满足的同时，双方又都做出一些让步。这种处理冲突的方法一般冲突的双方都能够满意，是一种比较积极的冲突解决途径。

6. 解决冲突

当冲突双方的要求比较容易满足，并且从整体上看，可以用很少的代价换取整个团队的更多利益时，管理者直接面对冲突，付出一定的代价来解决冲突。这样处理冲突既解决了问题的症结，也化解了队员之间的矛盾，缓和了冲突双方的关系，更有利于项目的顺利进行，因而这是最积极的冲突解决途径。但这种处理冲突使用的前提是可以用很少的代价换取整个团队的更多利益。

4.8　沟通管理

工程项目的建设过程是工程项目团队紧密协作共同完成工程项目建设任务的过程。在此过程中不仅涉及大量的工程项目团队内部的沟通问题，还涉及许多工程项目团队与协作单位之间的沟通问题。因此，沟通管理也是工程项目管理的主要工作之一。

对于项目来说，要科学地组织、指挥、协调和控制项目的实施过程，就必须进行项目的信息沟通。项目沟通管理就是要保证项目信息及时、正确地提取、收集、传播、存储以及最终进行处置，保证项目团队内部的信息畅通。团队内部信息的沟通直接关系到团队的目标、功能和组织结构，对于项目的成功有着重要的意义。

4.8.1　影响沟通效果的因素

1. 团队成员的素质和能力

团队成员的素质和能力包括知识、经验、沟通能力、组织能力、团结协作精神、技术业务能力、责任心和果断决策的能力。团队成员的素质越高，能力越强，在项目实施过程中沟通就越顺畅，项目按时、按质完成的可能性就越大。

2. 项目经理的素质和能力

项目经理往往对项目的成败起决定作用，如果项目经理有良好素质，尤其是有良好的沟通能力，可以在和团队成员交流、检查工作、召开会议等沟通过程中获取足够的信息，发现潜在的问题，控制好项目的各个方面，从而使项目顺利完成。

3. 团队成员对信息的态度

团队成员对沟通信息的态度是影响沟通的重要因素。如果团队成员重视信息，不仅关心与本身工作有关的信息，而且关心项目目标、项目进度、建设单位要求等方面的信息，及时接收和发送信息，沟通效果必然就好；反之，则相反。

4. 团队成员的相互信任程度

沟通是信息发送者与接收者之间"授"与"受"的过程。信息传递不是单方面的，而是双方的事情，因此，沟通双方的诚意和相互信任至关重要。在项目沟通中，当面对来源不同的同一信息时，团队成员最可能相信他们认为最值得信任的那个来源的信息。

沟通的准确性与沟通双方间的相似性也有着直接的关系。团队成员如果在性别、年龄、智力、种族、社会地位、兴趣、价值观、能力等方面相似性越大，沟通的效果也会越好。

5. 信息传递层次的多少

沟通信息传递过程中如果中间层次过多，那么，信息在传递过程中就容易产生失真；一项研究表明，企业董事会的决定通过五个层次的传递后，信息的失真程度达80％。这是因为，在信息传递时，各层次都会花时间把接收到的信息进行甄别，一层一层的过滤，在过滤的过程中还掺杂了大量的主观因素，尤其是当发送的信息涉及传递者本身时，往往会由于心理方面的原因，造成信息失真。

6. 工程项目各接口之间的协调情况

工程项目的接口主要包括：总承包方与建设单位、总承包方与分包方、总承包方与监理公司以及总承包方内部各专业组之间的协调问题，如果各接口之间的任务与责任明确，接口之间的相互推诿减少，沟通的效果就好；反之，沟通的效果就差。

7. 沟通计划的完备性

沟通计划是否详细而全面地描述了项目信息的收集和归档结构、信息的发布方式、信息的内容、每类沟通产生的进度计划、约定的沟通方式等；是否做好了各利益关系人信息沟通的需求分析，他们各自需要什么信息、如何传递等工作，对提高信息沟通效果影响较大。

4.8.2 沟通管理的方法和途径

1. 组建一个好的团队

在组建项目部时，要视项目的复杂程度，根据知识、专业、能力、性格等要素优势互补的原则选配项目组的主要成员。高效的项目管理组织能形成良好的"项目精神"，减少不必要的交流和合作数量，以提高项目组的沟通效果。一个好的项目组应当具备完成项目任务，实现预期目标的能力，即使在项目遇到困难时，项目组也能发挥集体的力量去克服各种困难，使项目始终运行良好，这是一种系统能力，是通过团队成员间的良好沟通和协作而体现出来的。

2. 建立完善的项目沟通管理体系

项目组因开展项目而成立，因项目完成而解散。工程项目一次性的特点决定了团队成员为该项目协同工作的临时性。由于项目组的成员来自于不同的利益关系方，即使总承包方内部也有来自于不同职能部门的成员，成员间并不完全了解，如果不进行有效的沟通，成员间根本无法协作，因此只有形成有效的沟通体系，成员间才能充分交流，分享信息，相互信任，互相支持。

68

建立良好的项目沟通管理体系首先应构建项目组的沟通网络,决定项目各关系人的信息沟通需求;明确网络沟通中各关系人的职责和权限;建立沟通反馈机制,信息发送出去并接收到之后,双方必须对理解情况做检查和反馈,确保沟通的正确性;建立定期检查项目沟通情况的制度,保持信息沟通的顺畅和有效。

3. 正确处理好工程项目的各种接口关系

(1) 正确处理总包方与建设单位的关系

总承包方要正确理解建设单位的设计意图和要求,在设计中定期向建设单位汇报项目进展情况,交换意见。如果建设单位有好的建议,在不违反设计标准、规范、设计初衷的情况下,尽量满足建设单位的设计变更要求,以创造良好的合作氛围。

总承包方应主动、积极、详细地向分包方介绍工程概况、技术要点和工程进度,并对分包方的工程进度和质量进行全程的跟踪和控制,对各分包方施工平面中的交叉施工进行综合协调;各分包方作为项目的建设者,在施工中遇到困难,例如场地、材料、机具等问题,要加强与总包方沟通,通过总包方的及时沟通解决施工中出现的各种问题。

(2) 正确处理总承包方内部的协调关系

作为总承包方,内部是否协调一致尤为重要。由于项目涉及设计、采购、施工、设备安装等各项工作,各专业组之间的协调也相当重要。总承包方要加强内部的协调沟通,形成全面统筹、信息畅通的内部管理格局。如设计组凭借技术优势,不但要对整个工程的技术负责,同时要对设备组订货提供技术支持,解决现场出现的各种技术问题;设备组要积极主动地与设计人员沟通,了解设计人员的意图,并随时与施工组保持联系,根据施工工期的要求,积极组织货源,保证工程按进度计划要求顺利进行;施工组要借助与设计人员的交流,保证工程顺利进行同时将施工进度及时反馈给设备组,以保证设备能及时组织到位。

此外,工程得以顺利完成还必须处理好与监理公司、主管部门的关系。

4. 选好工程项目经理

(1) 项目经理要有较强的沟通管理意识

项目经理必须认识到沟通在项目管理中的作用。项目经理所做的每一件事情都包含沟通,项目经理没有信息就不可能进行管理,而信息只有通过沟通才能得到。所以项目经理必须有很强的沟通意识,要花50%～70%的精力用于沟通,同时要掌握提高沟通有效性的基本原则,做到尽早沟通和主动沟通。

尽早沟通和主动沟通要求项目经理有一定的前瞻性,定期和相关人员进行沟通,及时发现当前问题和潜在问题,采取有效措施,避免项目实施中不必要的损失。项目经理要利用会议,促进团队成员的相互了解、熟悉,明确各团队成员角色分工、职责和权限,与其他成员的接口,并使所有成员对项目目标和工作计划充分了解。

（2）项目经理要熟悉专业技术

工程项目经理未必是样样精通的专才，但至少应该是样样都熟悉的通才，否则，很难将一个复杂的大型项目管好。对项目中某一专业领域一点也不懂的项目经理，就很难与项目组中该领域的成员沟通，难以监督和检查他们工作的效率和质量。

（3）项目经理要有良好的沟通技巧

项目沟通首先要有明确目的。沟通前，项目经理要弄清楚做这个沟通的真正目的是什么，要对方理解什么，确定了沟通目标，沟通的内容就围绕沟通要达到的目标组织规划，也可以根据不同的目的选择不同的沟通方式。

其次，要做到充分地"听"与艺术地"说"。项目经理只有集中精力地听，才能领会讲话者的意图，只有领会了讲话者的意图，才能选择合适的语言和方法进行沟通。

第三，发挥权威，终止争论。工程项目沟通过程中不可避免地存在争论，如在技术、方法上的争论，这种争论往往喋喋不休，永无休止，终结这种争论的最好办法是项目经理发挥权威性。

5. 保持畅通的沟通渠道，保证沟通的有效性

项目沟通中典型的问题是"过滤"，也就是信息丢失。产生过滤的原因很多，比如语言、文化、语义、知识、信息内容、道德规范等，经常碰到由于工作背景不同而在沟通过程中对某一问题的理解产生差异。因此，参与项目组的成员都必须以项目"语言"方式传达和接收信息，同时了解他们以个人身份涉及的信息将如何影响整个项目。

其次，建立沟通平台，最大限度保障沟通顺畅，使得信息在传递中保持原始状态。

第三，建立沟通反馈机制，保证沟通的有效性。在项目实践中，采用了适当的沟通方式，运用了有效的沟通技巧，并不一定就能得到准确的回应，因此，对于重大问题的沟通或者多人之间的沟通，必须要求信息接收方对信息的沟通结果进行确认和复述，以确保信息的正确和有效。

6. 采用正确的沟通形式，克服不良的沟通习惯

工程项目中的沟通形式是多种多样的，通常分为书面和口头两种形式。

书面沟通大多用来进行通知、确认和明确要求等活动，语言文字运用得是否恰当直接影响沟通的效果。沟通过程中使用的语言文字要简单、明确。

口头交流包括会议、评审、私人接触、自由讨论等。这一方式简单有效，更容易被大多数人接受，但是不像书面形式那样"白纸黑字"留下记录，因此不适用于类似确认这样的沟通。口头沟通过程中应该坦白、明确，避免由于文化背景、民族差异、用词表达等因素造成理解上的差异。此外，还可借助于形体语言进行沟通，像肢体语言、图形演示、视频会议都可以用来作为口头交流的补充方式。它能摆脱口头表达的枯燥，在视觉上把信息传递给接收者，更容易理解。在项目沟通中特别要注意克服不良的沟通习惯，该用书面沟通的不用口头沟通，该与项目经理沟通的，不与组员沟通，应该今天沟

通的，不拖到明天沟通，要严格执行沟通规则，避免出现项目沟通中的失误。

7. 重视沟通效率，节约沟通成本

沟通对项目的重要性是毋庸置疑的，但项目经理在强化沟通的同时不能忽视沟通的成本。沟通方式的选择，沟通时机的把握，沟通范围的界定都会影响沟通的成本，进而会影响整个项目的成本和进度。所以，要尽量采取节省成本的方式达到沟通的目的，能使用网络会议、电话会议的就不宜集中开会；能采取邮件、电话方式达到目的的，就不必面谈；能用规章制度标准化的事情，就没必要进行个案沟通。

4.9 绩效管理

4.9.1 绩效管理的概念

1. 绩效的含义

关于绩效目前有各种各样的解释。例如，有人从管理学的角度把它定义为组织所期望的结果；也有人从经济学的角度把它定义为组织内部员工的产出；还有人从管理学的角度把它定义为每一个社会成员在社会的角色分工中所承担的责任。从工程项目管理的角度，可以把它理解为工作的成绩和效果。它应该分为团队成员的个人绩效、团队的绩效和企业的绩效 3 个层次，如图 4-8 所示。

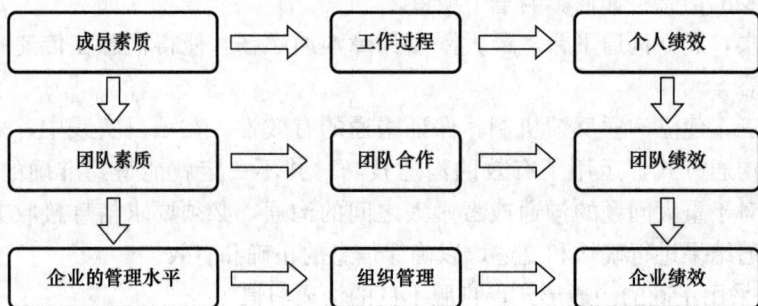

图 4-8 工程项目绩效的层次

2. 绩效管理的含义

绩效管理是 20 世纪 80 年代后半期和 90 年代早期伴随着人力资源管理理论一起出现的一个概念。人们普遍把绩效管理作为人力资源管理的一个过程。在当今社会中，绩效管理已经成了一个非常时髦的管理手段和方法。但对于绩效管理的含义不同的人却有着不同的理解。有人把它理解为对组织绩效的管理；也有人把它理解为对组织内部绩效的管理；还有人把它理解为对组织绩效和组织内部绩效的综合管理。从工程项目管理的角度，可以把它理解为对工作成绩和效果的管理。它应该包括企业对工程项目管理团队绩效管理、工程项目管理团队对团队成员的绩效管理两个层次。由于企业对工程项目管理团队绩效管理属于企业管理的范畴，已经有许多专家和学者对此做过许多研究，我们在此就不做介绍，下面介绍工程项目管理团队的绩效管理。

4.9.2 工程项目团队的绩效管理

工程项目管理团队的绩效管理程序可以划分为图4-9所示4个环节。

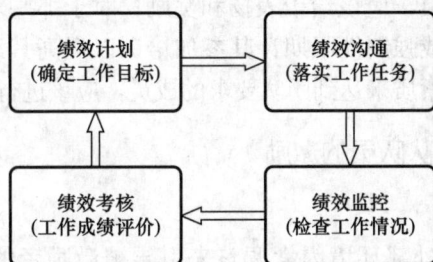

图 4-9 工程项目管理团队的绩效管理程序

1. 绩效计划

该阶段主要是把团队的总体工作目标转化成可以度量的项目成员个人工作目标，并制定出团队的绩效管理计划。

2. 绩效沟通

该阶段主要是向团队成员介绍团队的绩效管理计划，并通过与团队成员的沟通，在工作的预期结果、考核标准、奖励或处罚办法等方面形成一致的意见。

3. 绩效监控

该阶段主要是通过对成员工作过程的检查，发现成员的工作结果与工作目标之间的偏差，并通过管理人员与成员之间的沟通和交流，查找偏差措施的原因，及时地采取措施纠正偏差，确保工作目标的实现。

4. 绩效考核

该阶段主要是对成员完成工作目标的情况进行考核和评价，并根据考核和评价的结果，运用激励、反馈和辅导等手段来促使团队成员为团队总体目标的实现而共同努力。

在对成员完成工作目标的情况进行考核和评价时，要做好考核前的准备工作。考核者仔细阅读先前与项目成员达成的工作目标，查看成员的工作目标完成情况的检查记录，了解成员的工作表现，搜集队员的表扬信、感谢信和投诉信等。被考核者则回顾自己在接受工作时承诺，检查自己工作目标完成情况及完成程度，以及自己的价值观及行为表现与团队的要求相一致等，对自己的工作先进行一个自我评价。

考核过程中要注意营造和谐气氛，可以由项目经理先向队员说明考核目的、要求、步骤、时间和地点等基本情况，再按单项要求分批考核，即针对某一项考核内容考核全部员工，再进行下一项内容的考核，而不应该一次性将一个成员的全部方面考核完，防止出现由于对团队的总体情况的把握不准

⟨71⟩

对某一个成员的考核过于片面的局面。

对某一个成员的考核结束后，应该将考核的结果反馈给成员，并帮助成员分析成败原因，和成员一起讨论下一阶段的工作设定目标，了解成员对团队在工作上的要求，最后，双方在结论上签字。

在整个团队的考核结束后，还应该对成员进行激励。对于那些表现突出，对团队贡献较大的成员，应该给予表扬和奖励；对于那些表现不佳的成员，则应该提出批评、警告或强制性限期让其参加培训以提高其素质水平；而对于那些实在无法通过提高素质来达到团队要求的成员，应该进行劝退，甚至是淘汰。

4.9.3　工程项目团队队员的激励

1. 激励的概念

激励是指通过对外部环境因素调整来引导被激励者的行为朝着预期的方向发展的过程。激励不是一味地奖励，它包括奖励、约束和惩罚等许多方面。

在工程项目建设过程中，由于各种各样冲突的存在，队员的目标和团队的目标不可能时时保持一致。当队员的目标与团队的目标之间出现偏差时，就需要管理者及时地采取措施来对队员的行为进行调整，使其行为朝着团队预期的方向发展。因此，对队员的激励是工程项目管理过程中必不可少的一种管理手段。

在对队员进行激励的过程中，一味地奖励及一味约束和惩罚一般都难以奏效。需要灵活运用各种激励手段来建立一整套完善的激励机制，对队员的行为进行引导。

2. 激励机制的设计

激励方法有很多，如金钱激励、权利激励、荣誉激励、参与激励、示范激励、竞争激励、信息激励、危机激励、培训激励、目标激励、标准激励、规范激励、制度激励、职责激励、评价激励、变革激励、文化激励、价值激励、环境激励、股票期权激励等都是激励的方法。在具体的工程项目管理过程中，如何灵活运用各种激励手段来建立一整套完善的激励机制，一般可以遵循以下原则（见图4-10）：

（1）系统性原则

激励机制的设计要用系统的方法论来指导，并与整个项目的管理体制相适应。在激励机制的设计过程中，还必须统揽全局，使各个管理层次及各个部门人员利益基本平衡。常用的激励机制设计理论有马斯洛的需求理论和赫茨伯格的双因素理论。

图4-10　激励机制设计原则

（2）导向性原则

激励的目的是使被激励者的行为朝着预期的方向发展。因此，激励措施必须要有非常明确的导向性。对于有利于团队总体目标实现的行为要进行鼓励和奖励，而对损害团队的整体利益的行为要进行惩罚。

（3）合理性原则

激励措施要适度，无论是奖励还是惩罚的力度，既不能过分，也不能不足。

（4）明确性原则

激励的标准要明确。

（5）渗透性原则

各种激励方法要相互渗透，灵活运用。

（6）时效性原则

激励要把握好时机，既不能过早，也不能过晚。过早会使被激励者失去继续努力的动力，过晚则会使被激励者失去耐心。

（7）多样性原则

由于人的需求具有多样性和多层次性等特点，因此，调动人的积极性的方法也应该多种多样，应该要因人而异、因时而异。

（8）适应性原则

根据马斯洛的需求层次理论，人的需要是按层次逐级递升的。当人的某一种需要一旦相对满足后，就会对有关的激励失去兴趣。因此，激励机制的设计不是一劳永逸的，激励措施要根据被激励者的需求变化不断地进行调整和完善。

综上所述，激励机制的设计是一项系统工程，特别是要根据被激励者的需求特点和各种激励方法的使用效果情况，将各种激励方法有机地组合在一起，发挥激励机制的整体效果，常用的激励方法组合如图 4-11 所示。

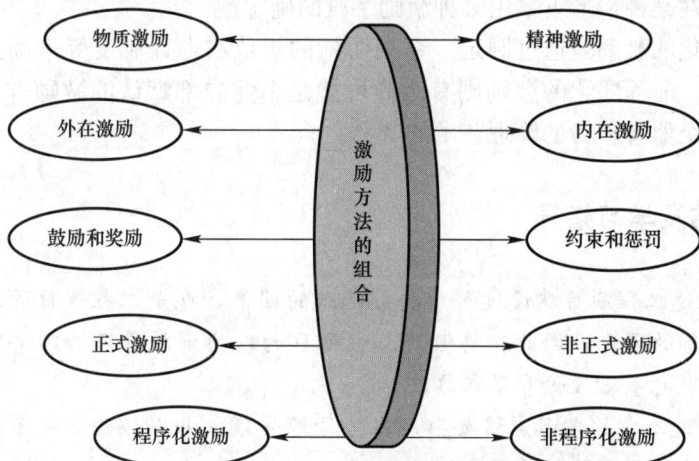

图 4-11　常用的激励方法组合

（1）物质激励和精神激励

大量的研究表明，人的需求包括物质和精神两个方面。虽然奖金、福利、保险、住房奖励、生活用品奖励等物质激励是激励机制的核心所在，但激励机制的设计不仅要包含物质激励，还应该包括精神激励。精神激励可以增强成员的荣誉感和自豪感，提高成员的自信心，激发其使命感和成就感，对成员的积极性的提高有时可以起到物质激励所无法替代的作用。

（2）内在激励和外在激励

内在激励指一个人在进行工作时就能得到的某种满足。这种满足是靠工作本身及工作过程中人与人的关系中得到的，能使职工工作有兴趣、有热情、不消极、不偷懒。

外在激励即间接满足，这种满足是在工作后获得的，如工资和奖酬，人们可以去购置衣物、食品、从事娱乐和进行社交活动，这些都在工作范围之外。

（3）奖励、约束和惩罚

奖励和惩罚总是相伴而生的，不可分割。一味地奖励而不进行惩罚和一味地惩罚而无有效的奖励都难以在企业中生效。激励不仅仅是奖励，还应该包括约束和惩罚。我们所强调的激励机制的建立，指的是广义上的激励机制，在建立奖励机制的同时，必须建立相应的约束和惩罚机制。

（4）正式激励和非正式激励

正式激励比如提高工资、晋级等。非正式激励则更依赖于管理者的个人激励艺术，比如关心激励，对员工工作和生活的关心，如建立员工生日情况表，总经理签发生日贺卡，关心员工的生活困难，慰问或赠送小礼物等。又比如尊重激励，尊重各级员工的价值取向和独立人格，尤其尊重企业的小人物和普通员工。

（5）程序化的激励和非程序化的激励

与上一种正式和非正式的分类方法不同的是：这里的程序化和非程序化强调的是在某种情形下采用某种激励手段的确定性。

程序化的激励是通过制定一系列明晰的规范和考评制度等来确立激励的标准程序。非程序化的激励则有时候可能是企业内部默认的激励方式，有时候可能是企业管理者的管理艺术的产物。

本章小结及学习指导

1. 人是工程项目建设过程中的最活跃的因素，也是工程项目管理过程中最难以控制的因素，因此，要做好工程项目的人力资源管理必须要掌握好人力资源管理的基础理论和基本方法。

2. 通过本章的学习应该要熟悉人力资源管理的基础理论和基本方法，掌握工程项目管理团队的管理方法。

思考题

4.1 工程项目人力资源管理的主要任务有哪些？

4.2 人力资源管理的基础理论有哪些？

4.3 人力资源管理的基本原理有哪些?

4.4 工程项目团队的生命周期可以分为哪些阶段? 各个阶段各有什么特点?

4.5 项目经理应该具备哪些素质?

4.6 工程项目团队的工作岗位分析的内容有哪些?

4.7 解决冲突的方法有哪些?

4.8 影响沟通效果的因素有哪些?

4.9 绩效管理的内容有哪些?

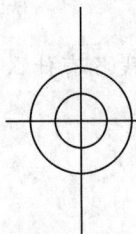

第5章

工程项目质量管理

本章知识点

【知识点】

工程项目质量的含义、工程项目质量管理体系、工程项目各阶段的质量管理。

【重点】

掌握工程项目质量管理体系建立及工程项目质量的统计分析和验收方法。

【难点】

工程项目质量的统计分析方法。

5.1 工程项目质量管理的概念

5.1.1 工程项目质量的含义

1. 质量

质量有狭义和广义两种含义。狭义的质量是指满足明示和隐含特性要求的程度。明示特性是指设计文件、合同等书面文件中阐明或口头明确提出的特性。隐含特性是指法律法规和惯例做法的要求特性。

产品的特性包含一般性能、寿命、可靠、安全和经济五个方面。在性能上应该满足正常的使用功能的要求。寿命是指在正常使用条件下能够使用的期限。可靠性是指在正常使用条件下和其寿命期限内使用的稳定性。安全是指产品在使用过程中应该不会造成伤害和损失。经济是指产品在制造和使用过程中所支付的费用应该相对比较少。

广义的质量除包括产品本身所具有的特性外，还包含形成产品过程和使用产品过程中的工作质量。工作质量是指企业的经营管理、技术、组织、服务等各项工作对于提高产品质量的保证程度。工作质量主要由信息工作质量，研究、开发、设计工作质量，组织生产工作质量，经营管理工作质量，技术工作质量，服务工作质量等组成。

2. 工程项目质量

工程项目质量是指能够满足用户或社会需要的，并由工程合同、有关技

术标准、设计文件、施工和验收规范等详细设定的特性要求的工程实体质量
与工程建设各阶段、各环节的工作质量的总和。需要特别说明的是，工程项
目质量不仅要满足客户的要求，还必须符合国家有关的法律、法规的要求。

工程作为一种特殊的产品，其质量特性主要表现在适用性、安全性、可
靠性、经济性、协调性和可维修性 6 个方面，如图 5-1 所示。

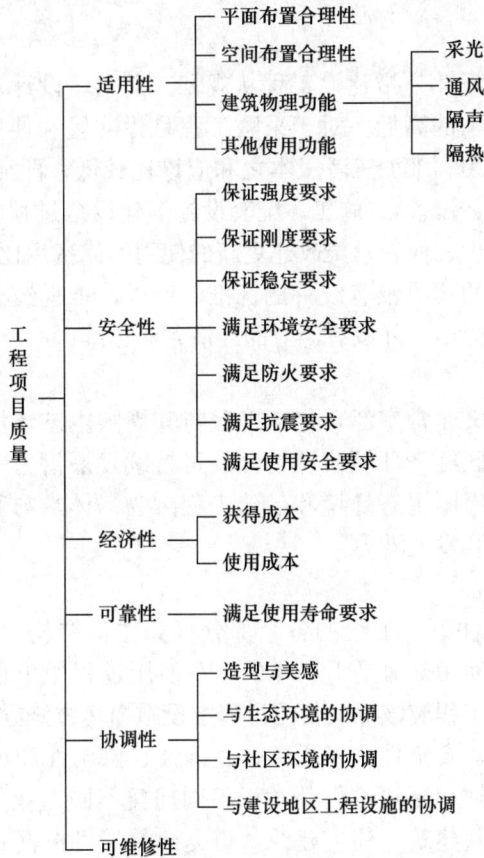

图 5-1　工程项目质量特性

（1）适用性

工程建设的目的是获得工程的使用功能，所以工程必须首先满足其使用
功能的要求。如住宅要能使居住者安居，工业厂房要能满足生产活动需要，
道路、桥梁、铁路、航道要能通达便捷等。

（2）安全性

应该满足工程设计安全和使用安全要求两个方面。工程设计安全应该满
足强度、刚度、整体稳定性、环境安全性、防火、抗震等方面的安全要求。
工程使用安全的总体要求是要保证在工程的使用过程中人的生命不会受到伤
害、财产不会受到损失，环境免受污染等。工程使用安全的具体要求包括结
构安全，电气产品、电梯等各类设备运行安全，阳台栏杆、楼梯扶手等防护
设施的高度和牢固程度等。

77

（3）可靠性

可靠性是指在正常使用条件下和其寿命期限内使用功能的稳定性。也就是说工程不仅要求在交付使用时能够正常使用，而且要在其寿命期限内工作的稳定性保持应有的正常使用功能。如工程上的防洪与抗震能力，防水、隔热、恒温、恒湿效果，工业生产用的管道防"跑、冒、滴、漏"设施等，都属可靠性的质量范畴。

（4）经济性

建设工程的经济性是指建设工程从规划、勘察、设计、施工到整个产品使用寿命周期内成本的高低。对于采购工程是指购置和使用成本的高低。优质工程的建设、使用和维护三者成本之和应该比较低，即征地、拆迁、勘察、设计、采购（材料、设备）、施工、配套设施等建设全过程的总投资和工程使用阶段的能耗、维护、保养乃至改建更新的使用维修费用比较低。

由于工程问题的解决没有统一的标准，所以，工程经济性只能通过不同方案的比较和分析得出，并没有绝对的经济判断标准。

（5）协调性

工程协调性含义非常广泛，包括工程与其周围生态环境和已建工程的协调程度、与所在地区经济环境协调情况及可持续发展潜力等许多方面。优质工程应该能够与其周围生态环境和已建工程融为一体，与所在地区经济环境相协调，具有可持续发展潜力。

（6）可维修性

在正常使用条件下，工程的各个部分（如主体结构、电气设备、防水、空调、采暖等）的使用寿命是不一样的。在使用过程中工程的部分设施损坏是很正常的。优质工程应该保证使用过程中设施损坏维修方便。

工程的适用性、安全性、可靠性、经济性、协调性和可维修性都是必须达到的基本要求，缺一不可。但是对于不同门类不同专业的工程，如工业建筑、民用建筑、公共建筑、住宅建筑、道路建筑，可根据其所处的特定地域环境条件、技术经济条件的差异，有不同的侧重面。

3. 工程项目质量的特点

工程项目质量具有如下特点：

（1）唯一性

工程无法在生产线上生产，只能一个一个地做，并且每一个工程的设计图纸、建设地点、参与单位都不一样，因此，也不可能有两个质量完全一样的工程。每一个工程的质量都是唯一的。

（2）形成过程非常复杂

一般的工业产品通常由一个企业的生产线上生产的，质量易于控制，而工程项目一般由咨询单位、设计单位、施工承包商、材料供应商等许多单位共同参与完成，需要经过决策、设计和施工等许多阶段，特别是施工阶段，需要经过非常多的施工工序，生产过程非常复杂，其中的任何一个阶段的任何有关单位的任何工作的质量都会影响到整个工程的质量，因此，工程项目质量的形成过程非常复杂。

（3）质量波动大

工程产品的生产没有稳定的生产线和固定的生产环境，并且参与的单位和人员众多，生产过程非常复杂，影响因素非常多，容易产生质量波动。

（4）终检局限大

工程项目施工工序交接多、中间产品多、隐蔽工程多，并且工程项目建成后，不可能像某些工业产品那样，拆卸或解体来检查内在的质量，所以，若不及时检查并发现其中间过程中存在的质量问题，终检验收时很难发现工程内在的、隐蔽的质量缺陷。很多表面上看起来质量很好的工程中，可能存在许多内在的、隐蔽的质量缺陷。

（5）受投资、进度的制约

工程项目的质量、进度和投资三大目标是对立又统一的关系。任何一个目标的变化，都将影响到其他两个目标的实现。因此，在工程建设过程中，必须正确处理质量、投资、进度三者之间的关系，达到质量、进度、投资目标的最佳组合。

（6）意义重大

一个工程项目质量的好与坏不仅直接影响到参与单位的声誉和经济效益，而且关系到所有参与工程施工和广大用户的生命和财产安全，所以，意义重大。

4. 工程项目质量的影响因素

工程项目的特点决定了影响工程项目质量的因素很多，归纳起来主要有人（Man）、机（机械设备，Machine）、料（材料，Material）、法（方法，Method）和环（环境，Environment）五个方面，简称 4M1E，如图 5-2 所示。

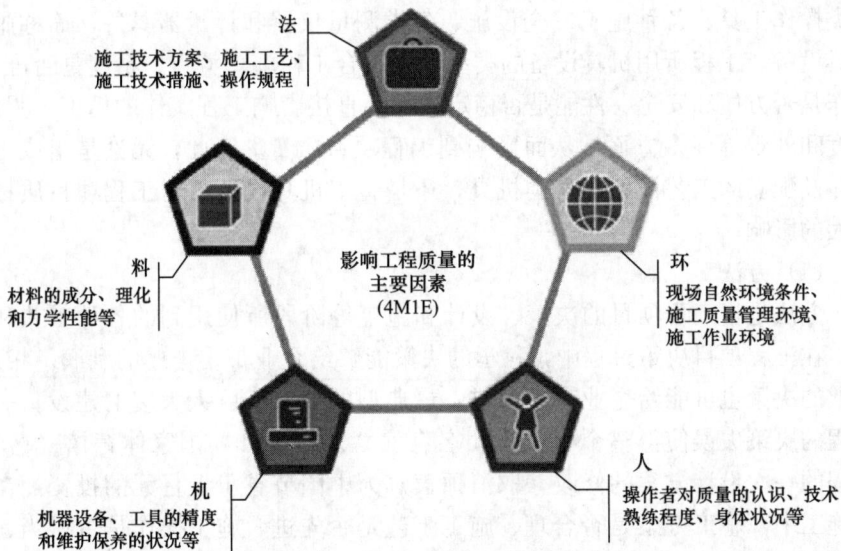

法
施工技术方案、施工工艺、施工技术措施、操作规程

料
材料的成分、理化和力学性能等

影响工程质量的主要因素
（4M1E）

环
现场自然环境条件、施工质量管理环境、施工作业环境

机
机器设备、工具的精度和维护保养的状况等

人
操作者对质量的认识、技术熟练程度、身体状况等

图 5-2　工程项目质量的影响因素

（1）人

人是生产经营活动的主体，也是工程项目建设的决策者、管理者、操作者。工程建设的规划、决策、勘察、设计、施工与竣工验收等全过程都是通过人的工作来完成的。人的技术水平、决策能力、管理能力、组织能力、作业能力、控制能力、身体素质、心理状态及职业道德等，都将直接和间接地对工程项目的规划、决策、勘察、设计和施工的质量产生影响。因此，工程建设行业的很多专业岗位要求从业人员持证上岗是保证工程项目质量的重要管理措施之一。

（2）工程材料

工程材料是指构成工程实体的各类建筑材料、构配件、半成品等。它们是工程建设的物质条件，也是工程项目质量的基础。工程材料的选用是否合理、产品是否合格、材质是否经过检验、保管和使用是否得当等都将直接影响工程结构的强度和刚度。工程结构的强度和刚度又影响到工程的使用功能发挥和使用安全。工程的使用功能发挥和使用安全情况又是反映工程项目质量状况的重要指标。因此，工程材料的选用是否合理、产品是否合格、材质是否经过检验、保管和使用是否得当等都会影响到工程的质量。例如，豆腐渣工程的出现，绝大多数都是由于在工程中使用了大量的劣质材料而导致的。

（3）机械设备

机械设备可分为两类：一类是指组成工程实体及配套的工艺设备和各类机具，如电梯、水泵、通风设备等。它们是建筑设备安装工程或工业设备安装工程实体的一个部分，并形成完整的使用功能。这些机械设备质量的好坏将直接影响工程的使用功能发挥和使用安全，从而影响到工程项目质量。另一类是指施工过程中使用的各类机具设备，包括大型垂直与横向运输设备、各类操作工具、各种施工安全设施、各类测量仪器和计量器具等，简称施工机具设备。工程所用机具设备的类型是否符合工程施工特点、精度是否准确、操作是否方便和安全、性能是否稳定等都会直接影响工程实体的精度、强度、刚度和外观等许多方面，从而影响到工程项目质量。因此，无论是组成工程实体及配套的工艺设备和各类机具，还是施工机具设备都对工程项目质量有很大的影响。

（4）方法

方法是指工程项目的决策、设计和施工等阶段所使用到的各种工艺和方法。在工程项目决策过程中，科学的决策能够给企业带来丰厚的利润。相反，失败的决策也可能给企业带来灾难。最典型的莫过于巨人大厦的建设。一个工程的决策失误使得整个巨人集团名存实亡。再譬如，国家体育馆（鸟巢）工程的一次设计方案的修改（取消顶盖）为中国节省了上亿元的投资。在工程施工中，施工方案是否合理、施工工艺是否先进、施工操作是否得当、管理是否到位等都将对工程项目质量产生重大的影响。因此，正确而合理的方法是保证工程项目质量的基础。

（5）环境

影响工程质量的环境因素比较多，包括工程技术环境，如工程地质和水文地质条件等；自然地理环境，如气候条件；社会环境，如社会风气、社会治安等；工程作业环境，如施工环境作业面大小、防护设施、通风照明和通信条件等；工程管理环境，主要指工程实施的合同环境与管理关系的确定，组织体制及管理制度等；周边环境，如工程邻近的地下管线、建（构）筑物等。环境条件对工程项目质量具有复杂而多变的影响，如气象条件就变化万千，温度、湿度、大风、暴雨、酷暑、严寒都直接影响工程质量。因此，在工程项目管理工作中，根据工程特点和具体条件，采取有效的措施对影响质量的环境因素严加控制，尤其在施工现场，建立起文明施工和文明生产的环境，保持材料、构配件堆放有序，道路畅通，工作场所清洁整齐，施工秩序井井有条，可以为确保工程质量和施工安全创造良好的条件。

5.1.2 工程质量管理的含义

工程质量管理是指在一定技术经济条件下，为保证和提高工程质量，运用一整套的质量管理体系，通过一系列的方法和手段所进行的管理工作的总称。它是一个工程项目组织管理工作的重要组成部分，是有计划的、系统的组织活动。有效的工程质量管理应根据工程项目的具体特点，依靠系统的质量管理原则、方法及过程开展。

工程质量工作的好坏直接影响工程效用的发挥和相关企业的声誉，所以，工程质量是企业的生命。企业要像对待生命那样来重视质量管理工作，把质量管理作为企业管理的最主要工作之一抓紧抓好。

5.1.3 工程项目质量管理的原则

1. 以质量目标为中心

工程质量没有最好，只有更好。工程质量管理是以满足工程合同中规定的质量要求，并不低于规范中质量合格标准为目标，切实保证工程质量，并不是追求最好的工程质量。

2. 以对人的控制核心

人是质量的创造者。工程质量是项目各方面、各部门、各环节工作质量的集中反映。提高工程项目质量依赖于上自项目经理，下至一般员工的共同努力。工程质量管理必须坚持"以对人的控制为核心"。一方面，严把用人关。严格挑选参与工程项目建设的人员，不让素质不符合要求的人参与工程项目建设。另一方面，在管理中要充分发挥人的积极性、创造性，形成人人关心质量，人人都努力做好质量控制工作的良好工作氛围。只有这样，工程质量控制才能达到既定的目标。

3. 预防为主

由于工程项目的建设过程是不可逆的，特别是工程施工过程。一旦工程实体已经形成，即使发现质量问题也为时已晚，损失已经不可避免，甚至是

82

无法挽回。因此，工程项目的质量管理并不是通过对成品或竣工工程进行质量检查，发现质量问题后进行整改，而是要坚持预防为主的指导思想，事先分析影响产品质量的各种因素，找出主导因素，采取措施加以重点控制，使质量问题消灭在萌芽状态，做到防患于未然。

4. 坚持持续的过程控制

围绕质量目标坚持持续的过程控制是项目质量管理的基础。工程质量是决策质量、勘察设计质量、原材料与成品半成品质量、施工质量和使用维护质量的综合反映。为了保证工程质量，质量控制不能仅限于施工过程，必须贯穿于从决策开始直到使用维护的全过程，把所有影响工程质量的环节和因素控制起来，有机地协调好各个过程的接口问题，才能使工程项目质量风险降至最低。

5.1.4　工程项目质量管理的注意事项

（1）工程项目质量管理的目标是满足工程合同中规定的质量要求，并不低于规范中质量合格标准，并不是追求最好的工程质量。

（2）工程项目的质量、工期和费用之间是对立统一的关系，工程管理追求的是工程项目的整体效益，在制定工程质量管理目标时应该兼顾工期和费用。

（3）工程项目质量管理应遵循质量是策划出来的，不是检查出来的原则。质量管理的目标不是为了发现质量问题，而是为了避免质量问题的发生。

（4）工程质量的影响因素非常复杂，工程项目质量管理措施应该在注重吸取同类项目的经验和教训的基础上，针对具体工程的特点制定。

5.2　工程项目质量管理的过程

1. 了解业主的要求

工程项目管理属于技术服务类工作，应该以满足业主的要求为前提。所以，工程项目质量管理的第一步就是要了解业主的要求。一般可以根据工程合同了解业主的要求。

2. 制定质量方针

质量方针指由最高管理者正式发布的与质量有关的总意图和方向。它是一个工程项目组织内部的行为准则。它是根据企业参与工程项目的目的确定的。一般情况下，企业参与工程项目的目的有三种类型：

（1）以赢利为目的

这是绝大多数的企业参与工程项目的目的。这种情况下企业在投标时的总体策略是以保证利润为前提。企业的质量方针一般是以满足业主的要求为主，以工程合同中约定的质量要求作为工程质量管理的总目标。当然还应该符合规范和标准中规定的质量合格标准。

（2）以占领市场为目的

这种情况下企业投标时的总体策略是以保证中标为前提。企业的质量方针和第一种情况相同。

（3）以打造品牌为目的

这种情况下企业的质量方针是以创优质工程为前提。

3. 确定工程质量管理的总目标

根据已经制定的质量方针，综合分析工程合同及规范和标准中规定的质量合格标准，确定工程质量管理的总目标。

4. 建立工程项目质量管理组织

把质量管理的责任落实到一个或几个部门，并建立起比较完善的质量管理责任制。

5. 工程项目结构分解

深入解剖工程，首先将整个工程分解为若干个分部工程，再将每个分部工程分解为若干个分项工程，最后将每个分项工程分解为若干个工序。

6. 明确质量管理工作的标准

深入分析每个工序的质量要求，并将每个工序的质量要求转化为具体的质量控制指标和详细的质量控制要求说明性文件，形成工程项目的质量控制标准。

7. 制定质量保证措施

要想实现项目的质量控制目标，必须要根据工程项目的质量控制标准制定出切实可行的工程质量保证措施。

工程质量保证措施可以分为技术措施和管理措施两个方面。技术措施主要有施工的操作规程、验收规范、原材料标准、技术定额、试验标准等；管理措施主要有工作标准、规章制度、经济定额、机构编制定员、信息传递报表等。两类措施相辅相成，缺一不可。具体措施的制定可以按照前述的影响工程质量的人、机、料、法、环（4M1E）5 个因素来设计。

（1）对人的管理措施

① 把好用人关

在选用或招聘参与工程建设的决策者、组织者、指挥者和操作者时，应该要制定相应的标准。特别是对于需要持证上岗的工作岗位，一定要选用有上岗证的人。

② 做好质量教育工作

质量教育一般包括质量意识教育和专业技术教育两个方面。通过质量意识教育提高人的质量意识，形成人人重视质量的氛围。通过专业技术教育使相关人员掌握保证工程质量的专业技术和质量管理方法。特别是施工的技术要求、操作规程和验收标准等关键的技术要点，应该通过技术交底等形式通知到全部相关人员，避免产生操作失误。

③ 建立、健全和落实岗位责任制

每一个工程都应根据项目特点，从确保质量的角度出发，建立和落实岗位责任制，使得质量管理责任落实到人。同时，在工作过程中还需要根据岗位责任制实施情况不断地健全和完善岗位责任制。

④ 尽可能改善劳动条件

通过劳动条件的改善为广大员工创造良好的工作环境，提高广大员工归属感和工作积极性。

⑤ 建立公平合理的激励制度

公平合理的激励制度包括奖励、约束和处罚措施三个方面。通过约束和处罚措施来约束和规范员工的行为，通过奖励措施来进一步激发员工的劳动热情。

（2）对材料的管理

材料主要包括原材料、成品、半成品和构配件等。对材料的管理主要通过严格的采购、运输、进场检验、保管和使用前的再次检查制度来杜绝使用不合格的材料。

（3）对机械设备的管理措施

包括对施工机具和安装设备管理两个方面。

① 对施工机具的管理

在项目施工阶段，必须综合考虑施工现场条件、建筑结构形式、机械设备性能、施工工艺和方法、施工组织与管理、建筑技术经济等各种因素，制定出合理的施工机具使用方案，使之合理装备、配套使用、有机联系，以充分发挥建筑机械的效能，力求获得较好的综合经济效益。对于一旦出现故障将会对工程质量和进度造成较大影响的关键性机械设备，还应该做好设备的维护保养和易损件的备料等工作，以保证设备在整个施工期间能够正常运转。

② 对安装设备的管理

在工程项目设计阶段，要做好设备的选型和配套工作，应该按生产工艺、配套投产、充分发挥效能来确定设备类型。在工程项目施工阶段，要按设计选型购置设备，并做好设备的购置、检查、验收、安装质量控制和试车等方面的工作。设备进场时，要按设备的名称、型号、规格、数量的清单逐一检查验收。设备安装要符合有关设备的技术要求和质量标准。安装的设备要经过试车运行确认能够正常工作以后，才能够投入使用。

（4）对方法的管理措施

主要是指对施工工艺、施工组织、施工技术措施、施工质量检测手段和施工程序安排的管理，特别是指对施工组织设计的管理。施工企业做出的施工方案应结合工程实际，能解决工程难题，从技术、组织、管理、工艺、操作、经济等方面进行全面分析、综合考虑，力求方案技术可行、经济合理、工艺先进、措施得力、操作方便，有利于提高质量、加快进度、降低成本。监理单位等项目管理单位应该在开工前完成施工组织设计的审查工作。

（5）对环境的管理措施

由于影响工程质量的环境因素比较多，包括工程技术环境、自然地理环境、社会环境、工程作业环境、工程管理环境和周边环境等许多方面，且环境条件对工程项目质量的影响复杂而多变。因此，在工程项目管理工作中，要根据工程特点和具体条件，采取有效的措施对影响质量的环境因素严加控制。

① 认真做好工程技术资料的收集、检查和确认工作

施工前应该广泛收集工程技术资料，并做好工程技术资料的检查和确认工作。对施工图，要做好设计交底和图纸会审图纸工作，确保施工图合法、有效、全面、正确。对勘察资料，应该检查其是否通过了审查，防止由于图纸质量问题和对施工图的误读而引起的工程质量问题发生。

② 认真做好自然地理环境资料的收集、现场调查和恶劣天气的应急预案准备工作

大风、暴雨、酷暑、严寒等恶劣天气都会直接影响工程质量。因此，施工前相关单位应该认真做好工程所在地的自然地理环境资料的收集工作，并对施工现场的自然地理环境进行现场调查，做好恶劣天气的应急预案准备工作。

③ 认真做好地质灾害的预防工作

综合分析勘察资料、施工组织设计和气候资料，认真做好地质灾害的预防工作。

④ 认真做好周边环境的调查工作

主要是调查周围的工程情况和地下管线普查工作，防止在工程施工过程中影响到周围工程的安全或损坏地下管线而降低工程质量。

⑤ 认真做好工程作业环境设计工作

保证材料、构配件堆放有序，水电线路布置合理，排水设施完善，道路畅通，工作场所清洁整齐。一方面，现场环境的混乱、消防通道不畅通和排水设施的设计不完善等工程作业环境设计不合理都可能引起施工意外中断，有可能导致必须要连续作业的工序无法连续施工，从而引起工程质量事故。因此，良好的工程作业环境可以保证施工的顺利进行，避免因施工意外中断而引起工程质量事故发生。另一方面，良好的工程作业环境也可以使施工作业人员心情舒畅，保持良好的工作状态，对保证工程质量也非常有益。

⑥ 认真做好工程管理环境建设工作

特别是要做好工程质量管理体系的建设工作。

质量管理体系是指企业以保证和提高产品质量为目标，用系统的概念和方法，把企业各部门、各环节的质量管理职能组织起来，形成一个有明确任务、职责、权限，互相协调、互相促进的有机整体。工程质量管理体系大致分为目标管理体系、质量保证体系和信息流通体系三个部分。

目标管理体系需要把工程的质量总目标和总方针自上而下地层层分解到每一道工序，形成每一道工序的具体质量标准，并通过制度形式把责任落实到各部门、各岗位和个人。

质量保证体系需要从人员、制度及必要的手段和工具三个方面，形成每一道工序的质量事故预防、过程监控和事后检查具体的质量保证措施体系，通过措施体系来保证质量目标的实现。如编制每一道工序的施工规范、质量检测方法和表格，事先准备好质量检测的工具等。

信息流通体系需要构建完整的上下左右信息沟通渠道，及时掌握工程的质量信息，根据质量信息制定质量改进措施，保证质量目标的实现。

通过质量管理体系，可以把分散在企业各部门的质量管理职能组成一个有机整体；可以把各环节的工作质量系统地联系起来；可以把企业内部质量活动和产品使用效果的质量反馈联系在一起；可以在个别工作质量发生问题时，及时控制并得到纠正；可以使质量管理工作制度化、标准化。

⑦ 认真做好社会环境的调查工作

在工程项目管理工作中，社会环境的调查工作也是不容忽视的，特别是工程所在地的社会治安状况和风土人情。如果工程所在地的社会治安状况不好，就应该根据工程特点和具体条件，采取有效的措施防止工程材料和设备的丢失和损坏而影响工程质量。在少数民族地区或国际工程的管理过程中，还应该尊重民族习惯，防止因违反民族禁忌而引起纠纷。

环境因素对工程质量的影响非常复杂，很难一概而论，在具体的工程项目管理过程中需要根据工程特点和具体条件，认真分析影响质量的环境因素，采取相应的质量控制措施来确保工程质量。

⑧ 工程项目质量管理工作总结

每一个工程都有自身的特点，每一次工程项目质量管理工作并不是简单地重复上一个工程中的工作，而是在吸取同类项目的经验和教训基础上的一次创新。因此，每一次工程项目质量管理工作完成以后都应该进行工作总结，特别是要将本次工作中的教训进行总结，只有这样工作能力和水平才能不断提高。

5.3　工程项目各阶段的质量管理

建筑工程项目的质量形成过程，可以分为决策，勘察、设计和施工 3 个阶段。每一个阶段对工程项目质量的影响都不一样。

（1）决策阶段

主要任务是在对项目进行技术和经济论证的基础上，确定工程项目质量管理的总目标，对工程项目的最终质量有决定性的影响。

（2）勘察、设计阶段

将工程项目质量目标具体化，确定了项目建成后的功能和使用价值，决定了工程项目实体的质量。

（3）施工阶段

施工阶段是项目实体质量的具体形成阶段，决定了工程项目的最终质量。

由于该 3 个阶段对工程项目质量的影响都不一样，因此，在该 3 个阶段工程项目质量管理工作的特点也有所不同。

5.3.1　决策阶段的质量管理

决策阶段的质量管理主要是对项目可行性研究工作质量的管理。项目可行性研究是运用技术经济原理对与投资建设有关的技术、经济、社会、环境等方面进行调查和研究，对各种可能的拟建方案和建成投产后的经济效益、社会效益和环境效益等进行技术经济分析、预测和论证，确定项目建设的可行性，同时确定工程项目的质量目标和水平，提出最佳建设方案。对工程项目的最终质量有决定性的影响。该阶段工程项目质量管理的重点如下：

（1）工程项目的选择应符合国民经济的发展需要。根据国民经济发展的中长期发展规划选择投资方向既有利于项目审批的顺利通过，也可以容易获得优惠政策的支持。

（2）可行性研究的基础数据的质量对可行性研究的质量有决定性的影响。因此，对工程项目可行性研究的基础数据的质量的控制是决策阶段工程项目质量管理的首要任务。

（3）工程项目可行性研究的过程应该科学、规范，确定的工程项目最佳投资方案应经过多方面论证，并经过多方案比较和方案优化。

（4）该阶段提出的质量目标应该是在有限的投资规模费用可以实现的，并使工程项目的质量、投资和进度三大目标协调统一，不能脱离三大目标互相制约的关系，提出过高的质量要求。

（5）项目的选址在经济上与项目费用目标相协调，能保证项目质量要求和水平；在环境上使项目与所在地区环境相协调，为项目的长期使用创造良好的运行条件和环境。

5.3.2 勘察、设计阶段的质量管理

工程项目的勘察、设计阶段是将项目决策阶段所确定的质量目标具体化的过程，是工程项目实体质量的决定性环节。设计方案是施工的依据，其技术是否可行、工艺是否先进、经济是否合理、设备是否配套、结构是否安全可靠等因素，不仅决定着工程项目的使用价值和功能，也决定了项目投资的经济效益，还事关人民生命财产安全。因此，工程项目设计质量意义重大。

国外统计资料表明，在设计阶段影响工程费用的程度为 88%；我国由设计而引起的工程事故约占总数的 40.1%。设计进度、设计事故和设计不合理还会影响工程的进度和费用。因此，必须加强工程项目设计阶段的质量管理。

1. 工程项目设计阶段质量管理的目标

（1）选择合适的设计单位和人员。

（2）选择合理的设计方案。

（3）控制设计文件的质量。

2. 设计单位和人员的选择

设计单位和人员的选择合适与否对工程项目的设计质量有根本性的影响。如果业主没有足够的重视，甚至贪图一时的方便和省钱而将工程委托给不合格的设计单位，就会给工程项目带来很大的经济损失和质量问题，故应严格选择工程项目设计单位和人员。

设计工作具有高智力性、技术性与艺术性等特性，其过程和设计方案是否合理、经济和新颖，常常无法从设计文件的表面反映出来，所以其成果评价比较困难，质量很难控制。设计单位、人员的选择可以遵循以下的原则：

（1）设计单位应该具有和拟建工程设计相对应的资质证书。

（2）拟建工程的设计应该在设计单位、设计师的业务范围内。

（3）优先选用与以往业主合作融洽、同类工程设计经验丰富和有良好信誉的设计单位、设计师。

（4）如果项目有经济能力可以选择规模较大的、著名的设计单位和著名的设计师。

国际上大多数国家通过对建筑师的从业资格做出规定，来帮助业主选择合适的建筑设计人员。其中有的国家的这种规定已经具备了法律地位；有的国家虽未取得法律地位，但已为全社会所公认。

（1）美国：业主一般在项目概念设计和规划阶段就聘请设计人员作为顾问。设计人员不仅是设计者，在施工阶段一般成为业主代表参与项目各阶段，以帮助业主对工程项目质量进行控制。因此，业主应高度重视对设计人员的选择。业主选择设计人员的考虑因素一般包括：设计人员的专业和道德信誉；设计团队主要成员和其他负责人在当地及项目所在地的执业注册情况；设计人员在完成项目所需要专门服务方面的资格和能力，如规范、政府法规方面的知识等；设计人员所必要的财政情况证明、设计机构情况；设计机构将派往该项目的人员情况等。业主选择设计人员的过程也应非常慎重。对于大型项目，业主通常组织一个多人评选委员会，由该委员会负责调查研究和面试后向业主推荐设计人员，最后由业主选定。业主也可以通过聘请一个独立专业人员协助其拟定项目要求，确定服务范围，再由业主按一定程序选择适合的设计人员。

（2）法国：法律规定任何从事专业建筑设计的个人或组织都必须加入当地的建筑协会，以"建筑师"或"建筑师事务所"的名义从事建筑设计，申请者必须取得专业水平证书或满足协会颁布的条件，若其专业资格已得到地方建筑协会的认可，便可获得会员注册。

（3）英国：规定建筑师从业必须通过考试和注册。

（4）意大利：规定从业建筑师必须是全国建筑师协会会员。

3. 设计单位的质量保证体系的管理

设计单位应该建立完整的质量保证体系。项目管理单位在业主确定了设计单位以后应该检查设计单位是否建立了完整的质量保证体系，特别是要检查建设项目工程设计工序质量控制措施与设计校审制度是否健全。

4. 设计大纲的评审

由于工程设计没有标准答案，业主和设计单位在设计质量认识问题上的冲突不可避免。为了尽可能减少业主和设计单位在设计质量认识问题上的冲突，设计单位应该在具体的设计工作开始之前，先编制设计大纲，内容包括设计的总体原则，基本数据和条件，设计参数、定额、指标，工艺设计准则，重大技术问题论证研究的技术路线与方法，计划达到的经济效益与技术水平等。

设计单位编制完设计大纲以后，项目管理单位或业主应该组织设计大纲的评审。在业主和设计单位对设计大纲取得一致意见以后再开始具体的设计工作可以最大程度上减少业主和设计单位在设计质量认识问题上的冲突，使设计单位少走弯路。

5. 设计方案的论证

合理的设计方案应该满足以下要求：

(1) 应该符合业主投资意图，满足业主的功能和使用价值要求。

(2) 应该符合技术标准和规程及城市规划、环境保护、防灾抗灾、安全等方面的法律法规的要求。

(3) 应该符合可行性研究要求，特别是设计方案实施所需要的投资应该在可行性研究阶段所确定的工程项目投资范围内。

(4) 设计应该充分考虑各种约束因素，并充分利用各种资源。除了前述的应该考虑资金约束外，还需要考虑资源、技术和环境的约束。具体包括：资金限额及其来源的可靠性，所需资源（材料、设备和动力）的充足程度，技术的复杂性和可行性，工艺和设备的先进性、配套性，社会和自然环境对项目建设、营运的利弊等。

(5) 各专业、各部位的设计应该协调统一。

(6) 应该充分考虑现场、施工的实际条件。

具体设计方案的选择可以通过方案竞赛、方案比较和方案优化等方法确定。

6. 工程项目设计质量目标与其他目标的协调工作

(1) 质量目标与费用目标的协调

设计阶段的费用目标是设计方案在保证满足业主所需功能和使用价值的前提下，工程项目所需投资最小，即投资合理化。但要注意的是，追求投资最小化不能牺牲项目必要的功能和使用价值。

设计阶段的质量目标是设计方案保证在一定投资限额下，工程项目能达到业主所需的最佳功能和质量水平。不能脱离投资的制约，盲目追求功能多而全，质量标准也不是越高越好。

(2) 质量目标与进度目标的协调

设计方案应该保证在一定投资限额和质量标准的条件下，工程项目的建设完成能达到的最短期限。

设计工作的进度受基础资料提供、设计文件报批制度、设计承包方式和社会协作条件等多种因素制约，同时又影响项目的实施进度和其他环节的开展。所以设计工作应与有关的计划和进度（如施工进度）相协调，提高项目的综合经济效益。

7. 工程项目设计成果的质量检查

工程项目设计应该在严格遵守技术标准、规程的基础上，正确处理和协调费用、资源、技术和环境等条件之间的关系，使项目设计满足业主所需功能和使用价值要求。工程项目设计成果质量检查的主要内容如下：

(1) 合法性

合法是设计成果应该盖有设计单位的出图章、注册工程师的执业专用章及审图单位的审图章。设计图纸中设计、审核、批准人员的签字应该齐全。工程项目设计成果的合法性检查主要看设计资料的签章是否齐全。

（2）完备性

完整的设计文件应包括：文件目录，设计依据和条件的说明，各种专业设计图纸，工程造价的计算文件，各种技术经济指标说明，设备和工程量清单等。工程项目设计成果的完备性检查主要看设计文件目录、说明与图纸等是否齐全，有无续图供应。

（3）方案的合理性

工程项目设计成果的完备性检查主要看设计结构和设备选型、选材等是否合理。

（4）规范性

设计文件应符合有关工程项目建设及质量管理方面的法律和法规。例如有关城市规划、建设用地、市政管理、环境保护、"三废"治理和建筑工程质量监督等法律和法规。还应该符合国家或行业标准和规范要求，特别是必须符合强制性标准要求的防火、安全、环保、抗震标准，以及某些质量标准、卫生标准。工程项目设计成果的规范性检查主要看设计文件是否符合法律法规及国家或行业规范和标准的要求。

（5）功能性

工程项目设计成果规范性检查的主要内容如下：

① 建设规模、生产能力、工程组成等是否符合设计合同、可行性研究报告或基础设计（如初步设计）审批文件要求；

② 公用工程及辅助生产装置配套是否合理，能否适应生产装置的要求；

③ 总图及装置布置是否合理，相关防护措施是否符合规范要求。

（6）安全性

① 总图布置、地基处理、设备、管道及建构筑物设计安全是否可靠，防御自然灾害风险的能力是否符合规范规定的要求。

② 工业及民用建筑设计是否满足防火、防爆、防雷、防静电和防腐等设计规范的要求。

③ 压力容器及管道设计是否满足压力容器设计规范和《压力管道安全管理与监察规定》的要求。

④ 对生产中有毒、有害或强腐蚀性物料的排放，以及其他危及人身安全的场所，是否采取了符合工业安全、卫生设计规范和规定要求的事故隐患防止和控制措施。

⑤ 环保设计是否贯彻了"以防为主、防治结合、综合治理"的方针，工业"三废"等有害物的排放浓度和总量是否满足中央及地方政府规定的控制标准要求。

（7）可信性

① 地质资料与外部资料等设计的基础资料是否齐全、准确、有效，计算依据是否可靠、合理，设计条件是否正确。设计文件的内容深度、格式是否

符合规定要求。

② 专业设计方案比选或论证报告结论是否明确。

③ 采用的工艺技术、设备、材料是否先进、可行，特别是采用的新工艺、新设备、新材料是否均已通过论证，并有相应的证明材料。

④ 结构设置、安全系数、备用系数等的确定是否合理，水源、电源是否可靠。

⑤ 公用工程、辅助生产装置、环保和综合利用工程设计是否可靠。

⑥ 是否具有可维修及维修保障性。

⑦ 定型设备的选择是否选用了国际或行业的系列化、标准化产品，其中有没有已被淘汰的产品。

(8) 可实施性

① 建筑、结构设计是否考虑了项目建设地区的具体情况和施工单位的作业技术能力、装备水平，是否提出了竣工验收的准则。

② 设计中是否考虑了高、大、重设备的运输及安装方案、实施条件、检修置换作业及其他特殊安装要求。

③ 现场制作的设备是否考虑了现场作业条件及环境特点等因素。

④ 工程设计文件是否提供了主要设备、材料的采购、制作和检验的技术要求。

⑤ 能否保证工程质量和施工安全要求，是否便于施工，施工和安装有无不能实现或难于实现的技术问题，有无易于导致质量和安全事故及费用增加等方面的问题。

(9) 可持续性

工程设计是否考虑了项目建成后生产规模、产品品种、原材料等条件的合理变化能力。

(10) 经济性

① 工程建设总投资是否满足合同规定或审批文件的要求。

② 原材料、动力消耗指标是否达到或接近国内先进水平，生产成本是否合理。

③ 能源及动力配置和使用是否合理，节能措施是否先进可行、是否符合有关规定要求，能耗是否处于国内同类设计先进水平。改扩建工程是否注意了挖潜、填平补齐和节能降耗。

④ 投资回收期、借款偿还期、各项收益率、利润率等技术经济指标是否满足相关规定要求。

(11) 一致性

① 总图布置是否合理，工艺管线、电气线路、设备位置、运输通路与构筑物之间有无矛盾。

② 总平面图与其他施工图是否一致，设计图之间、专业之间、图面之间有无矛盾，标识有无遗漏。

③ 所需用的标准图、非标准图纸等技术文件是否完整，图纸说明是否齐

全、准确，有无矛盾和问题，大样图是否齐全。

④ 设计界面、尺寸、坐标轴线与标高等标注是否正确。

8. 国外设计阶段的质量管理

(1) 法国：考虑到设计失误而造成的工程质量事故占有很大的比例，规定在设计工作开始前必须制定设计纲要，以反映业主对项目建设的意图，指导项目的设计。业主代表在设计全过程中进行检查，以保证设计与纲要相符合。在设计阶段进行的评议包括两个部分，即内部评议和外部评议。前者由设计机构的管理部门进行。如果仅由一个小型的项目设计组对项目设计质量负责，一个设计公司就不能有效地发挥其丰富经验的优势，而会逐步变成由若干薄弱小队伍组成的薄弱集合体。因此，法国推崇采用外部评议的方法，以发挥设计公司强有力的整体作用。

(2) 德国：采用设计竞赛的方式对各个设计方案的质量进行评判，择优录用。

(3) 美国：不仅要求制定设计纲要、业主代表进行检查，而且十分重视对设计结果的评议。项目在概念设计和规划阶段就要求对各方案进行比较，同时按照美国法律，提交该项目对于自然、经济和社会的影响报告。这些工作可以由业主和设计人员共同完成，也可以由设计人员根据业主和设计人员之间的协议书单独进行。研究对象的选择、研究的程度、成果的水平、报告和决策的内容等需要根据项目的性质和要求而定，并在合同中予以详细说明。所有这些可以保证工程设计最大限度地满足业主的需求，并且在工程设计阶段不留任何工程质量隐患。

(4) 英国：设计负责人和承包商之间如何对设计分工由业主代表决定。不太复杂的工厂、办公楼、仓库、商店可能由承包商根据业主制订的纲要进行完整的设计。对于复杂的项目，或者业主对建筑物外观、环境性能、内部装修的要求很高时，由设计负责人负责对项目进行详细设计，只留下附件及构造详图由承包商负责设计。大多数项目介于上述两种情况之间，承包商通常完成详图设计，尤其是基础设计通常由承包商负责，这样有可能选择施工速度快及造价低的基础方案。承包商必须遵守设计负责人制订的设计说明书中规定的各项要求。

设计负责人制订的设计图纸及说明书由业主批准。设计批准不意味着对于设计文件在尺寸上检查，也不解除设计文件制订者的责任及义务。当必须由外部权力机构批准设计时，由设计负责人负责取得批准；同时设计负责人负责批准承包商进行的设计。

设计的进度及费用控制由业主代表负责。业主对于项目的费用及进度规定了限值。如果设计负责人制订的设计超过业主规定的限值，设计负责人必须用自己的钱重新进行设计。业主代表制订的基本计划是进度控制的文件。该基本计划综合了设计负责人及承包商制订的计划。业主和承包商以及业主和设计负责人之间分别订立的合同把各部分人结合在一起，由业主代表通过合同引导设计负责人及承包商弥补他们所应负责的时间损失，而业主不必增加费用。业主代表负责管理资金，自始至终提供财务建议、检查文书，并对可能出现的变化做出估计。

5.3.3 施工阶段的质量管理

工程施工是指按照设计图纸和相关文件的要求，在建设场地上将设计意图付诸实施，形成工程实体建成最终产品的活动。工程施工活动决定了外表观感能否体现建筑设计的艺术水平，设计意图能否体现，工程的适用性、安全性、可靠性、经济性、协调性和耐久性等各种质量特性能否保证。工程施工是形成实体质量的决定性环节。由于施工过程是不可逆的，因此，施工质量管理显得尤为重要。

施工质量管理不仅要保证工程的各个要素（材料、设备、工作过程、工艺等）符合规定（合同、设计文件、质量保证体系）要求，而且要保证各部分的成果，即检验批、分项工程、分部工程、单位工程等的质量符合相关规范和标准的规定，保证最终整个工程符合质量要求，达到预定的功能，使整个系统能够经济、安全、高效率地运行。这个阶段质量控制的主要对象是承（分）包商和供应商。

施工质量管理从不同的角度可以有不同的叙述方法。从影响工程项目质量的因素上讲，可以通过对人、材料、设备、方法和环境五个因素的控制来保证工程项目质量。从施工阶段质量控制过程的划分上讲，可分为对投入的物质、资源质量的控制，施工及安装生产过程质量控制和工程实体质量验收三个方面。从工程项目施工层次结构上讲，工程项目施工质量管理可分为工序质量管理、分项工程质量管理、分部工程质量管理、单位工程质量管理和单项工程质量管理几个层次。从项目实施的不同时间阶段，可以将工程项目施工质量控制分为事前控制、事中控制和事后控制三个阶段。从参与者的身份上讲，可以将工程项目施工质量控制分为业主的工程质量管理、项目管理单位的工程质量管理和承包商的工程质量管理等。由于第2章已经从参与者身份的角度对不同的参与者的工程项目管理工作做了比较详细的介绍，本章的第5.2节已经对影响工程项目质量的因素控制做了比较详细的介绍，本章的第5.6节将对不同施工层次结构工程质量验收做比较详细的介绍。为了避免重复，本节将从施工阶段质量控制过程的角度介绍工程项目施工质量管理。

1. 施工准备阶段的质量管理

承包商在施工前准备阶段必须做好的准备工作，包括技术准备、组织准备、物质准备与施工现场准备。

（1）技术准备

熟悉和审查项目的有关资料和图纸样；调查分析项目的自然条件、技术经济条件；确定项目实施方案及质量保证措施；确定计量和质量检测方法等。

（2）组织准备

施工准备阶段各个工程项目参与单位都应该建立项目组织机构及质量保证体系，具体内容包括指派专门的有资质的人员（有质检员、建造师资格）

负责工程质量管理工作，建立与保证质量有关的岗位责任制，对项目的全体参与人员进行质量教育，形成人人关心质量的氛围等。

（3）物质准备

对项目所需材料、构配件的质量进行检查与控制，对永久性生产设备或装置进行检查与验收；对项目实施中所使用的设备或装置应检查其技术性能，不符合质量要求的不能使用；准备必备的质量检测设备、机具及质量控制所需的其他物质。

（4）现场准备

不同的项目，现场准备的内容亦不相同。例如，建筑施工项目的现场准备包括控制网、水准点标桩的测量，"三通一平"，生产、生活临时设施等的准备，组织机具、材料进场，拟定有关试验、试制和技术进步项目计划等。

业主委托监理的项目，监理单位在此阶段应该做好以下质量管理工作：

（1）对承包商做的施工准备工作的质量进行全面检查与控制

包括通过资质审查，对施工队伍及人员的质量控制；从采购、加工制造、运输、装卸、进场、存放和使用等方面，对工程所需原材料、半成品、构配件和永久性设备、器材等进行全过程、全面的管理；对施工方案、方法和工艺进行管理，包括对施工组织设计（或施工计划、施工质量保证措施和施工方案等）进行审查；根据施工组织设计（或施工计划）对施工用机械、设备进行审查；审查与控制承包商对施工环境与条件方面的准备工作质量；对测量基准点和参考标高的确认及工程测量放线的质量控制。

（2）做好设计交底和图纸会审的组织工作

项目总监理工程师应协助建设单位组织设计单位、施工单位进行图纸会审。在图纸会审时，先由设计单位介绍设计意图、结构特点、施工要求、关键部位的技术措施和有关注意事项，然后由施工单位提出图纸中存在的问题和需要解决的技术难题，通过四方研究协商，拟定解决的办法。最后由监理单位提出审图意见并写出图纸会审纪要，并交与会者签名认可。

监理公司参加人员一般为：技术负责人、总监理工程师及现场监理人员。会审前，由项目总监理工程师将监理机构审图意见汇总，必要时应先与设计单位协商处理方案，再组织会审。在会审的时间上，应与各参与方协商确定。

（3）对施工单位质量管理体系的审查确认

工程项目开工前，总监理工程师应审查施工单位现场项目管理机构的质量管理体系、技术管理体系和质量保证体系，确保工程项目施工质量。对质量管理体系、技术管理体系和质量保证体系应审核以下内容：质量管理、技术管理和质量保证的组织机构；质量管理、技术管理制度；专职管理人员和特种作业人员的资格证、上岗证；质量检验的工具等。其中，对施工单位项目组织的主要人员的核查是重点。通过核查，以保证施工单位在投标文件中承诺的或施工合同规定的项目组织中的主要成员在工程实施中得到落实。

工程施工过程中，监理工程师应拒绝施工单位在未经批准的情况下对项目组织中的主要成员进行任何替换。如果施工单位有足够的理由要求进行此类替换，应该事先提出更换人员的书面申请，经监理工程师审查并报建设单位批准后方可实施替换。

在施工过程中，若发现施工单位的组织不能有效地运作，难以对项目实施有效的管理，监理工程师应及时要求施工单位进行改进，对不能胜任岗位要求以及有违职业操守的人员，应要求施工单位或通过建设单位予以撤换。

（4）审查施工组织设计

施工组织设计是施工单位纲领性的技术经济文件，是施工单位从工程的全局出发，按照施工的客观规律和当时、当地的具体施工环境，统筹考虑施工活动的人力、资金、材料、机械和施工方法这五个主要因素后，对整个工程的施工进度和资源消耗等做出的科学而合理的安排。施工组织设计，既是施工单位的施工管理依据，又是监理工程师进行工程监理的依据。监理工程师对施工组织设计的审核，是实施事前控制的关键环节，对监理项目的成败，起着事半功倍的作用。

监理单位对施工单位施工组织设计审核的主要内容包括：

1）施工组织管理架构与职责分工

组织架构。审核施工单位施工组织管理架构的层次是否清晰，管理人员的配置是否足够，兼职是否过多。

资质等级。审核施工单位项目管理人员的资质是否符合工程类别的要求，是否持证上岗并有相应的工作经历。

职责分工。审核施工单位项目管理机构职责分工是否体现了项目经理负责制和责权一致的原则，是否有利于快捷、优质高效地工作，是否没有缺漏且不交叉，是否具体落实到质量、进度、成本控制与安全文明生产责任制上。

2）施工方案

审核主要项目施工方法的合理性。施工方法是施工方案的核心。对其审核包括以下三个方面：一是主要施工项目划分是否正确。在实际审核中，可以发现没有因地制宜对主要项目做出甄别和划分，是施工组织设计的通病之一，因此，主要施工项目的正确划分应是施工方案审核的首要任务。二是施工工法是否条件允许、方法可行。三是施工方法是否与建筑安装成本和施工措施费保持一致。施工组织设计并非只是技术文件，它也是经济文件。施工单位在施工过程中所提出的设计变更与现场签证，其是否成立的判定标准之一就是看施工组织设计中是否已有相应内容。因此，应注意保持两者的一致。这一点是审核业务中的重点内容，需格外注意。

审核是否有降低成本的技术措施及其可行性。降低成本一般体现在工艺成本与组织成本两个方面。对此，结合样板引路、进行节约挖潜是一种有效手段。样板引路是指先做好样板工程，再进行大面积施工。因此，最有可能在样本工程中，引进新技术、改造旧工艺，同时优化组织结构。在技术费、机械设备费、工具费、劳动力费用、间接费的节约上做文章，据此计算出经济效果，并加以评价、决策。取得成功经验后，再由点及面加以推广，最终达到降低成本的目的。此外，降低成本应以不影响施工质量与安全为前提，这一点也是施工单位易忽略之处，应注意纠偏。

3）质量保证措施

该部分是施工组织设计编制者带有创造性的工作，从中可看出施工单位的基本素质。因此，监理工程师应重视这一部分的审核工作。在审核中，应具体把握以下两个方面：一是质量保证体系是否完善。应审核质量管理体系的"PDCA"循环是否完善，这主要体现在如下6个方面：原材料的进场验收、报审制度是否完善；工序检查制度是否完善；隐蔽工程验收与报审制度是否完善；分项分部工程的验收移交与报审制度是否完善；竣工验收与交接制度是否完善；工程档案资料的保管与移交制度是否完善。二是特殊项目的质量保证措施是否完备。对采用的新工艺、新材料、新技术和新结构以及有技术疑难点的项目，如新型防水材料的施工、巨型框架结构的施工、体型复杂的结构体系的放线定位施工以及饱和软土地基的桩基础施工等，应制定有针对性的质量保证措施。

4）施工部署

施工现场平面布置图是布置施工现场的依据，因此，对施工单位施工部署情况的审核主要审查施工现场平面布置图。具体内容包括：

拟建工程标注情况。施工单位应将建筑施工图中的拟建建筑物按一定比例标注于图中，否则后续的运输设备与临建设施的选址设计将无法准确进行，在实际中将某些拟建建筑物漏掉的现象并非鲜见，应注意对拟建建筑物标注的齐全性进行审核。

起重运输设施的设置合理性。常见的问题是：履带吊和轮胎吊等自行式起重机没有与行驶顺序形成一次性起吊完成的行驶路线；井架、门架等固定式垂直运输设施，或者不能方便地组织分层、分段的流水施工，或者不便于楼层和地面的运输，或者运距过长；塔式起重机或者起吊半径没能覆盖整个建筑物的轮廓，或者它的基础与拟建建筑的基础合二为一，造成拟建建筑的差异沉降与开裂。因此，应注意对移动式起重机的开行路线与垂直运输设施设置合理性的审核。

临时设施的设置合理性。应注意以下三个方面：一是材料放置场地的布置应尽可能减少二次搬运，以及前后工序之间、各施工单位之间的相互干扰；二是材料放置的位置还应与施工工艺相配合；三是不同施工阶段的临建、设备与堆载地会有不同的要求，应规划与部署相应的调整方案。

运输道路设计的周全性。常见的问题有：道路两侧没有设置排水沟。这在南方地区雨期施工时，会造成作业面的大量积水，以至无法施工。在实际审核中，应提醒施工单位的，还绝非仅是应不应该设置排水沟的问题，更重要的是设置技巧问题。违反道路设计的基本规范，如消防车道小于法定的3.5m等。

临时水、电、气、热等动力供应的设计可行性。临时水、电、气、热的设计，一般由甲方提供，对其审核主要在于现场实际动力需求量应在设计安全幅度以内，以免出现安全与质量事故。

5）施工总进度计划

施工总进度计划不仅关系到施工方自身的劳动力计划、施工机械计划、材料与设备计划等的制订，也关系到建设单位的出图计划、分包计划、建设单位供料计划，以及其他分包单位的施工进度计划的安排与制订。因此，在所有的进度计划中它属于纲领性的文件，在施工组织设计中处于举足轻重的地位。其审核要点有：

审核施工单位施工项目划分的合理性与周全性。在实际审核中，应把握三点：一是应明确到分项工程或更具体的施工过程，否则就会因内容太空泛而起不到控制作用。二是划分的项目不应与施工方案相冲突。三是凡与施工直接有关的内容均应列入，而间接的施工辅助性项目和服务性项目则不必列入。

审核施工单位工程量与项目延续时间的确定是否合理。工程量的确定直接关系到项目延续时间的确定，对其的审核可以依据建设单位所提供的工程量清单或设计院所提供的预算文件，也可根据图纸并按所划分的施工项目与施工方案自行计算审核。项目延续时间的审核经常出现的问题是赋予相关分项工程的延续时间过短，由此造成盲目抢工而致浪费。审核时，可以先按正常情况确定一个初始计划时间，而后再结合实际施工条件与作业班组的能力加以调整，这样得出的延续时间的工程耗费是最低的。

审核施工单位施工顺序是否合理。对工艺顺序的审核，应把握两点：一是总体把握，即先地下、后地上，先土建、后设备，先主体、后围护，先结构、后装修；二是细部把握，当施工方案确定后，细部工艺顺序也就确定了。因此，这一部分的审核主要是对施工方案的审核。对组织顺序的审核主要体现在对流水作业的施工组织的审核，也应把握两点：一是流水段的划分是否合理；二是流水方向是否合理。

审核施工单位施工进度计划的均衡性。无数实践证明，如果施工初期，不主动抢工，势必最后阶段要被动赶工，并且越到施工后期，越要进行诸如收尾、设备调试、生产和使用前的准备等慢工出细活的施工活动。因此，为施工进度计划的总体均衡计，前紧后松是明智之举。

审核施工单位施工进度计划的表述科学性。横道图能反映出流水施工的组织过程，而网络图则能反映出各工序之间的逻辑关系，并能进行各种时间参数的计算。应两者皆有，各取所长。在实际审核中往往只有其一，应注意对此的纠偏。

6）施工准备

技术准备工作。审核的内容包括：施工单位是否掌握地形、地质、水文等资料，并对建设地区的社会、经济、生活条件等进行调查分析，以掌握第一手资料；是否掌握设计进度与意图的安排；是否研究有关施工技术措施，以及新结构、新材料、新技术的试制和试验工作的安排；是否在正式开工前，完成审图、图纸交底、图纸会审工作的安排；是否对基层班组进行书面技术交底和工程定位放线及验线的安排。

施工现场的准备工作。应督促施工单位对建立现场测量控制网、土地征用、居民迁移、障碍拆除、临建、施工用水、施工用电、施工道路与场地平整等工作做出安排。

施工机械的准备工作。审查其是否编制了施工机械进场计划及施工机械的准备工作安排情况。

施工所需材料与设备的准备工作。材料与设备进场时间是否满足施工总进度计划的需求。审查预制构件、预埋件是否根据进场计划制订出配套的订货或加工计划，同时，某些大型设备待到结构封顶时再行安装，可能难度会较大，甚至造成土建返工，因此，应注意该部分设备的进场应与土建施工交叉进行；审查材料与设备的计划数量、品种是否与设计或合同中的工程量相符合；是否有工程材料与设备进场安排一览表。

劳动力准备工作。审查施工单位是否编制了劳动力计划。需要注意：各工种劳动力配置是否齐全，应避免小工过多、大工过少的现象；各工种劳动力数量以及进场时间是否满足施工总进度计划的要求；是否有配套的劳动力技术与安全培训计划；是否有劳动力需求一览表。

7）安全文明保证措施

审核施工单位安全文明保证体系是否完善。体现在两个方面：一是技术措施，审核的内容包括：预防自然灾害，如防台风、防雷击、防洪水、防地震、防暑降温、防冻、防寒、防滑等防护措施；高空与立体交叉作业的防护措施；防火防爆措施；针对新工艺、新技术、新材料和新结构的专门安全技术措施；安全用电和机电设备的保护措施；工人宿舍与食堂的卫生防护措施；安全文明档案资料的保管与移交措施；二是组织措施是否行之有效。

审核施工单位安全文明施工措施，是否与其费用相吻合。在经济标与合同中的安全文明施工措施费往往较为笼统与含糊，其对应的细化项目只体现在施工组织设计中，因此，两者是否吻合，需细加核实。

8）施工进度保证措施

审核施工单位是否有与总进度计划相配套的细部实施计划。没有细部实施计划的总进度计划等于没有进度计划。在实际审核中把握三点：一是细部实施计划应分工协作完成。二是应在周例会中进行进度计划的检查制度。三是应有每天收工时的计划实施检查制度。

审核是否有进度控制的应变措施及其可行性。一般来讲，有如下几种情况：一是外部原因，包括政府批文与许可证的办理滞后，施工图矛盾较多，工程变更频繁，工程款支付不及时，甲方供材料供货迟缓，总包或建设单位指定分包的配合不力，监理的检查、验收行动较慢、所给予的配合不力等。对这类原因，主要是对外协调问题。这包括应有明确的供监理与甲方审批通过的进度报表制度，应有对总包与监理的进度控制意见的反馈纠偏制度以及对来自外部原因所造成的进度滞后的索赔意识。二是内部原因，包括项目部管理架构不健全，项目管理人员的素质欠佳，项目部的组织与技术措施不力，分包单位的管理架构线路不清，管理人员兼职多、变动大，分包给予的配合不力，工人劳动积极性较低、劳动力数量不够或技能欠佳，资金周转不灵，施工机具或设备欠缺，物资供应不及时，多次收到整改通知书，检查验收难过关等。对这类原因，主要是自检纠偏问题。应采取在每日收工碰头会与项目部内部例会上分析成因、查漏补缺等反应调整措施。

（5）审查分包商资质

监理工程师应审查施工单位的分包计划，在其进场前对其身份予以确认，使该分包单位的资质与投标文件一致。如果施工单位在工程进行过程中提出变更分包计划，包括分包范围的变化及提出新的分包单位，监理工程师必须对其进行审查：由专业监理工程师对施工单位提交的分包范围的合理性和分包单位的资质进行审核；如果专业监理工程师对施工单位的分包计划无异议，经总监理工程师签认后，交建设单位审批。

（6）审查并复核施工单位的测量放线工作

在施工准备阶段，建设单位应书面并于现场向施工单位交付测量基准点，总监理工程师应派专业监理工程师参与交付过程。专业监理工程师应监督施工单位对测量基准点进行校核，并要求其采取适当的保护措施使基准点不受损坏。对施工单位报送的工程测量放线成果及保护措施，专业监理工程师应进行核查，并予以签认。

（7）确认开工条件

总监理工程师在签发开工令之前，应审查确认下述条件：

1）工程施工许可证、安全生产许可证已获政府主管部门批准；

2）施工单位施工相关人员已具备法律法规要求的资格证书；

3）施工单位施工组织设计已经总监理工程师批准；

4）工程设计交底和图纸会审已完成；

5）施工所需的现场道路及水、电、通信等已满足开工要求；

6）施工单位的人员、机具、材料等施工条件已满足施工要求；

7）施工单位的开工申请报告已获得监理单位的批准。

如果条件均满足，则总监理工程师应签发开工令。

开工令，是指总监理工程师根据委托监理合同的授权，向施工单位签发的用于批准施工单位开始施工作业及确认合同工期起算日的通知书。如果因为施工单位的原因致使工程不能在施工合同中规定的最迟开工日之前开工，则总监理工程师应向施工单位发出书面通知，说明合同工期的起算日，由施工单位承担工期拖延的责任。总监理工程师应在通知中明确告知施工单位，如果施工单位对合同工期的起算日有异议，应在通知要求的时间内书面提出。如果施工单位对合同工期起算日提出异议，让总监理工程师和建设单位接受，总监理工程师应重新签发书面通知，确认新的合同工期起算日。

（8）召开开工前的工地会议

在签发开工令之前应该召开开工前的工地会议。会议由建设单位或总监理工程师召集和主持，参加人员应包括：建设单位、项目监理单位、施工单位及设计单位的相关人员，必要时，可邀请与项目建设有关的其他单位人员参加。监理工程师应在会议开始之前的合理时间内，将召集会议的通知，包括会议议程等书面送达与会各方，以便准备会议所需各项资料。

会议的主要内容应包括：明确工程各方有关人员的授权、职责分工及组织机构；介绍监理规划的主要内容，明确监理工作有关的程序及要求；介绍建设单位负责的开工准备情况；介绍施工单位开工准备情况；明确工程进行过程中的信息传递程序、联络方式和渠道；明确工地例会的例行议程、时间、地点及会议纪要的确认方式；处理其他需要解决的问题。

2. 施工过程中的质量管理

（1）总体策略

施工质量管理工作的总体策略应该是进行全过程动态控制，重点控制工序交接和具体工作的质量。

（2）总体要求

施工质量管理工作的总体要求应该是项目实施有方案，质量预控有对策，质量保证措施有交底，动态控制有方法，配制材料有试验，工序交接有检查，隐蔽工程有验收，项目变更有手续，质量处理有复查，质量文件有档案。

（3）总体工作

在工程施工过程中一般通过工序质量控制、工程质量检查和工程质量监督 3 个环节的质量管理工作来控制工程的质量。应该做到上道工序间不经质量验收，下道工序不能施工；隐蔽工程不经签字不得覆盖；已完的分项工程不经质量检查，不能验收、不能量方，不能结算工程价款。这一切应在合同中明确规定，并在实际工作中不折不扣地执行。

（4）工序质量控制

工序是指一个班组（或一个工人）对一个（或若干个）劳动对象连续完成的各项生产活动的综合。项目的建设过程是由一系列相互关联、相互制约的工序所构成，要控制项目质量，首先应控制工序质量。

工序质量控制应该严格遵守工序作业标准或规程，主动控制工序活动条件的质量，及时控制工序活动效果的质量，合理设置工序质量控制点。

工序质量控制点是指在不同时期工序质量控制的重点。质量控制点的设置，主要视其对质量特征影响的程度及危害程度加以确定。具体质量控制点的设置涉及面较广，应该根据项目的特点，视其重要性、复杂性、精确性、质量标准和要求等情况具体分析，如材料计量、操作过程、作业顺序、技术参数控制、设备安装等。

质量控制点的设置是保证项目质量的有力措施，也是进行质量控制的重要手段。质量控制点的质量控制过程如下：

1）对工序进行全面分析、比较，明确质量控制点；

2）明确质量控制点的质量控制标准；

3）分析所设置质量控制点在工序进行过程中可能出现的质量问题；

4）根据工序进行过程中可能出现的质量问题，有针对性地采取措施，严格控制工序质量。

工序质量控制的内容包括工序活动条件质量控制、工序操作过程质量控制和工程实体质量控制三个方面，这三者互为关联。工序活动条件达不到要求，无法保证工程实体质量。工序操作过程不规范，也很难保证工程实体质量。工序活动条件的质量控制，一方面要使每道工序投入品的质量符合要求，另一方面要使工序施工的环境条件符合工作要求。工序操作过程质量控制，一方面要明确工序的操作规程，另一方面要使工序施工的操作符合操作规程的要求。工程实体质量控制，一方面要明确工序所形成的工程实体要达到的质量标准，另一方面要严格按照工程实体要达到的质量标准进行质量检查。

工程实体质量一般可以采用数理统计方法进行控制，即通过对工程实体质量样本数据进行统计、分析，来判断整个工程实体质量的稳定性。若工程实体质量不稳定，则应采取对策和措施予以纠正，从而实现对工程实体质量的有效控制。其基本步骤如下：

1）数据采集

根据具体的工程实体要达到的质量标准，选择适当的质量控制参数，采用必要的检测工具和手段，采集工程实体质量数据。

2）数据分析

采用数理统计方法对工程实体质量数据进行分析。

3）工程实体质量判断

根据对工程实体质量数据的结果，判断工序状态。如数据是否符合正态分布状态，是否在控制图的控制界限之间，是否在质量标准规定的范围之内，是属于正常状态还是异常状态，是由偶然因素引起的质量变异，还是由系统因素引起的质量变异等（详见5.5节）。

4）制定措施

根据对工程实体质量判断的结果，采取相应的对策。若出现质量异常情况，则应查找原因，并有针对性地采取措施改善工序质量。

（5）工序质量检查

工序质量检查是按照国家施工及验收规范、质量标准所规定的检查项目，用规定的方法和手段，对工序进行质量检测，并和质量标准的规定相比较，确定工程质量是否符合要求。虽然工程项目质量管理应该以预防为主，但是工序质量检查工作仍然必不可少，其可以起到质量保证、事故预防和信息反馈三个方面的作用。

1）保证作用

通过对工序质量的检查可以判断是否有"不合格"的工程，把住质量关，使不符合标准的工序经过返修达到质量标准后才可以转入下道工序。

2）预防作用

通过对工序质量的检查可以发现质量问题，及时采取有效的纠正措施，从而使工程质量处于稳定状态，起到预防质量事故的作用。

3）信息反馈作用

通过对工序质量检查所得的数据和情况进行分析和评价，可以从中获得质量信息，及时改进工作。

在工程项目施工中，应建立并认真贯彻执行以下质量检查制度。

1）原材料、半成品和各种加工预制品的检查制度

材料产品质量的优劣是保证工程质量的基础，施工过程中，必须保证材料符合质量标准和设计要求。在订货时应依据质量标准签订合同，必要时应先鉴定样品，经鉴定合格的样品应予封存，作为材料验收的依据。所有建筑材料、构配件和设备进入施工现场时，必须在监理工程师的监督下，由施工单位组织验收。验收时应检查出厂证明、材质证明、试验报告、检验报告等，对有疑问的主要材料进行抽样复检。关键建筑材料、构配件须在监理单位的见证下，由施工单位取样送检，检查合格后方可在工程中使用。未经验收、检验或检验不合格的建筑材料、构配件和设备，不得使用。对不合格原材料、半成品和各种加工预制品应该要求采购单位运出施工现场。

2）班组的自检和交接制度

按照生产者负责质量的原则，所有生产班组必须对本班组的操作质量负责。完成或部分完成施工任务时，应及时进行自检，如有不合格的项目应及时进行返工处理，使其达到合格的标准。而后，经工长组织质量检查员和下道工序的生产班组进行交接检查，确认质量合格后，方可进行下道工序施工。

3）隐蔽工程验收制度

隐蔽工程验收是指将被其他分项工程所隐蔽的分项工程或分部工程，在隐蔽前所进行的验收。实践证明，坚持隐蔽工程验收制度是防止质量隐患，保证工程项目质量的重要措施。重要的隐蔽工程项目，如基础工程等，应由工程项目的技术负责人主持，邀请建设单位、设计单位、质量监督部门进行验收。

隐蔽工程验收的主要项目有：地基基础、主体结构各部位钢筋、现场结构焊接、防水工程等。

隐蔽工程验收后，要办理隐蔽工程验收手续，列入工程档案。对于隐蔽工程验收中提出的不符合质量标准的问题，要认真处理，处理后要经复核合格并写明处理情况。未经隐蔽工程验收或验收不合格的，不得进行下道工序施工。

4）预检制度

预检是指该分项工程在未施工前所进行的预先检查。预检是保证工程质量，防止可能发生差错造成重大质量事故的重要措施。一般预检项目由工长主持，请质量检查员、有关班组长参加（如果质量监督站指定的核验项目，应请质量监督员参加核验）。重要的预检项目应由项目经理或技术负责人主持，请设计单位、建设单位、质量监督站的代表参加。

预检的项目主要有：建筑物位置线、基础尺寸线、模板、墙体轴线和门窗洞口位置线、楼层50cm水平线等。

预检后要办理预检手续，列入工程档案。对于预检中提出的不符合质量标准的问题，要认真处理，处理后要经复核合格并写明处理情况。未经预检或预检不合格的，不得进行下一道工序施工。

5）基础、主体工程检查验收制度

单位工程的基础完成后必须进行验收，方可进行主体工程施工；主体工程完成后必须经过验收，方可进行装修施工。结构验收可以分阶段进行，一般工程在主体完成后，做一次结构验收。有人防地下室的工程，可分两次进行结构验收（地下室一次、主体一次）。如需提前装修的工程，可分层进行验收。结构验收单经建设单位、设计单位、施工单位三方代表签证后，由质量监督站进行核验。

（6）工程质量监督

1）质量监督站的主要任务

贯彻执行国家和上级颁发的工程质量监督工作的法规、规定和技术标准；对建设工程质量、混凝土构件厂、商品混凝土搅拌站进行质量监督，对竣工工程进行质量核验，核定企业评定的工程质量等级；督促和帮助施工企业建立和完善质量保证体系；参加重大工程质量事故的处理；参加对企业等级的审定；参加新技术的鉴定工作。

2）质量监督的程序

工程开工前，建设单位应持建设单位介绍信、施工许可证、开工批准书（外国企业还需要工商行政管理部门批准的登记注册证件）、工程的基本情况和地质勘探报告、设计图纸等到质量监督站办理注册监督手续，并按规定交纳监督费。

质量监督站在办理注册监督手续后，确定该工程的质量监督员，拟定质量监督计划，确定质量监督重点，并进行质量监督工作的交底。

工程施工中，质量监督站按确定核验的部位和项目进行检查，并随时对施工质量进行抽查。对质量监督站确定核验的部位、项目，工程项目的施工人员应按计划提前两天通知质量监督员到现场核验。经核验合格后，方可进行下道工序施工。

工程完工后，项目经理应首先请建设单位、设计单位和本企业领导进行检验评定，在验评的基础上，由建设单位、施工单位向质量监督站申报核验，同时提交工程技术资料。经质量监督站核验合格后，方可交付使用和报竣工面积。

项目经理和有关人员应认真接受质量监督站对本工程项目所进行的质量监督工作，遵守质量监督的有关规定，虚心听取质量监督人员的意见，并为质量监督工作提供必要的方便。

质量监督是代表政府进行的，具有法律效力，所有工程都必须接受监督，因此项目经理必须认真履行上述各种手续。

（7）成品保护

搞好成品保护，是一项关系到保证工程质量、降低工程成本和按期竣工的重要工作。在施工过程中，要对已完的和正在施工的分项工程进行保护。否则，一旦造成损伤，将会增加修理工作量，造成工料浪费，拖延工期。甚至有的损伤难以恢复到原样，成为永久性的缺陷。因此，做好成品保护工作是项目经理和技术人员在施工中的一项十分重要工作。

做好成品保护工作，要抓好以下几个环节。

1）进行职业道德教育，教育全体职工要对国家、对人民负责，爱护公物，尊重他人和自己的劳动成果，施工操作时，要珍惜已完的和部分完成的工程。

2）合理安排施工顺序

按正确的施工流程组织施工，不得颠倒工序，防止后道工序损坏或污染前道工序。如应先喷浆而后安装灯具，避免安装灯具后又修理浆活，从而污染灯具。

3）采取行之有效的保护措施

主要措施是：提前保护、包裹覆盖和局部封闭。

提前保护可以防止可能发生的损伤和污染。如为了保证清水墙面洁净，在脚手架、安全网横杆、进料口四周和临近的水刷石墙面上，提前钉上塑料布或贴上纸；为了保护清水楼梯踏步的无磕损，提前加护棱角的角铁；为了保护门洞、门框不受损伤，在小车轴的高度，应钉铁皮或木条。

包裹覆盖用于保护高级装饰工程。如大理石、花岗石柱面完成后可用立板加塑料布（或线毯）捆扎，防止磕碰；大理石、花岗石、现制磨石地面应用苫布、塑料布或棉毯覆盖加以保护；铝合金门窗可用塑料条粘贴保护，塑料条开胶后应及时补贴。

局部封闭是在施工过程中对部分楼梯、通道、房间临时封闭。在预制磨石楼梯、水泥抹面楼梯完成后，应将楼梯口暂时封闭，待达到上人强度并采取保护措施后再开启；室内塑料墙纸、木地板油漆等完成后均应立即锁门。

3. 施工质量管理的国际惯例

工程项目施工阶段是根据设计文件和图纸的要求，通过施工形成工程实体。该阶段直接影响工程的最终质量，是工程项目质量的关键环节。世界各国对施工质量管理的非常重视。国际上通用的做法有两个，一是对工程项目质量管理人员的资格都有一定的要求，二是对工程的质量检查与监督非常严格。

（1）对工程项目质量管理人员的资格要求

合格的工程质量监督管理人员必须具有符合项目所在地规定的资质等级证书。各个国家和地区对工程质量监督管理人员的从业资格都有严格的规定。

英国由建筑师学会、土木工程师学会、特许营造师协会以及测量师协会等学会和协会负责进行咨询工程师专业资质的评定。此外，英国政府也会公布经审查的咨询人员名单，以便于在公共工程上选择合适的咨询工程师。

德国规定质监工程师必须符合以下的资格条件。

① 至少具有 2 年的结构设计经验；

② 年龄最低 35 岁，最高 60 岁；

③ 大学土木工程专业毕业；

④ 10 年工作经验（9 年结构计算，1 年工地负责人）；

⑤ 丰富的知识和经验；

⑥ 优良的人品。

其中专业必须为土建专业，仅限于钢筋混凝土结构、钢结构、砖石结构和木结构。而且国家公务员或公共机构人员、建筑行业雇主，以及客观性可能受到影响的人员均不得担任质监工程师。

法国对咨询工程师的资格要求比较高，需经过严格的审查考试，合格后方可担任。为了确保监督人员的质量，在建设部内设有一个审查咨询工程师资格的"技术监理审查委员会"。它由 30 名不同身份的人员组成，有资深的政府官员、建筑师、设计专家、承包商、业主、咨询工程师、经济专家和法律专家等，他们直接接受部长聘请。凡要求充当咨询工程师的人，需先行申请。该委员会首先审查申请人的资格和经验，申请人必须是法国高等院校土木工程专业毕业，具有 10 年以上的工作经验。通过资格审查后进行面试，由委员会报请部长确认，然后在一个专门的月刊上公布，一次确认的资格有效期为 5 年。

日本《建设咨询人员注册章程》中规定了被批准注册登记的建设咨询人员所应符合的条件。

① 根据业务技术范围不同，建设咨询人员必须符合相应注册部门所提出的各项必要条件。

② 大学或高等专业学校毕业后，对有关注册部门的业务有 20 年以上的实践经验者，经建设大臣认可，具有相同程度知识与技术的人员。

③ 要具备足够的履行建设咨询业务合同的资产或金融信用。一般咨询企业资金应在 5000 万日元以上，而且自有资金为 1000 万日元以上。

为业主提供工程项目质量监督管理工作的人员，在我国被称为监理工程师；在英国等国则被称为咨询工程师。在有些国家建筑师也可以从事工程项目质量监督管理工作。

（2）对于工程的质量检查与监督都非常严格

国外对于质量检查与监督的一致看法包括以下三个方面：

① 承包商应该建立完善的质量保证体系

工程质量的外部检查与监督只是一个方面的措施，要保证工程或产品质量仅仅靠外部检查与监督是远远不够的，更重要的还是依靠承包商内部的质量自检与质量保证。承包商应该建立完善的质量保证体系，加强工程质量的自我控制。

② 业主需要进行质量监督检查

主要按 FIDIC 合同条件中的规定进行。一般由业主代表或业主指定的设计工程师或业主授权的其他机构及人员进行工程质量监督检查。

③ 政府的监督检查

很多国家都规定，政府有关部门在特定时间内需要对建筑工地进行检查，检查的时间为开工、基础完工、承重结构和高耸构筑物完工后以及项目竣工后。检查的目的是确保工程项目按照规划正确选址，而且符合现行法规中关于公共安全和健康的有关规定。

5.3.4　验收阶段的质量管理

工程质量的竣工验收是对项目施工阶段的质量进行试车运转和检查评定，以考核质量目标是否符合设计阶段的质量要求。此阶段是工程项目建设向生产转移的必要环节，影响工程项目能否最终形成生产能力，反映工程项目质量的最终水平。

1. 竣工验收的条件

《建设工程施工合同（示范文本）》GF-2017-0201 规定：工程具备以下条件的，承包人可以申请竣工验收：

（1）除发包人同意的甩项工作和缺陷修补工作外，合同范围内的全部工程以及有关工作，包括合同要求的试验、试运行以及检验均已完成，并符合合同要求；

（2）已按合同约定编制了甩项工作和缺陷修补工作清单以及相应的施工计划；

（3）已按合同约定的内容和份数备齐竣工资料。

工程项目竣工的标准会因工程项目本身性能和情况不同而不同，在中国主要有以下三种情况：

（1）生产性或科研性工程项目，一旦工艺设备安装完毕，可试运转乃至投产使用，就可以进行竣工验收。

（2）民用建筑和居住建筑工程，一旦房屋建筑能够交付使用，住宅能够住人，可以组织竣工验收。

（3）当工程项目并未完全完成，但承包商已完成了大部分工作，且其中的未完成的因素非承包商所造成，也是承包商无法完全解决的，可视为达到竣工标准，可组织竣工验收。例如：生产型或科研型房屋建筑已全部完成，因为主要工艺设计变更或主要设备未到货，剩下设备基础未做的；房屋工程已全部完成，但电梯尚未到货或晚到货而未安装，或虽已安装但不能与房屋同期使用的；房屋室外或小区内管线已全部完成，但属于市政工程单位承担的干线尚未完成，造成房屋不能使用的等。

2. 竣工验收主要任务

首先业主、设计单位和承包商（以及主要分包商）要分别对工程项目的决策和论证、勘察和设计以及施工的全过程进行最后评价，对工程项目管理全过程进行系统的检验。

其次业主应与承包商办理工程的验收和交接手续，办理竣工结算，办理工程档案资料的移交，办理工程保修手续等，主要是处理工程项目的移交和善后清理工作。

5.3.5　维修阶段的质量管理

为了保证工程建设质量，许多西方国家在竣工维修阶段采用保险制度，即将工程质量责任的承担扩展到保险公司，进一步降低业主的风险。因此竣工维修阶段的质量保证除了确定承包商的质量责任外，还需要对工程进行保险。

法国通过民法强制规定设计单位、施工单位及其他在承包合同中与业主有关联者对住宅的质量承担保证责任。

一般工程应办理为期 10 年的保险，如果 10 年内工程的坚固性（如基础、主体结构、屋面、地面覆盖材料、外装饰等）及安全性（防火、电器、燃气和通风等）不能满足最初确定的要求，承包商要承担主要经济赔偿责任。设备制造厂商对水、暖、电和卫等设备，要办理为期不低于 2 年的保险。建筑公司对于装饰工程，进行为期 1 年的保修保险。在工程交付使用后的 4 个月内如果发现质量问题，保险公司应立即负责维修并赔偿损失。这项保险对公共工程是强制性的，对私人工程是非强制性的。

工程保险的保险费率是根据建筑物的风险程度、承建企业的声誉和质量检查的深度等各方面的因素来综合考虑的；一般工程要交付总造价的 1.5%～4%。投保后的工程在第一年内发生质量问题时，由承包商负责维修和加固费用，其余 9 年在发生质量问题时，尽管责任仍然是承建企业的，但经济上完全由保险公司负责赔偿，并在 4 个月内处理完。

英国采用国家房屋建造委员会（National Housing Building Council，NHBC）的保证制度。规定由登记企业在最初 2 年中对住宅的质量承担保证责任，2 年后由保证机构代行，保证在主体结构 10 年、其他 1～2 年的期间内，对建筑物全部或部分损毁以及结构上重要部分、饰面、住宅构配件不良等情况承担维修和赔偿的责任。此规定虽然不具有强制性，但未加入国家房屋建造委员会保证制度的住宅就不能获得建筑联合协会的贷款。国家房屋建造委员会对登记后的企业经常进行严格指导，并实施严密的现场检查，进行设计审查，并对公共团体发布建筑许可。其本身也是保险公司，保证对象为加入保证制度的住宅。

美国采用房屋业主保证体系（Home Owners Warranty Program，HOWP）。规定由登记企业在最初 2 年中对住宅的质量承担保证责任，2 年后由保证机构代行，保证在主体结构 10 年、其他 1～2 年的期间内，对建筑物全部或部分损毁以及结构上重要部分、饰面、住宅构配件不良等情况承担维修和赔偿的责任。但此保证不具有强制性。该质量保证制度由数家民间机构负责实施，带有营利性，具有登记审查比较严格，登记企业需要每年进行更新，发生质量事故时设有"维修""替换""现金支付" 3 种解决方法以供业主任意选择等特点。在 10 年保证期间内发生事故时，业主可直接向保险公司申请维修费用。

5.4 全面质量管理

全面质量管理（Total Quality Management，TQM）是指一个以质量为中心，以全员参与为基础，目的在于通过让顾客满意和本组织所有成员及社会受益而达到长期成功的管理途径。

1. 全面质量管理简介

（1）全面质量管理的发展过程

人类在质量管理的发展过程中经历了三个阶段：质量检验阶段统计、质量控制阶段和全面质量管理阶段。第一阶段，人们仅通过严格检验来控制保证产品的质量，属于事后把关，无预防、控制功能；第二阶段，人们采用数理统计方法对生产过程中的工序进行质量控制，质量管理由事后检验改为预先控制；第三阶段，人们扩大了质量的概念和重要性，认为产品质量形成于生产的各个阶段，必须拓宽质量管理的工作范围。美国统计学家戴明（Deming）提出了改进质量的重要性，即戴明链：改进质量降低成本、减少重复工作和浪费、更好地利用资源、提高生产率、扩大市场份额、降低价格、提高产品质量、商业扩张、工作增加。因此，人们运用系统的观点，综合全面地分析研究质量问题，通过重视人的因素，全员参加对生产全过程的各项工作进行管理，得到更高的经济效益。

（2）全面质量管理的特点

1）全面的质量管理。全面质量管理的对象不仅为产品质量，还包括成本、交货期、人员干劲等的质量。

2）全员参加的质量管理。全面质量管理重视人员培训，在领导重视的前提下，企业中每个员工都必须明确自身在组织中的职责。通过权限下放，实行各级人员的自主管理，对自己的工作负责，全员参加实现组织整体效果的最优化。

3）全过程的质量管理。全面质量管理强调对产品质量产生、形成和实现的各阶段过程的控制，重视有计划的持续的质量改进，即研究设计、生产制造、售后服务等系列环节进行系统化管理，将不合格产品消灭在形成过程中。

4）全面的质量管理方法。全面质量管理不仅利用数理统计方法，而且结合专业技术、经营管理方法和人员教育培训等，建立一套质量管理方法体系，更有针对性地进行质量管理。

（3）全面质量管理的主要观点

1）质量第一的观点。在全面质量管理工作中，要树立强烈的质量意识，始终围绕产品质量进行管理。

2）为用户服务的观点。凡是接收建筑企业建造产品或劳务服务的单位和个人都是建筑企业的用户，企业必须树立一切为用户服务的观点。

3）预防为主的观点。由于建筑产品的质量是由设计和施工质量综合决定的，所以，要对设计、施工的每一道工序进行严格的质量控制，把可能导致产品质量问题的各种影响因素都控制起来，预先消除不利于产品质量的因素，从而保证最终的产品质量。

4）用数据说话的观点。数据能够准确地反映产品质量状况，所以，只有运用数理统计方法，对施工过程中搜集的大量数据进行科学的整理和分析，研究产品质量的波动情况，找出影响产品质量的原因及其规律性，有针对性地采取保证质量的有效措施，才能提高产品的质量。

5）全面管理的观点。建筑产品的质量是企业各部门全体成员在生产经营全过程中工作质量的综合反映。为了保证和提高产品质量，要对生产经营全过程实行质量控制，要求各部门共同对产品质量做出保证，要求每个成员积极参与质量管理。

（4）全面质量管理是质量管理的更高境界

全面质量管理不等同于质量管理。质量管理的基本要求是组织通过建立其质量保证体系并加以有效地运行来实现其质量方针所确定的目标，因此只是一个组织所拥有的管理职能之一。全面质量管理强调一个组织以质量为中心，将组织所拥有的管理职能纳入质量管理的范畴；具体表现在强调全员参与，强调全员教育和培训，强调最高管理者的领导，强调谋求长期的经济效益和社会效益，是一个企业达到长期成功的管理途径，是质量管理的更高境界。

2. 全面质量管理原理与操作方法

（1）全面质量管理的原理

1）满足顾客的要求，这是组织生存的理由。顾客是组织质量水平的决定因素，顾客不同，需求不同，从而产品质量要求也不同。

2）用事实进行管理，即不靠直觉，根据事实的逻辑性和合理性进行判断和管理。

3）对人的尊重，包括尊重顾客和员工。在组织内部，按个人的能力明确个人的职责，并信任其能够完成，同时获取员工的信任，鼓励员工的干劲。

4）PDCA循环为一个纠偏过程，即计划—行动—执行—计划，针对偏差用标准和准则加以检查并对偏差进行修正。

（2）全面质量管理组成元素

1）以顾客为中心。首先通过鉴定顾客（确定其来自于内部或外部），再将产品或服务与顾客相联系，最终确定顾客期望，从而满足顾客要求。

2）不断改进。通过鉴定缺陷的详细方法，不断地改进产品或服务。

3）坚持目标。坚持企业的长远目标，避免追求短期效应。

4）领导视野。领导应高瞻远瞩，使组织长期以质量为战略性目标。

5）过程管理。质量不是来自于检查，而是来自于过程改进以及通过过程管理保证提供正确有效的产品、服务。

（3）全面质量管理操作方法

全面质量管理是一种长期的承诺，首先建立质量计划，其次进行持续的过程改进。

1）质量计划的建立（戴明14点）

创立并坚持长远目标，从而改进产品或服务；

拒绝错误和消极的态度；

注重改进，不单纯依靠检查，尤其是事后检查；

寻求建立一种与供应商长期稳定的关系，选择最佳质量的单一供应商，不单考虑价格因素；

坚持连续不断的改进；

培训和教育职工；

领导对下属工作的管理是通过引导，非行政性的、强制性的；

增加员工的信心，敢于接受任务，正视所犯的错误；

协调部门间的目标；

实现员工的自主管理；

不单纯满足于数字定额的实现，应首先考虑质量与成本；

克服阻碍，不急于求成；

切合实际且有活力的职工教育培训计划；

建立专门的上级管理小组，引导主管和职员共同实现质量管理。

2）全面质量管理实施程序（PDCA 循环）

① 计划阶段，主要是分析现状，找出原因，制订计划

步骤一：分析现状，找出存在的主要质量问题，并尽可能用数据加以说明。

步骤二：找出产生问题的各种因素，要从组织内部、外部、影响质量的人员、机械、材料、方法（工艺）和环境等多方面因素进行分析。

步骤三：找出影响质量的主要因素。影响质量的因素往往是多方面的，分析时应找出主要影响因素，以便由此解决质量问题。

步骤四：针对影响质量的主要因素，制订具体明确的措施。

② 执行阶段

步骤五：执行既定的措施、计划。

③ 检查阶段

步骤六：根据计划措施对照执行情况进行检查。

④ 处理阶段

步骤七：根据检查结果进行总结，把成功的经验和失败的教训都纳入有关的标准、制度和规定之中，实行标准化，巩固已取得的成绩。

步骤八：提出这一循环尚未解决的问题，转入下一个 PDCA 循环中。

总结特点：

① 大环套小环，互相促进。整个项目组织是一个大的 PDCA 循环，各部门又有各自的 PDCA 循环，依次划分。上一级 PDCA 循环是下一级 PDCA 循环的根据；下一级 PDCA 循环是上一级 PDCA 循环的贯彻落实、具体化。

② 不断循环，不断上升，每一次循环都有新内容和目标，都解决了一批问题，提高了质量水平。

③ 推动 PDCA 循环，关键在于"总结"阶段，指总结经验、肯定成绩和纠正错误，这是 PDCA 循环上升、前进的关键。

3. 全面质量管理的应用

（1）全面质量管理实施过程

全面质量管理的实施过程有三个阶段：激发、调查和开发推广。首先实

施过程开始于公司受到某种改善质量的动力的激发之时；接着开始调查公司可以使用的全面质量管理方法并研究选择方案，由质量顾问选择一种适用的方法；拟定方法之后，或者在全公司推广，或者在样本工程中推广。一般从激发到实施全面质量管理的过程大约需要三年，以后才能在整个公司见到显著的效益。

（2）全面质量管理实施状况

全面质量管理目前已成功地应用于制造业。

在美国，业主和承包商也大多采用全面质量管理。

1）应用情况。根据美国德克萨斯州奥斯汀建筑业研究所的某质量管理研究小组对美国建筑业应用的研究，参加调查的绝大多数公司（包括业主和承包商）已经实施了全面质量管理或处于实施全面质量管理的过程中。实施传统质量保证或质量控制的公司也非常注重的高度技术性的严格的检查和监督程序，可以算是全面质量管理应用的一个组成部分。

2）实施原因。美国建筑业实行全面质量管理的原因经调查之后发现主要有四种：①为了提高企业的竞争能力；②由于用户的要求而产生的压力；③由于产品质量差；④为了更好地利用人力资源。承包商实行的主要原因为内部原因（提高企业竞争性）和外部原因（满足用户要求）。业主往往要求承包商实行全面质量管理，并有改进质量的丰富知识和兴趣。

3）实施全面质量管理的领导。主要有两种领导方法：一是由指导委员会负责，该指导委员会由公司各部门领导组成，负责调查研究并选择和拟定全面质量管理的方法，同时由具有广泛质量管理知识的质量工程师担任协调员，协助指导委员会进行工作；二是由公司的质量保证或质量控制部门的经理负责实施全面质量管理。

4）培训实施。全面质量管理的公司更注重对人员的培训，往往把顾问的培训计划与受训人员的工作职能相结合以取得更有效的效果。领导的培训题目与职员的培训题目是不同的，前者主要为领导交流艺术、激励艺术和队伍发展艺术，后者主要为人际关系艺术和表达艺术。而且是领导先接受培训，之后在质量协调员的协助下负责培训下属人员。

5）合同各方的关系。实行全面质量管理的业主在评标过程中，不仅按照正常的评估标准评审承包商，同时还对其质量计划进行评审。有些业主还在招标文件中注明了最低的质量计划要求。业主不再依靠传统的检查方法而是依靠审核功能来控制承包商的质量。在全面质量管理过程中业主往往与承包商建立长期的协议，这种伙伴型合同关系使得业主易于得到质量稳定的设计和施工服务，不会增加管理费用；使承包商获得了稳定的项目来源、获得利益；可以改善项目建设中的交流情况和承包商与业主的关系。

6）质量管理工作的效果。实行全面质量管理可以使项目在质量、成本和工期上都获得效益。例如该质量管理研究小组的调查表明：在设计中实行全面质量管理的公司，在两个 5000 万美元的项目中节约了 1200 万美元的总成本；在施工中实行全面质量管理的公司，实施全面质量管理过程中的成本为

25万美元，而年节约470万美元，减少返工15％～30％；一个具有独立的质量保证或质量控制计划的发电厂项目比计划提前6周完成，比预算低7000万美元。

5.5　工程质量的统计分析方法

5.5.1　常用的数据

数据是进行质量管理的基础，"一切用数据说话"，才能做出科学的判断。通过收集、整理质量数据，可以帮助我们分析、发现质量问题，以便及时采取对策措施，纠正和预防质量事故。常用的数据有以下几种：

（1）子样平均值

子样平均值用来表示数据的集中位置，也称为子样的算术平均值，即：

$$\overline{X} = \frac{1}{n}(X_1 + X_2 + \cdots + X_n) = \frac{1}{n}\sum_{i=1}^{n} X_i \tag{5-1}$$

式中　$\overline{X}$——子样的算术平均值；

　　　X_i——所测得的第 i 个数据；

　　　n——子样的个数。

（2）中位数

中位数是指将收集到的质量数据按大小次序排列后处在中间位置的数据值，故又称为中值。它也表示数据的集中位置。当子样数，n 为奇数时，取中间一个数为中位数；n 为偶数时，则取中间2个数的平均值作为中位数。

（3）极差

一组数据中最大值与最小值之差，常用 R 表示。它表示数据分散的程度。

（4）子样标准偏差

子样标准偏差反映数据分散的程度，常用 S 表示，即

$$S = \sqrt{\frac{1}{n-1}\sum_{i=1}^{n}(X_i - \overline{X})^2}, \quad (n < 30) \tag{5-2}$$

$$S = \sqrt{\frac{1}{n}\sum_{i=1}^{n}(X_i - \overline{X})^2}, \quad (n \geqslant 30) \tag{5-3}$$

式中　　S——子样标准偏差；

　$(X_i - \overline{X})$——第 i 个数据与子样平均值之间的差。

（5）变异系数

变异系数是用平均数的百分率表示标准偏差的一个系数，用以表示相对波动的大小，即

$$C_V = \frac{S}{\overline{X}} \times 100\% \tag{5-4}$$

式中　C_V——变异系数；

　　　S——子样标准偏差；

$\overline{X}$——子样平均值。

5.5.2 调查表法

统计调查表法又称统计调查分析法。它是利用专门设计的统计表对质量数据进行收集、整理和粗略分析质量状态的一种方法。

在质量控制活动中，利用统计调查表收集数据，简便灵活，便于整理，实用有效。它没有固定格式，可根据需要和具体情况，设计出不同的统计调查表。常用的有：

（1）分项工程作业质量分布调查表，例如，表 5-1 为混凝土空心板外观质量问题调查表；

（2）不合格项目调查表；

（3）不合格原因调查表；

（4）施工质量检查评定用调查表等。

应当指出，统计调查表往往同分层法结合起来应用，可以更好、更快地找出问题的原因，以便采取改进的措施。

混凝土空心板外观质量问题调查表　　　　　　　表 5-1

产品名称	混凝土空心板	生产班组	第一组	日生产总数	200 块
生产日期	2018.11.09	检查日期	2018.11.09	检查方式	全数检查
检查项目	不合格数量	不合格率（%）	检查项目	不合格数量	不合格率（%）
露筋	5	2.5			
蜂窝	8	4			
孔洞	6	3			
裂缝	3	1.5			

检查人：＿＿＿＿＿

5.5.3 排列图法

排列图法又叫巴氏图法或巴雷特图法，也叫主次因素分析图法。排列图有两个纵坐标，左侧纵坐标表示产品频数，即不合格产品件数；右侧纵坐标表示频率，即不合格产品累计百分数。图中横坐标表示影响产品质量的各个因素或项目，按影响质量程度的大小，从左到右依次排列。每个直方形的高度表示该因素影响的大小，图中曲线称为巴雷特曲线。在排列图上，通常把曲线的累计百分数分为三级，与此相对应的因素分三类。A 类因素对应于频率 0~80%，是影响产品质量的主要因素；B 类因素对应于频率 80%~90%，为次要因素；与频率 90%~100% 相对应的为 C 类因素，属一般影响因素。运用排列图，便于找出主次矛盾，使错综复杂的问题一目了然，有利于采取对策，加以改善。

【例 5-1】 现以砌砖工程为例，按有关规定对检查项目进行测试，检查结果按不合格的大小次序排列，并计算出各自的频数以及累计频率，见表 5-2。

113

试找出影响砌砖工程质量的主要因素。

砌砖工程不合格项目及频率汇总表　　　　　　　　　　　　　表 5-2

序号	实测项目	实测点数	超差点数（频数）	频率（%）	累计频率（%）
1	门窗洞口	392	36	55.38	55.38
2	墙面垂直	1589	20	30.77	86.15
3	墙面平整	1589	7	10.77	96.92
4	砌砖厚度	36	2	3.08	100
合计		3606	65	100%	

【解】　依表中数据绘制排列图，如图 5-3 所示。

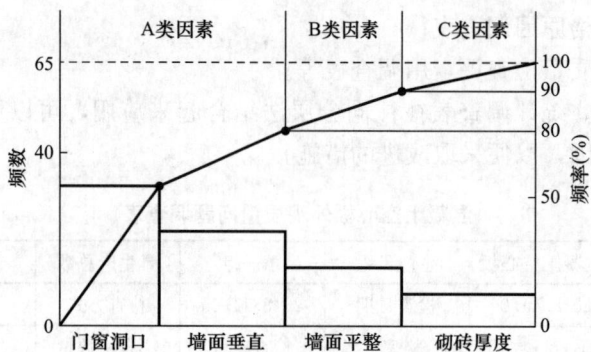

图 5-3　不合格大小次序排列图

由图可知，影响砌砖质量的主要因素是门窗孔洞偏差和墙面的垂直度，二者累计频率达到了 86.15%。故应采取措施以确保工程质量。

5.5.4　因果分析图

因果分析图又叫特性要因图、鱼刺图、树枝图。这是一种逐步深入研究和讨论质量问题的图示方法。在工程实践中，任何一种质量问题的产生，往往是多种原因造成的。这些原因有大有小，把这些原因依照大小次序分别用主干、大枝、中枝和小枝图形表示出来，便可一目了然地系统观察出产生质量问题的原因。

运用因果分析图可以帮助我们制定对策，解决工程质量上存在的问题，从而达到控制质量的目的。

【例 5-2】　现以混凝土强度不足的质量问题为对象来阐明因果分析图的画法。

【解】　因果分析图的绘制步骤为：

① 确定特性。特性就是需要解决的质量问题，如混凝土强度不足放在主干箭头的前面。

② 确定影响质量特性的大枝。如影响混凝土强度不足的因素主要是人、

材料、工艺、设备和环境五个方面。

③ 进一步画出中、小细枝，即找出中、小原因，如图5-4所示。

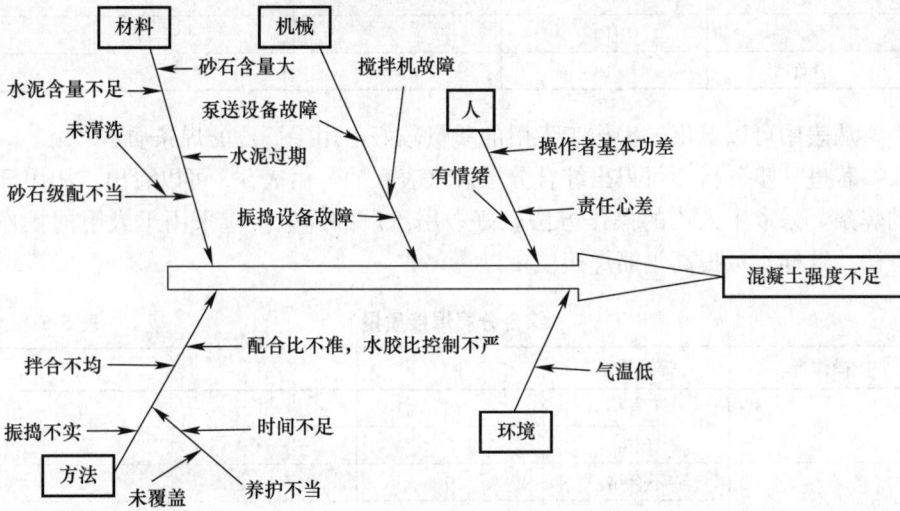

图 5-4　混凝土强度不足因果分析图

最后针对影响质量的因素，有的放矢地制定对策，落实解决问题的人和时间，并以计划表的形式表示，且注明限期改正的时间。

5.5.5　分层法

分层法又称分类法或分组法，就是将收集到的质量数据，按统计分析的需要进行分类处理，使之系统化，以便找到产生质量问题的原因，及时采取措施加以预防。

分层方法多种多样，可按班次、日期分类；按操作者（男、女、新、老工人）或其工龄、技术、等级分类；按施工方法分类；按设备型号、生产组织分类；按材料成分、规格、供料单位及时间等。

【例5-3】　现以钢筋焊接质量的调查数据为例，采用分层法进行统计分析。共调查钢筋焊接点50个，其中不合格的有19个，不合格率为（19/50）×100%＝38%。为了查清焊接不合格的原因，需要分层收集数据。据查该批钢筋由3个焊工操作，并采用两种不同型号的焊条。

【解】　分别按操作者分层和按供应焊条的工厂分层进行分析，结果如表5-3及表5-4所示。

按操作者分层　　　　　　　　　　　　　　　　表 5-3

操作者	不合格	合格	不合格率（%）
甲	6	13	32
乙	3	9	25
丙	10	9	53
合计	19	31	38

115

按供应焊条工厂分层　　　　　　　　　　　　表 5-4

工厂	不合格	合格	不合格率（%）
甲	9	14	39
乙	10	17	37
合计	19	31	38

从表中可以看出，操作工人甲的质量较好，用工厂乙的焊条质量较好。

若进一步分析，可得出综合分层表（表 5-5）。由表 5-5 可以看出：用甲厂的焊条，采取工人乙的操作方法较好；用乙厂的焊条，应采用工人甲的操作方法。这样，可提高钢筋焊接质量。

综合分层焊接质量　　　　　　　　　　　　表 5-5

操作者	焊接质量	甲厂	乙厂	合计
甲	不合格	6	0	6
	合格	2	11	13
乙	不合格	0	3	3
	合格	5	4	9
丙	不合格	3	7	10
	合格	7	2	9
合计	不合格	9	10	19
	合格	14	17	31

5.5.6　频数分布直方图

频数分布直方图又称质量分布图，简称直方图。它是将所收集的质量数据按一定的规定进行整理、分析，然后画成长方形（长柱形）的统计图。由于这种图中的每一个长方形代表一定范围内实测数据出现的频数，所以该图称为频数分布直方图。

1. 直方图的绘制

下面以实例说明直方图的绘制方法。今从某工程公司混凝土构件预制厂连续抽取试块，测取某混凝土强度数据共计 200 个（一般情况数据应取 100 个左右）。其作图步骤归纳如下：

（1）将收集的实测数据汇总列表，并从中找出最大值（X_{max}）与最小值（X_{min}）。数据见表 5-6，其中 $X_{max}=299$，$X_{min}=271$。

混凝土试块抗压强度数据表　　　　　　　　　　表 5-6

296	287	284	287	286	275	287	283	290	278	294	273	282	282	273	285	289	283	299	280
271	286	281	289	286	297	286	292	286	287	289	279	281	283	289	288	278	275	284	279
284	287	279	283	290	291	278	284	289	279	288	271	271	279	280	284	286	283	289	288
286	287	284	287	287	294	290	286	297	285	285	291	284	290	286	289	270	273	286	284
293	289	296	281	285	281	287	282	284	286	287	292	290	277	280	285	289	277	279	277
283	294	287	293	283	288	283	279	275	299	291	290	287	276	283	283	286	285	283	285

280	287	288	285	286	274	288	289	281	299	285	287	283	283	289	283	291	280	277	293
284	290	285	284	290	298	290	280	283	284	288	283	278	281	284	289	281	273	275	284
286	285	284	283	291	292	294	270	290	281	284	290	289	283	286	277	287	277	290	294
285	284	284	288	281	278	288	280	290	284	293	281	297	283	289	200	288	281	294	279

（2）计算极差值 R：

$$R = X_{max} - X_{min} = 299 - 271 = 28$$

（3）确定组数 K。K 值可参考表 5-7 选用。

分组数参考表　　　　　　　　　　　　　　　　表 5-7

数据总数 n	适当分组数 K	一般使用组数
50 个以下	7 组以下	
50~100	6~10	10
100~200	7~12	
200 个以上	10~20	

经验证明，组数太少，会掩盖各组内数据变动的情况；组数太多，会使组的高度参差不齐，不易看出明显的规律。通常要使每组平均至少包含 4~5 个数据。本例取 $K=9$。

（4）确定组距 h。组距 h 等于极差 R 除以 K，并取近似整数值。

$$h = \frac{X_{max} - X_{min}}{K} = \frac{R}{K} \tag{5-5}$$

本例中：

$$h = \frac{299 - 271}{9} = 3.11（取 3）$$

（5）计算组界值。为了避免数据刚好落在分组的界线上，分组的组界值应按下式计取。

第一组数据的组界值为：

下界值：$X_{min} - \dfrac{h}{2}$

上界值：$X_{min} + \dfrac{h}{2}$

以第一组的上界值为第二组的下界值，第二组的下界值加上组距 h 即为第二组的上界值，依此类推。

例中第一组：上界值为 $X_{min} + \dfrac{h}{2} = 271 + \dfrac{3}{2} = 272.5$；

下界值为 $X_{min} - \dfrac{h}{2} = 271 - \dfrac{3}{2} = 269.5$。

第二组：上、下界值分别为 275.5 和 272.5。

第三组：上、下界值分别为 278.5 和 275.5。

其余各组组界值见表 5-8。

混凝土抗压强度频数分布统计表　　　　　　　　　　　表 5-8

序号	组界值	频数	频率
1	269.5~272.5	4	0.020
2	272.5~275.5	6	0.030
3	275.5~278.5	13	0.065
4	278.5~281.5	30	0.150
5	281.5~284.5	40	0.200
6	284.5~287.5	42	0.210
7	287.5~290.5	38	0.190
8	290.5~293.5	12	0.060
9	293.5~296.5	9	0.045
10	296.5~299.5	6	0.030
Σ		200	1.000

（6）编制频数分布表。根据确定的组界值，统计频数和计算频数值，编制频数分布表。例中频数分布见表 5-8。

（7）绘制频数分布直方图。以横坐标表示分组的组界值，纵坐标表示各组数据的频数。将频数分布表中数据绘制在图上，形成以组距为底边、频数为高度的若干直方形，构成频数分布直方图。

混凝土强度分布如图 5-5 所示。

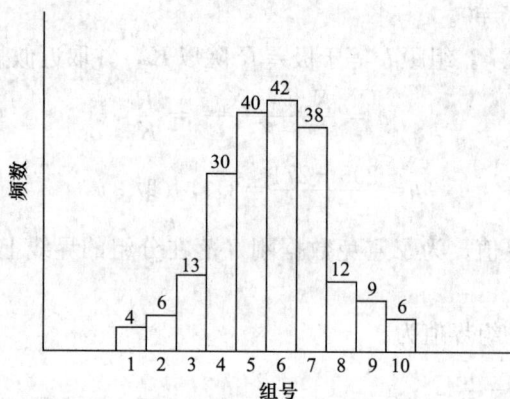

图 5-5　混凝土强度分布直方图

（8）最后，在直方图上要注明数据个数 n、平均值 $\overline{X}$、标准偏差 S、极差 R、测取数据的日期等。

2. 直方图的定量表示

直方图的定量表示需要有一个定量的表达方式，以对直方图加以概括。一般情况下，质量分布应符合正态分布曲线，该曲线的分散和集中情况可用（算术平均值）来表示集中位置，用 R（极差）和 S（标准偏差）来表示分散程度，用 C_V（变异系数）来表示两组数据间的相对波动程度。

下面仍结合混凝土强度数据分析如下：

（1）平均值 $\overline{X}$。平均值又称算术平均数，表示质量分布的集中位置与波动水平。当质量形成正态分布时，平均值 $\overline{X}$ 代表大部分质量数据所取得的数值的大小，也就是说，大部分质量数据密集在平均值的附近。例中：

$$\overline{X} = \frac{296 + 287 + \cdots}{200} = 285$$

（2）极差 R。极差 R 是反映数据分散程度的参数，R 越小，说明工序越稳定。例中：

$$R = R_{max} - R_{min} = 299 - 271 = 28$$

（3）标准偏差 S。标准偏差 S 反映各个数据对平均值的偏离程度。例中：

$$S = \sqrt{\frac{1}{200}\sum_{i=1}^{200}(X_i - \overline{X})^2} = 5.7$$

（4）变异系数 C_V，表示两组数据间的相对波动程度。例中：

$$C_V = \frac{S}{\overline{X}} = \frac{5.7}{285} = 0.02$$

3. 直方图的分析

（1）直方图图形分析

直方图形象直观地反映了数据分布情况，通过对直方图的观察和分析可以看出生产是否稳定及其质量的状况。常见直方图的典型形状有以下几种，如图 5-6 所示。

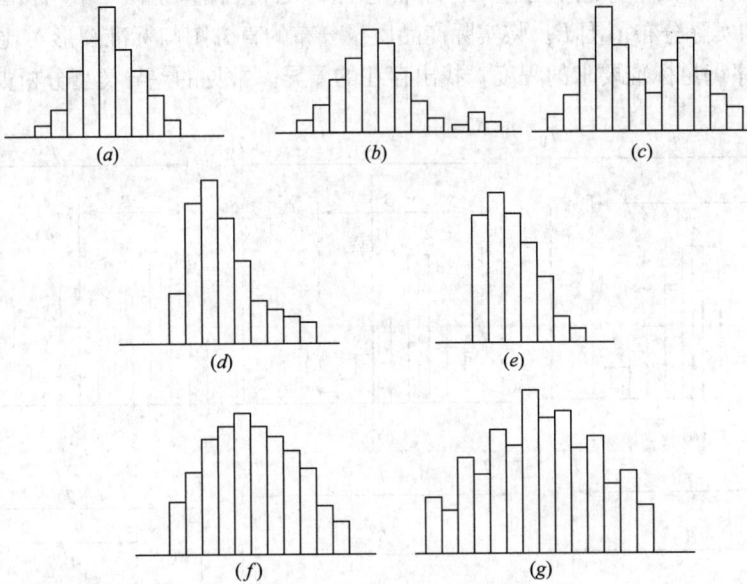

图 5-6　直方图的类型

（*a*）正常型；（*b*）孤岛型；（*c*）双峰型；（*d*）偏向型；（*e*）陡壁型；（*f*）平顶型；（*g*）锯齿型

1）正常型——又称为"对称型"。它的特点是中间高，两边低，左右基本对称，说明相应工序处于稳定状态，如图 5-6（*a*）所示。

2）孤岛型——在远离主分布中心的地方出现小的直方形，形如孤岛。孤岛的存在表明生产过程中出现了异常因素。例如原材料改变发生的质量变化，或由于短期内操作不当发生的质量变动，如图 5-6（*b*）所示。

3）双峰型——直方图出现两个中心，形成双峰状。这往往是由于把两个总体的数据混在一起作图所造成的，如把两个班组的数据混为一批等，如图 5-6 (c) 所示。

4）偏向型——直方图的顶峰偏向一侧，故又称偏坡型，它往往是因为计数值或计量值只控制一侧界限或剔除了不合格数据造成的，如图 5-6 (d) 所示。

5）陡壁型——直方图的一侧出现陡峭绝壁状态。这里由于人为地剔除一些数据，进行不真实的统计造成的，如图 5-6 (e) 所示。

6）平顶型——在直方图顶部呈平顶状态。一般是由多个数据混在一起造成的，或者是在生产过程中有缓慢变化的因素在起作用所造成的，如图 5-6 (f) 所示。

7）锯齿型——直方图出现参差不齐的形状，即频数不是在相邻区间减少，而是隔区间减少，形成了锯齿状。造成这种现象的原因不是生产上的问题，而主要是绘制直方图时分组过多或测量仪器精度不够而造成的，如图 5-6 (g) 所示。

（2）对照标准分析比较

当工序处于稳定状态（直方图为正常型）时，还需进一步将直方图与规格标准进行对照，确定工序满足标准要求的程度。主要分析内容为：直方图的平均值 $\overline{X}$ 与质量标准中心重合程度，直方图的分布范围 B 同公差范围 T 的关系。在图 5-7 中标出了标准中心值 μ、标准范围 T、标准偏差上限 T_U、标准偏差下限 T_L 和实际分布范围 B。将实际产品质量分布的直方图与标准图形对比，可以确定工序满足标准要求的程度，找出存在的差异。常见的差异类型分析如下：

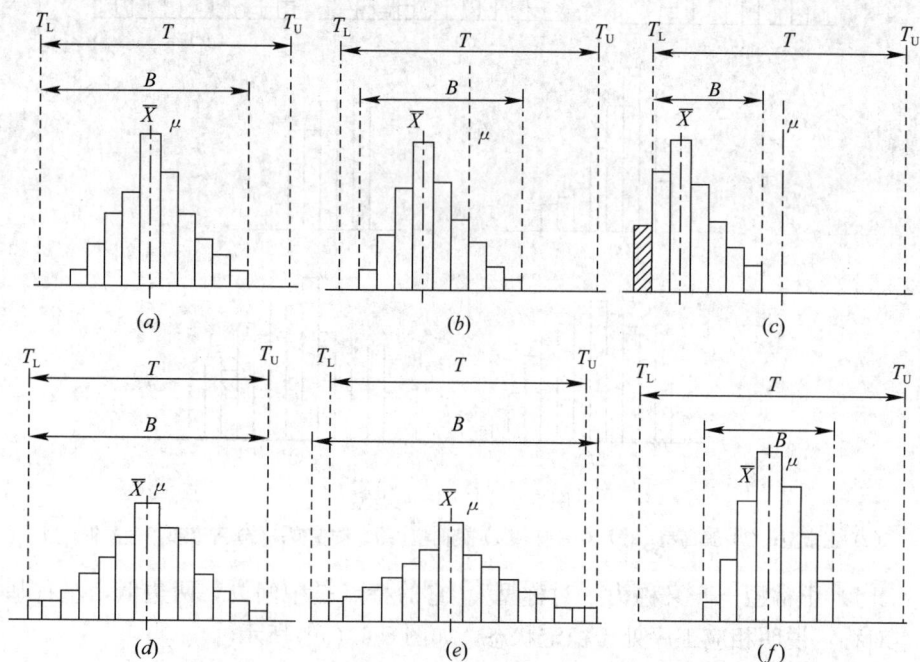

图 5-7　与标准对照的直方图

(a) 理想型；(b) 偏向型；(c) 陡壁型；(d) 无富余型；(e) 能力不足型；(f) 能力富余型

1）理想型——实际平均值 $\overline{X}$ 与标准中心值 μ 重合，实际尺寸分布与标准范围两边有一定余量，约为 $T/8$，如图 5-7（a）所示。

2）偏向型——虽在标准范围之内，但分布中心偏向一边，说明存在系统偏差，必须采取措施，如图 5-7（b）所示。

3）陡壁型——此种图形反映数据分布过分地偏离规格中心，造成超差，出现了不合格产品。这是由于工序控制不好造成的，应采取措施使数据中心与规格中心重合，如图 5-7（c）所示。

4）无富余型——又称双侧压线型。分布虽然落在规格范围之内，但两侧均无余地，稍有波动就会出现超差，出现废品，如图 5-7（d）所示。

5）能力不足型——又称双侧超越线型。此种图形实际尺寸超出标准线，已产生不合格产品，如图 5-7（e）所示。

6）能力富余型——又称过于集中型。实际尺寸分布与标准范围两边余量过大，属控制过严而不经济，如图 5-7（f）所示。

以上分析表明，如果在施工的过程中能正确控制偏离标准的差异，就能稳定地生产出合格的产品。

5.5.7 相关图

产品质量与影响质量的因素之间，常常有一定的依存关系，但它们之间不是一种严格的函数关系，即不能由一个变量的值精确地求出另一个变量的值。这种依存关系称为相关关系。相关图又叫散布图，就是把两个变量之间的相关关系用直角坐标系表示出来，借以观察判断两个质量特性之间的关系，通过控制容易测定的因素达到控制不易测定的因素的目的，以便对产品或工序进行有效的控制。典型的相关图有正相关、负相关、非线性相关和不相关 4 种，如图 5-8 所示。

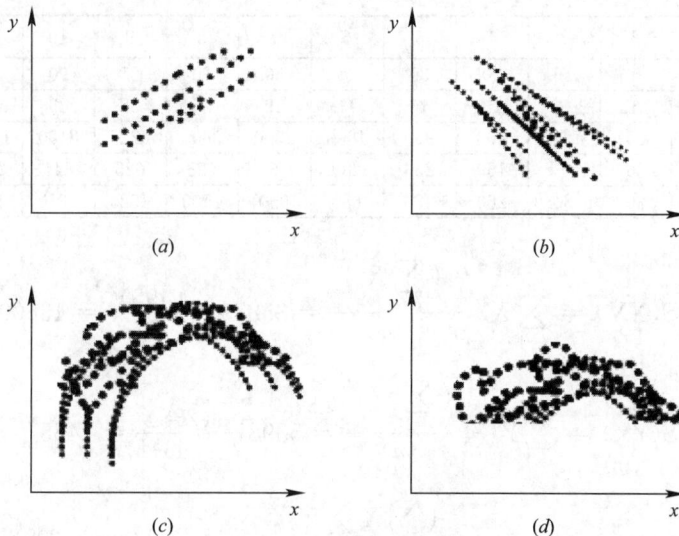

图 5-8 典型的相关图
（a）正相关；（b）负相关；（c）非线性相关；（d）不相关

正相关：当 x 增加时，y 也增大，如图 5-8（a）所示。

负相关：当 x 增加时，y 却减少，如图 5-8（b）所示。

非线性相关：y 随着 x 的增减而有规律地变化，说明两种因素之间有一定关系，但是不构成直线关系，如图 5-8（c）所示。

不无相关：y 不随着 x 的增减而有规律地变化，如图 5-8（d）所示。

分析中，除了绘制相关图之外，还必须计算相关系数，以确定两种因素之间关系的密切程度。相关系数计算公式为：

$$r = \frac{S(XY)}{\sqrt{S(XX)S(XY)}} \tag{5-6}$$

式中　$S(XX) = \sum_{i=1}^{n}(X_i - \overline{X})^2 = \sum_{i=1}^{n}X_i^2 - \frac{\left(\sum_{i=1}^{n}X_i\right)^2}{n}$

$S(YY) = \sum_{i=1}^{n}(Y_i - \overline{Y})^2 = \sum_{i=1}^{n}Y_i^2 - \frac{\left(\sum_{i=1}^{n}Y_i\right)^2}{n}$

$S(XY) = \sum_{i=1}^{n}(X_i - \overline{X})(Y_i - \overline{Y}) = \sum_{i=1}^{n}X_iY_i - \frac{\left(\sum_{i=1}^{n}X_i\sum_{i=1}^{n}Y_i\right)}{n}$

$\overline{X} = \frac{1}{n}\sum_{i=1}^{n}X_i \qquad \overline{Y} = \frac{1}{n}\sum_{i=1}^{n}Y_i$

相关系数值可以为正，也可以为负。正值表示正相关，负值表示负相关。相关系数的绝对值总是在 0~1 之间，绝对值越大，表示相关关系越密切。

【例 5-4】　根据表 5-9 所列数据，计算相关系数，确定其相关关系。

数据汇总表　　　　表 5-9

序号	1	2	3	4	5	6	7	8	9	10	11	合计
X_i	5	5	16	20	30	40	50	60	65	90	120	495
Y_i	4	6	8	13	16	17	19	25	25	29	46	208
X_i^2	25	25	100	400	900	1600	2500	3600	4225	8100	14400	35875
Y_i^2	16	36	45	169	256	289	361	625	625	841	2116	5398
X_iY_i	20	30	80	260	480	680	950	1500	1625	2610	4520	13755

【解】　$S(XX) = \sum_{i=1}^{n}X_i^2 - \frac{\left(\sum_{i=1}^{n}X_i\right)^2}{n} = 35875 - \frac{(495)^2}{11} = 13600$

$S(YY) = \sum_{i=1}^{n}Y_i^2 - \frac{\left(\sum_{i=1}^{n}Y_i\right)^2}{n} = 5398 - \frac{(208)^2}{11} = 1465$

$S(XY) = \sum_{i=1}^{n}X_iY_i - \frac{\left(\sum_{i=1}^{n}X_i\sum_{i=1}^{n}Y_i\right)}{n} = 13755 - \frac{(495 \times 208)}{11} = 4395$

$r = \frac{S(XY)}{\sqrt{S(XX)S(XY)}} = \frac{4395}{\sqrt{13600 \times 1465}} = 0.98$

由 $r=0.98$，则相关关系为正相关，且两因数 X、Y 关系密切。

5.5.8　管理图

管理图又叫控制图，它是反映生产工序随时间变化而发生的质量波动的状态，即反映生产过程中各个阶段质量变动状态的图形。质量波动一般有两种情况：一种是偶然性因素引起的波动，称为正常波动；另一种是系统性因素引起的波动，则属异常波动。质量控制的目标就是要查找异常波动的因素并加以排除，使质量只受正常波动因素的影响，符合正态分布的规律。质量管理图就是利用上下控制界限，将产品质量特性控制在正常波动范围之内。质量管理图如图 5-9 所示。一旦有异常原因引起质量波动，通过管理图就可看出，能及时采取措施预防不合格产品的出现。

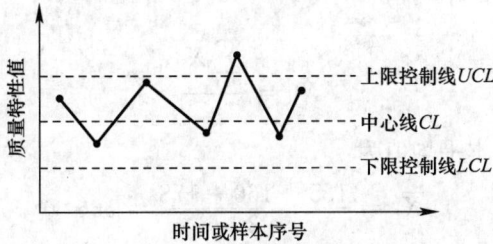

图 5-9　质量管理图

1. 管理图的分类

管理图分计量值管理图和计数值管理图两类，如图 5-10 所示。计量值管理图适用于质量管理中的计量数据，如长度、强度、湿度、温度等；计数值管理图则适用于计数数据，如不合格的点数、件数等。

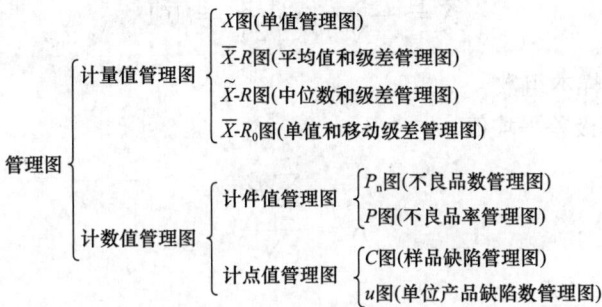

图 5-10　管理图分类

2. 管理图的绘制

管理图的种类虽多，但其基本原理是相同的，现仅以常用的 $\overline{X}$-R 管理图为例，阐明作图的步骤。$\overline{X}$-R 管理图的作图步骤如下：

（1）收集数据归纳列表

例如，表 5-10 所示其中每组样本有三个数据，分别为 X_1、X_2、X_3。

$\overline{X}$-R 管理图数据表　　　　　　　　　　　　　　表 5-10

样本组数	X_1	X_2	X_3	$\overline{X}$	R
1	155	166	178	166	23
2	169	161	164	165	8
3	147	152	135	145	17
4	168	155	151	155	17
⋮					
24	140	165	167	157	27
25	175	169	175	173	6
26	163	171	171	168	8
合计				4195	407

（2）计算样本的平均值

$$\overline{X}_j = \frac{\sum_{i=1}^{n} X_i}{n}$$

例中第一个样本平均值为：

$$\overline{X}_1 = \frac{155 + 166 + 178}{3} = 166$$

其余类推，计算值列于表 5-10 中。

（3）计算样本极差值 $R = X_{\max} - X_{\min}$

例中第一个样本极差值为 $R_1 = 178 - 155 = 23$。

其余类推，计算值列于表 5-10 中。

（4）计算样本总平均值

$$\overline{X} = \frac{\sum_{j=1}^{N} \overline{X}_j}{N} = \frac{4195}{26} = 161$$

式中　N——样本组数。

（5）计算极差平均值

$$\overline{R} = \frac{\sum_{j=1}^{N} R_j}{N}$$

例中：$\overline{R} = \frac{407}{26} = 16$

（6）计算控制界限

① $\overline{X}$ 管理图控制界限

中心线：　　$CL = \overline{\overline{X}}$

上控制界限：$UCL = \overline{\overline{X}} + A_2\overline{R}$

下控制界限：$LCL = \overline{\overline{X}} - A_2\overline{R}$

上式中，A_2 为 $\overline{X}$ 管理图系数，参照表 5-11 取值（表中 N 为数据个数）。

N	A_2	M_3A_2	D_3	D_4	E_2	d_3
2	1.880	1.880		3.267	2.660	0.853
3	1.023	1.187		2.575	1.772	0.888
4	0.729	0.796		2.282	1.457	0.880
5	0.577	0.691		2.115	1.290	0.864
6	0.483	0.549		2.004	1.184	0.848
7	0.419	0.509	0.076	1.924	1.109	0.833
8	0.373	0.342	0.136	1.864	1.054	0.820
9	0.337	0.412	0.184	1.816	1.010	0.080
10	0.308	0.363	0.223	1.727	1.975	0.797

例中，CL、UCL、LCL 分别为：

$CL = 161$

$UCL = 161 + 1.023 \times 16 = 177$

$LCL = 161 - 1.023 \times 16 = 145$

② R 管理图的控制界限：

中心线：　　　$CL = \overline{R}$

上控制界限：$UCL = D_4\overline{R}$

下控制界限：$LCL = D_3\overline{R}$

式中，D_3、D_4 均为 R 管理图控制界限系数，参照表 5-11 取值。

例中 $D_3 = 0$，$D_4 = 2.575$，代入上式得 CL、UCL、LCL 值分别为 16、41、0。

(7) 绘制 $\overline{X}$-R 管理图

以横坐标为样本序号或取样时间，纵坐标为所要控制的质量特性值，按计算结果绘出中心线和上下控制界限。

用例中数据绘制的 $\overline{X}$-R 管理图如图 5-11 所示。其他各种管理图的作图步骤与 $\overline{X}$-R 管理图相同，控制界限的计算公式可参见表 5-12。

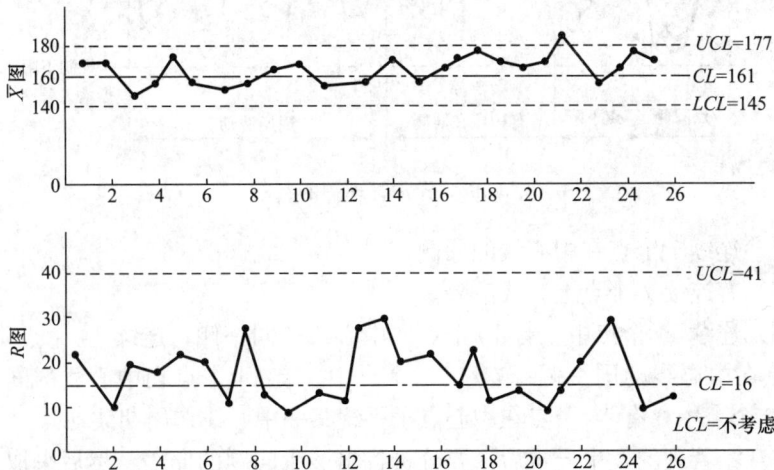

图 5-11　$\overline{X}$-R 管理图

管理控制界计算公式　　　　　　　　表 5-12

分类		图名	中心线	上下控制界限	管理特征
计算值管理图		$\overline{X}$ 图	$\overline{X}$	$\overline{X} \pm A_2\overline{R}$	用于观察分析平均值的变化
		R 图	$\overline{R}$	$D_4\overline{R}$ $D_3\overline{R}$	用于观察分析分布的宽度和分散变化的情况
		$\widetilde{X}$ 图	$\overline{X}$	$\overline{X} \pm M_3A_2\overline{R}$	$\widetilde{X}$ 代 $\overline{X}$ 图，可以不计算平均值
		X 图	$\overline{X}$	$\overline{X} \pm E_2\overline{R}$	观察分析单个产品质量特征的变化
		R_0 图	$\overline{R}_0$	$D_4\overline{R}_0$	同 R 图，适用于不能同时取得数据的工序
计数值管理图	计件值管理图	P 图	$\overline{P}$	$\overline{P}_n \pm \sqrt{P_n(1-P)}$	用不良品率来管理工序
		P_n 图	$\overline{P}_n$	$\overline{P}_n \pm 3\sqrt{\dfrac{P_n(1-P)}{n}}$	用不良品数来管理工序
	计点值管理图	C 图	$\overline{C}$	$\overline{C} \pm \sqrt{C}$	对一个样本的缺陷进行管理
		U 图	$\overline{U}$	$\overline{U} \pm \sqrt{\dfrac{U}{n}}$	对每一个给定单位产品中的缺陷数进行控制

3. 管理图的观察分析

正常管理图的判断规则是：图上的点在控制上下限之间围绕中心作无规律波动。连续 35 个点中，仅有一点超出控制界限线；连续 100 个点中，仅有两点超出控制界限线。

异常管理图的判断如图 5-12 所示。其判断规则为：

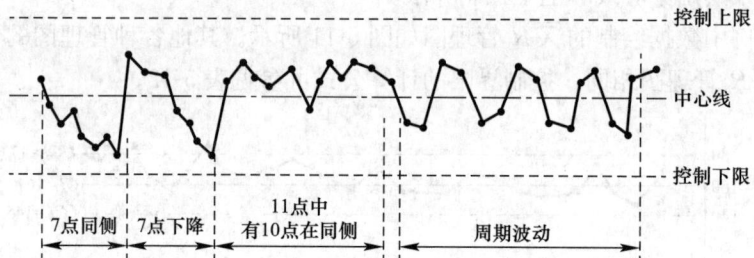

图 5-12　异常管理图的判断

（1）连续 7 个点在中心线的同侧。

（2）有连续 7 个点上升或下降。

（3）连续 11 个点中，有 10 个点在中心线的同一侧；连续 14 个点中，有 12 个点在中心线的同一侧；连续 17 个点中，有 14 个点在中心线的同一侧；连续 20 个点中，有 16 个点在中心点子围绕某一中心线作周期波动。

在观察管理图发生异常后，要分析找出产生问题的原因，然后采取措施，使管理图所控制的工序恢复正常。

5.6 工程项目施工质量验收

5.6.1 施工质量验收的依据

(1) 国家和部门颁布的工程质量评定标准;

(2) 国家和部门颁布的工程项目验收规程;

(3) 有关部门颁布的施工规范、规程,施工操作规程;

(4) 工程承包合同中有关质量的规定和要求;

(5) 工程的设计文件、设计变更、施工图纸等;

(6) 施工组织设计、施工技术措施等文件;

(7) 原材料、成品、半成品、构配件的质量验收标准;

(8) 设备制造厂家的产品、安装说明书和有关的技术规定。

5.6.2 施工质量验收的类型

建筑工程质量验收可以划分为单位(子单位)工程、分部(子分部)工程、分项工程和检验批等几个层次。

1. 单位工程的划分

(1) 具备独立施工条件并能形成独立使用功能的建筑物及构筑物为一个单位工程,如一个学校中的一栋教学楼、某城市的广播电视塔等。

(2) 规模较大的单位工程,可将其能形成独立使用功能的部分划分为一个子单位工程。一般可根据工程的建筑设计分区、使用功能的显著差异、结构缝的设置等实际情况划分子单位工程。

(3) 室外工程可根据专业类别和工程规模划分单位(子单位)工程。

2. 分部工程的划分

(1) 分部工程的划分应按专业性质、建筑部位确定。如建筑工程可划分为地基与基础、主体结构、建筑装饰装修、建筑屋面、建筑给水排水及采暖、建筑电气、智能建筑、通风与空调、电梯共 9 个分部工程。

(2) 当分部工程规模较大或较复杂时,可按材料种类、施工特点、施工程序、专业系统及类别等划分为若干个子分部工程。如智能建筑分部工程中就包含了火灾及报警消防联动系统、安全防范系统、综合布线系统、智能化集成系统、电源与接地、环境、住宅(小区)智能化系统等子分部工程。

3. 分项工程的划分

分项工程应按主要工种、材料、施工工艺、设备类别等进行划分。如混凝土结构工程按主要工种分为模板工程、钢筋工程、混凝土工程等分项工程;按施工工艺又可分为预应力、现浇结构、装配式结构等分项工程。

4. 检验批的划分

所谓检验批是按同一的生产条件或按规定的方式汇总起来供检验用的,由一定数量样本组成的检验体。检验批是施工质量验收的最小单位,是分项工程乃至整个建筑工程质量验收的基础。分项工程可由一个或若干个检验批组成。

检验批可根据施工、质量控制和专业验收需要按楼层、施工段、变形缝等进行划分。

5.6.3　施工质量验收的要求和内容

1. 检验批质量验收

检验批的质量合格标准为：

（1）主控项目和一般项目的质量经抽样检验合格；

（2）具有完整的施工操作依据、质量检查记录。

主控项目是指建筑工程中对安全、卫生、环境保护和公众利益起决定性作用的检验项目。除主控项目以外的检验项目都称为一般项目。

检验批的合格质量主要取决于对主控项目和一般项目的检验结果。主控项目对检验批的基本质量有决定性影响，不允许有不符合要求的检验结果，即这种项目的检查具有否决权，因此必须全部符合有关专业工程验收规范的要求。而一般项目则可按专业规范的要求处理。

质量控制资料反映了检验批从原材料到最终验收的各施工过程的操作依据、检查情况以及质量保证所必需的管理制度等。对其完整性的检查，实际是对过程控制的确认，这是检验批合格的前提。

2. 分项工程质量验收

分项工程的验收在检验批的基础上进行，其合格标准为：

（1）分项工程所含的检验批均应符合合格质量的规定；

（2）分项工程所含的检验批的质量记录应完整。

3. 分部（子分部）工程质量验收

分部工程的验收在其所含各分项工程验收的基础上进行，其合格标准为：

（1）分部（子分部）工程所含分项工程的质量均应验收合格；

（2）质量控制资料应完整；

（3）地基与基础、主体结构和设备安装等分部工程有关安全及功能的检验和抽样检测结果应符合有关规定；

（4）观感质量验收应符合要求。

4. 单位（子单位）工程质量验收

单位工程质量验收也称质量竣工验收，是建筑工程投入使用前的最后一次验收，也是最重要的一次验收。验收合格的条件有 5 个：

（1）单位（子单位）工程所含分部（子分部）工程的质量应验收合格；

（2）质量控制资料应完整；

（3）单位（子单位）工程所含分部工程有关安全和功能的检验资料应完整；

（4）主要功能项目的抽查结果应符合相关专业质量验收规范的规定；

（5）观感质量验收应符合要求。

5. 施工质量不符合要求时的处理

(1) 经返工重做或更换器具、设备的检验批，应重新进行验收。这种情况是指主控项目不能满足验收规范规定或一般项目超过偏差限制的子项不符合检验规定的要求时，应及时处理的检验批。其中，严重的缺陷应推倒重来；一般的缺陷通过返修或更换器具、设备予以解决，在重新验收后如能符合相应的专业工程质量验收规范，则应认为该检验批合格。

(2) 经有资质的检测单位鉴定达到设计要求的检验批，应予以验收。这种情况是指个别检验批发现如试块强度等不满足要求，难以确定是否验收时，应请具有资质的法定检测单位检测。当鉴定结果能够达到设计要求时，该检验批应允许通过验收。

(3) 经有资质的检测单位鉴定达不到设计要求、但经原设计单位核算认可，能够满足安全和使用功能的检验批，可予以验收。

一般情况下，规范标准给出了满足安全和功能的最低限度要求，而设计往往在此基础上留有一定余量。不满足设计要求和符合相应规范标准的要求，两者并不矛盾。

(4) 经返修或加固的分项、分部工程，虽然改变外形尺寸但仍能满足安全使用要求，可按技术处理方案和协商文件进行验收。

这种情况是指可能影响结构的安全性和使用功能的更为严重的缺陷、更大范围内的缺陷，经过加固处理后能够满足安全使用的基本要求，但会造成一些永久性的缺陷，如改变结构的外形尺寸、影响一些次要的使用功能等。为了避免社会财富更大的损失，在不影响安全和主要使用功能的条件下，可按处理技术方案和协商文件进行验收。

(5) 经过返修或加固仍不能满足安全使用要求的分部工程、单位（子单位）工程，严禁验收。

5.6.4 施工质量验收的程序和组织

1. 检验批及分项工程

检验批及分项工程应由监理工程师（或建设单位项目技术负责人）组织施工单位专业质量检验员、专业技术负责人等进行验收。验收前，施工单位先填好"检验批和分项工程质量验收记录"，并由项目专业质量检验员和项目专业技术负责人分别在检验批和分项工程质量检验记录中相关栏目签字，然后由监理工程师组织，严格按规定程序进行验收。

2. 分部工程

分部工程由总监理工程师或建设单位项目负责人组织施工单位项目负责人和技术、质量负责人等进行验收；地基与基础、主体结构分部工程的勘察、设计单位工程项目负责人和施工单位技术、质量部门负责人也应参加相关分部工程的验收。

3. 单位工程

(1) 单位工程完成后，施工单位首先要依据质量标准、设计图纸等组织有关人员进行自检，并对检查结果进行评定，符合要求后向建设单位提交工程验收报告和完整的质量资料，请建设单位组织验收。

（2）建设单位收到工程验收报告后，应由建设单位（项目）负责人组织施工（含分包单位）、设计、监理等单位（项目）负责人进行单位（子单位）工程验收。

（3）单位工程有分包单位施工时，分包单位对所承包的工程项目应按标准规定的程序检查评定，总包单位应派人参加。分包工程完成后，应将工程有关资料交总包单位。

（4）当参加验收各方对工程质量验收意见不一致时，可请当地建设行政主管部门或工程质量监督机构协调处理，也可以由各方认可的咨询单位调解。

（5）单位工程质量验收合格后，建设单位应在规定时间内将工程竣工验收报告和有关文件，报建设行政管理部门备案。

5.6.5　工程项目质量的持续改进

1. 持续改进

我国国家标准 GB/T 19001—2000 中"持续改进"的含义是："组织应利用质量方针、质量目标、审核结果、数据分析、纠正和预防措施以及管理评审，持续改进质量管理体系的有效性"。

持续改进的目的是不断提高质量管理体系的有效性，以不断增强顾客的满意度；改进的重点是改善产品的特殊性和提高质量管理体系过程的有效性；改进的途径可以是日常渐进的改进活动，也可以是突破性的改进项目。

持续改进的范围包括质量体系、过程和产品 3 个方面，改进的内容涉及产品质量、日常的工作和企业长远的目标，不仅不合格现象必须纠正、改进，目前合格但不符合发展需要的也要不断改进。

施工项目经理部应分析和评价项目管理现状，识别质量持续改进区域，确定改进目标，实施选定的解决办法。施工项目质量持续改进应坚持全面质量管理的方法，同时还可以运用其他先进的管理办法、专业技术和数理统计方法。

2. 不合格的控制

"不合格"即"未满足要求"。控制不合格正是为了质量持续改进。施工项目经理部对不合格的控制应符合下列规定：

（1）应按企业的不合格控制程序，控制不合格物资进入项目施工现场，严禁不合格工序未经处置而转入下道工序。

（2）对验证中发现的不合格产品和过程，应按规定进行鉴别、记录、评价、隔离和处置。

（3）应进行不合格评审。

（4）不合格处置应根据不合格严重程度，按返工、返修或让步接收、降级使用、拒收或报废几种情况进行处理。构成等级质量事故的不合格，应按国家法律、行政法规进行处置。

（5）对返修或返工后的产品，应按规定重新进行检验和试验，并应保存记录。

（6）进行不合格让步接收时，项目经理部应向发包人提出书面让步申请，记录不合格程度和返修的情况，双方签字确认让步接收协议和接收标准。

（7）对影响建筑主体结构安全和使用功能的不合格，应邀请发包人代表或监理工程师、设计人，共同确定处理方案，报建设主管部门批准。

（8）检验人员必须按规定保存不合格控制的记录。

3. 纠正措施

纠正措施是为消除已发现的不合格或其他不期望情况的原因所采取的措施。纠正措施的实施有助于持续改进，因为它可以防止再发生。纠正措施应符合下列规定：

（1）对发包人或监理工程师、设计人、质量监督部门提出的质量问题，应分析原因，制定纠正措施。

（2）对已发生或潜在的不合格信息，应分析并记录结果。

（3）对检查发现的工程质量问题或不合格报告提及的问题，应由项目技术负责人组织有关人员判定不合格程度，制定纠正措施。

（4）对严重不合格或重大质量事故，必须实施纠正措施。

（5）实施纠正措施的结果应由项目技术负责人验证并记录，对严重不合格或等级质量事故的纠正措施和实施效果应验证，并报企业管理层。

（6）项目经理部或责任单位应定期评价纠正措施的有效性。

4. 预防措施

预防措施是为消除潜在不合格或其他潜在不期望情况的原因所采取的措施。一个潜在的不合格可以有若干个原因，采取预防措施是为了防止发生。预防措施应符合下列规定：

（1）项目经理部应定期召开质量分析会，对影响工程质量的潜在原因，采取预防措施。

（2）对可能出现的不合格，应制定防止再发生的措施并组织实施。

（3）对质量通病应采取预防措施。

（4）对潜在的严重不合格，应实施预防措施控制程序。

（5）项目经理部应定期评价预防措施的有效性。

5. 检查、验证

检查、验证是质量目标控制的重要过程，是 PDCA 循环的"A"。项目经理部应对质量计划的执行情况进行检查、内部审核和考核评价，验证实施效果。项目经理应考核中出现的问题、缺陷或不合格，召开有关专业人员参加的质量分析会，并制定措施。

本章小结及学习指导

1. 由于工程项目质量的影响因素非常多，工程质量问题是工程项目建设过程中的常见问题之一，因此，工程项目质量管理是工程项目管理的主要任务之一，也是工程项目管理的难点之一。

2. 通过本章的学习应该掌握工程项目质量管理体系建立及工程项目质量的统计分析和验收方法。

思考题

5.1　何为质量、工程质量、工程项目质量？

5.2　何为工程项目质量管理？

5.3　工程项目质量管理的原则是什么？

5.4　质量管理的基础工作有哪些？

5.5　工程项目质量保证体系的含义是什么？有哪几个部分构成？

5.6　工程项目质量策划、质量控制的方法有哪些？

5.7　工程项目各阶段的质量管理有什么异同点？

5.8　全面质量管理的主要观点是什么？

5.9　常用的质量管理方法有哪些？

5.10　施工质量验收划分为哪几个层次？

第6章

工程项目进度管理

本章知识点

> 【知识点】
>
> 工程项目进度管理的概念、主要任务、工程项目进度计划编制和工程项目进度控制方法。
>
> 【重点】
>
> 掌握工程项目进度计划编制和工程项目进度控制方法。
>
> 【难点】
>
> 工程项目进度控制方法。

6.1 工程项目进度管理的概念

工程项目进度管理是指在工程项目建设过程中，为了在合同约定的工期内完成工程项目建设任务而开展的全部管理活动的总称。它包括进度计划的编制，进度计划的跟踪与检查，进度控制措施的制定，进度计划的调整等一系列的工作。

工程项目的进度涉及工程建设的方方面面，因此，工程项目进度管理工作应该贯穿于整个项目的全部实施阶段，应该是对工程项目建设的全过程、全方位的管理，具体包括以下几个方面的含义。

1. 工程项目进度管理是对工程项目建设全过程的管理

工程项目的建设任务是由各个阶段的建设任务组成的，工程建设进度的总目标的实现需要各个阶段的进度目标的实现来保证。因此，工程项目进度管理不仅仅包括施工阶段，还要包括设计准备阶段、设计阶段以及工程招标和动用准备等阶段。它的时间范围涵盖了工程项目建设的全过程。

2. 进度管理是对所有工程内容的管理

由于项目进度总目标是计划动用时间，所以进行进度管理工作必须对组成项目的所有构成部分的进度实现全方位的管理，既包括红线内工程也包括红线外工程，既包括土建工程也包括设备安装、给水排水、采暖通风、道路、绿化、电气等工程。

3. 工程项目进度管理是对工程项目建设所有工作的管理

工程项目建设任务的完成，需要全体人员的共同努力。工程建设过程中，任何一项工作不能按计划完成，都会影响整个工程项目的进度。所以，为了确保工程建设进度的总目标的实现，需要把与工程建设有关的所有工作都列入进度管理工作的范围，作为进度控制的对象。既包括对工程施工进度的管理，也包括对设计、施工准备、工程招标、材料和设备的供应、动用前的准备等工作的进度管理。当然，任何事务都有主次之分，在进行工程项目进度管理时，也要在对各方面的工作进行详细的规划、周密安排，使工作能够有条不紊地进行的同时，也要注意工作内容的侧重和主次分明。

4. 工程项目进度管理是对影响进度的因素管理

影响项目进度的因素非常多，包括人员素质、施工工艺、材料和构配件供应状况、设备运行状况、施工现场的地质条件、自然环境因素、社会因素、相关单位之间的配合状况以及其他难以预料的因素等许多方面。要实现对工程进度的有效控制，必须对上述各种影响进度的因素进行充分考虑，并采取措施减少或避免这些因素对工程进度的影响。

5. 工程项目进度管理是一个动态的管理过程

由于影响项目进度的因素非常多，这些因素又具有很大的不确定性，因此，在工程项目的建设过程中，实际进度和进度计划产生偏差是非常普遍的。工程项目进度管理人员应该根据工程建设的实际进度与工程实施进度计划的符合情况，及时对工程实施进度计划进行相应的调整，对工程实施进度进行动态管理。

6. 工程项目进度管理应该与其他管理工作相协调

在建设工程项目中，进度、质量和费用目标之间有着相互依赖和相互制约的关系。如发生工期延误时，通过加班加点，或适当增加施工机械和人力的投入来追赶进度时会增加施工成本，对费用目标产生不利影响。再如，工期延误时，通过夜间施工或加快施工速度时，也可能因速度过快，对质量目标产生不利影响。因此，当采取进度控制措施时，要对三个目标进行全面考虑，正确处理好进度与质量和费用之间的关系，工程项目进度管理工作应该与其他管理工作相协调，以便提高工程建设项目的综合效益。

6.2　工程项目进度管理的主要任务

工程项目进度管理的任务非常多，主要包括以下几个方面：

（1）建立工程项目进度管理组织

工程项目进度管理是工程项目管理的主要工作之一，在工程项目管理组织中必须要建立专门的工程项目进度管理组织负责工程项目进度管理工作。

（2）制定工程项目进度管理制度

工程项目进度管理工作除了要有专门的工程项目进度管理组织负责工程项目进度管理外，还必须要有完善的工程项目进度管理制度做保证，所以，在工程项目管理制度体系中，应该有专门的工程项目进度管理制度。

（3）编制工程实施进度计划

要想保证工程建设进度目标的实现，在收集资料和调查研究的基础上，认真分析建设工程任务的工作内容、工作程序、持续时间和搭接关系，按照工程建设合同工期的要求，编制工程实施进度计划。

（4）工程项目建设的进度控制

编制工程实施进度计划付诸实施后，为了确保工程建设进度目标的实现，在进度计划实施过程中还需要经常检查工程建设的实际进度是否符合工程实施进度计划的要求。如果工程建设的实际进度与工程实施进度计划出现偏差，应该迅速分析偏差产生的原因和对工程建设总工期的影响程度。如果工程建设的实际进度与工程实施进度计划的偏差影响到工程建设进度目标的实现，应该及时地采取补救措施，并对工程实施进度计划进行相应的调整。工程建设的后续工作应该按照调整后的进度计划进行。如此循环，直到完成全部的工程建设任务为止。

（5）工程项目进度管理工作总结

在工程建设任务完成之后，还应该进行工程项目进度管理工作总结，为今后的工程项目进度管理工作积累经验，不断提高工程项目管理团队的管理水平。

6.3 工程项目进度计划的编制

6.3.1 工程项目进度计划编制的依据

工程项目进度计划一般根据以下资料进行编制：

1. 工程合同

工程合同既是联系各工程建设参与单位的纽带，也是确定工程项目管理目标的基础。因此编制工程项目进度计划时，首先应该根据工程合同了解工程项目建设的具体任务内容，并根据合同工期确定工程项目进度管理的总目标。

2. 工程设计图纸

工程合同中虽然包含了工程项目建设的具体任务内容，但是工程合同对工程项目建设的任务叙述往往是概括性的，工程项目建设任务内容的工程量等详细信息，必须通过对工程设计图纸的认真分析后才能够得到，因此，工程设计图纸是工程项目进度计划编制过程中不可缺少的基础资料。

3. 工程项目实施方案

工程项目进度与工程项目实施方案的关系非常密切。同样的工作内容、相同的工程量，采用不同的施工工艺，工程项目的进度不同。即使是同样的工作内容、相同的工程量，采用相同的施工工艺，投入的人员和设备情况不同，工程项目的进度也不相同。因此，在工程项目进度计划编制之前，编制人员应该详细了解工程项目实施方案。

4. 工期定额

工期定额是计算工程项目进度的基础。在工程项目进度计划编制过程中，编制人员应该根据工程项目实施方案中所投入的人力、物力等情况，科学合理地计算工程项目建设任务在各项工作的合理工期，并根据各项工作的合理工期和各项工作之间的逻辑关系最终确定工程项目的进度计划。

5. 相关工作的进度计划及实施情况

工程项目的进度除了与实施单位的工作安排有关外，还与相关工作的进展情况关系密切。如工程施工必须要有施工图，如果施工图的出图进度满足不了施工进度的要求，施工就没办法按照计划进行。因此，在工程项目进度计划编制过程中，编制人员除了要考虑本单位的具体情况外，还必须要掌握相关工作的进度计划及实施情况。只有这样才能制定出切实可行的工程项目的进度计划。

6. 其他资料

工程项目实施进度的影响因素非常之多，在工程项目进度计划编制过程中，编制人员除了要考虑上述的影响因素外，还需要考虑气象条件、工程场地的地质条件和周围环境条件等许多因素。因此，编制人员在工程项目进度计划编制之前，需要尽可能多地考虑项目进度的影响因素，并尽可能多地搜集相关资料。

6.3.2 工程项目进度计划的表示方法

工程项目进度计划的表示方法非常多，其中最常用的是横道图和网络计划图。

1. 横道图

横道图是美国人甘特（Gantt）在 20 世纪 20 年代提出的一种进度计划表示方法，它在国外称为甘特图，是传统的进度计划表示方法。

横道图是一种图和表相结合的进度计划表现形式，其基本形式如图 6-1 所示。工程活动的时间用表格形式在图的上方呈横向排列，工程活动的具体内容则用表格形式在图的左侧纵向排列，图的主体部分以横道（进度线）表示工程活动的从开始到结束的时间，横道所对应的位置与时间坐标相对应，横道的长短表示工程活动持续时间的长短。这种表达方式非常直观，并且很容易看懂计划编制的意图。因此，横道图是一种最形象的进度计划的表示方法。

横道图进度计划具有以下的优点：

（1）简单、直观，非常容易看懂。

（2）制作简单，使用方便，能够为各个层次的人员掌握和运用。

（3）能够清楚地表示出工程活动的开始时间、持续时间和结束时间。

（4）不仅能够表示进度计划，而且可以与劳动力计划、资源计划、资金计划等相结合。

横道图进度计划虽然具有上述的优点，但它也同时存在以下缺点：

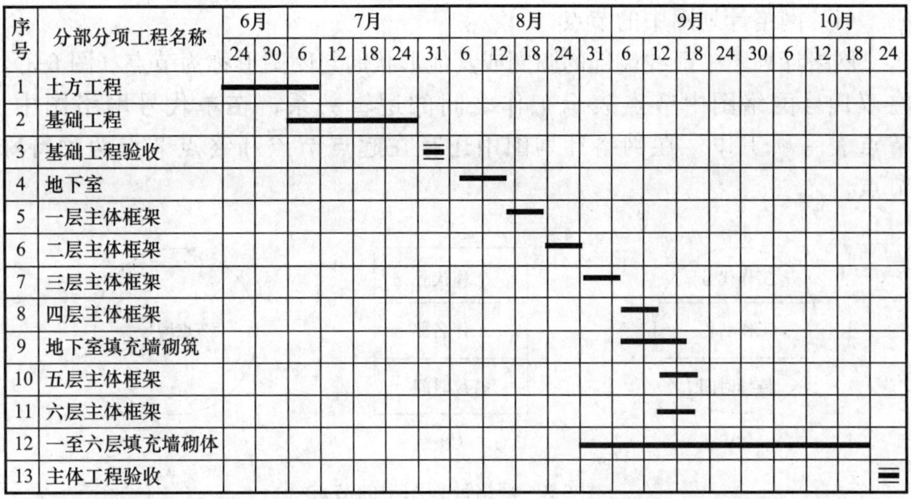

图 6-1　徐州工程学院学生宿舍 6 号楼主体工程施工进度计划

（1）无法表示工作之间的逻辑关系。横道图进度计划中虽然清楚地表示出了工程活动的开始时间、持续时间和结束时间，但是它只表示工程项目管理人员对工作时间的安排，并不表示工作之间的逻辑关系。

（2）无法表示工作之间的相互影响关系。在横道图进度计划中，如果因一个工程活动提前、推迟或延长持续时间会影响到哪些活动同样也无法表示。

（3）信息量较少。横道图进度计划只能表示出工程项目管理人员对工程活动的开始时间、持续时间和结束时间的安排，无法表示工程活动的等待时间、重要性等其他信息，也不能确定计划的关键路线和关键工作，信息量较少。

（4）无法进行工期优化。由于横道图进度计划中没有表示工作之间的逻辑关系、工程活动的等待时间、重要性等信息，无法判断某一项工作的延误对其他工作的影响，所以，无法根据横道图进度计划进行工期优化。

2. 网络计划图

网络计划图是用节点来表示工作、用箭线表示工作之间的逻辑关系后绘制出的工程进度计划图，如图 6-2 所示。由于工程进度的计划图的绘制结果很像一张网，所以被现象地称作网络计划图。

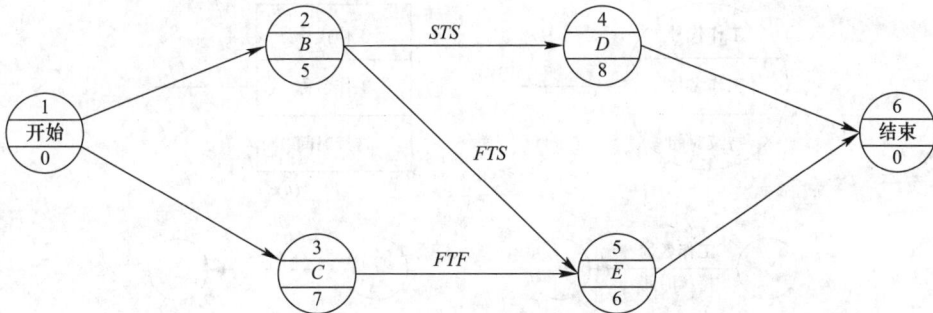

图 6-2　网络计划图示例

1～6—节点编号；B～E—工作名称；STS—两项工作开始时间的时距；FTS—前一项工作的结束时间到后一项工作的开始时间的时距；FTF—两项工作结束时间的时距

（1）网络计划图中的节点

网络计划图中箭线端部的圆圈或其他形状的封闭图形称为节点（图6-3）。在双代号网络图中节点表示工作之间的逻辑关系；在单代号网络图中，节点表一项工作。在网络计划图中还存在起点节点和终点节点两种特殊节点。

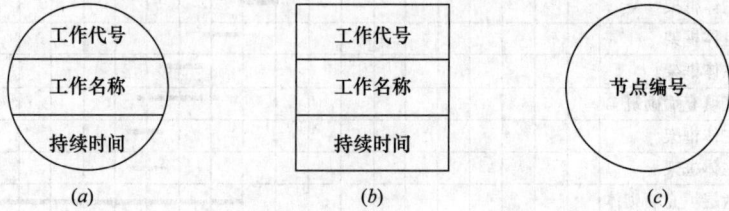

图6-3　网络计划图中的节点

1）起点节点

网络图的第一个节点，表示一项任务的开始，如图6-2所示中的开始节点。

2）终点节点

网络图的最后一个节点，表示一项任务的完成，如图6-2所示中的结束节点。

（2）网络计划图中的工作

在网络计划图中有一般工作（简称工作）、虚工作、紧前工作和紧后工作4种类型。

1）一般工作（简称工作）

在网络计划图中的工作一般指需要占用一定的时间，并需要一定消耗资源的工程活动或任务，如图6-4（a）、（b）、（c）所示。

2）虚工作

既不占用时间，也不占用资源的虚拟工作，如图6-4（d）所示。它在网络计划图中用来表示前后相邻工作之间的逻辑关系。

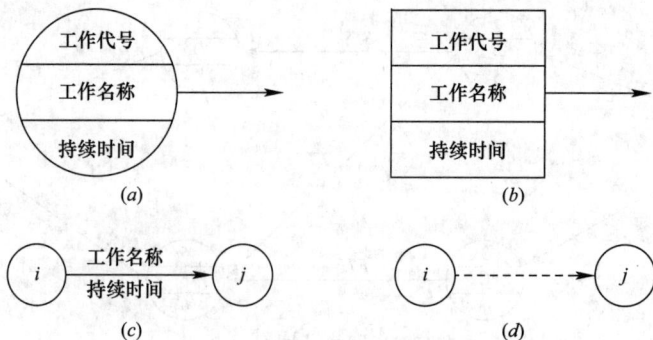

图6-4　网络计划图中的工作

（a）、（b）、（c）一般工作；（d）虚工作

3）紧前工作

紧排在该工作之前的工作称为该工作的紧前工作，如图 6-2 中工作 B 和 C 为 E 工作的紧前工作。

4）紧后工作

相对于某工作而言，紧排在该工作之后的工作称为该工作的紧后工作，如图 6-2 中 E 工作的为 B 和 C 工作的紧后工作。

5）关键工作

工作的持续时间延长或缩短，开始和结束时间的提前或推迟都会影响到总工期的工作称为关键工作。

6）非关键工作

工作开始和结束时间具有一定的调节余地的工作称为非关键工作。

在网络计划图中，每一项工作有以下 7 个时间参数：

1）持续时间

某一项工作从开始到结束所需要的时间。

2）最早开始时间

从开始节点算起，某一项工作的所有紧前工作都完成后可能开始的最早时间称为该工作的最早开始时间。它等于该工作所有紧前工作的最早完成时间的最大值。

3）最早完成时间

从开始节点算起，某一项工作在最早开始时间就开始进行时的完成时间。它等于该工作最早开始时间加上该工作的持续时间。

4）最迟开始时间

某一项工作在不影响总工期条件下必须开始的时间称为该工作的最迟开始时间。它等于该工作所有紧后工作的最迟开始时间的最小值。

5）最迟完成时间

某一项工作在不影响总工期的条件下必须结束的时间称为该工作的最迟结束时间。

6）自由时差

某一项工作在不影响其紧后工作最早开始的条件下所具有的机动时间为该工作的自由时差。它等于该工作的紧后工作的最早开始时间与工作本身的最早完成时间的差值。

7）总时差

从结束节点算起，某一项工作在不影响总工期条件下所具有的机动时间为该工作的总时差。它等于该工作最早开始时间与最迟开始时间的差值，或最早完成时间与最迟完成时间的差值。

（3）网络计划图中的箭线

网络计划图中的箭线有实线、波浪线、虚线和其他形式箭线等多种形式，其中实线（如图 6-5a 所示）表示一般工作之间的逻辑关系，波浪线（如图 6-5b 所示）表示自由时差（即机动时间），虚线（如图 6-5c 所示）表示

139

虚工作之间的逻辑关系，其他形式箭线一般表示关键线路上的工作之间的逻辑关系。

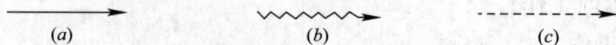

图 6-5　网络计划图中的工作箭线

(a) 一般工作之间的逻辑关系；(b) 自由时差；(c) 虚工作之间的逻辑关系

（4）网络计划图中的线路

网络计划图中从起点节点开始，沿箭头方向顺序通过一系列箭线与节点到终点节点的通路称为线路，其中全部由总时差为 0 的工作组成的线路为关键线路，其他的线路则称为非关键线路。

（5）网络计划图的类型

根据网络计划图中对工作的表示方法的不同，网络计划图可以分为单代号网络计划图、双代号网络计划图、双代号时标网络计划图和单代号搭接网络计划等多种形式。我国的工程中常用的网络计划图是单代号网络计划图、双代号网络计划图、双代号时标网络计划图。

1) 单代号网络计划图

用单一代号和单一节点表示工作绘制而成的网络计划图称为单代号网络计划图，如图 6-2 所示。

除了具有网络共同的优点外，与双代号网络相比较，单代号搭接网络更有它的优点：

① 有较强的逻辑表达能力。两项工作搭接时距既可以用开始时间的时距，也可以用前一项工作的结束时间到后一项工作的开始时间的时距还可以用两项工作结束时间的时距，能清楚方便地表达工作之间的各种逻辑关系。

② 其表达方式与人们的思维方式一致，易于被人们接受。

③ 绘制方法简单，不易出错，不需要虚箭线，有一个关系画一个箭线，不容易出错。

2) 双代号网络计划图

用双代号和双节点表示工作绘制而成的网络计划图称为双代号网络计划图，如图 6-6 所示。

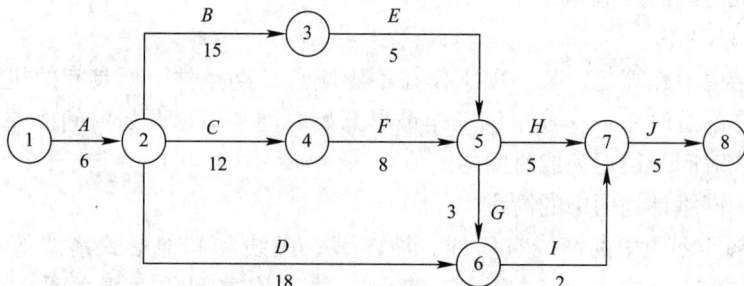

图 6-6　双代号网络计划图示例

3）双代号时标网络计划图（简称时标网络计划）

双代号时标网络计划图，简称时标网络计划，是指加注了时间坐标后的双代号网络计划图，如图 6-7 所示。双代号时标网络计划中的时间单位可以根据实际工作的需要选择天、周、月或季度等。

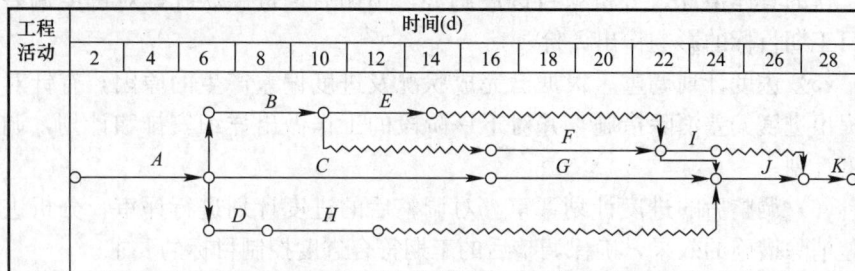

图 6-7　双代号时标网络计划图示例

在时标网络计划中，以实箭线表示工作，以虚箭线表示虚工作，以波浪线表示工作的自由时差。

时标网络计划中所有符号在时间坐标上的水平投影位置，都必须与其时间参数相对应。节点中心必须对准相应的时标位置。虚工作必须以垂直方向的虚箭线表示，有自由时差时加波浪线表示。

时标网络计划具有网络计划的优点，又具有横道计划直观易懂的优点，它将网络计划的时间参数直观地表达出来。

网络计划有广泛的适用性。除极少数情况外，它是最理想的工期计划方法和工期控制方法。当然，网络计划也有其不足之处，比如绘制的方法和过程比较复杂、不像横道图那么直接明了等，但这些可以通过绘制时标网络计划得到弥补。

6.4　工程项目进度控制

工程项目的进度指工程项目实施结果的进展情况。由于工程项目建设过程中的不确定因素非常多，在工程项目建设过程中工程项目的进度和进度计划之间出现偏差是非常普遍的，为了确保工程项目工期目标的实现，除了需要有详细的工程项目进度计划外，还必须在项目进行过程中，经常性地对项目的进度情况进行检查，并根据项目的进展情况不断地对工程项目建设工作的安排进行调整，努力使工程项目的实际进度与计划进度相一致，这就是工程项目的进度控制。具体地说，工程项目的进度控制包括以下一些工作内容：

（1）采用各种控制手段保证工程项目各项工作按计划及时开始。

（2）在实施过程中，监督工程项目的进展情况，即在工程实施过程中详细记录各项工作的开始和结束时间、完成程度等信息，并在各控制期末（如月末、季末，分部分项工程的结束阶段等）将各活动的完成程度与计划对比，确定各项工作计划的完成情况。

（3）项目进度情况评价。结合工期、生产成果的数量和质量、劳动效率、资源消耗、预算等指标，对项目进度状况进行综合评价，并对进度偏差做出解释，分析其产生的原因。

（4）评定进度偏差对项目工期目标的影响。根据工程项目进度偏差和后续工作的具体情况，分析项目进展趋势，预测后期进度状况，对进度偏差对项目工期目标的影响作出评价。

（5）进度计划调整。根据已完成状况及进度偏差产生的原因，有针对性地提出进度偏差消除措施，并对下一阶段的工作做出详细安排和计划，调整进度计划。

（6）调整后的进度计划评审。对调整后的进度计划进行评审，分析进度偏差消除措施的效果，确保调整后的工期符合进度控制目标的要求。

（7）调整下一阶段的工作安排，努力将工程项目的进度控制在进度计划的目标范围之内。进度计划调整后，应将对进度计划变更通知相关者各方，并做好相关工作安排的调整工作，以保证下一阶段的工作安排能够按照调整后进度计划正常开展。

6.4.1　工程项目进度的检查

工程项目进度的控制的前提是要准确把握工程项目的实际进展情况，即定期或不定期地检查工程项目的进度。工程项目进度检查的方法很多，其中最常用的有表格法、横道图法和前锋线法。

1. 表格法

把工程项目的进度做成表格，使进度管理人员通过表格来了解工程项目的实际进度，如表 6-1 所示。

2010 年 8 月 27 日徐州工程学院新校区二期工程学生宿舍 5 号楼进度情况　表 6-1

进度计划	工作内容	完成情况
计划完成的工作	北楼地下室柱梁板支模、钢筋绑扎	已完成
计划进行的工作	五号楼墙面瓷砖地砖找补	完成 70%，预计 8 月 28 日完成
	一层墙面顶棚面刷涂料及楼层找补	完成 55%，预计 8 月 28 日完成
	地下室地砖、墙砖粘贴	预计 8 月 28 日完成
	南楼一层模板支设	预计 8 月 30 日完成
	门厅地下室模板支设钢筋绑扎	完成 40%，预计 8 月 30 日完成

2. 横道图法

用横道图可以清楚反映工程的实际进展情况，如图 6-8 所示。检查结果显示该工程的木门窗安装进度正常，钢门窗安装进度拖后，铝合金门窗安装进度超前。

3. 前锋线法

前锋线是指检查日的工作实际进展状态的连线。前锋线法用于网络进度计划图中的进度检查，如图 6-9 所示。图中的 E 工作的工作实际进展状态在前锋线的左侧，一般情况表示进度后，但由于 E 工作的工作实际进展状态在该工作的自由时差范围之内，所以对工程项目的进度没有影响；F 工作的工作实际进展状态在前锋线的右侧，表示工作提前；C 工作的工作实际进展状态在前锋线的左侧，表示工作拖后；H 工作的工作实际进展状态与前锋线重叠，表示工作进展正常。

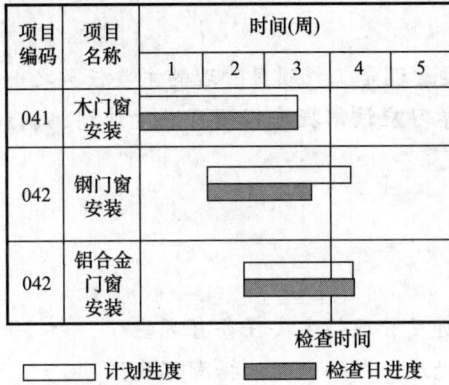

项目编码	项目名称	时间(周)				
		1	2	3	4	5
041	木门窗安装					
042	钢门窗安装					
042	铝合金门窗安装					

检查时间

☐ 计划进度　■ 检查日进度

图 6-8　某工程门窗安装进度检查情况

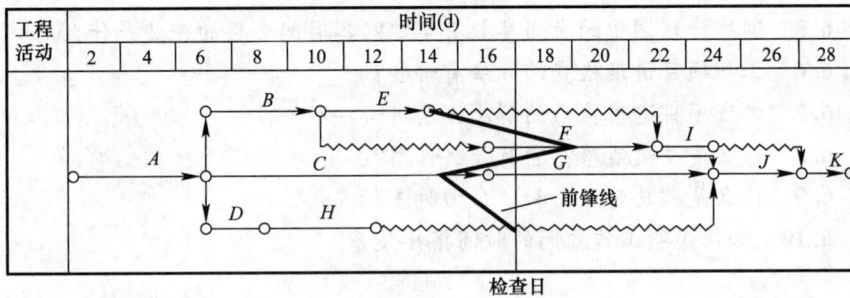

图 6-9　前锋线法示意图

6.4.2　工程项目进度拖后的解决办法

当工程项目的实际进展状态与进度计划出现偏差时，一般可以从组织措施、技术措施、经济措施和合同措施 4 个方面来解决进度拖后问题。

1. 组织措施

通过调整人员、设备等的投入数量、工作时间等来追赶进度，如增加调整人员、设备等的投入，延长单日的工作时间等。

2. 技术措施

通过改变施工方法和施工工艺等来追赶进度，如采用更先进的施工方法和施工工艺来提高工作效率。

3. 经济措施

通过制定奖励政策来调动员工的积极性，提高工作效率。

4. 合同措施

通过修改合同来改变工程的进度目标。

当工程项目的实际进展状态与进度计划出现的偏差无法通过组织措施、技术措施和经济措施来赶回进度时，说明原来的进度目标已经无法实现，只有通过修改合同来改变工程的进度目标。

本章小结及学习指导

1. 工程项目进度管理是工程项目管理的主要任务之一。

2. 通过本章的学习应该掌握工程项目进度计划编制和工程项目进度控制方法。

思考题

6.1 工程项目进度管理的主要任务有哪些？

6.2 工程项目进度计划编制的依据有哪些？

6.3 工程项目进度计划的表示方法有哪些？

6.4 横道图和网络计划图各有什么特点？

6.5 网络计划图中的时间参数有哪些？各时间参数的含义是什么？

6.6 工程项目进度检查的方法有哪些？

6.7 工程项目进度拖后的解决办法有哪些？

6.8 什么是关键线路？它有什么作用？

6.9 什么是"总时差"和"自由时差"？

6.10 如何说明工作之间的时间搭接关系？

第7章
工程项目建设费用管理

本章知识点

【知识点】
　　工程项目建设费用管理的概念、主要任务、工程项目建设费用计划的编制和工程项目建设费用控制方法。
【重点】
　　掌握工程项目建设费用计划编制和工程项目建设费用控制方法。
【难点】
　　工程项目建设费用计划的编制方法。

7.1　概述

7.1.1　工程项目建设费用的概念

1. 工程项目建设费用的含义

　　工程项目建设费用是指与工程项目建设相关支出的总称。对工程项目建设的各个参与单位而言，工程项目建设费用计算的目的是各不相同的，见表7-1。对于投资方或业主业主，进行工程项目建设费用计算的目的是为了估计和测算工程项目投资数额，并为项目的投资效益评价、投资决策、融资方案制定、建设资金的安排和工程发包等工作提供基础数据，而承包商和专业管理单位进行工程项目建设费用计算的目的则是为了控制工程项目的成本。

工程项目建设费用计算的目的　　　　　　　　　　表 7-1

参与单位	工程项目建设费用计算的目的
投资方或业主	估计和测算工程项目投资数额，并为项目的投资效益评价、投资决策、融资方案制定、建设资金的安排和工程发包等工作提供基础数据
承包商	控制工程项目的成本
专业管理单位	

2. 工程项目建设费用管理的含义

　　工程项目建设费用管理是指对与工程项目相关支出的管理。对工程项目建设的各个参与单位而言，在进行工程项目建设费用管理的过程中的任务是各不相同的。工程项目建设主要参与单位在工程项目费用管理过程中的主要任务见表7-2。对于业主，在进行工程项目建设费用管理的过程中的主要任务是控制好工程项目的投资数额和节奏。对于施工单位，在进行工程项目建设费用管理的过程中的主要任务是控制好施工成本。对于设计单位，在进行工程项目建设费用管理的过程中的主要任务除了要控制好设计成本外，还要控制好设计方案对投资数额需求。对于专业管理单位，在进行工程项目建设费用管理的过程中的主要任务除了控制好本单位的管理成本外，还要为业主提供优质的工程项目投资管理服务。

工程项目建设主要参与单位费用管理的主要任务　　　　　　表 7-2

参与单位	工程项目建设费用管理的主要任务
投资方或业主	控制好工程项目的投资数额和节奏
施工单位	控制好施工成本
设计单位	控制好设计成本
	控制好设计方案的对投资数额需求
专业管理单位	控制好本单位的管理成本
	工程项目投资管理服务

7.1.2 工程项目的费用构成

1. 工程项目全生命周期的费用构成

工程项目全生命周期的费用构成情况如表 7-3 所示，其中对于工程项目建设投资的构成国内外的划分办法有所区别。

工程项目全生命周期的费用构成　　　　　　表 7-3

工程项目进行阶段	工程项目费用构成
决策阶段	可行性研究费用
工程项目建设阶段	工程项目投资
工程项目运营阶段	生产和经营费用
工程项目结束阶段	工程项目善后费用

2. 我国的工程项目投资构成

我国的工程项目投资包括固定资产投资和流动资产投资两部分，如图 7-1 所示，固定资产投资又包括建筑安装工程费、工程建设其他费用、预备费、建设期贷款利息、固定资产投资方向调节税等几项。建筑安装工程费由直接费、间接费、利润和税金 4 部分组成，如图 7-2 所示。工程建设其他费用则包括土地使用费，建设单位管理费，研究、勘察、设计和试验费等费用，其详细构成如图 7-3 所示。

3. 世界银行和国际咨询工程师联合会规定的工程项目建设投资的构成

1978 年世界银行和国际咨询工程师联合会将工程项目建设投资称为工程项目的总建设成本，并将其构成规定为项目直接建设成本、项目间接建设成本、应急费和建设成本上升费用 4 个部分，其详细内容如下。

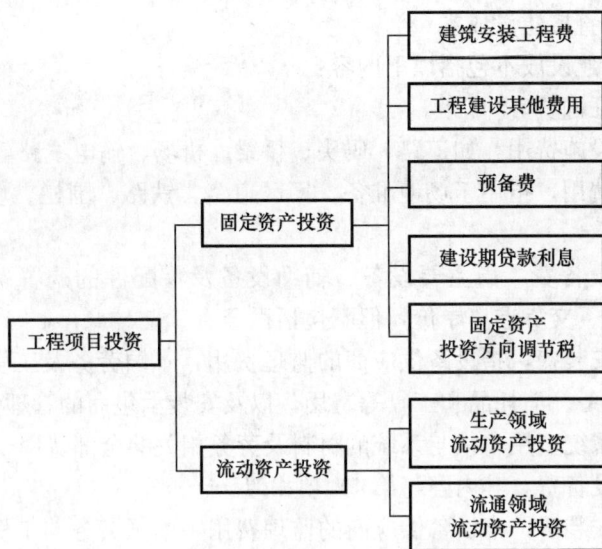

图 7-1　我国的工程项目建设费用的构成

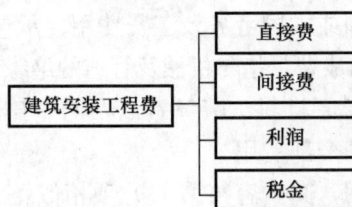

图 7-2　建筑安装工程费的构成

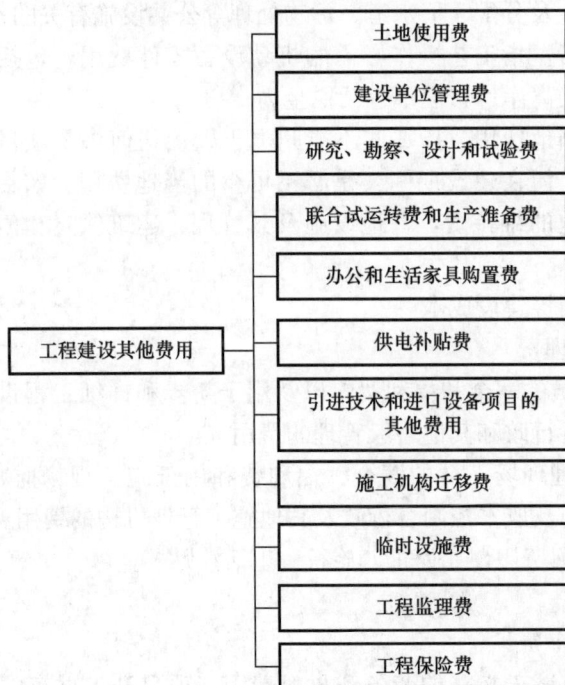

图 7-3　工程建设其他费用的构成

（1）项目直接建设成本

项目直接建设成本包括以下内容：

1）土地征购费。

2）场外设施费用，如道路、码头、桥梁、机场、输电线路等设施费用。

3）场地费用，指用于场地准备、厂区道路、铁路、围栏、场内设施等的建设费用。

4）工艺设备费，指主要设备、辅助设备及零配件的购置费用，包括运输、包装费用。交货港离岸价，但不包括税金。

5）设备安装费，指设备供应商的监理费用，本国劳务及工资费用，辅助材料、施工设备、消耗品和工具等费用，以及安装承包商的管理费和利润等。

6）管道系统费用，指与系统的材料及劳务相关的全部费用。

7）电气设备费，其内容与第4）项相似。

8）电气安装费，指设备供应商的监理费用，本国劳务与工资费用，辅助材料、电缆、管道和工具费用，以及营造承包商的管理费和利润。

9）仪器仪表费，指所有自动仪表、控制板、配线和辅助材料的费用以及供应商的监理费用、外国或本国劳务及工资费用、承包商的管理费和利润。

10）机械的绝缘和油漆费，指与机械及管道的绝缘和油漆相关的全部费用。

11）工艺建筑费，指原材料、劳务费以及与基础、建筑结构、屋顶、内外装修、公共设施有关的全部费用。

12）服务性建筑费用，其内容与第11）项相似。

13）工厂普通公共设施费，包括材料和劳务费以及与供水、燃料供应、通风、蒸汽发生及分配、下水道、污物处理等公共设施有关的费用。

14）车辆费，指工艺操作必需的机动设备零件费用，包括运输、包装费用以及交货港的离岸价，但不包括税金。

15）其他当地费用。指那些不能归类于以上任何一个项目，不能计入项目的间接成本，但在建设期间又是必不可少的当地费用。如临时设备、临时公共设施及场地的维持费，营地设施及其管理、建筑保险和债券、杂项开支等费用。

（2）项目间接建设成本

1）项目管理费

① 总部人员的薪金和福利费，以及用于初步和详细工程设计、采购、时间和成本控制，行政和其他一般管理的费用。

② 施工管理现场人员的薪金、福利费和用于施工现场监督、质量保证、现场采购、时间及成本控制、行政及其他施工管理机构的费用。

③ 零星杂项费用，如返工、旅行、生活津贴、业务支出等。

④ 各种酬金。

2）开工试车费

指工厂投料试车必需的劳务和材料费用（项目开工试车的直接成本，包括项目完工后的试车和空运转费用）。

3）业主的行政性费用

指业主的项目管理人员费用及支出（其中某些费用必须排除在外的应该在"估算基础"中详细说明）。

4）生产前费用

指前期研究、勘测、建矿、采矿等费用（其中一些费用必须排除在外的应该在"估算基础"中详细说明）。

5）运费和保险费

指海运、国内运输、许可证及佣金、海洋保险、综合保险等费用。

6）地方税

指地方关税、地方税及对特殊项目征收的税金。

（3）应急费

1）未明确项目的准备金。此项准备金用于在估算时不可能明确的潜在项目，包括那些在做成本估算时因为缺乏完整、准确和详细的资料而不能完全预见和不能注明的项目，并且这些项目是必须完成的，或它们的费用是必定要发生的。在每一个组成部分中均单独以一定的百分比确定，并作为估算的一个项目单独列出。此项准备金不是为了支付工作范围以外可能增加的项目，不是用以应付天灾、非正常经济情况及罢工等情况，也不是用来补偿估算的任何误差，而是用来支付那些几乎可以肯定要发生的费用。因此，它是估算不可缺少的一个组成部分。

2）不可预见准备金。此项准备金（在未明确项目准备金之外）用于在估算达到了一定的完整性并符合技术标准的基础上，由于物质、社会和经济的变化，导致估算增加的情况。此种情况可能发生，也可能不发生。因此，不可预见准备金只是一种储备，可能不动用。

（4）建设成本上升费用

通常，估算中使用的构成工资率、材料和设备价格基础的截止日期就是"估算日期"。必须对该日期或已知成本基础进行调整，以补偿直至工程结束时的未知价格增长。

工程的各个主要组成部分（国内劳务和相关成本、本国材料、外国材料、本国设备、外国设备、项目管理机构）的细目划分决定以后，便可确定每一个主要组成部分的增长率。这个增长率是一项判断因素，它以已发表的国内和国际成本指数、公司记录等为依据，并与实际供应商进行核对，然后根据确定的增长率和从工程进度表中获得的每项活动的中点值，计算出每项主要组成部分的成本上升值。

7.2 工程项目投资的影响因素

7.2.1 工程项目投资的影响因素

工程项目投资的多少主要受项目的产品方案、生产技术方案、生产规模、建设标准等因素影响。

1. 项目的产品方案

产品方案（又称产品大纲）主要是指建设项目生产的主要产品的品种、规格、技术性能、生产能力以及同类产品不同规格、性能、生产能力的组合方案。对某些工业项目来说，产品方案还应包括辅助产品或副产品。

项目的产品方案对工程项目建设费用多少的影响最为巨大。因为，项目的产品方案一旦确定，产品生产所需要的厂房和设备的类型就已经基本确定。如生产航天飞机的费用和生产纽扣的投入就不可同日而语。所以，工程项目费用管理的第一步应该是做好对项目产品方案的管理。进行项目产品方案的管理时应重点考虑以下 4 个因素：

（1）产业政策

项目的产品方案应符合国家制定的产业发展政策和行业准入标准，优先选择国家鼓励发展的产品。因为国家鼓励发展的产品常常会获得国家在土地使用、税收、融资等方面的优惠，甚至可以直接获得国家的财政补贴。

（2）市场需求情况

有市场的产品才有生命力。在金融危机中，大量工厂的倒闭就是对这一问题的最好说明。在进行产品的市场调查时要兼顾现实市场和潜在市场、国内市场和国外市场。

（3）产品定位

产品定位主要指产品水平、档次、技术含量和主要服务对象。应优先考虑同类主流产品和主流技术。产品方案中确定的产品，应以该产品所处于导入期、上升期、成熟期为宜。应关注产品的寿命期和后续产品的发展。对于某些技术进步快、技术含量高、市场变化大、产品寿命期短的高新技术项目，还应考虑后续第二代、第三代产品发展的可能性，以保持企业的生命力和产品竞争力。

（4）产品的优化组合情况

产品的优化组合是指主导产品与同类产品不同品种、规格、性能的优化配置，产品产量的合理组合。通过产品的优化组合往往可以增加项目投资的效益。

2. 生产技术方案

同样的产品，生产技术方案的不同，对项目投资的需求也是不一样的，如裁缝店和现代化的服装厂同样可以生产服装，但二者的投资额度却有天壤之别。

在进行建设项目的生产技术方案选用时主要应该从技术方案的先进适用性、安全可靠性和经济合理性三个方面来考虑。

（1）技术方案的先进适用性

建设项目的生产技术方案既要立足于高技术起点，又要防止盲目追求尚不成熟或仍处在试验阶段的新技术。衡量先进性的主要内容有：产品的水平和档次，属于哪个年代、哪一代产品；产品的性能和质量、产品的单位物耗和能耗指标；劳动生产率和成品率；装备水平和自动化程度等。衡量适用性的主要内容有：符合产品方案、产品技术性能、质量标准要求；能解决原料、燃料和关键配套件的协作供应；与技术、管理、操作人员团队的素质和能力相适应；对于技术改造项目，应与现有需继续使用的设备在性能上相互协调等。

（2）技术方案的安全可靠性

安全可靠性是人的生命的保障、生产的保障，也是企业的保障，是"以人为本"思想在选择技术方案时的具体体现。安全可靠性是技术方案选择的重要原则。在产品技术进步和现代化大生产的条件下，在生产过程中任何技术环节的不协调，甚至存在缺陷和隐患都将带来危及效益，甚至人的生命的严重后果。

安全可靠性主要包括生产工艺过程的安全可靠、设备运行和操作的安全可靠、技术来源的安全可靠以及其对周围生态环境带来危害影响是否能够控制和进行有效治理。主要工艺设备的选择和配置应在能够满足生产能力、生产工艺和产品技术标准要求的前提条件下优先选用具有柔性性能和兼容性、适应同类产品的多品种生产的需要、节能降耗，符合环境保护规定和循环经济的要求的国产或国内合资企业生产的产品。这样既可以保证技术来源的可靠，又为产品的更新换代留有余地，还可以使环境保护措施能够顺利实施，可以大大增强企业的市场应变能力。

（3）技术方案的经济合理性

技术方案的经济合理性可以通过对项目的财务评价结果来确定。

3. 生产规模

工程项目的生产规模是指项目建成达产后的产量，即产品生产的数量多少。同样的产品，采用同样的生产技术方案，工程项目的投资会随着生产规模的增大而增加。

每一个建设项目都存在着一个合理的生产规模。生产规模合理，项目就可以取得较好的投资收益，反之，一个项目即使选对了产品和生产技术方案，生产规模不合理，也无法实现预期的投资效益。因此，项目的生产规模的合理性不仅影响到项目的投资多少，而且关系着项目的成败。项目的生产规模的合理性主要受以下因素影响：

（1）市场因素

市场因素是项目规模确定中需考虑的首要因素。产品生产的目的是为了销售，如果产品没有市场，那么产品生产就没有意义。因此，市场需求状况是确定项目生产规模的前提。

（2）技术因素

先进的生产技术装备是项目规模效益赖以存在的基础，而技术管理水平也是规模效益能否发挥的重要影响因素。

（3）环境因素

项目的建设、生产和经营离不开一定的社会经济环境。影响项目生产规模的主要环境因素有：政策因素、土地资源及协作条件、燃料动力供应情况及运输条件等。

4. 建设标准

建设标准主要指生产设备和工程建筑等方面的标准要求。

建设标准的高低直接影响投资规模。一般来讲，建设标准要求越高，所需要的投资规模越大。工程项目的建设标准定得过高，会增加投资，甚至会脱离财力和物力的承受能力；标准水平定得过低，则会达不到生产使用功能的要求，无法实现项目投资的目的。因此，建设标准水平应从我国目前的经济发展水平出发，区别不同地区、不同规模、不同等级、不同功能，合理确定，应该在满足生产使用功能要求的前提下，以"该高则高、能低则低、因地制宜、区别对待"为原则，重点解决好如何满足生产工艺及维护管理对生产条件、生产环境的要求问题。

5. 工程项目选址

工程项目选址包括对建设地区及建设地区内的建设地点选择。

（1）建设地区的选择

建设地区选择得合理与否，在很大程度上决定着拟建项目的命运，影响着工程项目投资的高低。建设工期的长短、建设质量的好坏，还影响到项目建成后的经营状况。因此，建设地区的选择要充分考虑各种因素的制约，具体要考虑以下因素：

1）要符合国民经济发展战略规划、国家工业布局总体规划和地区经济发展规划的要求。

2）要根据项目的特点和需要，充分考虑原材料供应、能源条件、水源条件、各地区对项目产品需求及运输条件等。

3）要综合考虑气象、地质、水文等建厂的自然条件。

4）要充分考虑劳动力来源、生活环境、协作、施工力量、风俗文化等社会环境因素的影响。

在综合考虑上述因素的基础上，建设地区的选择要遵循以下基本原则：

1）尽可能靠近原料、燃料提供地和产品消费地。

2）工业项目适当聚集。

3）劳动力成本尽量低。

（2）建设地点（厂址）的选择

建设地点的选择是一项极为复杂的技术经济综合性很强的系统工程，它不仅涉及项目建设条件、产品生产要素、生态环境和未来产品销售等重要问题，受社会、政治、经济、国防等多种因素的制约；而且还直接影响到项目建设投资、建设速度和施工条件，以及未来企业的经营管理及所在地点的城乡建设规划与发展。因此，必须从国民经济和社会发展的全局出发，运用系统观点和方法分析决策。

1）选择建设地点的要求。

① 节约土地。

② 应尽量选在工程地质、水文地质条件较好的地段。

③ 厂区土地面积与外形能满足厂房与各种构筑物的需要，并适合于按科学的工艺流程布置厂房与构筑物。

④ 厂区地形力求平坦而略有坡度（一般5%～10%为宜），以减少平整土

地的土方工程量，节约投资，又便于地面排水。

⑤.应靠近铁路、公路、水路，以缩短运输距离，减少建设投资。

⑥ 应便于供电、供热和其他协作条件的取得。

⑦ 应尽量减少对环境的污染。

2）厂址选择时的费用分析。

除上述的厂址选择的定性条件比较外，还应该进行厂址的多方案技术经济分析对项目的建设地点进行优化。在进行厂址的多方案技术经济分析时应该进行以下分析：

① 项目投资费用分析。

② 项目投产后生产经营费用分析。

6. 工程项目施工的管理水平

工程项目的施工过程是项目投资数量最大的阶段，如果加强对工程项目施工的管理，可以节约部分投资。例如，采用招标选择承包商，就可以通过承包商之间的竞争来降低工程造价。

7.2.2 工程项目投资管理的关键阶段

通过前面的分析可以看出，项目的产品方案决定了产品生产所需要的厂房和设备的类型，也就已经基本确定了项目的投资规模。其他影响因素虽然也可以对工程项目的投资产生影响，但这种影响和项目的产品方案对工程项目的投资产生影响比较要小得多，因此，工程项目费用管理的关键阶段是项目的决策阶段，尤其是项目的产品方案。图 7-4 所示的大量工程项目的累计投资和对投资额度的影响数据分析的结果也证明了这一点。

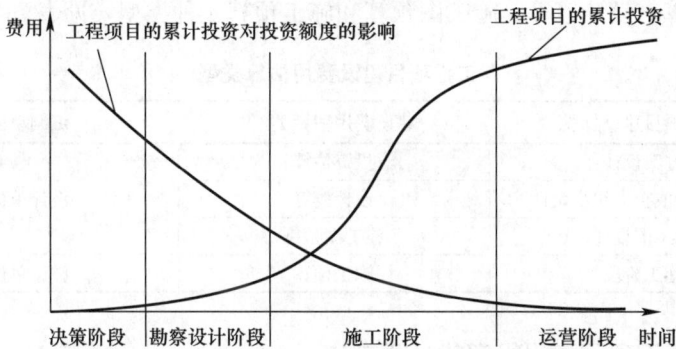

图 7-4　工程项目的累计投资和对投资额度的影响示意图

7.3　工程项目建设费用的估算

7.3.1　工程项目建设费用估算的概念

工程项目的建设费用估算是指根据工程项目建设费用计算的相关规定和

项目的设计资料及当地的价格信息等资料而进行的工程项目建设费用估计和测算。工程项目建设费用的估算的作用如下：

1. 为投资经济效益分析提供基础数据

工程项目建设费用估算的结果可以为进行投资经济效益分析提供基础数据。

2. 为项目的投资决策提供依据

工程项目建设费用估算的结果如果超出了投资方的承受能力，显然项目无法获得投资方的认可，项目也就无法立项。工程项目建设费用估算的结果如果在投资方的承受能力范围之内，投资方将会根据投资的目的和项目投资的必要性、合理性、可行性及效益等情况进行决策。

3. 为项目审批提供依据

如果工程项目建设费用估算的结果超出了项目管理单位或部门当期的总投资规模或单个项目的投资规模限制，项目将直接被否定。如果工程项目建设费用估算的结果在项目审批的投资限额范围之内，审批单位或部门将会按照项目审批的有关规定进行项目审批。

4. 为工程造价控制提供依据

在工程项目建设的各个阶段，前期的工程项目建设费用估算的结果将对后期的工作起到控制作用，如设计概算一般不超过投资估算等。

5. 为项目资金筹措计划提供依据

工程项目建设费用估算的结果是制定项目资金筹措计划的依据。

7.3.2　工程项目建设费用估算的分类

工程项目建设费用估算是随着项目的进展情况不断细化的，一般可以分为投资估算、设计概算、施工图预算和施工预算 4 种类型，见表 7-4。

工程项目建设费用估算类型　　　　　　　　　　　表 7-4

工程项目建设阶段	建设费用估算类型	编制单位
方案设计	投资估算	设计单位
初步设计或扩大初步设计	设计概算	
施工图设计	施工图预算	
施工阶段	施工预算	施工单位

7.3.3　工程项目建设投资的计算方法

工程项目建设费用估算的方法与估算方的角色有关，对于投资方或业主，主要是进行投资数额的估算，而对于承包商而言主要是进行成本估算。

工程项目建设投资的计算分为投资估算、设计概算和施工图预算三种类型。

1. 投资估算

工程项目的投资估算是指在工程项目的决策阶段对建设项目的投资数额的估计和测算。它是进行工程项目经济评价、论证拟建项目在经济上是否可行的基础，也是项目决策的主要依据之一。一旦工程项目通过经济论证，并决定上马之后，投资估算将成为制定工程项目的融资方案及编制设计概算的基础资料，并对初步设计概算起控制作用。因此，它是项目可行性研究阶段的重要基础性工作之一。

按照工程投资估算的时间和估算精度，投资估算可以分为投资机会研究阶段的投资估算、初步可行性研究阶段的投资估算和详细可行性研究阶段的投资估算三种，见表 7-5。

工程项目投资估算的类型　　　　　　　　　　表 7-5

工程项目的决策阶段	投资估算的类型	估算精度
投资机会研究阶段	投资机会研究阶段的投资估算	±30%
初步可行性研究阶段	初步可行性研究阶段的投资估算	±20%
详细可行性研究阶段	详细可行性研究阶段的投资估算	±10%

(1) 投资机会研究阶段的投资估算

该阶段主要是根据投资机会研究的结果，参考已建成的类似项目的投资额对拟建项目的投资额进行粗略的估计，其作为领导部门审查投资机会、初步选择投资方向的提供参考。由于该阶段的投资估算仅仅是参考已建成的类似项目的投资额而做出的，因此精度比较低，一般为 ±30%。

投资机会研究阶段的投资估算常用方法有单位生产能力投资估算法和生产能力指数法。

① 单位生产能力投资估算法

单位生产能力投资估算法假定同类项目的建设投资额和设计生产能力之间存在着简单的线性关系，即拟建项目所需的建设资金和设计生产能成正比，根据拟建项目的设计生产能力和已建成同类型项目的单位生产能力投资情况来估算拟建项目的投资额，其计算公式为：

$$C_2 = Q_2 \left(\frac{C_1}{Q_1} \right) \cdot f \qquad (7\text{-}1)$$

式中　C_2——拟建项目建设投资；

　　　Q_2——拟建项目的设计生产能力；

　　　C_1——已建成同类型项目的建设投资；

　　　Q_1——已建成同类项目的生产能力；

　　　f——综合调整系数。

② 生产能力指数法

生产能力指数法假定同类项目的建设投资额和设计生产能力之间呈现幂指数关系，并根据拟建项目的设计生产能力和已建成同类型项目的投资情况来估算拟建项目的投资额，其计算公式为：

$$C_2 = C_1 \left(\frac{Q_2}{Q_1} \right)^x \cdot f \qquad (7\text{-}2)$$

式中　x——生产能力指数；其余同前。

运用指数法进行项目投资的估算的关键是要确定生产能力指数。当已建类似项目的规模和拟建项目的规模相差不大，生产规模比值在 0.5～2 之间，生产能力指数一般近似地取 1，即取 $x=1$。当已建类似项目的规模和拟建项目的规模相差不大于 30 倍时，若拟建项目的规模扩大靠增大设备规模来实现，x 一般取 0.6～0.7。若拟建项目的规模扩大靠增加相同规格设备的数量来实现，x 一般取 0.8～0.9。当已建类似项目的规模和拟建项目的规模相差大于 50 倍时，该法则不能用。

上述两种方法虽然计算比较简单，但对类似工程资料的可靠性要求比较高，否则计算结果的误差就比较大。

（2）初步可行性研究阶段的投资估算

此阶段是在研究投资机会结论的基础上，进一步明确项目的投资规模、原材料来源、工艺技术、厂址、组织机构、建设进度等情况，进行经济效益评价，判断项目的可行性，做出初步投资评价，估算的精度在 ±20%，其作用是作为决定是否进行详细可行性研究的依据之一，同时也是确定哪些关键问题需要进行辅助性专题研究的依据之一。常用的初步可行性研究阶段的投资估算方法有系数估算法、比例估算法和资金周转率法等。系数估算法又可以分为朗格系数法、设备和厂房系数法等计算方法。

1）系数估算法

① 朗格系数法

朗格系数法是以设备购置费乘以适当系数来推算项目的建设投资。估算公式如下：

$$C=E(1+\sum K_i)K_c \tag{7-3}$$

式中　C——建设投资
　　　E——设备购置费；
　　　K_i——管线、仪表、建筑物等项费用的估算系数；
　　　K_c——管理费、合同费、应急费等间接费在内的总估算系数。

建设投资与设备购置费之比称为朗格系数 K，即：

$$K=C/E=(1+\sum K_i)K_c \tag{7-4}$$

该方法虽然比较简单，但由于没有考虑设备的规格、材质等差异，所以估算的精确度较低。

② 设备和厂房系数法

设备和厂房系数法是在拟建项目工艺设备投资和厂房土建投资估算的基础上，再参照类似项目的统计资料估算其他专业工程的投资，其中与设备关系较大的按设备投资系数计算，与厂房土建关系较大的则以厂房土建投资系数计算，两类投资加起来，再加上拟建项目的其他有关费用，即为拟建项目的建设投资。

2）比例估算法

比例估算法又分为设备系数估算法和主体专业系数估算法两种。

① 设备系数估算法

设备系数估算法以拟建项目的设备购置费为基数进行建设项目的投资估算。此种估算方法以拟建项目的设备购置费为基数，根据已建成的同类项目的建筑安装费和其他工程费用等占设备价值的百分比，求出相应的建筑安装费及其他工程费用等，再加上拟建项目的其他有关费用，总和即为项目或装置的投资。计算公式为：

$$C=E(1+f_1P_1+f_2P_2+f_3P_3+\cdots\cdots)+I \qquad (7\text{-}5)$$

式中　　C——拟建工程的投资额；

　　　　E——根据拟建项目当时、当地价格计算的设备购置费；

P_1、P_2、P_3——已建项目中建筑工程费、安装工程费及其他工程费用等占设备购量费的百分比；

f_1、f_2、f_3——由于时间因素引起的定额、价格、费用标准等综合调整系数；

　　　　I——拟建项目的其他费用。

② 主体专业系数估算法

主体专业系数估算法以拟建项目的最主要工艺设备费为基数进行估算。此种方法根据同类型的已建项目的有关统计资料，计算出拟建项目的各专业工程（总图、土建、暖通、给水排水、管道、电气及电信、自控及其他工程费用等）占工艺设备投资（包括运杂费和安装费）的百分比，据以求出各专业工程的投资，然后把各部分投资（包括工艺设备）相加求和，再加上工程其他有关费用，即为项目的总投资。计算公式为：

$$C=E'(1+f_1P_1'+f_2P_2'+f_3P_3'+\cdots\cdots)+I \qquad (7\text{-}6)$$

式中　　E'——最主要工艺设备费；

P_1'、P_2'、P_3'——各专业工程费用占最主要工艺设备费用的百分比；

其余符号意义同前。

3）资金周转率法

这是一种用资金周转率来推测投资的简便方法，其公式如下：

$$C=QA/t_r \qquad (7\text{-}7)$$

式中　C——拟建项目投资额；

　　　Q——产品的年产量；

　　　A——产品的单价；

　　　t_r——资金周转率。

其中资金周转率的计算公式为：

$$t_r=\frac{年销售总额}{总投资}=\frac{（产品的年产量\times产品单价）}{总投资} \qquad (7\text{-}8)$$

（3）详细可行性研究阶段的投资估算

详细可行性研究阶段拟建项目的方案设计已经基本完成。该阶段的投资估算的目的主要是进行全面、详细的技术经济分析论证，对拟建项目的投资方案进行比选，确定最佳投资方案，对项目的可行性做出结论。该阶段的投资估算以拟建项目的方案设计为基础，资料比较全面，投资估算精度可以在±10%。

详细可行性研究阶段的投资估算一般采用建设投资分类估算法进行。

根据我国现行政策的规定，建设项目的投资包括固定资产投资和流动资产投资两部分。因此，建设项目投资的估算也包括固定资产投资估算和流动资产投资估算两部分，其中固定资产的投资估算包括工程费、工程建设其他费用、基本预备费、预备费、建设期贷款利息和固定资产投资方向调节税 5个方面的估算，流动资产投资估算也包括生产性流动资产投资估算和经营性流动资产投资估算两个方面的估算。

1）固定资产的投资估算

① 工程费的估算

固定资产投资估算中的工程费一般包括建筑工程费、设备及工器具购置费和安装工程费 3 种类型。

a. 建筑工程费的估算

建筑工程费是指为建造永久性建筑物和构筑物所需要的费用。建筑工程费用的估算方法有单位建筑工程投资估算法、单位实物工程量投资估算法和概算指标投资估算法。前两种方法比较简单，后一种方法要以较为详细的工程资料为基础，工作量较大，实际工作可根据具体条件和要求选用。

单位建筑工程投资估算法，是以单位建筑工程量投资乘以建筑工程总量来估算建筑工程费的方法。一般工业与民用建筑以单位建筑面积投资乘以相应的建筑工程总面积计算建筑工程费。

单位实物工程量投资估算法，是以单位实物工程量投资乘以实物工程量总量来估算建筑工程费的方法。

概算指标投资估算法是按照建筑工程的土建工程、给水排水工程、采暖工程、通信工程、电气照明工程等概算指标来估算建筑工程费。采用概算指标投资估算法，需要有较为详细的工程设计资料、建筑材料价格和工程费用指标，工作量较大。具体方法参照专门机构发布的概算编制办法。

b. 设备、工器具及生产家具购置费的估算

设备及工器具购置费，包括设备的购置费用、工器具购置费、生产家具购置费和相应的运杂费等。

设备购置费是指为建设项目购置或自制的达到固定资产标准的各种国产或进口设备购置费用。它由设备原价和设备运杂费构成，即：

$$设备购置费＝设备原价＋设备运杂费 \tag{7-9}$$

工器具及生产家具购置费是指新建单位为生产准备所购置的不够固定资产标准的设备、仪器、工卡模具、生产家具和备品备件的费用。其计算方法可根据国务院各主管部门规定的办法执行。一般是按设备购置费的一定百分比计算，即：

$$工器具及生产家具购置费＝设备购置费×定额费率 \tag{7-10}$$

c. 安装工程费的估算

安装工程费一般包括各种需要安装的机电设备、专用设备、仪器仪表等设备的安装费，各专业工程的管道、管线、电缆等材料费和安装费，以及设备和管道的保温、绝缘、防腐等材料费用和安装费。

投资估算中安装工程费通常是根据行业或专门机构发布的安装工程定额、

取费标准进行估算。具体计算可按安装费费率、每吨设备安装费指标或每单位安装实物工程量费用指标进行估算，即：

$$安装工程费＝设备原价×安装费费率 \tag{7-11}$$
$$安装工程费＝设备吨位×每吨设备安装费指标 \tag{7-12}$$
$$安装工程费＝安装实物工程量总量×每单位安装实物工程量费用指标 \tag{7-13}$$

② 工程建设其他费用的估算

工程建设其他费用是指建设项目投资除去工程费（建筑工程费、安装工程费、设备和工器具及生产家具购置费）以外的，为保证工程建设顺利完成和交付使用后能够正常发挥效用而发生的各项费用。它是从建设项目或单项工程开始筹建、施工至移交生产过程中为施工和生产创造必要条件而发生的费用，是为整个建设工程服务的。工程建设其他费用一般包括建设用地费用、与项目建设有关的费用和与项目运营有关的费用三类。

建设用地费用一般包括土地使用权取得费用和土地征收及迁移补偿费两个部分，建设用地费用的估算方法要根据土地使用权的取得方式及建设用地原来的用途等多个方面的因素综合估算。

与项目建设有关的费用是指建设单位从项目筹建开始直至项目竣工验收合格或交付使用为止发生的项目建设管理费。费用内容包括、可行性研究费、研究试验费、勘察设计费、环境影响评价费、劳动安全卫生评价费、建设场地准备费及临时设施费、建设单位管理费、技术和设备引进费用、工程保险费、市政公用设施建设及绿化补偿费等。与项目建设有关的费用可以按照国家相关部门或行业发布的收费标准，并参照当地的类似工程相关费用的实际情况来估算。

与项目运营有关的费用一般包括专利及专有技术使用费、生产准备费和办公及生活家具购置费等。该项费用一般按照项目定员人数乘以费用指标估算。具体费用指标按照部门或行业的规定执行。

③ 预备费用的估算

建设项目投资估算中的预备费用包括基本预备费和涨价预备费两个部分。

基本预备费是指为在项目实施中可能发生的难以预料的工程费用增加而事先预留费用，又称工程建设不可预见费。基本预备费一般按照工程费用和工程建设其他费用两者之和乘以基本预备费的费率计算。即：

$$基本预备费＝（工程费＋工程建设其他费用）×基本预备费率 \tag{7-14}$$

涨价预备费是为建设工期较长的项目，在建设期内可能发生材料、设备、人工等价格上涨引起的投资增加而事先预留的费用，亦称价格变动不可预见费。这是从估算时刻起到项目建成期间因建设费用上涨而增加的费用。涨价预备费计算方法一般是取定价格上涨指数后，以估算年价格水平下估算的投资额为基数，采用复利方法估算涨价预备费，即：

$$PF = \sum_{t=1}^{n} I_t [(1+f)^t - 1] \tag{7-15}$$

159

式中　PF——项目涨价预备费；

　　　n——建设期年数；

　　　I_t——第 t 年的工程费；

　　　f——建设期价格年均上涨率。

④ 固定资产投资方向调节税的估算

固定资产投资方向调节税（简称投资方向调节税）是国家为了贯彻国家的产业政策，控制投资规模，引导投资方向，调节投资结构而对一切建设单位和个人用各种资金安排的基本建设投资、更新改造投资和其他固定资产投资征收的一种特别税。征收投资方向调节税是国家进行宏观调控的重要经济手段之一。通过征收投资方向调节税可以加强重点建设，保证国民经济的持续、快速和健康发展。投资方向调节税根据项目投资的产业和规模实行差别税率。税率共分 0%、5%、10%、15% 和 30% 五档。固定资产投资方向调节税税额的计算公式为：

$$投资方向调节税税额=计税依据×税率 \tag{7-16}$$

⑤ 建设期利息的估算

建设期利息是建设期借款利息的简称，是指从项目建设开始到按设计规定的全部工程完工移交生产为止期间的借款利息，其计算公式如下：

$$建设期年借款利息额=\left(年初借款及利息累计+\frac{本年借款支用数}{2}\right)×年利率$$

$$\tag{7-17}$$

建设期的累计借款利息为：

$$Q=\sum_{i=1}^{n}\left[\left(P_{t-1}+\frac{A_t}{2}\right)×i\right] \tag{7-18}$$

式中　Q——建设期利息；

　　P_{t-1}——按单利计息，为建设期第 $t-1$ 年末借款本息累计；

　　A_t——建设期第 t 年当年借款额；

　　　i——借款年利率；

　　　t——年份。

在实践中，为了简单明了反映各项借款每年的支用及利息情况，也可以采用按年列表的方式表达。

2) 流动资产的投资估算

流动资产是指建设项目的生产经营性流动资金，一般包括用于购买原材料、燃料、动力，支付职工工资，购买低值易耗品和其他费用等所需的周转资金，是企业在储备、生产和流通领域中所占用的周转资金。流动资金构成如图 7-5 所示。

在企业生产经营过程中，流动资金本身并不消耗，只是流动资金在项目的营运过程中周转使用，不断地改变其自身的实物形态，其价值随实物形态的变化转移到新产品中去，并随着产品销售的实现而回收，直到项目的寿命结束时可以全部回收。

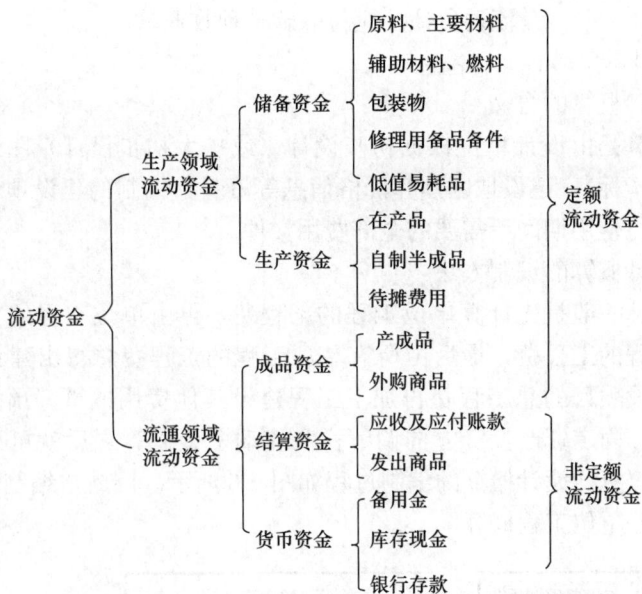

图 7-5 流动资金构成

引自：关罡主编. 工程经济学［M］. 郑州：郑州大学出版社，2007）

流动资金估算的主要方法有扩大指标估算法和分项详细估算法。

① 扩大指标估算法

扩大指标估算法，也称类比估算法、比率估算法，是按照同类企业流动资金占各种基数的比率来估算流动资金。一般按照企业的销售收入、经营成本、总成本费用、固定资产投资或单位产量等乘以相应的流动资金率估算，可以在式（7-19）～式（7-23）中任选一种估算公式进行计算：

$$流动资金额＝项目年销售收入×销售收入流动资金率 \qquad (7\text{-}19)$$

$$流动资金额＝项目年经营成本×经营成本流动资金率 \qquad (7\text{-}20)$$

$$流动资金额＝项目年总成本×总成本流动资金率 \qquad (7\text{-}21)$$

$$流动资金额＝项目固定资产投资总额×固定资产投资流动资金率 \qquad (7\text{-}22)$$

$$流动资金额＝年产量×单位产量占用流动资金率 \qquad (7\text{-}23)$$

$$流动资金额＝项目年总产值×单位产值流动资金率 \qquad (7\text{-}24)$$

式（7-19）～式（7-23）中所用的比率可以根据经验确定，也可以根据行业或部门给定的参考值确定。

扩大指标估算法虽然简便易行，但准确度不高，适用于项目初选阶段或项目建议书阶段流动资金的估算。

② 分项详细估算法

分项详细估算法是国际上通行的流动资金估算方法。该方法先估算出各年正常生产经营情况下的流动资产和流动负债，再用流动资产减去流动负债得到该年所需的流动资金，即：

$$流动资金＝流动资产－流动负债 \qquad (7\text{-}25)$$

$$流动资产＝应收账款＋预付账款＋存货＋现金 \qquad (7\text{-}26)$$

$$流动负债＝应付账款＋预收账款 \tag{7-27}$$

2. 设计概算

(1) 设计概算的含义

设计概算是由设计单位根据初步设计（或扩大初步设计）图纸、概算定额（或概算指标）、建设地区预算价格信息等资料，编制的建设项目从筹建开始至竣工交付使用期间所需要的全部费用文件。

(2) 设计概算的编制方法

设计概算一般是先计算单位工程的工程费，再由单位工程的工程费汇总得出单项工程的工程费，最后由所有单项工程的工程费总得出建设项目的总工程费。建设项目的总工程费再加上工程建设其他费用概算、预备费、建设期贷款利息、固定资产投资方向调节税和流动资金概算之后就可以编制出建设项目的总概算。设计概算的编制过程如图 7-6 所示。因此，编制设计概算的关键是要做好单位工程概算。

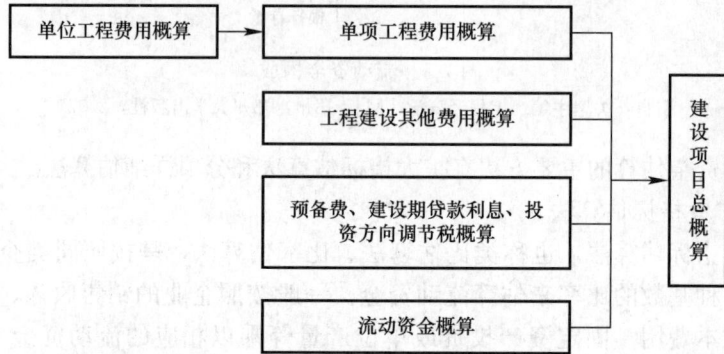

图 7-6　设计概算的编制过程

单位工程概算按工程性质可分为建筑工程概算和设备及安装工程概算两大类。建筑工程概算包括土建工程概算，给水排水、采暖工程概算，通风、空调工程概算，电气、照明工程概算，弱电工程概算，特殊构筑物工程概算等；设备及安装工程概算包括机械设备及安装工程概算，电气设备及安装工程概算，热力设备及安装工程概算，工具、器具及生产家具购置费概算等，如图 7-7 所示。

1）建筑工程设计概算的编制方法

建筑工程设计概算的编制方法有概算定额法、概算指标法、类似工程预算法等。

① 概算定额法

概算定额法又叫扩大单价法或扩大结构定额法，类似于施工图预算。它是根据初步设计图纸计算出拟建工程的工程量，然后套用概算定额计算出工程的概算造价，具体的计算过程参见施工图预算。

② 概算指标法

概算指标法是先用拟建工程的建筑面积乘以技术条件相同或基本相同的

工程的概算指标计算拟建工程的直接工程费，再按规定计算出措施费、间接费、利润和税金等，最后将上述费用汇总编制得出拟建工程的概算。

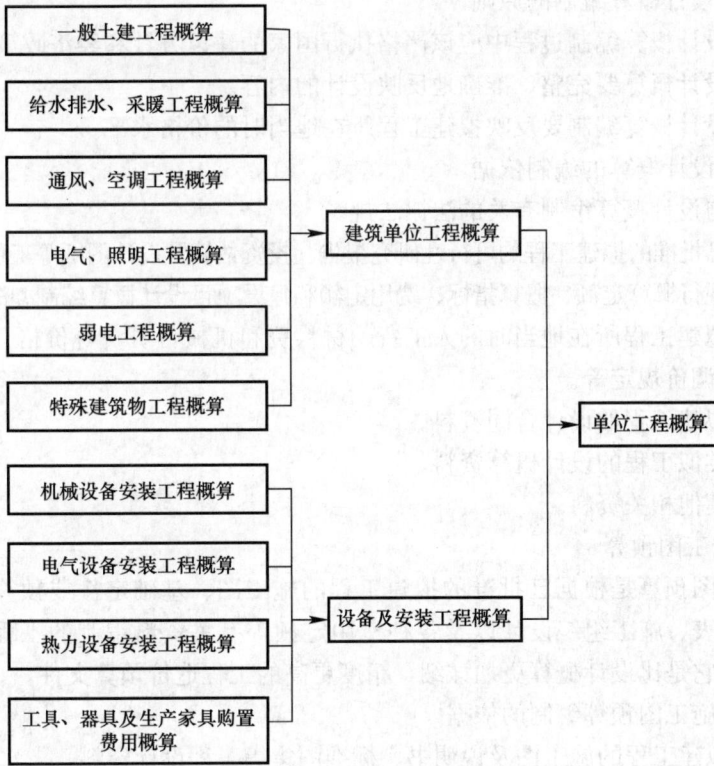

图 7-7　单位工程综合概算的组成

需要注意的是，在采用概算指标法编制得出拟建工程概算的过程中，必须按照拟建工程当时当地的设备、材料、人工等价格对概算指标进行调整。

③ 类似工程预算法

类似工程预算法是利用与拟建工程技术条件相类似的已完工程或在建工程的工程造价资料来编制拟建工程设计概算的方法。与概算指标法一样，在利用类似工程的预算编制拟建工程的设计概算时，也必须按照拟建工程当时当地的设备、材料、人工等价格对类似工程的预算中的价格进行调整。

具体工程的设计概算到底采用上述 3 种方法中的哪一种要根据拟建工程的初步设计的深度来决定。当初步设计比较详细，按照初步设计图纸能够准确地计算出拟建工程的工程量时，一般采用概算定额法。当根据初步设计资料无法准确地计算出拟建工程的工程量，但工程设计采用的是比较成熟的技术，又有类似工程概算指标可以利用时，可以采用概算指标法。当有类似的已完工程或在建工程的预算可以参考时，可以采用类似工程预算法。

2) 设备及安装工程设计概算的编制方法

设备及安装工程的设计概算包括设备购置费用概算和设备安装工程费用概算两大部分，其编制方法有预算单价法、扩大单价法、设备价值百分比法和综合吨位指标法等，计算公式和过程与投资估算类似，只是依据的资料更加详细，计算的精度更高。

（3）设计概算编制的原则

1）设计概算编制过程中应该严格执行国家的建设方针和经济政策。

2）设计概算要完整、准确地反映设计的内容。

3）设计概算编制要反映拟建工程所在地当时的价格水平。

（4）设计概算的编制依据

1）与设计概算编制有关的法律法规。

2）已批准的拟建工程的可行性研究报告、投资估算及设计图纸等工程资料。

3）现行概算定额、概算指标、费用定额和建设项目设计概算编制办法等。

4）拟建工程所在地当时的人工费、材料费和机械台班费等价格、工程造价指数及调价规定等。

5）拟建工程的设计合同资料。

6）类似工程的设计概算资料。

7）其他相关资料。

3. 施工图预算

施工图预算是根据已批准的拟建工程的施工图、基础定额或预算定额或单位估价表、施工组织设计以及各种费用定额等有关资料编制的工程造价预算文件。它是比设计概算更加详细，精度更高的工程造价预算文件。

（1）施工图预算编制的依据

1）拟建工程的施工图及说明书、标准图集等工程设计资料。

2）现行的基础定额、预算定额、单位估价表、工程费用定额等预算编制的基础价格和方法资料。

3）拟建工程的施工组织设计或施工方案。

4）拟建工程所在地当时的人工费、材料费和机械台班费等价格及调价规定。

5）拟建工程的设计概算。

6）其他相关资料。

（2）施工图预算的编制方法

施工图预算一般采用单价法或实物法进行编制。

单价法采用拟建工程所在地单位估价表和当地当时的分项工程定额单价（或预算定额基价），乘以相应的各分项工程的工程量，求得工程的直接工程费，再根据直接工程费和有关的取费标准计算出拟建工程的措施费、间接费、利润和税金，最后将上述各项费用汇总得到拟建工程的施工图预算。

实物法编制施工图预算是先计算出拟建工程各分项工程的实物工程量，再套取基础定额，按类相加的原则求出工程所需的人工、材料、机械台班等施工消耗量，再分别乘以当时当地各种费用的实际单价，求得人工费、材料费和施工机械等施工费用，最后将上述各项费用汇总得到拟建工程的施工图预算。

需要说明的是，施工图预算中的许多费用都与拟建工程的施工方案紧密相关，因此，在编制施工图预算之前，编制人员除了要掌握工程设计资料及施工图预算的编制方法外，还应该要熟悉拟建工程的施工组织设计或施工方案，并结合拟建工程的施工组织设计或施工方案编制施工图预算。

7.4 工程项目建设费用计划管理

7.4.1 工程项目建设费用计划的概念

工程项目费用计划是指工程项目费用在工程实施的各个工作单元或工作时间段上的分配计划。如果没有工程项目建设资金的使用计划，项目业主将无法制定工程项目建设的资金筹措和供应计划及费用控制计划，如果没有合理的工程项目建设资金供应计划，就有可能造成工程项目建设过程中的资金供应跟不上，从而导致工程项目建设无法继续进行。因此，工程项目建设费用计划是工程项目建设过程中进行资金安排和费用控制的基础资料，是直接关系到工程项目建设能否顺利进行，费用控制工作能否有效开展，工程费用控制目标能否实现的重要工程文件。工程项目管理人员必须要认真做好工程项目建设费用计划的编制工作。

计划是管理的基础。费用计划管理的工作内容可以分为费用计划策划和费用计划编制两个部分。费用计划策划主要是根据工程项目管理任务的需要对工程项目管理过程中涉及的费用类型、需要编制哪些费用计划等工作进行总体策划。

7.4.2 工程项目建设费用计划的分类

工程项目建设费用计划按照不同的分类方法可以得出不同的结果。

(1) 按照费用计划编制的目的分类

按照工程项目建设费用计划编制的目的可以将工程项目建设费用计划分成工程项目建设资金使用计划、资金筹措计划、资金供应计划和费用控制计划等多种类型。

(2) 按照工程项目建设费用管理的主体分类

按照工程项目建设费用管理主体的类型可以将工程项目建设费用计划分成项目投资者的投资计划，项目业主的资金筹措计划、资金供应计划和费用控制计划，承包商的成本控制计划，监理单位的费用控制计划等多种类型。

7.4.3 工程项目建设费用计划编制的依据

工程项目建设费用计划一般根据以下资料进行编制：

(1) 拟建工程的工程造价文件。

(2) 拟建工程的工作单元分解结果。

(3) 拟建工程建设的实施进度计划。

7.4.4　工程项目建设费用计划的编制方法

工程项目建设费用计划的编制方法要根据工程项目建设费用计划的类型来确定，不同类型的工程项目建设费用计划的编制方法也不同。

1. 项目的资金需求计划

项目的资金需求计划可以分为子项目资金需求计划和在时间上的资金需求计划。工程项目的子项目资金需求计划可以根据项目的估算、设计概算、施工图预算等工程造价文件分类汇总进行编制。工程项目的在时间上的资金需求计划可以根据工程项目的子项目资金需求计划和各子项目的建设进度计划综合编制。

2. 项目的投资计划

工程项目的投资计划可以由项目的估算、设计概算、施工图预算等工程造价文件分类汇总得出。

3. 项目的资金使用计划

工程项目的资金使用计划一般根据项目的估算、设计概算、施工图预算等工程造价文件和工程项目的建设进度计划进行编制，先根据项目的估算、设计概算、施工图预算等工程造价文件分类汇总得出各子项目的资金需求计划，再根据各子项目的资金需求计划及工程项目的建设进度计划编制出项目的资金使用计划。

4. 项目的资金供应计划

工程项目的资金供应计划一般根据项目的资金需求计划编制，以保证工程项目的建设需要为前提，同时应该有一定的提前量，以便为资金筹措留有余地。

5. 项目的费用控制计划

工程项目的费用控制计划一般根据项目的资金使用计划编制，应该包括目标控制计划和费用控制措施计划两个部分。目标控制计划应该将工程项目的费用目标控制在资金使用计划的范围之内，费用控制措施计划应该以保证费用目标控制计划的实现为前提，同时应该留有余地，以防由于控制措施的考虑不周造成项目的目标控制计划无法实现。

6. 项目的其他费用计划

工程项目费用计划的类型非常繁多，除了上述的费用计划类型之外，还有许多其他类型的费用计划。这些类型费用计划的编制的总体原则是以满足工程需要和保证费用计划的编制目的的实现为前提。

7.4.5　工程项目建设费用计划的表现形式

工程项目建设费用计划的表现形式多种多样，常用的表达方式有费用计划表（见表 7-6）、费用计划直方图（见图 7-8）和时间—费用累计曲线（见图 7-9）等。

某工程分年度投资计划表　　　　　　　　　表 7-6

总投资（万元）	2017 年	2018 年	2019 年	备注
2500	500	1000	1000	

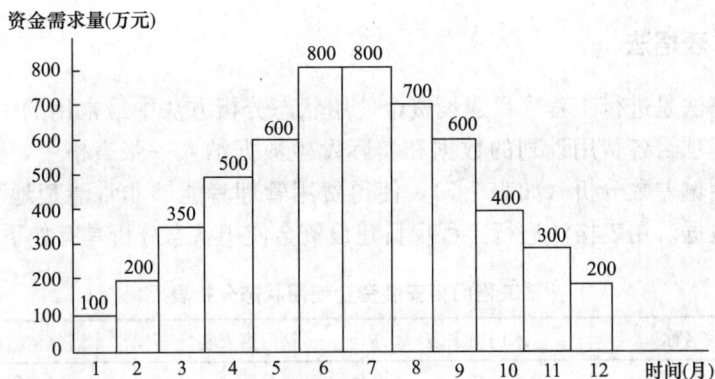

图 7-8　某工程 2017 年度资金需求计划直方图

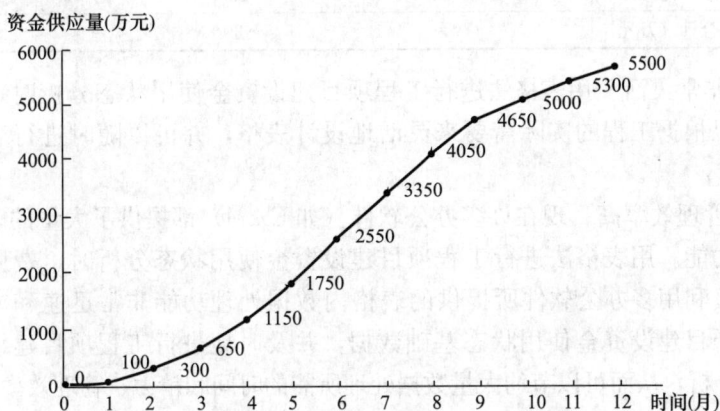

图 7-9　某工程 2017 年度资金供应计划累积曲线

需要说明的是，工程项目建设费用计划的各种表现形式并不互相排斥。在工程实践中，常常是将这几种费用计划的各种表现形式结合起来使用，这样可以取得更好的效果。

7.5　工程项目建设资金使用状态分析

7.5.1　概述

由于工程项目建设过程中的干扰因素非常多，因此，工程项目建设的实际状态和计划状态发生偏差是非常普遍的。所以，工程项目费用管理除了要做好费用计划管理外，还必须对项目建设过程中发生的大量费用数据进行收集，对工程项目建设资金的使用状态进行监控，更重要的是要及时地对工程项目建设资金使用状态进行分析，并及时采取有效措施，保证将项目的最终发生费用控制在预定目标范围之内。

工程项目建设资金使用状态分析的方法很多，最常用的工程项目建设资金使用状态分析方法有表格法、横道图法和挣得值法 3 种。

167

7.5.2   表格法

表格法是进行工程项目建设资金使用状态分析方法中最常用的一种方法。它将工程项目各费用计划的数据和实际发生数据纳入一张表格中，并且直接进行费用偏差数分析（如表 7-7），使得费用管理者能够非常清楚地了解并处理这些数据。用表格法进行工程项目建设资金使用状态分析具有如下优点。

表 7-7

某工程门窗安装资金使用状态分析表

项目名称	木门窗安装	钢门窗安装	铝合金门窗安装
预算费用（万元）	30	30	40
实际费用（万元）	30	50	50
费用偏差（万元）	0	−20	−10
费用偏差合计（万元）	−30		

1. 非常灵活。用表格法进行工程项目建设资金使用状态分析时，费用管理者可以根据工程的实际需要来灵活地设计表格，并可以随时进行表格内容的增减。

2. 管理效率高。现在许多办公软件（如 Excel）都提供了大量的表格内数据处理功能。用表格法进行工程项目建设资金使用状态分析时，费用管理者可以直接利用多办公软件所提供的表格内数据处理功能非常迅速和方便地处理工程项目建设资金使用状态基础数据，并及时地进行工程项目建设资金使用状态分析，从而可以节约大量数据处理所需的时间和精力，管理效率非常高。

7.5.3   横道图法

用横道图法进行工程项目建设资金使用状态分析，是在横道图法中用不同的横道标识已完成工作的预算费用和已完成工作的实际发生费用，横道的长度与其金额成正比例，如图 7-10 所示。

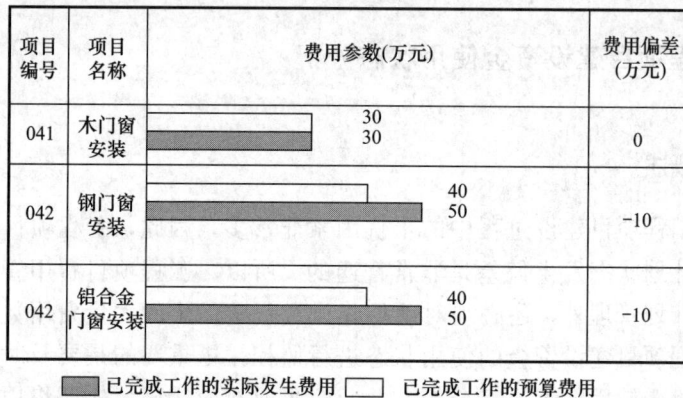

项目编号	项目名称	费用参数(万元)	费用偏差(万元)
041	木门窗安装	30 / 30	0
042	钢门窗安装	40 / 50	−10
042	铝合金门窗安装	40 / 50	−10

■ 已完成工作的实际发生费用   □ 已完成工作的预算费用

图 7-10   某工程门窗安装资金使用状态分析表

用横道图法进行工程项目建设资金使用状态分析具有形象、直观、一目了然，还能够准确表达出费用偏差的绝对值，既可以使费用管理者一眼感受到偏差的严重性，又可以使费用管理者看到费用偏差的绝对值。但这种方法作图比较麻烦，管理效率不高，在实际工程中很少采用。但该方法如果这样在进度计划横道图的基础上来完成，并可以与进度偏差分析同时进行，提高管理效率。

7.5.4 挣得值法

挣得值法是以已完成工作的预算费用、计划完成工作的预算费用和已完成工作的实际发生费用三个基本参数及该三个基本参数的累积曲线（如图 7-11 所示）为基础进行工程项目的费用、进度综合分析的先进的工程项目管理方法。该方法最初是美国国防部于 1967 年确立，现在已经被国际上先进的工程公司普遍采用。

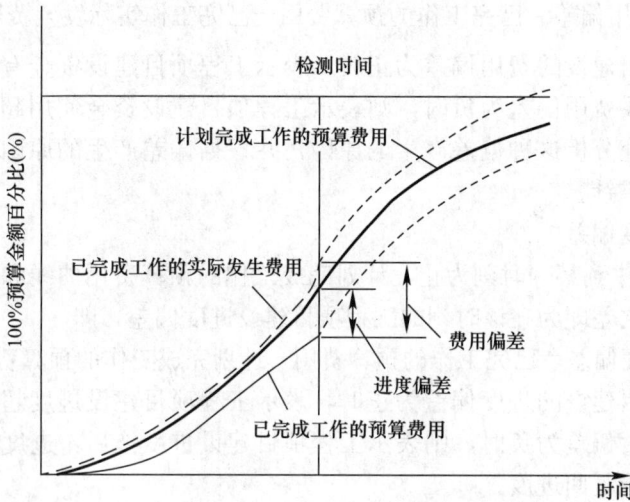

图 7-11 挣得值法评价曲线

1. 基本参数

（1）已完成工作的预算费用

已完成工作的预算费用是指在某一时间已经完成的工作的预算金额，其在数量上等于已完成工作的工程量与预算单价的乘积的总和，即：

$$已完成工作的预算费用 = \sum 已完成工作的工程量 \times 预算单价 \quad (7-28)$$

已完成工作的预算费用既是业主需要为承包人完成工作支付的工程费用，也就是承包人应该获得的工程费，即挣得值。

（2）计划完成工作的预算费用

计划完成工作的预算费用是根据进度计划，在某一时刻应当完成工作的预算费用，其在数量上等于计划完成工作的工程量与预算单价的乘积的总和，即：

$$计划完成工作的预算费用 = \sum 计划工作的工程量 \times 预算单价 \quad (7-29)$$

（3）已完成工作的实际发生费用

已完工作实际费用是指到某一时刻为止，已完成的工作实际花费的总金额，其在数量上等于计划完成工作的工程量与实际单价的乘积的总和，即：

已完成工作的实际发生费用＝∑已完成工作的工程量×实际单价　（7-30）

2. 偏差分析

在项目实施过程中，根据上述的三个参数可以形成如图 7-11 所示 3 条曲线，即计划完成工作的预算费用曲线、已完工作的预算费用曲线和已完工作实际发生费用曲线。根据该 3 条曲线就可以进行项目的费用和进度偏差分析。

（1）费用偏差

由图 7-11 中可以清楚地看出，到某一时刻为止，已完工作的预算费用曲线和已完工作实际发生费用曲线之差即为在该时刻的工程项目建设费用偏差，即：

费用偏差＝已完工作的预算费用－已完工作实际发生费用　　（7-31）

工程项目建设的费用偏差为正时，表示工程项目建设资金有所结余。当工程项目建设费用偏差为负时，则表示工程项目建设资金使用超支，费用管理者应该迅速分析这种偏差产生的原因，并根据偏差产生的原因，决定下一阶段的工作方针。

（2）进度偏差

图 7-11 中到某一时刻为止，计划完成工作的预算费用曲线和已完工作预算费用曲线之差即为在该时刻的工程项目建设进度偏差，即

进度偏差＝已完工作的预算费用－计划完成工作的预算费用　　（7-32）

工程项目建设的进度偏差为正时，表示工程项目建设进度超前。当工程项目建设进度偏差为负时，则表示工程项目建设进度拖后，进度管理者应该迅速采取措施赶回进度。

3. 项目费用和进度进展情况综合评价

采用挣得值法可以进行工程项目的费用、进度综合评价，即可以根据当前的进度、费用偏差情况，分析项目当前的进展情况，见表 7-8。当工程项目建设的费用和进度偏差同时为正时，表示工程项目建设资金有所结余且进度超前，项目进展情况非常好，项目管理的效果很好。当工程项目建设的费用和进度偏差同时为负时，表示工程项目建设资金超支且进度拖后，项目进展情况非常糟糕，项目管理的效果很差，必须迅速采取措施提高工程项目的管理水平。当工程项目建设的费用和进度偏差同时为一正一负时，则表示工程项目建设资金有所结余、进度拖后或工程项目建设资金超支、进度超前，此时需要对建设资金结余和进度拖后比例做进一步分析。如果工程项目建设资金有所结余和进度拖后或工程项目建设资金超支和进度超前的比例相当，表示项目进展情况正常。如果工程项目建设资金有所结余超过进度拖后表示项目进展情况良好。如果工程项目建设资金有所结余低于进度拖后表示项目进展情况不佳，需要采取措施提高工程项目的管理水平。

挣得值法进行项目费用和进度进展情况综合评价表　　　表 7-8

费用偏差	费用偏差	费用情况	进度情况	评价结果
＋	＋	建设资金有所结余	进度超前	进展情况非常好
＋	－	建设资金有所结余	进度拖后	需要对建设资金结余和进度拖后比例做进一步分析
－	＋	建设资金超支	进度超前	
－	－	建设资金超支	进度拖后	进展情况非常糟糕

7.6　工程项目建设费用控制

工程项目建设费用直接关系到项目的效益，因此，工程项目建设费用控制工作是工程项目管理工作的重点之一。在工程项目建设过程中，由于参与项目建设各方的利益不同，所以各参与项目建设方工程项目建设费用控制工作的内容也不相同。

7.6.1　业主方的工程项目建设费用控制

业主方在工程项目建设过程中掌握着工程项目建设方案和工程设计的最终决策权，以及工程项目的发包权，其工程项目建设费用控制工作的重点自然就在工程项目建设方案和工程设计决策阶段和工程发包阶段。

1. 工程项目建设方案决策阶段的工程建设费用控制

在工程项目建设方案决策阶段业主的工程建设费用控制主要应该做好以下工作：

（1）量入为出

在工程项目建设方案决策阶段业主应该首先了解自己有的和可能筹集到的工程项目投资有多少，根据自己有的和可能筹集到的工程项目投资情况设定好工程项目建设费用控制的上限，做到量入为出，以免出现半拉子工程，使工程项目建设半途而废，造成工程建设投资血本无归。

（2）合理确定工程建设方案

影响工程项目投资的主要因素有项目的产品方案、生产技术方案、生产规模、建设标准和工程项目选址等。因此，业主在工程项目建设方案决策阶段工程项目管理费用控制的重点是要对上述因素的控制。对上述因素的控制原则和方法在本章的第 7.2 节已经做了比较详细的叙述，在此就不再重复。

（3）做好工程项目建设方案比较和优化工作

任何一个工程项目的建设方案都不可能是唯一的，因此，业主在工程项目建设方案决策阶段应该通过建设方案招标等方式进行工程建设方案的比较工作，科学而合理地选择工程项目建设方案。对于已经选择好的工程项目建设方案还需要做好建设方案的优化工作，以便进一步控制工程项目的建设费用。

2. 工程设计阶段的工程建设费用控制

在工程设计阶段业主的工程建设费用控制主要应该做好以下工作：

171

（1）做好限额设计工作

业主在工程设计阶段应该在设计任务委托阶段向设计方明确设计方案的设计概算和施工图预算的上限，严格设计概算控制在工程建设投资估算的范围之内，将施工图预算控制在设计概算的范围之内，有效地进行工程项目建设费用的控制工作。

（2）做好工程设计方案比较和优化工作

该项工作总体原则及指导思想和工程项目建设方案比较和优化工作相同。

3. 工程发包阶段的工程建设费用控制

业主在工程发包阶段的工程建设费用控制主要是做好承包商的优选工作，尽可能采用招标的方式选择承包商。这样可以通过承包商之间的竞争降低工程造价。

4. 工程项目施工阶段的工程建设费用控制

大量的工程实践经验表明，在工程项目施工阶段工程项目建设投资突破预算主要是工程设计变更的过多和承包商的索赔而引起的，因此，业主在工程项目施工阶段的工程建设费用控制主要是做好工程设计变更的控制工作和反索赔工作。

7.6.2　承包商的成本控制

成本控制是指在达到工程预定的功能和工期要求的条件下，通过各种控制措施，优化成本开支，将项目成本控制在计划的范围内。

在市场经济条件下，项目的成本控制不仅在整个项目管理中，而且在整个企业管理中都有着重要的地位。特别是承包商通过竞争取得工程后，在签订合同的同时也确定了合同价格。项目的经济效益的最大化只能通过成本的最小化来实现。一旦成本失控，就有可能造成亏损。因此，承包商必须做好项目的成本控制工作。

承包商的项目成本控制的重心应放在项目经理部，按照项目开始前的成本预控制、项目实施过程中的成本控制和纠偏控制的程序依次展开。具体控制过程如下：

1. 项目的成本预控制

项目的成本控制应该在项目实施前就开始做好项目的成本预控制工作，因为如果等到项目结束时才知道实际的开支和盈亏，项目的损失已经既成事实，无法挽回。

在项目的合同签订之后，承包商就应该根据合同的要求制定好项目的成本控制计划，在项目的成本控制计划中应该包括以下的项目成本预控制工作：

（1）项目实施方案制定过程中的成本预控制。

在制定项目实施方案时，应该做好多方案比较和资源的优化配置，努力降低项目实施方案的成本。

（2）根据项目的实施方案制定好项目的成本计划。

（3）制定好与项目的成本计划相配套的资金供应计划。

（4）组建成本管理机构，并落实成本控制的责任人。

（5）制定好成本控制的管理制度。

（6）对所有的项目参与人员进行成本意识教育，使所有的项目参与人员在思想上重视节约成本工作。

2. 项目实施过程中的成本控制

项目实施阶段项目成本发生的主要阶段，对项目实施过程中发生的各种成本进行有效控制，是成本控制的关键。

项目实施过程中的成本控制可以通过在项目实施之前制定好详细的成本控制措施和加强项目实施过程中成本控制措施的落实两个管理环节。

（1）成本控制措施

项目成本的控制包括人工费的控制、材料费的控制、施工机械使用费的控制和施工分包费用的控制等许多方面，具体的控制措施如下：

1）人工费的控制

将各种作业用工及零星用工按定额工日的一定比例综合确定用工数量与单价，在劳务合同中明确各种用工的价格，并在项目进行过程中加强对用工的控制，尽可能避免窝工。

2）材料费的控制

在施工项目中材料费占建筑安装工程造价的 60%～70%，因此，在项目实施过程中对材料费进行控制的重要性不言而喻。材料费的控制可以分为对材料价格的控制和材料用量的控制两个方面，具体的控制方法如下：

① 材料价格的控制

在保证符合设计要求和质量标准的前提下，采取各种措施降低选用材料的价格，如合理确定材料等级标准、通过招标选择材料供应商等。

② 材料用量的控制

材料的用量可以通过限额发料、指标管理、包干使用等方法进行有效控制。

a. 限额发料。对于有消耗定额的材料，在项目进行过程中可以根据消耗定额在规定的限额内分期分批领用，当材料的实际消耗量超过定额的规定时，必须先查明原因，经过一定审批手续后方可发料。

b. 指标控制。对于没有消耗定额的材料，可以根据以往项目的材料实际消耗情况，结合项目的具体实施内容和要求，制定相应的材料使用计划管理和控制指标，对材料消耗实行指标控制。对于超过材料领用指标的，应该制定相应的经济处罚措施。

c. 包干使用。在工程实施过程中，对部分小型及零星的辅助材料（如钢钉、钢丝等），可以采取根据工程量计算出合理的材料消耗量，并将其折算成相应的费用，由作业者自行采购，包干使用。

3）施工机械使用费的控制

在施工项目中需要使用大量的施工机械，机械使用费也占了工程费的相当高的比例，因此，施工中对机械使用费进行有效控制，对于节约施工成本具有十分重要的意义，尤其是高层建筑的施工。施工机械使用费一般可以通过以下方法进行控制：

① 合理选择施工机械

由于各种施工机械的用途和特点不同，各种施工机械的使用费用也存在着差异，因此制定项目的施工组织设计或施工方案时，应根据工程特点、施工条件确定各种施工机械使用费用的高低，通过多方案比较和方案优化等方法，合理地确定施工机械的组合方式，在可以满足施工需要的条件下，尽可能降低施工机械的使用费用。

② 合理安排施工生产

在实际工程中，由于施工组织不当而造成设备闲置是影响施工机械使用费用的主要因素之一。为了避免因设备闲置而造成施工机械使用费用的浪费，项目管理人员应该加强机械设备的使用计划管理和调度工作，合理地安排施工生产，尽量避免设备闲置。

③ 加强现场的设备管理

在施工过程中，常常会因为设备故障而造成窝工，增加施工成本，因此，加强现场的设备管理，提高现场设备的利用率也可以降低施工成本。具体措施包括加强现场设备的维修保养和准备好足够的易损配件两个方面。

④ 加强现场的人员管理

在施工过程中，施工机械机上人员与辅助生产人员配合默契程度对施工机械台班产量有很大的影响，因此，加强现场的人员管理，提高机上人员与辅助生产人员配合默契程度，增加施工机械台班产量也可以降低施工成本。

4）施工分包费用的控制

在施工过程中，工程分包是非常普遍的。当项目中有部分工程需要分包时，分包工程价格的高低，必然对施工项目成本产生一定的影响。因此，对分包价格的控制也是施工成本控制的重要工作之一。项目经理部应在制定施工方案的过程中就确定好分包的工程范围，做好分包工程的询价和发包方案的制定工作。施工准备阶段应该严格按照制定好的分包工程的发包方案进行发包。在施工过程中，项目经理部还应该加强对分包商的管理，避免由于分包商的违约而引起索赔。

（2）成本控制措的施落实

成本控制措施的落实首先是要有专人负责检查成本控制措施的落实情况，并在项目实施过程中定期、不定期地进行成本核算，检查成本控制的效果，不断完善成本控制措施。

本章小结及学习指导

1. 工程项目建设费用管理是工程项目管理的主要任务之一。

2. 通过本章的学习应该掌握工程项目建设费用计划编制和工程项目建设费用控制方法。

思考题

7.1 工程项目建设费用管理的内容有哪些?

7.2 工程项目投资由哪几部分构成?

7.3 工程项目投资的影响因素有哪些?

7.4 工程项目投资管理的关键阶段是哪个阶段?为什么?

7.5 什么是工程项目建设费用的估算?

7.6 工程项目建设费用计划管理的内容有哪些?

7.7 工程项目建设费用计划有哪些类型?

7.8 工程项目建设费用计划的表现形式有哪些?各有什么特点?

7.9 工程项目建设资金使用状态的表现形式有哪些?各有什么特点?

7.10 业主方的工程项目建设费用控制的主要措施有哪些?

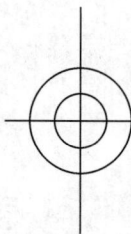

第8章
工程合同管理

本章知识点

【知识点】

工程合同和工程合同全生命周期管理的概念、合同管理的主要任务、工程合同总体策划的分析和理解、工程变更管理和索赔管理、合同的后评价管理。

【重点】

掌握工程合同全生命周期管理的概念及工程合同总体策划的分析和理解、工程变更管理和索赔管理、合同管理后评价的方法。

【难点】

工程合同总体策划的分析和理解、工程变更管理和索赔管理方法。

8.1 概述

8.1.1 工程合同的概念

1. 工程合同的概念

合同是双方当事人建立、修改或解除民事经济关系的协议。工程合同是工程建设的参与单位之间为了建立、修改或解除工程建设合作关系而订立的协议。

2. 工程合同的主要内容

工程合同一般应该包括以下的主要内容：

（1）双方当事人，即合同的甲方和乙方。

（2）订立合同的目的，如某工程的设计、施工、监理等。

（3）工程任务的范围、工程量。

（4）工程的质量要求。

（5）工程的工期要求。

（6）工程价格，包括工程的计价方式、各分部分项工程的单价、总价和付款方式等。

（7）双方的责任和义务。

（8）双方的违约责任。

（9）争议解决办法。

3. 工程合同的作用

工程合同一般具有以下几个方面的作用：

（1）合同是工程项目实施管理的手段和工具。业主可以通过对合同的数量和内容决定自己对工程项目管理的介入程度。对工程项目业主既可以自行管理，也可以委托监理单位等专业的项目管理单位进行管理。

（2）合同是确定工程项目管理目标的基础。合同双方工程项目管理的目标主要是根据工程合同的质量、工期和价款等方面的约定而确定的。合同管理的目的就是为了保证这些目标的实现。

（3）合同是连接工程项目参与单位的纽带。工程建设过程中的材料、设备供应和工作任务的分工协作关系等都是通过工程合同联系起来的。合同双方的关系协调和处理也只能按照合同的约定来进行。

（4）合同明确了合作双方的经济关系。在工程合同中，应该对合作双方的经济责任、权利和义务关系作出规定。

（5）合同明确了合作双方的法律关系。工程合同一旦签订就受到法律保护。工程建设过程中的一切活动都应该将合同作为自己的最高行为准则，必须按合同办事，否则将承担相应的法律责任。

（6）为双方的合同争议提供依据。合同在工程实施过程中，工程合同对争议的解决有两个方面作用：

1）合同条文将作为判定争议的性质、责任人、违约者应负什么样的责任等的重要依据。

2）工程合同中对争议解决办法的规定将为争执的解决提供依据。

8.1.2　工程合同的种类

工程合同因分类标准不同有多种分类方法，其中最常用的有以下几种分类方法。

1. 按照合同的格式分类

工程合同按照合同的格式可以分为标准合同和非标准合同两大类。所谓标准合同是指合同双方按照事先制定好的标准格式合同而签订的合同。非标准合同是指没有固定的格式，由合同双方协商起草和讨论、完善后而签订的合同。

2. 按照合同的计价方式分类

工程合同按照合同的计价方式的不同，可分为单价合同、总价合同、成本加酬金合同和目标合同 4 种类型。

（1）总价合同

在合同中，只对工程承包的范围、工程量和合同总价进行约定，而不约定的合同单价等其他价款内容的合同。

采用这一合同形式一般要求在合同订立之前具备详细而全面的设计图纸

和说明书，能准确地计算工程量。因此，总价合同主要适用于工程的风险和规模均不太大的工程项目。常见的总价合同有固定总价合同、可调价总价合同和固定工程量总价合同等几种形式。

1）固定总价合同

固定总价合同是指要求承包商按照合同约定完成图纸上的所有工程，不管实际工程量和成本的多少，业主只向承包商支付合同约定的工程总价。

固定总价合同一旦签订，承包商应完成合同规定的全部工作，并承担合同履行期间的全部风险。所以，固定总价合同主要适用于工期较短、工程项目的工程量和要求十分明确的工程。

2）可调价总价合同

可调价总价合同是指合同的总价是可以根据合同履行过程中的市场价格变化等因素进行调整的总价合同。

3）固定工程量总价合同

固定工程量总价合同是指工程量不变时合同的总价保持不变，但工程量发生变化后合同总价可以根据工程量的变化进行相应调整的总价合同。

（2）单价合同

单价合同是指整个合同履行期间执行统一的单价，而工程的总价款则按照实际完成的工程量进行计算的合同，即量变价不变的合同。单价合同是国际上采用最普遍的工程合同形式，特别是在那些工程项目的内容和工程量一时难以准确确定的工程中，尤其适合采用单价合同。

单价合同又可以分为估计工程量单价合同、纯单价合同及单价与包干混合式合同 3 种形式。

1）估计工程量单价合同

估计工程量单价合同是指在合同签订时，有一个预估的工程量及与该预估工程量相对应的单价，并据此估算出工程的总价作为合同总价，业主按照承包商所完成的核定工程量支付工程款。待工程验收移交后，以竣工结算的价款为合同价。竣工结算时，如果某一个单项工程的实际工程量或总工程量与预估的工程量表中的工程量相差超过某一百分数（如±5%）时，合同双方按照事先约定的方法或协商对单价进行适当的调整。

估计工程量单价合同是业主和承包商共同承担工程风险的一种合同形式，在实际工程中比较常见。

2）纯单价合同

纯单价合同在合同中只列出工程范围、工程要求、项目内容一览表及各工程项目的单价，而没有详细的图纸和工程量表。业主按承包商实际完成的工程量付款。

这种合同形式主要适用于来不及提供施工图就开工的工程项目。

（3）成本加酬金合同

成本加酬金合同也称为成本补偿合同或成本加费用合同，是指工程成本实报实销，业主向承包商支付一定的劳动报酬的合同形式。成本加酬金合同也可以分为成本加固定百分比酬金合同、成本加固定酬金合同和成本加浮动酬金合同 3 种形式。

1) 成本加固定百分比酬金合同

合同双方约定工程成本中的直接费用实报实销,业主按照直接费用的一定百分比向承包商支付酬金。

2) 成本加固定酬金合同

工程成本中的直接费用实报实销,业主向承包商支付固定酬金的合同形式。

成本加固定酬金合同一般是在工程内容及其技术经济和设计指标尚未完全确定而又急于开工的工程,或者是工程施工风险很大的工程中采用。

3) 成本加浮动酬金合同

这种合同具有奖罚的性质,又称成本加奖罚金合同。合同双方约定工程的一个概算直接成本和一个固定的酬金,工程结算时将实际发生的直接工程成本与估算的直接成本进行比较,若实际成本低于估算成本,业主给予承包商一定的奖励,而实际成本高于估算成本时,业主对承包商进行一定的惩罚的合同形式。

此种合同,从理论上讲是比较合理的一种合同形式,可以促使承包商降低工程成本。

(4) 目标合同

合同双方在合同中约定工程的质量、工期和成本等基本目标和与上述基本目标相对应的合同价款,工程结算时将工程目标实际完成情况与基本目标进行比较,若工程目标实际完成情况好于基本目标,合同价款进行适当增加,而工程目标实际完成情况低于基本目标,合同价款进行适当减少的合同形式。

目标合同可以促使承包商通过加强工程项目管理降低工程成本、缩短工期、提高工程质量,并获得更高的利润。业主也可以得到质量更高、成本更低的工程,也可以因缩短的工期尽早获得工程投资收益。因此,目标合同是双方共赢的一种合同形式。

(5) 混合式合同

采用前述的 4 种基本合同形式中的两种或两种以上的计价方式的工程合同形式,如单价与包干混合式合同等。

3. 按照委托任务的性质分类

按照委托任务的性质可以将工程合同分为工程设计合同、工程施工合同、材料和设备供应合同、委托加工合同等许多种类型。

4. 按照施工材料的供应方式分类

按照施工材料的供应方式分类可以将工程施工合同分为全包合同、半包合同和包工不包料合同 3 种形式。

(1) 全包合同

也称包工包料合同,是指承包方承包工程所用的全部材料和设备的采购及工程施工任务的工程施工合同。

（2）半包合同

是指业主提供工程所用的主要材料和设备，承包方负责工程所用辅助材料的采购及工程施工任务的工程施工合同。

（3）包工不包料合同

是指业主提供工程所用的全部材料和设备的采购，承包商只负责工程施工任务的工程施工合同。

5. 按照工程承包的范围划分

按照工程承包的范围划分，工程合同可分为工程总承包合同和分包合同两种类型。

（1）工程总承包合同

工程总承包合同是指承包商承包工程项目某一阶段或某一部分的全部工程建设任务后，再将其中的部分工程建设任务发包给一个或几个承包商，由两个以上的承包商共同完成工程建设任务的工程承包合同，其中承包全部工程建设任务的承包商称为总承包商，从总承包商处承包部分工程建设任务的承包商称为分包商。

工程总承包合同根据总承包商承包的工程建设的任务特点又可以分为设计总承包、施工总承包、设计和施工总承包等许多类型。

（2）工程分包合同

工程分包合同是指一个承包商向另一个承包商承包工程项目某一阶段或某一部分工程建设任务，而全部工程建设任务由两个以上的承包商共同完成工程建设任务的工程承包合同。

8.1.3　工程合同体系

工程项目建设包括决策、设计、施工等许多环节，在每一个环节中又可能包括多个工程子项目，每一个工程子项目的完成又涉及材料和设备的采购或租赁、构件加工、人员雇佣、工程保险、工程监理等许多方面，因此，在一个工程的建设过程中往往要涉及许多合同，这些合同会形成一个庞大的合同体系。在工程实践中把与某一工程相关的合同称为该工程的合同体系。

8.1.4　工程项目合同管理的主要任务

工程项目合同管理是一项复杂的系统工程，其主要任务如下：

1. 工程合同总体策划。

是指在工程项目实施之前，对工程合同的数量、类型、发包方式、主要条款的内容等有可能影响工程项目实施的重大合同问题进行研究和策划。

2. 工程合同的分析和解释。

是指在工程合同签订之后、履行之前，履约方对工程合同的内容、风险、履行策略、需要重点注意的问题等方面进行的分析和解释。

3. 工程合同履行过程控制。

是指在工程合同履行过程中对质量、进度、成本等目标的控制。

4. 工程合同的变更管理。

5. 工程合同的索赔管理。

6. 工程合同的信息管理。

7. 工程合同的争议的处理。

在上述的诸多工程合同管理任务中，工程合同履行过程控制和工程合同的信息管理已经在其他章节中有了比较详细的介绍，本章将不再重复介绍，本章仅对其他章节中没有介绍的工程项目合同管理任务进行介绍。

8.2 工程合同总体策划

8.2.1 合同总体策划的定义

合同总体策划是指在工程项目实施之前，对有可能影响工程项目实施的重大合同问题进行的研究和策划。

8.2.2 合同总体策划的主要内容

合同总体策划的主要内容如下：

1. 项目的总目标和战略分析

主要是确定决策层（如政府、企业、业主等）对项目的总体目标要求和实施战略。确定对项目的总体目标要求，至少应该包括对项目的投资总量、质量和工期要求。确定实施战略主要是明确决策层对项目管理的介入深度，如是自行管理还是委托专业管理机构管理等。

2. 项目实施策略

主要是明确项目的投资总量、质量和工期等目标之间出现冲突时，如何处理各个目标之间的关系。

3. 项目结构分解

主要是对工程项目建设的工作内容进行分解。

4. 项目承发包策划

主要是对工程合同的数量、发包方式、主要条款的内容等进行策划。

5. 合同种类选择

主要是对工程合同是采用标准合同还是非标准合同、是采用总价合同还是单价合同、是采用可调价合同还是固定价格合同等问题进行决策。

6. 合同风险分担策略

主要是制定工程项目实施过程中的市场价格波动、违约等风险问题的对策。

7. 合同体系协调

工程项目建设目标的实现需要所有参与单位之间的共同努力和密切配合，因此，整个工程项目的所有合同的目标之间应该构成一个彼此协调的完整体系。

8. 项目管理模式选择

主要是根据工程项目的具体特点在直线式、职能式、直线职能式、矩阵式等项目管理模式中选择一种最有利于项目总体目标实现的管理模式。

9. 项目管理流程的制定

主要是明确指令传达、信息反馈和重大问题的决策流程。

10. 项目管理组织设计

11. 项目管理制度设计

8.2.3 合同总体策划的流程

合同总体策划的流程如图 8-1 所示。

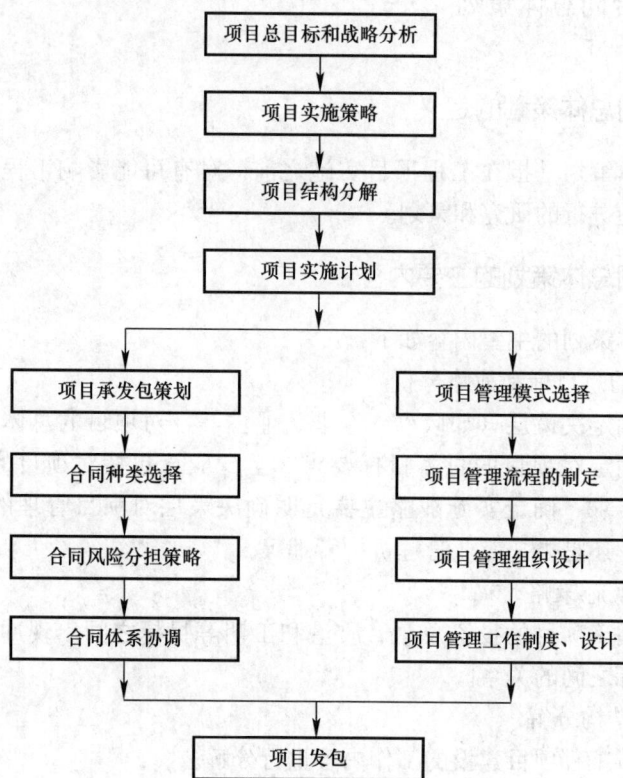

图 8-1 合同总体策划的内容和流程

8.3 合同的分析和理解

8.3.1 概述

全面、准确地分析和理解合同是正确地完全履行合同或进行合同管理工作的前提和基础,要想全面、准确地分析和理解合同一般要做好合同的总体分析、详细分析和特殊合同问题的解释工作。合同分析和理解应该要达到以下要求。

1. 准确和客观

合同分析的结果应准确、全面地反映合同的内容,并充分反映合同的目的和当事人的主观真实意图。

2. 简易化

合同分析的结果必须采用不同层次的管理人员、工作人员都能够理解和接受的表达方式，使用简单易懂的工程语言，以便不同层次的管理人员运用。

3. 合同双方意见的一致性

合同分析是分析单位单方面对合同的详细解释，但由于合同的履行涉及合同双方的利益，所以在进行合同分析时，分析人员应该充分考虑到对合同详细解释的结果可能对合同双方利益产生的影响，从中立的角度去解释合同，并就合同详细解释的结果与对方进行交流，看看合同分析的结果是否能得到对方的认可。如有双方意见不一致，应在合同履行前解决，以避免在合同履行过程中产生纠纷，给自己带来不必要的经济损失，这对双方都有利。

4. 全面

合同分析应是对全部合同文件的解释，并且要全面、整体地理解合同条款，不能断章取义，特别当不同的合同文件或同一合同的不同条款之间的规定不一致甚至是有矛盾时，更要注意这一点。

8.3.2　合同的总体分析

合同的总体分析主要是对合同协议书和合同条件等进行总体分析，将合同条款中的各种规定落实到一些带全局性的具体问题上。合同的总体分析主要是对合同中的以下问题进行分析。

1. 合同的法律基础分析

当合同双方来自于不同的国家时，由于所处的法律环境不一样，而合同的签订和实施只能以某一国的法律背景为基础，此时进行合同的总体分析，就必须首先进行合同的法律基础分析。通过合同的法律基础分析了解适用于合同的法律的基本情况，用以指导整个合同的履行或管理工作。在进行合同的法律基础分析时，还应该要分析当地的社会、文化、宗教习惯等在合同履行或管理工作过程中必须尊重的工程惯例。

2. 合同的主导语言和日常交流语言分析

当合同双方来自于不同的国家或民族时，由于所使用的语言不一样，为了便于合同的履行和合同管理工作的开展，一般要在合同中约定主导语言（即合同文件的基准语言）和日常交流语言。进行合同的总体分析时，就必须要进行合同的主导语言和日常交流语言分析，以便相关单位派出合适的人员来履行和管理合同。

3. 合同的类型分析

工程合同按照合同的计价方式可分为固定总价合同、单价合同、成本加酬金合同和目标合同等类型，按照合同的主要任务性质又可以分为咨询合同、设计合同和施工合同等许多类型。不同类型的合同，其性质、特点、履行和管理方式不一样，双方的责权利关系和风险分配也不一样。这将直接影响到合同双方责任、权利和义务的划分，从而影响到合同履行和管理工作。因此，在履行合同或开展合同管理工作之前，相关人员必须要掌握合同类型情况。

4. 工程合同涉及的工程范围分析

工程合同涉及的工程范围通常可以根据合同中的工程说明、图纸、工程量清单及技术规范等确定。在合同的总体分析过程中，应该对工程合同涉及的工程范围的界限有非常清楚的界定，否则会影响工程款的结算及工程变更和索赔的处理，特别是对于采用固定总价合同的工程。

5. 工作内容范围分析

工程合同既可以针对工程的咨询、设计、采购、加工、施工、试验、运输、土建、安装、验收、试生产、缺陷责任期维修等许多方面工作内容而签订，也可能是针对上述范围内一部分或几个部分的工作内容而签订，在合同的总体分析过程中，除了要对工程合同涉及的工程范围进行清楚的界定外，还必须对工程合同的工作内容范围进行非常清楚的界定，否则将会对工程款的结算及工程变更和索赔的处理产生影响。

6. 合同双方的责任和权利分析

在一般的工程合同中，业主通常应该承担以下几个方面的责任：

（1）业主雇用工程师并委托他全部或部分地履行业主的合同责任。在工程合同中应该将工程师的职权范围进行比较全面的说明。

（2）将业主的其他承包商和供应商的委托情况以及相应的责任范围、合同类型等告知承包商，使承包商了解业主的工程合同体系及与本合同相关的主要责任界面，以便进行工作协调。

（3）及时做出承包商履行合同所必需的决策，如指令的下达、各种申报手续的批准、工作的认可、请示的答复、阶段性工作的检查和验收手续等。在工程合同中应该对它们的实施程序和期限作出规定。

（4）及时提供施工条件，如及时提供设计资料、图纸、施工场地、道路等。

（5）按合同规定及时支付工程款，及时接收已完工程等。

承包商则应该承担以下几个方面的责任：

（1）按照合同中约定的时间准时开工。

（2）按照业主和工程师的要求及时办理各种申请手续。

（3）在合同中约定的时间范围内顺利地完成合同所规定的全部工程建设任务。

（4）对本单位承建工程质量负责。

（5）按照业主和工程师的要求及时汇报工程建设进展情况，并及时提交各种报表。

7. 工程变更条款的分析

工程变更在工程建设过程中是很常见的。由于工程变更常常会涉及工程建设的造价和工期，所以，在合同管理过程中对工程变更的管理极为重要，而工程变更管理的最主要依据就是合同，因此，对工程合同中的变更条款的分析是合同总体分析的重点之一。在进行工程合同中的变更条款的分析时，应该对以下内容进行分析。

(1) 工程变更的程序

由于工程变更常常会涉及工程建设的造价和工期，这关系到合同双方的切身利益，所以在工程合同中应该对工程变更的程序作出规定，如果合同中没有相关规定，作为合同管理人员就应该在履行合同之前和对方进行协商确定工程变更的程序，还应该做出工程变更工作流程图，以免在合同履行过程中因此而产生纠纷。通常工程变更必须工程师下达书面指令，承包商最好能够在开始执行变更指令之前，完成相关费用和工期的补偿谈判，并达成补偿协议。

(2) 工程变更的补偿范围分析

在实际工程中，有些工程承包合同中规定，工程变更在合同价的某一百分比范围内（例如±5％）则作为承包商的风险或机会，不进行费用和工期的调整；也有一些工程承包合同中规定工程变更按照实际发生的费用和工期情况进行补偿，并对变更补偿的范围作出相应的规定。在合同履行过程中，对于这两种情况就需要采取不同的处理方法。因此，在进行工程合同中的变更条款的分析时，应该对工程变更的补偿方法进行认真分析，并根据工程变更的补偿方法制定好相应的对策和措施。

(3) 工程变更的费用和工期计算方法分析

工程变更的费用和工期计算方法不仅影响到承包商的经济利益，也会对相关的技术准备和资料收集工作带来影响，因此，在进行工程合同中的变更条款的分析时，应该对工程变更的费用和工期计算方法进行认真分析，以便技术准备和资料收集工作的开展。

8. 工程质量管理规定的分析

主要进行以下几个方面的分析：

(1) 工程质量管理的程序和方法，特别是工程师的质量管理权力和工程不符合合同要求时的处理方法和程序。

(2) 验收的程序和方法，包括材料和机械设备的进场验收、隐蔽工程验收、阶段性工作验收和工程竣工验收等。

在合同分析中，应对重要的验收要求、时间限制、程序以及验收所带来的法律后果作说明。

(3) 工程移交的程序。

(4) 工程的保修期、保修责任和保修程序。

9. 合同价款方面的合同条款分析

应重点分析：

(1) 合同所采用的计价方式。

(2) 工程量的计量方法和程序。

(3) 工程款支付和结算（包括预付款、进度款、竣工结算款、最终结算款）的方法和程序。

(4) 合同价款的调整的条件和价格调整方法。

（5）拖欠工程款的合同责任。

10. 施工工期分析

主要对合同规定的开工和竣工日期、主要工程活动的工期、工期的影响因素、获得工期补偿的条件和可能等进行分析。

11. 违约责任分析

主要分析损失赔偿金额和违约金的计算方法。

12. 争执解决方法的分析

主要分析争执的解决方式和程序。

8.3.3 合同的详细分析

合同的详细分析是将工程合同的目标、要求和合同双方的责权利关系落实到具体的工程活动任务上，并对工程活动进行详细的说明，为使工程活动有计划、有秩序地进行提供基础资料。由此可见，合同的详细分析实际上包括工作内容的分解和工程活动的说明两个步骤。

1. 工作内容的分解

工作内容的分解可以根据合同的协议书、合同条件、工程设计图纸和工程量表进行。在工作内容的分解过程中，除了要弄清楚工作的内容之外，还要对工作之间的逻辑关系进行分析。工作内容的分解工作应该特别注意防止因工作内容的分解不全面而导致的工作安排遗漏。

工作内容分解的结果既可以用文字进行说明，也可以用图表进行表达，相比之下用图表进行表达更加便于理解和使用，因此，在实际工程中，通常用工作内容的结构关系图来表达。

2. 工程活动的说明

工程活动的说明应该能够满足各种工作计划制定和准备工作安排的要求，一般应该对以下情况进行说明：

（1）工作名称。

（2）工作内容及目标和质量要求。

（3）和其他工作之间的关系说明，主要说明该项工作的紧前工作和紧后工作。

（4）资金需求。

（5）人员要求，应该包括数量和技术要求两个方面。

（6）工作时间要求，应该包括对季节和持续时间要求两个方面。

（7）准备工作要求，应该包括材料、机械设备、资金等所有的前提条件。

8.3.4 特殊合同问题的分析和解释

由于建设工程合同相关的文件多，合同条款也很多，加上工程建设过程中的影响因素又很多，在实际工程合同的签订和实施过程中，常常会遇到一些特殊问题。例如：合同中出现错误、矛盾和两种以上的解释，工程建设过程中出现了事先未预料到的情况，全部或部分合同内容无效等。对于上述问题，我国《合同法》第一百二十五条只作出了"当事人对合同条款的理解有争议的，应当按照合同所使用的词句、合同的有关条款，合同的目的、交易的性质以及诚实信用原则，确定该条款的真实意思"的原则性规定。在实际工程中，需要合同管理人员针对不同的问题采取不同处理方法来解决，常用的处理方法如下。

1. 合同中出现错误的处理

当一方发现合同中存在错误时，如果是自己的工作失误所造成的错误，应该立即纠正，并书面通知对方；如果是对方的工作失误所造成的错误，应该立即通知对方，并要求对方出具书面纠正文件；如果合同双方对是否存在错误有争议，则应该按照合同争议解决的程序进行解决。

2. 合同内容相互矛盾的处理

（1）多种语言的合同文本之间内容相互矛盾的处理

如果合同文件具有多种语言的文本，不同语言的翻译文本之间出现了不一致的情况，则以"主导语言"的文本解释为准。

（2）不同的合同文件之间内容相互矛盾的处理

不同的合同文件之间内容相互矛盾时一般按照以下的原则处理：

1）具体的详细的说明优先于一般的笼统的说明，详细条款优先于总论。

2）合同的专用条件、特殊条件优先于通用条件。

3）文字说明优先于图示，工程说明、规范优先于图纸。

4）数字的大写优先于小写。

5）合同文本有许多变更文件，如备忘录、修正案、补充协议，则以时间最近的优先。

6）手写文件优先于打印文件，打印文件优先于印刷文件。

7）合同文件之间的一般优先次序为协议书、中标函、投标书、合同条件、规范、图纸、工程量表等。当上述文件之间内容相互矛盾时，按照由前到后的次序，以最前面的文件为准。

3. 合同内容两种以上解释的处理

（1）书面解释为准

合同双方均有责任对自己不理解的或意义含糊的合同内容向对方提出征询意见，如果已经答复，则以对方的书面解释为准。

（2）兼顾合同用语和工程习惯用语

在解释合同时应顾及某些合同用语或工程用语在本行业中的特定含义和习惯性的解释方法。例如建筑工程中所说的"楼地面必须是平整的"，并不是要求楼地面的绝对水平和平整，而是指在规范允许的高低差别范围内的平整等。

（3）顾及合同签订前后双方的书面文字及行为。

虽然对合同的不同解释常常是在工程项目实施过程中才暴露出来的，但相同或类似的问题在合同签订前已经存在，在合同签订前对方对此有过解释或说明的，则合同签订前对方的解释或说明仍然是有效的。

187

（4）共同意向的行为为准

虽然合同中存在含糊之处，但合同双方在合同履行中已经有了共同的意向行为，则应按共同的意向解释合同。

（5）推定变更

当事人一方对另一方的行为和提议在规定的时间内未提出异议或已经表示赞同的，虽然没有办理变更手续，仍然可以按照正常的工程变更处理。

（6）按照合同的目标解释合同

对合同内容的解释应该有利于合同目标的实现，不能导致违背、放弃或损害合同目标的解释结果。这是合同解释的一个非常重要的原则。

（7）对起草者不利的原则

我国的《合同法》第四十一条规定"对格式条款的理解发生争议的，应当按通常理解予以解释，对格式条款有两种以上解释的，应当作出不利于提供格式条款一方的解释，格式条款和非格式条款不一致的，应当采用非格式条款"。

（8）整体地解释合同

整个合同及所有的合同文件是一个有机的整体，当合同的某一条款或合同文件中的某一个文件内容两种以上的解释，而合同的其他条款或合同文件中的其他文件对此问题或类似问题已经有明确的规定时，应该按照有明确的规定合同条款或合同文件来解释合同。

4. 合同中未明确规定的问题的处理

由于工程建设过程非常复杂，工程合同的履行过程又非常漫长，工程建设过程中的影响因素又非常多，因此，在合同履行过程中出现一些合同中未明确规定的特殊的细节问题是不可避免的。对合同中未明确规定的问题的处理结果可能会影响到合同双方的责任界限的划分，从而影响到合同双方的经济利益。所以，合同中未明确规定的问题常常很容易引起合同双方的争执。对合同中未明确规定的问题的处理通常按照以下几个原则来处理。

（1）按照工程惯例处理

即参照在通常情况下，本专业领域对这一类问题的处理或解决方法来处理。例如，对非标准合同中没有明确的问题可以按照双方都清楚的行业惯例来解释合同或按照同类合同的标准合同中的相应条款来处理。

（2）按照公平的原则处理

例如当由于合同、图纸等合同文件规定的不清楚，合同双方对工程的材料或施工工艺的质量发生争议时，则承包商应该采用符合本工程的相关标准和规范要求的材料和施工工艺。

（3）按照诚实信用的原则处理

虽然合同中明确规定，但合同双方在合同谈判的过程中已经对此问题进行过讨论，并且双方已经达成过共识，只是在起草合同时遗漏了该部分内容，则合同双方应该按照合同谈判的过程中已经达成过的共识来解释合同。

（4）按照有利于合同的目的实现处理

对合同中未明确规定而引起争议的问题，合同双方应该本着有利于合同的目的实现的原则来共同协商解决问题的方案。

5. 特殊法律问题的处理

在工程合同的履行过程中，有时会遇到一些重大的法律问题。例如问题已超过了合同的范围、整个合同或部分内容无效等。对于此类问题通常可以按照工程惯例及相关的法律规定来处理。

（1）已经超过合同范围的问题的处理

对于已经超过合同范围的问题，通常可以按照工程惯例来处理。例如在工程建设过程中，由于干扰事件的发生，造成了承包商的损失，民事侵权行为的责任人既不是业主，也不是承包商，工程承包合同条款中对此问题的处理没有作出规定，则按照工程惯例，业主应该对承包商的损失进行赔偿。

（2）整个合同或部分内容无效的处理

全部或部分内容无效的合同一般按照《合同法》和《最高人民法院关于审理建设工程施工合同纠纷案件适用法律问题的解释》（法释〔2004〕14号）等相关法律规定的处理。根据我国《合同法》的规定，无效合同不发生法律效力，是指不发生该合同当事人所希望发生的法律效果，而不是不发生任何意义上的法律效果。当事人对无效合同的无效存过失的，仍然必须承担缔约过失上的法律责任，合同已履行的，当事人之间则发生返还财产等法律效果。

我国《合同法》第五十八条、五十九条对无效合同的法律效果作了相应的规定。根据我国《合同法》第五十八条规定："合同无效或者被撤销后，因该合同取得的财产，应当予以返还；不能返还或者没有必要返还的，应当折价补偿。有过错的一方应当赔偿对方因此所受到的损失，双方都有过错的，应当各自承担相应的责任。"我国《合同法》第五十九条规定："当事人恶意串通，损害国家、集体或者第三人利益的，因此取得的财产收归国家所有或者返还集体、第三人。"

虽然我国的《合同法》规定了无效合同的返还财产、恢复原状等法律责任，但由于工程合同履行结果的特殊性，往往是承包方已经通过工程施工过程将建筑材料变成了在建工程甚至是已经竣工的工程了，已经不可能再由在建工程或已经竣工的工程恢复到建筑材料的原状。因此，《关于审理建设工程施工合同纠纷案件适用法律问题的解释》规定了以下的处理办法：

1）参照合同约定支付工程价款

建设工程施工合同无效，但建设工程经竣工验收合格，承包人请求参照合同约定支付工程价款的，发包人应该参照合同约定支付工程价款。

2）承包人承担修复费用

如果建设工程施工的建设工程施工合同无效，且建设工程经竣工验收不合格，但是修复后的建设工程经竣工验收合格的，发包人请求承包人承担修复费用的，承包人应该承担修复费用。

3）不支付工程款

如果施工合同无效，修复后的工程经竣工验收仍不合格，承包人请求支付工程价款的，发包人可以不支付工程款。

4）发包人按照过错承担相应的民事责任

因工程不合格造成的损失，发包人有过错的，发包人也应承担相应的民事责任。

5）按照有效合同处理

在超越资质等级的施工合同无效的场合下，如果承包人签约之时超越资质等级许可的业务范围签订施工合同，但是在工程竣工前取得相应资质等级，承包人可以要求按照有效合同处理。

《最高人民法院关于审理建设工程施工合同纠纷案件适用法律问题的解释》中列出了可能导致建筑工程施工合同无效几种情况：

1）承包人未取得建筑施工企业资质或者超越资质等级的建设工程施工合同无效。

2）没有资质的实际施工人借用有资质的建筑施工企业名义与他人签订建设工程施工合同的建设工程施工合同无效。

3）建设工程必须进行招标而未招标或者中标无效的施工合同无效。

4）承包人非法转包、违法分包的施工合同无效。

8.4　工程变更管理

8.4.1　工程变更概述

工程变更是在工程项目实施过程中，按照合同约定的程序对部分或全部工程在材料、工艺、功能、尺寸、构造、技术指标、工程数量及施工方法等方面做出的更改。

8.4.2　工程变更的类型和起因

引起本工程变更的类型很多，主要有以下几种。

1. 设计变更

环境条件的变化、业主要求的改变、技术规范和标准的修订、原设计不完善或存在缺陷等原因常常会引起设计图纸、设计文件的修改、补充和完善。

2. 工程量的变更

环境条件的变化、业主要求的改变等原因常常会引起工程量的增减。

3. 施工时间变更

建设单位的无法按期交付设计图纸、资料和施工场地，水源、电源不能按计划接通，施工道路无法及时修通，资金、材料、设备供应跟不上，提供的材料、设备不符合要求，施工单位无法按时进场或改变进度计划等原因常常会引起的施工时间的改变。

4. 施工次序的变更

施工进度严重拖后、局部工程的设计图纸、资料、材料、设备供应跟不上，提供的材料、设备不符合要求，施工组织设计等原因常常会引起的施工次序的改变。

5. 合同条件的变更

原工程合同不完善或存在缺陷，工程实际情况的变化导致原工程合同中确定的目标已经无法实现或没有必要继续履行合同等原因常常会引起的对原工程合同进行修改、补充和完善。

8.4.3 工程变更的处理

由于工程变更常常会影响到工程的费用和工期，因此，在工程项目实施过程中对工程变更的处理一定要慎重，特别是应该在工程合同中明确工程变更的处理程序，如果工程合同中没有明确工程变更的处理程序，在合同履行前合同双方也应该进一步明确工程变更的处理程序。当合同履行过程中，工程变更发生后，一定要严格按事先约定的程序进行处理。一般情况下，工程变更可以按照以下方法进行处理：

（1）在工程实施过程中应该尽量避免变更，以免对项目的实施计划带来影响。

（2）业主或承包商提出的工程变更，应提交工程师审查。只有经工程师审查同意后方可变更。涉及设计方面的变更应该由原设计单位出具书面的设计变更文件。

（3）工程师必须根据实际情况、设计变更文件和其他有关资料，按照工程合同中的有关条款，对工程变更引起的工程费用和工期的变化情况作出评估。

（4）工程师应就工程变更引起的工程费用和工期的变化情况与业主和承包商进行充分的沟通，只有当合同双方就工程变更后的工程费用和工期调整达成一致意见后方可签发工程变更单。

（5）工程变更单签发后，工程师应该督促承包商对工程项目实施方案进行相应的调整。

8.5 工程项目索赔管理

8.5.1 索赔的概念

索赔是工程承包合同履行中，当事人一方因对方不履行或不完全履行既定的义务，或由于第三方的行为使自身的利益受到损失时，向对方提出利益补偿的行为。由于在工程项目建设过程中，现场条件、气候条件、物价等都可能发生的变化，施工图纸、合同条款可能变更，政策、规范和标准也可能进行修订，所有这些变化都会导致合同当事人的利益受到损失，从而导致索

191

赔的发生。因此，索赔在工程建设过程中经常发生，索赔管理是建设工程合同管理的主要任务之一。

8.5.2　索赔的意义

1. 索赔是合同管理的重要环节

索赔和合同管理有直接的联系，合同是索赔的依据，整个索赔处理的过程就是执行合同的过程。从项目开工后，合同人员就必须将每日合同实施的情况与原合同对比分析，若出现索赔事件，就应当研究是否提出索赔。

2. 索赔有利于提高工程项目管理水平

工程项目索赔直接关系到建设单位和施工单位的双方利益，索赔和处理索赔的过程实质上是双方管理水平的综合体现。为使工程顺利进行，如期完成，早日投产取得收益，就必须加强自身管理，做好资金、技术等各项有关工作，保证工程中各项问题及时解决；作为施工单位实现合同目标，取得索赔，争取自己应得利益，就必须加强各项基础管理工作，对工程的质量、进度、变更等进行更严格、更细致的管理。

3. 索赔是合同双方利益的体现

从某种意义上讲，索赔是一种风险费用的转移或再分配，如果施工单位利用索赔的方法使自己的损失尽可能得到补偿，就会降低工程报价中的风险费用，从而使建设单位得到相对较低的报价，当工程施工中发生这种费用时可以按实际支出给予补偿，也使工程造价更趋于合理。作为施工单位，要取得索赔，保证自己应得的利益，就必须做到不违约，全力保证工程质量和进度，实现合同目标。同样，作为建设单位，要通过索赔的处理和解决，保证工程质量和进度，实现合同目标。

4. 索赔是挽回成本损失的重要手段

在合同履行过程中，由于建设项目的主客观条件发生了与原合同不一致的情况，使施工单位的实际工程成本增加，施工单位为了挽回损失，通过索赔加以解决。显然，索赔是以赔偿实际损失为原则的，施工单位必须准确地提供整个工程成本的分析和管理，以便确定挽回损失的数量。

5. 索赔有利于国内工程建设管理与国际惯例接轨

索赔是国际工程建设中非常普遍的做法，尽快学习、掌握运用国际上工程建设管理的通行做法，不仅有利于我国企业工程建设管理水平的提高，而且对我国企业顺利参与国际工程承包、国外工程建设都有着重要的意义。

8.5.3　索赔的分类

1. 按照干扰事件分类

按照干扰事件可以分为：工期拖延索赔，不可预见的外部障碍或条件索赔，工程变更索赔，工程中止索赔，其他索赔（如货币贬值、物价上涨、法令变化、建设单位推迟支付工程款引起索赔）等。

2. 按合同类型分类

按合同类型索赔可以分为：总承包合同索赔、分包合同索赔、合伙合同索赔、劳务合同索赔、其他合同索赔等。

3. 按索赔要求分类

按索赔要求可以分为：工期索赔、费用索赔等。

(1) 工期索赔

在工程施工中，常常会发生一些未能预见的干扰事件使施工不能顺利进行，预定的施工计划将会受到干扰，造成工期延长，这样，对合同双方都会造成损失。施工单位提出工期索赔的目的通常有两个：一是免去或推卸自己对已产生的工期延长的合同责任，使自己不支付或尽可能不支付工期延长的罚款；二是进行因工期延长而造成的费用损失的索赔。对已经产生的工期延长，建设单位一般采用两种解决办法：一是不采取加速措施，工程仍按原方案和计划实施，但将合同工期顺延；二是指施工单位采取加速措施，以全部或部分弥补已经损失的工期。如果工期延缓责任不是由施工单位造成，而建设单位已认可施工单位工期索赔，则施工单位还可以提出因采取加速措施而增加的费用索赔。

工期索赔一般采用分析法进行计算，其主要依据合同规定的总工期计划、进度计划，以及双方共同认可的对工期修改文件和受干扰后的实际工程进度记录。如施工日记、工程进度表等，施工单位应在每个月底分析对比上述资料，以发现工期拖延以及拖延原因，提出有说服力的索赔要求。

(2) 费用索赔

费用索赔都是以补偿实际损失为原则，实际损失包括直接损失和间接损失两个方面，其中要注意的一点是索赔对建设单位不具有任何惩罚性质。因此，所有干扰事件引起的损失以及这些损失的计算，都应有详细的具体证明，并在索赔报告中出具这些证据。没有证据，索赔要求不能成立。在实际工程中可以索赔的费用如下。

1) 人工费

人工费是指完成合同之外的额外工作所花费的人工费用，对于索赔费用中的人工费部分包括：由于非施工单位责任导致的工效降低所增加的人工费用；法定的人工费增长以及非施工单位责任工程延误导致的人员窝工费和工资上涨费等。

2) 材料费

对于索赔费用中的材料费部分包括：由于索赔事件使材料实际用量超过计划用量而增加的材料费；材料价格大幅度上涨而增加的材料费；由于非施工单位责任工程延误导致的材料超期储存费用。

3) 施工机械使用费

对于索赔费用中的施工机械使用费部分包括：由于完成额外工作增加的机械使用费；非施工单位责任的工效降低增加的机械使用费；由于建设单位或监理工程师原因导致机械停工的窝工费。

4）分包费用

分包费用索赔指的是分包人的索赔费。分包人的索赔应如数列入总承包人的索赔款总额以内。

5）工地管理费

工地管理费指施工单位完成额外工程、索赔事项工作以及工期延长期间的工地管理费，但如果对部分工人窝工而其他工程仍在进行，可能不予计算工地管理费索赔。

6）利息

对于索赔费用中的利息部分包括：拖期付款利息、由于工程变更而增加的投资利息、索赔款的利息、错误扣款的利息。这些利息的具体利率，有这样几种规定：按当时的银行贷款利率、按当时的银行透支利率、按合同双方协议和利率。

7）总部管理费

主要指工程延误期间所增加的管理费。

4. 按索赔起因分类

按索赔起因索赔可以分为：建设单位违约索赔、合同错误索赔、合同变更索赔、工程环境变化索赔、不可抗力因素索赔等。

5. 按索赔的处理方式分类

按索赔的处理方式索赔可以分为：分项索赔、总索赔等。

8.5.4　索赔的起因

在工程在施工过程中，可能发生索赔的原因有很多，其中最常见的原因如下：

1. 不利的自然条件与障碍引起的索赔

不利的自然条件指施工中遇到的实际自然条件比招标文件中所描述的更为困难和恶劣，如暴雨、雪、台风等。这些不利的自然条件或人为障碍增加了施工的难度，导致施工单位必须花费更多的时间的费用，在这种情况下施工单位可提出索赔要求。

2. 地质条件变化引起的索赔

在施工期间，施工单位遇到不利的地质条件，而这些条件又是有经验的承包方也不能预见到的，施工单位可以提出索赔。

3. 障碍引起的索赔

如在挖方工程中，由于发现地下构筑物等图纸上并未说明，确属是有经验的施工单位难以合理预见的障碍，如处理这些障碍导致工程费用增加，施工单位可以提出索赔。

4. 工期延长和延误的索赔

通常包括两方面：一是建设单位要求延长工期，二是施工单位要求偿付由于非承包方原因导致工程延误而造成的损失。

5. 因施工中断和工效降低提出的施工索赔

由于监理工程师原因引起施工中断的工效降低，特别是根据建设单位不合理的指令压缩合同规定的工作进度，使工程比合同规定日期提前竣工，从而导致工程费用的增加。

8.5.5　索赔的处理

索赔事件发生后，相关人员必须以合同为原则，严格按照规范的程序来处理索赔。规范的索赔处理程序如图 8-2 所示，具体步骤如下。

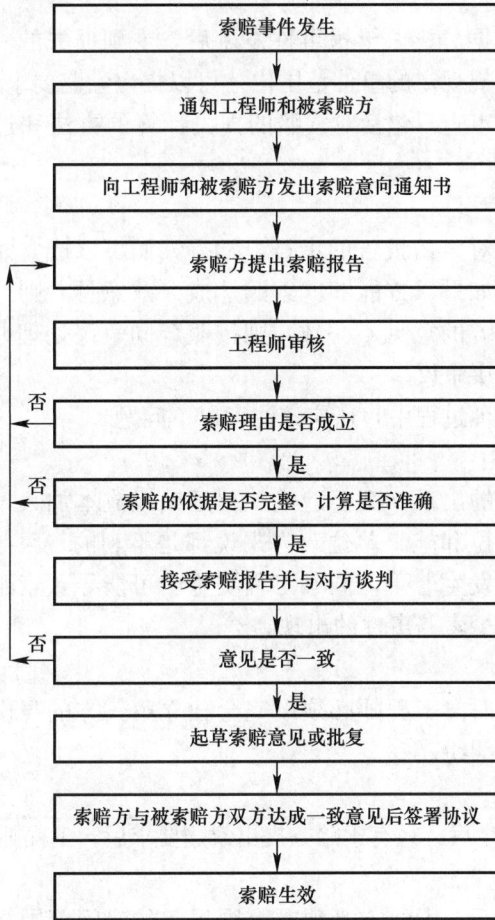

图 8-2　索赔处理程序

1. 通知工程师和被索赔方

索赔事件发生后，索赔方应该在合同规定的时间（FIDIC 规定为 28 天）内将索赔事件通知工程师和被索赔方。

2. 发出索赔意向通知

索赔事件发生后，索赔方在合同规定的时间内将索赔事件通知工程师和被索赔方的同时，还应该向工程师和被索赔方发出书面的索赔意向通知，声明将要对干扰事件提出索赔。

3. 起草并提交索赔报告

在提交索赔意向通知后的一定时间内（FIDIC 规定 42 天），索赔方必须向工程师和被索赔方提交正规的索赔报告。索赔报告中应该包括索赔的要求、理由、损失计算的方法及各种书面证据。

4. 索赔报告审核

工程师在接到索赔报告后应该开展以下工作：

(1) 事态调查。即对干扰事件的起因、过程、状况进行调查。

(2) 干扰事件的责任分析。分析干扰事件引起的原因，并分析是谁的责任。

(3) 索赔的依据分析。干扰事件发生后，受到损失的一方只有在符合合同或相关的法律法规规定的事件范围内才可以提出索赔要求。

(4) 索赔内容审查，包括对索赔的损失计算的方法和过程及各种书面证据的审查。

5. 索赔处理

当工程师经过对索赔报告的审查，觉得索赔可以成立时，就应该组织双方进行索赔谈判，如果双方能够就索赔达成一致意见，则可以组织双方签署索赔协议。如果双方的意见不一致，则按照合同争议处理办法通过调解、诉讼、仲裁等手段解决争议。

在整个索赔处理过程中，还应该注意以下问题。

1. 以预防为主

任何索赔事件的出现，都会造成工程延期或成本加大，增加履行合同的困难，对于建设单位和施工单位双方来说都是不利的。因此，项目管理人员应努力从预防索赔发生着手，洞察工程实施中可能导致索赔的起因，加强主动监督，防止或减少索赔事件的出现。

2. 公平合理

遇到索赔事件时，工程师必须以完全独立第三方的身份，公平合理地处理合同双方的利益纠纷。

3. 不索不赔

当索赔事件发生后，只有索赔方提出索赔要求后，工程师才进行索赔处理。

4. 及时索赔

索赔事件发生后，索赔方必须在合同规定的时间范围之内提出索赔，否则，索赔方将失去索赔的机会。

8.5.6 反索赔

1. 反索赔的概念

反索赔是反驳索赔和预防索赔的总称，因此，反索赔工作应该包括反驳索赔和预防索赔两个方面。

2. 反驳索赔

被索赔方在接到对方索赔报告后，就应着手进行反驳索赔工作。反驳索赔的过程与索赔的处理过程相似。通常对重大的或一揽子索赔的反驳处理过程，可按照图8-3所示的程序进行处理，具体过程如下：

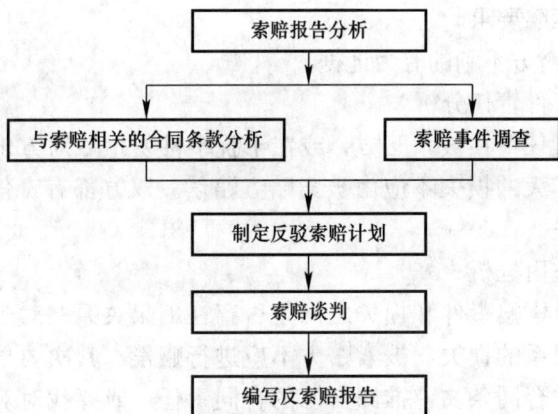

图 8-3 反驳索赔的程序

（1）索赔报告分析

反驳索赔首先要对索赔报告进行全面分析，认真分析对方索赔要求、理由和证据。

（2）与索赔相关的合同条款分析

反索赔应该以合同作为法律依据，因此，反驳索赔之前应该要认真分析合同中与索赔相关的条款，在合同中寻找反驳索赔的理由和根据。

（3）索赔事件调查

反索赔要以事实为依据。因此，反驳索赔之前必须认真调查确定干扰事件的起因、经过、影响范围等真实情况，收集整理所有与反索赔相关的实际工程资料作为证据。

（4）制定反索赔计划

根据以上反索赔工作的结果，考虑如何对待对方提出的索赔，采用什么样的基本策略，并对索赔的处理做出总体安排。

（5）索赔谈判

根据反索赔计划就索赔的处理与对方进行谈判。谈判过程中应该全面地分析合同的实施情况，对对方的失误和风险范围进行具体指认，寻找反驳索赔的机会。

（6）编写反索赔报告

索赔谈判结束后，反索赔方应该编写反索赔报告。特别是在索赔谈判失败、索赔处理进入司法程序后，反索赔报告应作为正规的法律文件递交给法院或仲裁机构。

反索赔报告中应该对以下问题进行重点论述。

（1）索赔事件的真实性

不真实、不确定和没有根据的事件是不能提出索赔的。事件的真实性可以从两种方面进行论证：

1）对方索赔报告中证据的充分性和可靠性。不管事实怎样，只要对方在索赔报告中未能提出充分、有力的证据，被索赔方即可要求对方补充证据，

198

或驳回对方的索赔要求。

2）提出对对方不利的有力证据。

（2）干扰事件责任分析

通常对于责任不在被索赔方，或在干扰事件发生后对方未采取有效的降低损失措施而扩大的损失不应由被索赔方赔偿。双方都有责任，则应按各自的责任分担损失。

（3）索赔理由分析

首先要分析索赔事件和损失之间是否存在因果关系，对于与索赔事件之间不存在因果关系的损失，被索赔方不应进行赔偿。其次要尽量从合同中寻找对自己有利的合同条文，推卸自己的合同责任；或寻找对对方不利的合同条文，使对方不能推卸或不能完全推卸自己的合同责任。这样可以从根本上否定对方的索赔要求。

（4）索赔的时效性

对方未能在合同规定的索赔有效期内提出索赔，被索赔方不应进行赔偿。

（5）索赔值计算的准确性

如果经过上面的各种分析、评价后仍不能从根本上否定该索赔要求，则必须对索赔值进行认真细致的审核。索赔值计算的准确性主要从基础数据的准确性和计算方法的合理性两个方面进行审核。

3. 预防索赔

预防索赔工作主要有两个方面：

（1）认真履行合同，尽可能避免给对方留下索赔的机会。

（2）做好合同履行过程中的信息管理工作，为反驳索赔积累充分、有力的证据。

8.6 工程合同管理过程中应该注意的问题

8.6.1 应该进行工程合同的全生命周期管理

合同的全生命周期管理包括合同的订立阶段的管理、履行阶段的管理和合同履行后的评价管理。为了确保工程合同管理工作的顺利开展，工程合同管理过程中应该要进行工程合同的全生命周期的管理。

8.6.2 工程合同订立阶段的管理

全面适当地履行合同是工程项目管理的宗旨，订立一个公正、公平和完善的合同既可以便于合同的履行，也可以减少工程项目管理过程中的矛盾和困难，因此，工程项目管理应该从合同的订立开始。合同订立阶段的管理应该注意以下几个方面的问题。

1. 承诺要慎重

工程合同是当事人双方为完成建设工程，对工程建设过程将要发生的权利、义务、责任协商一致而签订的协议。工程项目本身具有的复杂性要求相关单位在订立合同前必须充分考虑工程工期、质量要求、资金安排、施工环境、气候等问题，对合同中风险分配要均衡、责任要明确、价款要合理。合同约定的条款一旦成立就意味着合同双方的责任、权利和义务关系的确立，如果违反合同条款就要承担法律责任。因此，在合同订立之前合同双方都要对所有合同条款仔细审核、反复论证、充分协商，特别是做出的承诺，一经书面确认就"一字千金"，所以要力求做到合同内容完整、准确，不产生歧义，所做出的承诺都应有明确对应的前提条件。一份风险均衡、责任明确、价款合理的合同，是合同双方能顺利履行的保证。

2. 责任要明确

合同关系就是一种对责、权、利进行的规定。通过制定程序性条款，确定双方的工作程序，制约双方的不良行为，通过制定责任性条款分清双方对于工程的工期、质量、造价应负的责任。这样一旦出现诸如实际地质状况与勘察报告有异，设计单位对设计变更出图不及时，建设单位指定的特殊专业施工队工程进度滞后，材料设备供应商提供的材料设备不合格等情况时，就可以依照合同相关条款做出相应的处理。合同关系明确就直接增强了合同的可操作性，这样可避免以后双方陷于相互推诿和矛盾中。当出现施工单位的工程材料、设备不合格等情况时，就可以依照合同相关条款做出相应的处理。

3. 合同文本要完善

工程签订合同时，人们习惯于选用一些通用的格式合同。格式合同中的格式条款又称标准条款，是当事人为了重复使用而预先拟订，并在订立合同时未与对方协商的条款。针对某些工程而言，格式合同中往往有许多通用条款对工程不适用。提供格式条款的一方会尽量免除己方责任，加重对方责任，甚至可能隐含有对对方不利的因素，这就要求合同的签字确认方不要贪图使用的快捷，必须详加分析，针对不同工程的特点，剔除通用条款中不公平的条款，重新对不明确的条款做出具体的约定，对缺少的内容增加合理的专用条款，使合同能得到更好的理解。

4. 合同评审要认真

合同评审是指在合同签订之前对合同的合法性和合同条款的完备性审查，合同双方责任、权益和项目范围认定和合同风险的评价，主要是对合同条件进行全面和深刻的理解。

工程合同的订立都有合同的起草方和签字确认方。我国的《合同法》明确规定，一旦合同条款产生歧义，应该做出不利于合同的起草方的解释，所以合同的起草方在起草合同时一定要对每一个合同条款仔细斟酌，避免产生合同条款的歧义。而合同的签字确认方一旦签字也就意味着对合同条款的认可，就要承担合同条款所约定的义务，否则就要承担法律责任。所以合同的签字确认方在签字确认时也要对每一个合同条款仔细阅读，明确自己的义务。

合同评审工作是合同双方在签字确认前对工程合同的最后审查，因此，合同双方都应该重视并认真做好合同评审工作。

8.6.3　工程合同履行阶段的管理

1. 合同履行计划的管理

合同履行包括合同履行的总体安排、分包策划以及合同履行保证体系的建立，合同履行工作程序的制定，合同文件的沟通方式、编码系统和文档管理系统的设计等内容。

由于工程合同的履行时间长，不确定因素多，因此，在工程合同履行之前应该要制定好合同履行计划，特别要注意合同履行工作程序要明确、合同履行保证体系应与其他管理体系协调一致、合同文件的沟通方式、编码系统和文档管理系统要完善。

2. 合同履行过程的管理

合同的履行过程包括合同交底、合同跟踪与诊断、合同变更和索赔等工作。工程合同履行过程中，要注意以下几个方面。

（1）合同交底要充分

合同交底是指合同谈判人员对合同的主要内容、合同履行的主要风险、合同签订过程中的特殊问题、合同履行计划和合同履行责任分配等内容向相关人员进行的解释。为了便于合同相关人员充分理解和全面履行合同，在合同履行前，合同谈判人员应该要充分做好合同交底工作。

（2）建立完善的合同档案管理系统

随着项目的进行，补充协议及设计变更、工地会议纪要、工作联系单等将陆续产生，并不断增加。这些文件可能会延长工程的工期、增加工程结算款。它们是合同内容的一种延伸，会对合同的履行带来影响。因此，需要相关单位制定配套的管理制度，并指定专人对这些资料进行管理，及时地对这些文件进行整理和归纳。同时应该责成各职能部门及时收集相关的工程原始资料，形成工程合同档案，并建立完善的合同档案管理系统，对工程合同档案进行有效的管理。合同管理人员应该要根据工程合同档案资料，结合合同履行情况，对合同履行情况进行动态的跟踪分析，及时地调整合同履行计划。

施工过程中，施工单位要在加强与建设单位联系的基础上，与分包单位、建设单位指定的特殊专业施工队伍和设备供应商等单位加强协作。首先，施工单位除了要管理好下面的分包单位、材料设备供应商等之外，有时还会因合同关系需要对建设单位指定的特殊专业施工队的施工质量，材料设备供应商提供的产品和服务的质量等向建设单位负责。其次，施工单位虽然不直接与勘察、设计、监理单位签订合同，但因为勘察、设计、监理合同客观上会影响到施工单位与建设单位签订的有关合同条款的履行。所以，面对以上关系衍生出的几十份，甚至成百上千份合同文件，施工单位特别是作为总包单位要有较强的工程合同管理能力，并建立完善的合同档案管理系统，有意识地在工程项目的建设过程中建立起一个合同管理的网络，及时地对合同履行情况进行全面分析，并做好相应的合同履行计划的调整工作。合同关系理顺了，单位之间的配合工作就会做得比较好，合同履行得也会顺利。

（3）实行全过程动态管理

由于工程总承包方式减少了建设单位平行发包的数量以及由于平行发包引起的矛盾和问题，很受建设单位的欢迎。所以现在很多工程项目都采用工程总承包方式进行招标投标。实际上工程总承包之后，上述矛盾和问题并没有得到解决，只是因为承包方式的改变将矛盾和问题转嫁给了施工单位。所以，对于工程总承包的施工单位而言，需要有很强的工程项目管理能力，并不断地加强管理，以适应变化的市场，特别是在合同管理上，要进行全过程动态管理。在早期的合同签订管理过程中，要尽可能地减少合同隐患；中期的合同履行过程中，要加强合同履行情况的跟踪、诊断和分析工作，并及时地做好合同履行计划的调整工作；后期的项目收尾阶段，要进行合同履行情况的总结和评价工作，以便不断地积累经验，提高项目管理水平。

（4）提高预测和规避风险的能力

工程建设市场的复杂多变大大增加了工程投资确定与控制的难度。因此，需要工程项目管理人员有较强的预测和规避风险的能力，除了要做好项目内的日常管理工作外，还要密切注意市场动向，并及时地根据市场动向制定相应的对策和措施。工程施工中的风险包括建设单位资质信誉的风险，工程技术、经济、法律的风险，工程所在地政策变化的风险等。在某工程中就出现过这种情况：在工程项目所在地政府为了保障自然资源的可持续开发和利用，颁布了一则公告，临时禁止采挖河砂，结果造成了建筑用砂价格的急剧上涨，以砂为主要原料之一的商品混凝土及混凝土管桩、管材等相关产品价格也出现了上涨，造成了施工成本的大大增加。由于在施工合同中，施工单位与建设单位就主要材料价格升降的处理进行了明确的规定，这次因建筑用砂价格的大幅度上涨引起的施工成本的增加并没有对建筑工程的合同履行带来矛盾，也没有增加施工合同管理的难度。因此，为了防患于未然，施工单位要加大合同早期的市场调研和风险分析工作，不要因为急于使工程成交或为了盲目追求高额合同，而草率签订合同，事后又因为要承担过多过大的风险而后悔莫及。

（5）加强合同诊断

合同诊断是在合同跟踪的基础上对合同履行情况的评价、判断和趋向分析预测。它包括查明发生差异的原因、责任，以及采取调控措施后的合同履行趋势的预测。

工程项目的参与单位除了要严格履行合同外，还要及时地进行合同履行情况的跟踪，全面收集合同履行的信息，将合同履行情况与合同履行计划进行对比分析，找出其中的偏差，并查找差异的原因，分析引起差异责任，判断合同履行的趋向，做好合同履行情况的诊断工作，及时通报合同履行情况及存在问题，提出合同履行方面的意见和建议，并采取相应的合同管理措施。

及时的合同诊断，可以让项目参与单位通过补充协议等形式，及时地采取技术、经济等积极主动的措施，最大限度地避免或挽回损失。例如，在某个住宅的新建过程中，某建设单位指定品牌的外墙砖供应商提高了其单价，施工单位了解到信息后，带着设计单位提供的变更通知单和材料供应商提供的商品单价表与建设单位进行协商，经过协商和经济比较后，建设单位决定放弃该品牌的外墙砖，另外选择了其他供应商的外墙砖，为此施工单位与建设单位签订了工作联系单，由建设单位承担建筑企业与原材料供应商合同的违约金，因为未造成工期延误，所以工期不变。在这一事件中，施工单位既避免了损失，又加强了与建设单位的团结合作关系。及时而准确的合同诊断为合作双方都带来了效益，是合同诊断带来效益的一个典型范例。

8.6.4 工程合同的解除

根据《最高人民法院关于审理建设工程施工合同纠纷案件适用法律问题的解释》的规定，承包人具有下列情形之一，发包人可以请求解除建设工程施工合同：

(1) 明确表示或者以行为表明不履行合同主要义务的；

(2) 合同约定的期限内没有完工，且在发包人催告的合理期限内仍未完工的；

(3) 已经完成的建设工程质量不合格，并拒绝修复的；

(4) 将承包的建设工程非法转包、违法分包的。

发包人具有下列情形之一，致使承包人无法施工，且在催告的合理期限内仍未履行相应义务，承包人可以请求解除建设工程施工合同：

(1) 未按约定支付工程价款的；

(2) 提供的主要建筑材料、建筑构配件和设备不符合强制性标准的；

(3) 不履行合同约定的协助义务的。

建设工程施工合同解除后，已经完成的建设工程质量合格的，发包人应当按照约定支付相应的工程价款；已经完成的建设工程质量不合格的可以按照以下方法处理：

(1) 修复后的建设工程经竣工验收合格，承包人应该承担工程修复费用；

(2) 修复后的建设工程经竣工验收不合格，发包人可以不支付工程款。

因一方违约导致合同解除的，违约方应当赔偿因此而给对方造成的经济损失。

8.6.5 合同管理的后评价

合同管理的后评价工作是指合同终止后，对合同策划是否准确、风险分析是否全面、实施方案是否有效、判断策略是否运用得当等工作进行的总结和评价。全面的合同后评价工作，可以将合同管理工作的利弊得失、经验教训归纳总结出来，不断地提高合同管理者的素质和合同管理水平。

合同履行结束后即宣告合同的终止。项目参与单位应该及时地进行合同管理的后评价工作，总结合同签订和履行过程中的经验教训，提出总结报告。合同后评价总结报告的内容通常包括合同签订情况评价、合同履行情况评价、合同管理工作评价、对本项目有重大影响的合同条款的评价、其他经验和教训等。

本章小结及学习指导

1. 工程合同是连接工程项目建设参与单位之间的纽带，也是工程项目建设过程中各个工程项目建设参与单位的最高行为准则。

2. 工程项目管理的根本目的就是为了保证工程合同目标的实现，因此，工程合同管理是工程项目管理的核心任务。

3. 工程合同管理不仅仅是对工程合同本身进行管理，更重要的是要对所有的合同文件进行管理，并且保证工程合同目标的实现。

4. 通过本章的学习应该掌握工程合同全生命周期管理的概念，工程合同总体策划、分析和理解的方法，工程变更管理、索赔管理、合同管理后评价的方法。

思考题

8.1 简述工程合同的种类。

8.2 简述工程项目合同管理的主要任务。

8.3 简述工程合同总体策划的主要内容。

8.4 简述合同的分析和解释的主要任务。

8.5 简述工程变更的类型及起因。

8.6 简述工程变更的处理方法。

8.7 简述索赔的处理程序。

8.8 什么是反索赔？

8.9 什么是合同的全生命周期管理？

8.10 简述合同订立阶段管理的要点。

8.11 简述合同履行阶段管理的要点。

8.12 什么是合同的后评价管理？它有什么意义？

第9章
工程项目风险管理

本章知识点

> **【知识点】**
> 工程项目风险的概念，工程项目风险管理的主要任务，工程项目风险的识别、评价、监控和处置的概念和方法。
>
> **【重点】**
> 工程项目风险的识别、评价、监控和处置的概念和方法。
>
> **【难点】**
> 工程项目风险的识别方法。

9.1 工程项目风险概述

9.1.1 工程项目风险的含义

1. 风险的含义

关于风险的定义有很多，综合各种具有代表性的定义以后，可以把风险理解为可能会造成损失的不确定事件。

一般来说，构成风险需要具备下列要素：

（1）不确定事件。风险都是和事件紧密联系在一起的，没有可能会造成损失的事件发生，就不可能构成风险。能构成风险的事件是指那些可能发生，也有可能不会发生的不确定事件。如果是确定要发生的事件，可以采取措施减少或避免损失，即使有损失也是可以预计的，可以做出预算安排，也就谈不上风险。

（2）不确定事件发生以后会造成损失。如果不确定事件发生以后对经济主体的利益（包括经济利益和声誉等）没有影响，也谈不上风险，只有那些会给经济主体的利益带来损失的不确定事件才是风险。

2. 工程项目风险的含义

工程项目风险是指工程项目建设中可能出现的会给经济主体的利益带来损失的不确定事件的集合。

工程项目的建设是在各种各样的复杂环境条件下进行的，工程技术环境、自然地理环境、社会环境、工程作业环境、工程管理环境和周边环境等许多环境条件中都存在着诸如天气变化捉摸不定、市场环境瞬息万变等非常多的不确定性，因此，工程项目建设所面临的风险是非常多的。如果不对这些风险进行管理，可能会直接造成工程项目实施的失控现象，如工期延长、成本增加、计划改变等，最终造成经济效益的降低，甚至可能导致工程项目的失败。所以，风险管理是工程项目管理的重要组成部分。特别是随着科学技术的不断进步，工程技术也得到了飞速发展。现代工程项目的规模越来越大、结构越来越复杂、科技含量越来越高、参与单位越来越众多、与环境接口越来越复杂，在工程项目实施过程中面临的不确定因素越来越多，风险管理在工程项目管理中的地位越来越重要。

3. 工程项目风险管理的概念

工程项目风险管理是指在对工程项目风险进行识别、评估和处理等一系列工作的总称。

4. 全面风险管理的内涵

（1）项目全过程的风险管理

工程项目全面风险管理首先体现在对项目全过程的风险管理上，即：

1）在项目目标设计阶段，就应对影响项目目标的重大风险进行预测，寻找目标实现的风险和可能的困难。风险管理强调事前的识别、评价和预防措施。

2）在可行性研究中，对项目风险的分析必须细化，进一步预测风险发生的可能性和规律性，同时必须研究各种风险状况对项目目标的影响程度。这即为项目的敏感性分析。

3）随着技术设计的深入，实施方案逐步细化，项目的结构分析也逐渐清晰。这时风险分析应针对风险的种类，细化（落实）到各项目结构单元直到最低层次的工作之中。在设计和计划中，要考虑对风险的防范措施，例如风险准备金的计划、备选技术方案，在招标文件等合同文件中应明确规定工程实施中的风险分担。

4）在工程实施中加强风险的控制：一是建立风险监控系统，能及早地发现风险，做出反应；二是及早采取预定的措施，控制风险的影响范围和影响量，以减少项目的损失；三是在风险状态下，采取有效措施保证工程正常实施，保证施工秩序，及时修改方案、调整计划，以恢复正常的施工状态，减少损失；四是在阶段性计划调整过程中，需加强对近期风险的预测，并纳入近期计划中，同时要考虑到计划的调整和修改会带来的新问题和风险；五是项目结束，应对整个项目的风险及其管理进行评价，以作为今后进行同类项目的经验和教训。

（2）全部风险的管理

在每一阶段进行风险管理，都要罗列各种可能的风险，并将它们作为管理对象，不能有遗漏和疏忽。

（3）风险的全方位管理

一是对风险要分析其对各方面的影响，例如对整个项目、对项目的各个

205

方面，如工期、成本、施工过程、合同、技术等方面的影响。二是采用的对策措施也必须考虑综合手段，从合同、经济、组织、技术、管理等各个方面确定解决方案。三是风险管理包括风险分析、风险辨识、风险文档管理、风险评价、风险控制等全过程。

（4）全面的组织措施

在组织上全面落实风险控制责任，建立风险控制体系，将风险管理作为项目各层次管理人员的任务之一。使项目管理人员和作业人员都有风险意识，做好风险的监控工作。

9.1.2　工程项目风险的分类

工程项目风险分类的方法很多，概括起来大多数围绕图 9-1 所示的工程项目的三个维度而展开。

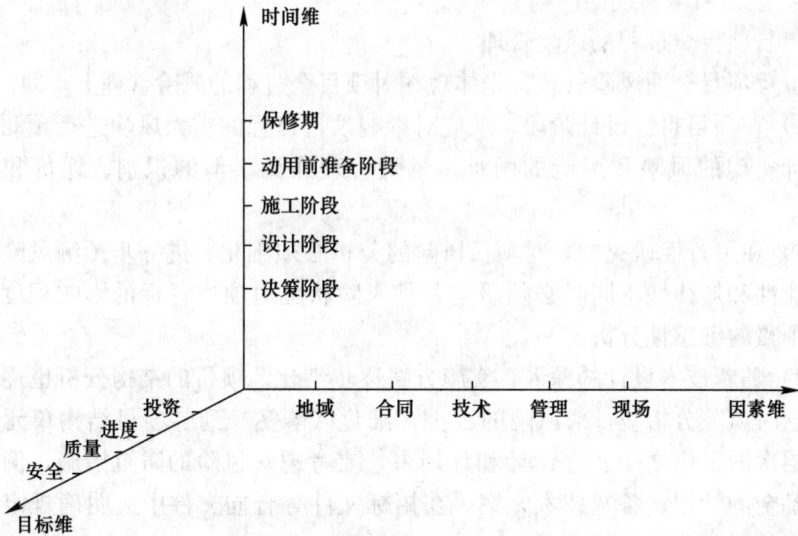

图 9-1　工程项目风险分析常用的维度

1. 按工程项目的影响因素分类

工程项目的影响因素非常多，可能引起风险的因素包括地域、合同、技术、管理和周边环境 5 个方面，见表 9-1。

工程项目风险按影响因素分类　　　　　　　表 9-1

影响因素	风险类别	现象
地域	政治风险	政局的不稳定性、战争状态、动乱、政变、贸易保护主义倾向严重、政府信用程度差和政府腐败等
	经济风险	国家经济政策的变化、产业结构的调整、银根紧缩，项目的工程承包市场、材料供应市场、劳动力市场的变动，工资提高，物价上涨，通货膨胀，金融危机，汇率的变化等
	法律风险	法律不健全，有法不依、执法不严，相关法律的内容的变化等。经济主体的自身行为包括未能全面、正确地理解相关法律，行为违法等

影响因素	风险类别	现象
地域	审批风险	土地、规划、环保、立项、设计、施工等方面审批所需资料不全、工程项目本身不符合审批条件、审批时间过长和审批过程不完整等
	社会风险	宗教信仰的影响和冲击、社会治安状况不好、社会禁忌多、劳动者的文化素质不高、社会风气差等
	自然环境风险	自然地理环境风险：雨、雪天气、风暴、冰冻等恶劣天气影响工程施工等
		自然地质环境风险：地震、滑坡、泥石流等地质灾害影响工程施工，威胁到工程的安全，甚至使工程被毁坏等；未发现的河塘、垃圾场、流砂、泉水、溶洞等不利地质条件影响工程施工等
合同	缔约风险	遇到了合同欺诈，签订了风险过高的工程合同，合同条款中有关支付、工程变更、风险分配、担保、违约责任、费用和法规变化，货币和汇率等方面的条款有缺陷；合同起草方有意设置开脱责任条款等
	履约风险	合同一方的业务能力、管理能力和财务能力等有缺陷或者没有圆满履行合同而给另一方带来的风险。各种原因引起的违约等
技术	勘察风险	勘察资料未能全面正确地反映或解释工程的地质情况
	设计风险	使用了不可靠的新技术，设计文件有缺陷和技术规范执行不当等
	施工风险	使用了不可靠的新技术，设计文件有缺陷和技术规范执行不当，施工方案不合理等
	生产工艺风险	工业项目的生产工艺选择不当，总图布置不合理，生产设备故障等
管理	机构设置风险	机构设置不合理
	管理制度风险	质量、进度造价、安全等管理制度不健全
	管理措施风险	质量、进度造价、安全等管理措施不到位
	现场管理风险	现场秩序混乱，存在安全隐患等
周边环境	已有工程风险	工程施工受到已有工程的限制，工程施工影响到已有工程的安全等
	交通风险	交通管制影响工程车辆的进出施工现场，施工材料等物资运输受限
	地下风险	未发现的河塘、垃圾场、流砂、泉水、溶洞等不利地质条件，文物、地下管线等地下障碍物影响工程施工

（1）与地域有关的工程项目风险

工程项目所在地的政治、经济、法律等许多方面都可能影响到工程项目的顺利进行。概括起来和地域有关的工程项目风险如下。

1）政治风险

政治风险是指来自政治环境的风险，如政局的不稳定性、战争状态、动乱、政变、贸易保护主义倾向严重、政府信用程度差和政府腐败等。一旦发生这类风险，方方面面都可能受到影响。

2）经济风险

经济风险是指承包市场所处的经济形势和项目发包国的经济实力及解决经济问题的能力等方面潜在的不确定因素构成的经济领域的可能后果。

经济风险主要影响因素有宏观经济政策的变化（如产业结构的调整、银根紧缩等），项目的工程承包市场、材料供应市场（物价上涨等）、劳动力市场的变动（工资提高等），通货膨胀，金融危机，汇率的变化等。

3）法律风险

工程项目的法律风险包括法治环境和经济主体的自身行为两个方面。法治环境风险包括法律不健全，有法不依、执法不严，法律法规的修订等。经济主体的自身行为包括未能全面、正确地理解相关法律，行为违法等。

4）审批风险

工程项目的建设涉及的行政审批内容很多，包括土地、规划、环保、立项、设计、施工等许多方面。在行政审批过程中可能会存在工程项目审批所需资料不全、工程项目本身不符合审批条件、审批时间过长和审批过程不完整等方面的风险。

5）社会风险

社会风险包括宗教信仰的影响和冲击、社会治安状况不好、社会禁忌多、劳动者的文化素质不高、社会风气差等。

6）自然环境风险

自然环境风险是指与工程项目所在地的自然环境因素有关的风险。

工程项目的自然环境风险包括自然地理环境风险和自然地质环境风险两个方面。

自然地理环境风险包括雨、雪、风暴、冰冻等恶劣天气影响工程施工等。

自然地质环境风险包括地震、滑坡、泥石流等地质灾害影响工程施工，威胁到工程的安全，甚至使工程被毁坏等；未发现的河塘、垃圾场、流砂、泉水、溶洞等不利地质条件等影响工程施工等。

(2) 与合同有关的工程项目风险

与合同的工程项目风险包括缔约风险和履约风险两个方面。

缔约风险包括遇到了合同欺诈，签订了风险过高的工程合同，合同条款中有关支付、工程变更、风险分配、担保、违约责任，费用和法规变化，货币和汇率等方面的条款有缺陷；合同起草方有意设置开脱责任条款等。

履约风险包括合同一方的业务能力、管理能力和财务能力等有缺陷或者没有圆满履行合同而给另一方带来的风险，各种原因引起的违约等。

(3) 与技术有关的工程项目风险

技术条件的不确定可能给工程项目带来风险。与技术有关工程项目风险如勘察资料未能全面、准确地反映工程地质情况，设计文件缺陷，新技术使用不当，执行规范不到位，技术方案不合理等。

(4) 与管理有关的工程项目风险

工程项目的管理水平对工程项目建设的顺利与否有非常大的影响。工程项目的管理工作不到位可能带来的工程项目风险包括机构设置风险、管理制度风险、管理措施风险、组织协调风险和现场管理风险等。

机构设置风险是指因工程项目管理组织机构设置不合理而引起的工程项

目风险。

管理制度风险是指因工程项目管理质量、进度、造价、安全等管理制度不健全而引起的工程项目风险。

管理措施风险是指质量、进度、造价、安全等管理措施不到位而引起的工程项目风险。

组织协调风险是指组织协调不力而引起的工程项目风险。

现场管理风险是指现场秩序混乱，存在安全隐患等而引起的工程项目风险。

（5）与周边环境有关的工程项目风险

工程项目的周边环境是产生工程项目风险的主要源头之一。与周边环境有关的工程项目风险包括已有工程风险、交通风险和地下环境风险等。

已有工程风险包括工程施工受到已有工程的限制，工程施工影响到已有工程的安全等。

交通风险包括交通管制影响工程车辆的进出施工现场，施工材料等物资运输受限等。

地下环境风险包括未发现的河塘、垃圾场、流砂、泉水、溶洞等不利地质条件，文物、地下管线等地下障碍物影响工程施工。

2. 从风险承受者角度分类

（1）业主承担的风险

1）人为风险

它是指因人的主观因素导致的种种风险。这类风险虽然表现形式和影响的范围各不相同，但都离不开人的思想行为。这类风险有些起因于项目业主的主管部门乃至政府，有些来自业主的合作者，还有些则应归于其内部人员。

2）经济风险

对于所有从事经济活动的行业而言，风险都在所难免。这类风险的主要产生原因有：宏观形势不利、投资环境恶劣、市场物价不正常上涨、投资回收期长、基础设施落后、资金筹措困难。

3）自然风险

它是指工程项目所在地区宏观存在的恶劣自然条件，工程实施期间可能碰上的恶劣气候。

（2）承包商承担的风险

1）决策风险

包括进入市场的决策风险、信息失真风险、中介风险、代理风险、业主买标风险、联合保标风险、报价失误风险等。

2）缔约和履约风险

缔约和履约是承包工程的关键环节。许多承包商因对缔约和履约过程的风险认识不足，致使本不该亏损的项目严重亏损，甚至破产倒闭。这类风险主要潜伏于以下方面：合同管理（合同条款中潜伏的风险往往是责任不清、权利不明所致）、工程管理、物资管理、财务管理等。

3）责任风险

工程承包是基于合同当事人的责任、权利和义务的法律行为。承包商对其承揽的工程设计和施工负有不可推卸的责任，而承担工程承包合同的责任是有一定风险的。这类风险主要发生在以下几个方面：一是职业责任风险，包括地质地基条件、气候条件、材料供应、设备供应、技术规范变化，提供设计图纸不及时，设计变更和工程变量变更，运输问题；二是法律责任风险，包括起因于合同、行为或疏忽、欺骗和错误等方面；三是替代责任风险，因为承包商必须对其名义活动或为其服务的人员的行为承担责任。

（3）咨询监理单位承担的风险

1）来自业主的风险

因咨询监理与业主的关系是契约关系，确切地说是一种雇佣关系。这方面的风险主要产生原因有：业主希望少花钱多办事、可行性研究缺乏严肃性、宏观管理不力、投资先天不足、盲目干预等。

2）来自承包商的风险

承包商出于自己的利益，常常会有种种不轨图谋，势必给监理工程师的工作带来许多困难，甚至导致工程师蒙受重大风险。通常情况有：承包商投资不诚实、缺乏商业道德、素质太差等。

3）职业责任风险

监理工程师的职业要求其承担重大的职业责任风险。这种风险的构成因素有：设计不充分、不完善，设计错误和疏忽，投资估算和设计概算不准，自身能力和水平不适应。

3. 按风险对目标的影响分类

（1）工期风险

即造成局部的（工程活动、分项工程）或整个工程的工期延长，不能及时投产等。

（2）费用风险

包括财务风险、成本超支、投资追加、报价风险、收入减少、投资回收期延长或无法收回、投资回报率降低等。

（3）质量风险

包括材料、工艺、工程不能通过验收，工程试生产不合格，经过评价未达标等。

（4）生产能力风险

项目建成后达不到设计生产能力，可能是由于设计、设备问题，或生产原材料、能源、水、电供应问题等。

（5）市场风险

工程建成后产品未达到预期的市场份额，销售不足，没有销路，没有竞争力等。

（6）信誉风险

即造成对企业形象、企业信誉的损害等。

（7）安全风险

人身伤亡，工程或设备的损坏，财产损失等。

（8）法律责任

即可能被起诉或承担相应法律的或合同的处罚等。

9.1.3　工程项目风险的特征

1. 客观性与必然性

在工程项目建设中，无论是自然界的风暴、地震、滑坡灾害还是与人们活动紧密相关的施工技术、施工方案不当造成的风险损失，都是不以人们意志为转移的客观现实。它们的存在与发生，就总体而言是一种必然现象。自然界的物体运动以及人类社会的运动规律都是客观存在的，项目风险的发生也是客观必然的。

2. 不确定性

风险活动或事件的发生及其后果都具有不确定性。表现在风险事件是否发生、何时发生、发生之后会造成什么样的后果等均是不确定的。但人们可以根据历史数据和经验，对工程项目风险发生的可能性和损失的严重程度做出一定程度上的分析和预测。

3. 规律性和可预测性

不确定性是风险的本质属性，但这种不确定性并不是指对客观事物变化的全然不知，并非表明人们对它束手无策。工程项目的环境变化、项目的实施有一定的规律性，所以风险的发生和影响也有一定的规律性，它是可以进行预测的。我们可以根据以往发生过的类似事件的统计资料和经验，经过分析、研究，对风险发生的频率及其造成的损失程度做出统计分析和主观判断或估计，从而对可能发生的风险进行预测与衡量。风险分析的过程实际上就是风险预测和衡量的过程。

4. 可变性

在一定条件下任何事物总是会发展变化的。风险活动或事件也不例外，当引起风险的因素发生变化时，必然会导致风险的变化。风险的可变性集中表现在：风险性质的变化；风险后果的变化；出现了新的风险或风险因素已经消除。

5. 相对性

（1）主体是的相对性

风险总是相对于事件的主体而言的，同样的不确定事件对不同的主体有不同的影响。如工程合同的某些缺陷，可能为承包人索赔创造了条件。这对工程项目业主而言是一种风险，但对承包人而言是一个机会。

（2）风险大小的相对性

人们对于风险活动或事件都有一定的承受能力，但是这种能力因活动、人和时间而异。如某一房产开发项目遇到了销路不畅的风险，对于具有多个房地产项目的大公司而言，可能还有几个做得较成功的项目，因此无关紧要；

但对仅有这 1~2 个项目的小公司来说，则可能会导致其破产。

6. 阶段性

任何风险的发生都可以分为潜在风险阶段、风险发生阶段和造成后果阶段三个阶段。

（1）潜在风险阶段

是指风险正在酝酿之中，但尚未发生的阶段。该阶段是没有损失的，但是潜在风险可以逐步发展变化，最终进入风险发生阶段。

（2）风险发生阶段

是指风险已变成现实，事件正在发展的阶段。此时风险正在发生，但其后果还没有形成。若不正确应对，风险就会造成后果。这一阶段一般认为持续时间较短。

（3）造成后果阶段

是指已经造成了人身、财产或其他损失或伤害的阶段。通常这一后果的产生是无法挽回的，只能设法减少损失或伤害的程度。

7. 行为相关性

是指风险的发生很多是与人的行为紧密关联的。如对同一风险事件不同的决策者会有不同的决策行为。风险事件是否发生与决策者的行为紧密相关。决策者采取的不同策略和不同的管理方法会面临不同的风险结果。再如很多安全事故的发生多与安全机构不健全、安全管理制度不完善、安全教育不到位、安全意识不强、错误指挥、违章从业等人的行为是紧密关联的。

8. 结果的双重性

是指由风险事件所引发的结果可能是损失也可能是收益。风险和收益是一对"孪生子"。风险与收益机会是共存的。风险越大，收益越大；反之，风险越小，收益亦越小。风险利益使风险具有诱惑效应，使人们甘冒风险去获取利益；另一方面，虽然风险与收益共存，但一旦风险代价太大或决策者厌恶风险时，就会对风险采取回避行为，这就是风险的约束效应。这两种效应分别是风险效应的两个方面，它们同时存在，同时发生作用，且互相抵消，互相矛盾。人们决策时是选择还是回避风险，就是这两种效应相互作用的结果。工程项目风险结果的双重性应使我们认识到，对待风险不应只是消极对待其损失一面，还应将风险当作是一种机会，通过风险管理尽量获得风险收益。

9. 全面性

（1）多样性

一个项目中有许多种类的风险存在，如政治风险、经济风险、法律风险、自然风险、合同风险、合作者风险等。这些风险之间有复杂的内在联系。

（2）全生命周期性

在项目的全生命周期中始终存在风险，不仅仅在实施阶段。例如在目标设计中可能存在构思的错误、重要边界条件的遗漏、目标优化的错误；可行性研究中可能有方案的失误、调查不完全、市场分析错误等方面的风险；设计阶段可能存在专业不协调、地质不确定、图纸和规范错误等方面的风险；

施工阶段可能存在物价上涨，实施方案不完备，资金缺乏，气候条件变化等方面的风险；运行阶段可能存在市场发生变化，产品不受欢迎，运行达不到设计能力，操作失误等方面的风险，等等。

（3）全局性

例如反常的气候条件造成工程的停滞，影响整个后期计划，影响后期所有参加者的工作。它不仅造成工期的延长，而且造成费用的增加，造成对工程质量的危害。即使是局部的风险，其影响也会随着项目的发展逐渐扩大。再如，一个活动受到风险干扰，可能影响与它相关的许多活动。所以，在项目中风险的影响往往会随着时间的推移有逐步扩大的趋势。

9.1.4 工程项目风险管理的主要任务和流程

工程项目风险管理的主要任务如图 9-2 所示。

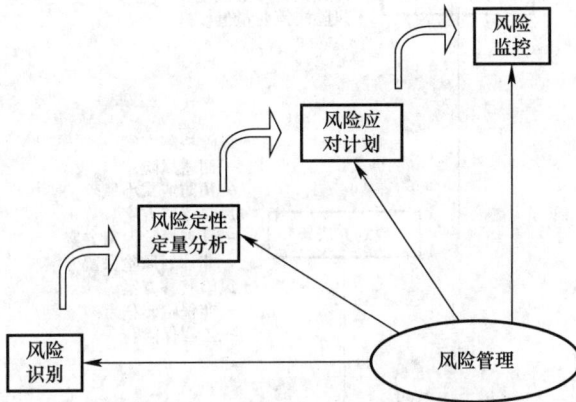

图 9-2　工程项目风险管理的内容

1. 风险识别

它是风险管理的第一步，其是对工程项目所面临的和潜在的风险加以分析、判断、归类的过程。工程项目周围存在的风险是各种各样的，包括项目外部的和内部的、技术的和非技术的。这些风险存在于什么地方？发生的条件是什么？发生的可能性有多大？发生后的损失又是如何？这些在风险识别中均应有初步的分析和判断。

2. 风险评价

它是在风险识别的基础上，通过对所收集大量资料的分析，利用概率统计理论，估计和预测风险发生的可能性和相应损失的大小和其他因素进行综合考虑，得到描述风险的综合指标，并与公认（或经验）的风险（安全）指标相比较，得到是否要采取控制措施的结论。

风险评价是对风险的定性或定量分析，是风险管理者进行风险决策的科学的数据。

3. 风险应对

它就是在风险发生时实施风险管理计划中的预定措施。风险应对措施包括两类：一类是在风险发生前，针对风险因素采取控制措施，以消除或减轻风险。其具体的措施包括规避、缓解、分散、抑制和利用等。另一类是在风险发生前，通过财务安排来减轻风险对项目目标实现程度的影响。其具体的措施有：自留、转移等。

4. 风险监控

指跟踪已识别的风险，监视残余风险和识别新的风险，保证计划执行，并评估这些计划对降低风险的有效性。

工程项目风险管理的流程如图 9-3 所示。

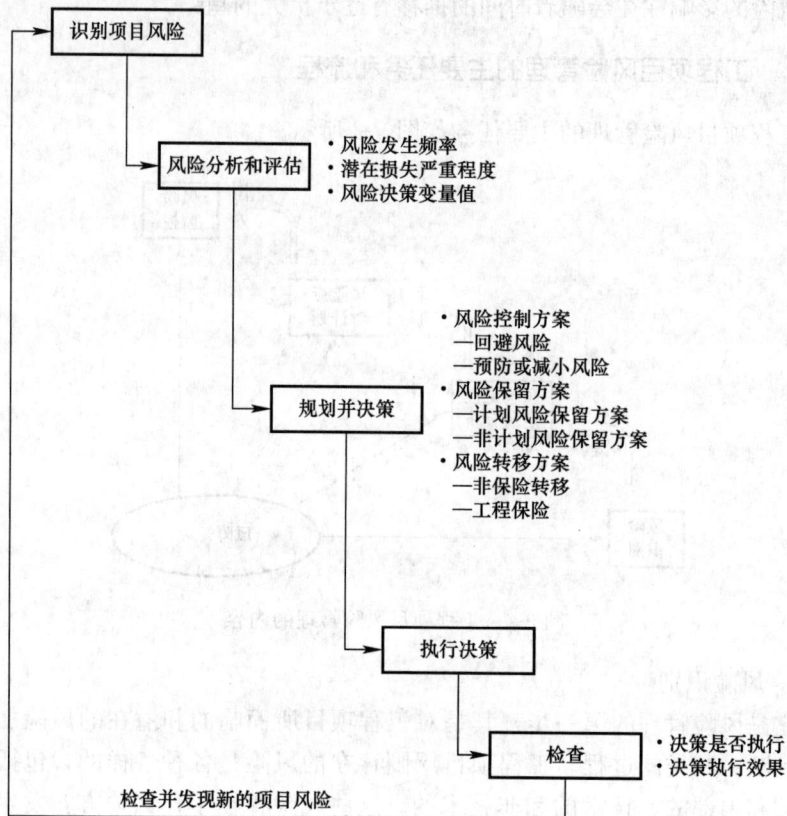

图 9-3 工程项目风险管理的流程

9.2 工程项目风险的识别

工程项目风险识别是指风险管理人员运用科学合理的方法对存在于项目中的各类风险源或不确定性因素，按其发生的背景、表现特征和预期后果等进行界定和识别，对建设项目风险因素进行科学分类。简而言之，项目风险识别就是确定何种风险事件可能影响项目，并将这些风险的特征整理成文档，进行合理分类。

工程项目风险识别是风险管理的第一步，也是风险管理的基础。风险识别是衡量风险程度、采取有效的风险控制措施以及进行风险管理正确决策的前提条件。也就是说，只有全面、正确地识别所面临的风险，风险管理过程的其他步骤才能进行下去。

9.2.1 风险识别的方法

工程项目风险识别的方法有很多，在实际项目风险管理中，管理人员应根据具体情况选择一种或几种方法，最常用的有以下几种方法。

1. 检查表法

将工程项目建设过程中可能遇到的所有风险做成工程项目风险检查表（表9-2），然后根据工程项目的具体特点找出所管理的工程中存在的风险。

工程项目风险检查表

表 9-2

是否会发生以下情况	风险类别	可能遇到的其他情况
政局的不稳定性、战争状态、动乱、政变、贸易保护主义倾向严重、政府信用程度差和政府腐败等	政治风险	
国家经济政策的变化、产业结构的调整、银根紧缩，项目的工程承包市场、材料供应市场、劳动力市场的变动，工资提高，物价上涨，通货膨胀，金融危机，汇率的变化等	经济风险	
法律不健全，有法不依、执法不严，相关法律内容的变化等。经济主体的自身行为包括未能全面、正确地理解相关法律，行为违法等	法律风险	
宗教信仰的影响和冲击、社会治安状况不好、社会禁忌多、劳动者的文化素质不高、社会风气差等	社会风险	
自然地理环境风险：雨、雪、风暴、冰冻等恶劣天气影响工程施工等	自然环境风险	
自然地质环境风险：地震、滑坡、泥石流等地质灾害影响工程施工，威胁到工程的安全，甚至使工程被毁坏等等；未发现的河塘、垃圾场、流砂、泉水、溶洞等不利地质条件等影响工程施工等		
遇到了合同欺诈，签订了风险过高的工程合同，合同条款中有关支付、工程变更、风险分配、担保、违约责任，费用和法规变化，货币和汇率等方面的条款有缺陷；合同起草方有意设置开脱责任条款等	缔约风险	
合同一方的业务能力、管理能力和财务能力等有缺陷或者没有圆满履行合同而给另一方带来的风险。各种原因引起的违约等	履约风险	
勘察资料未能全面正确地反映或解释工程的地质情况	勘察风险	
使用了不可靠的新技术，设计文件有缺陷和技术规范执行不当等	设计风险	
使用了不可靠的新技术，设计文件有缺陷和技术规范执行不当，施工方案不合理等	施工风险	
工业项目的生产工艺选择不当，总图布置不合理，生产设备故障等	生产工艺风险	

续表

是否会发生以下情况	风险类别	可能遇到的其他情况
机构设置不合理	机构设置风险	
质量、进度造价、安全等管理制度不健全	管理制度风险	
质量、进度造价、安全等管理措施不到位	管理措施风险	
现场秩序混乱，存在安全隐患等	现场管理风险	
工程施工受到已有工程的限制，工程施工影响到已有工程的安全等	已有工程风险	
交通管制影响工程车辆的进出施工现场，施工材料等物资运输受限	交通风险	
未发现的河塘、垃圾场、流砂、泉水、溶洞等不利地质条件，文物、地下管线等地下障碍物影响工程施工	地下风险	
土地、规划、环保、立项、设计、施工等方面审批所需资料不全、工程项目本身不符合审批条件、审批时间过长和审批过程不完整等	行政审批风险	

2. 头脑风暴法

头脑风暴法，是通过专家会议，发挥专家的创造性思维来获取未来信息的一种直接的风险识别方法。头脑风暴法通过主持专家会议的人在会议开始时的发言激起专家们的思维"灵感"，促使专家们感到急需回答会议提出的问题而激发创造性的思维，在专家们回答问题时产生信息交流，受到相互启发，从而诱发专家们产生"思维共振"，以达到互相补充并产生"组合效应"，获取更多的未来信息，使预测和识别的结果更准确。

3. 德尔菲法

德尔菲法又称专家调查法，主要依靠专家的直观能力对风险进行识别。其做法是：由项目风险管理人员提出风险问题调查方案，由项目风险小组选定与该项目有关领域的专家，请专家阅读项目有关的背景资料并回答有关问题，通过函询收集专家意见，然后加以整理、归纳和统计，再匿名反馈给各位专家，再次征询意见。这样反复经过几轮，逐步使专家的意见趋于一致，作为最终预测和识别的根据。应用德尔菲法应注意以下问题：

（1）专家人数不宜太少，一般10～50人为宜。

（2）对风险的分析往往受组织者、参加者的主观因素影响，因此有可能出现偏差。

（3）预测分析的时间不宜过长，时间越长准确性越差。

4. 情景分析法

情景分析法又称幕景分析法，是根据发展趋势的多样性，通过对系统内外相关问题的系统分析，设计出多种可能的未来前景，然后用类似于撰写电影剧本的手法，对系统发展态势做出自始至终的情景和画面的描述。

情景分析法是一种适用于对可变因素较多的项目进行风险预测和识别的系统技术，它在假定关键影响因素有可能发生的基础上，构造出多重情景，提出多种未来的可能结果，以便采取适当措施防患于未然。

5. 图表分析法

图表分析法就是通过有关数字、图表和曲线等，对项目未来的某个状态或某种情况进行详细的描绘和分析，从而识别引起项目风险的关键因素及其影响程度的一种风险识别方法。图表分析法是一种适用于对可变因素较多的项目进行风险预测和识别的系统技术，对以下情况特别有用：提醒决策者注意某种政策或措施可能引发的风险及后果、对项目风险的范围提出合理的建议、分析研究某些主要风险因素对项目的影响。前面的章节中所介绍的各种进度和质量控制检查方法就是该方法在进度和质量风险控制中的具体应用。

6. 流程图法

流程图法是将工程项目的实施过程，按照其内在的各要素的逻辑关系制成流程图，针对流程中的关键环节和薄弱环节进行调查和分析，找出风险存在的原因，从中发现潜在的风险威胁，分析风险发生后造成的损失程度和对工程项目造成的影响大小程度。

7. 敏感性分析法

敏感性分析是研究在项目的寿命期内，当项目变量（例如产量、产品价格、变动成本等）以及项目的各种前提与假设发生变动时，项目的性能（例如现金流的净现值、内部收益率等）会出现怎样的变化以及变化范围如何。敏感性分析能够回答哪些项目变数或假设的变化对项目的性能影响最大，这样项目管理人员就能识别出哪些项目变数或假设隐藏着风险。

8. 因果分析法

因果分析图的图形像鱼刺，故也称鱼刺图分析法。图中主干是风险的后果，枝是风险因素和风险事件，分支为相应的小原因。用因果分析图来分析风险，可以从原因预见结果，也可以从可能的后果中找出将诱发结果的原因。如图 5-3 就是可以作为混凝土强度不足风险发生的因果分析图。

9. 访谈法

访谈法是通过对资深项目经理活相关领域专家进行访谈来识别风险。负责访谈的人员首先要选择合适的访谈对象；其次，应向访谈对象提供项目内外部环境、假设条件和约束条件等信息。访谈对象根据自己丰富的经验、掌握的项目信息，对项目风险进行识别。

10. SWOT 技术

SWOT 技术是综合运用项目的优势和劣势、机会与威胁等方面，从多视角对项目风险进行识别。

9.2.2 风险识别的步骤

工程项目风险识别的步骤如图 9-4 所示。

1. 资料收集

风险管理需要占有大量的信息。不熟悉情况，不掌握数据是不可能进行有效的风险管理的。工程项目风险识别应注意下列几方面数据信息的收集。

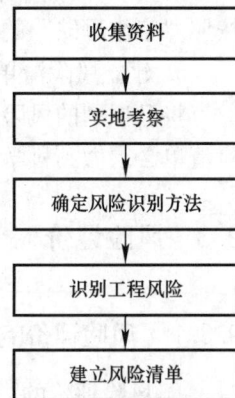

```
收集资料
   ↓
实地考察
   ↓
确定风险识别方法
   ↓
识别工程风险
   ↓
建立风险清单
```

图 9-4　工程项目风险识别的步骤

（1）工程项目所在地的信息

工程项目的实施和运营都离不开与其相关的自然环境和社会环境。自然环境方面的气象、水文、地质等对工程项目的建设有较大的影响；社会环境方面的政治、经济、法律、文化等对工程的实施和运营也具有重要的影响。因此，在风险识别时需要对上述信息进行广泛的收集。

（2）类似工程的资料

以前经历的或类似工程项目的数据和信息资料可以为现有的工程项目提供大量宝贵的经验和教训。要注意收集过去建设过程中的档案记录、工程总结、工程验收资料、工程财务、工程质量与安全事故的处理文件，以及工程变更、索赔等方面的资料。

（3）工程项目的前期资料

工程项目的前期资料是前人直接针对工程所做工作的总结，既是后续工作的基础，也可以为后续工作提供大量的有用信息。如工程项目的建议书、可行性研究报告、设计文件、施工组织设计、工程项目管理规划等都可以为工程项目的风险管理提供大量的有用信息。

2. 实地考察

工程项目管理风险离不开工程现场，因此，在对于项目的技术风险、自然环境风险、社会风险等进行识别时，对现场进行实地考察是一种非常必要的方法。既可以对前期所收集的资料进行实地验证，也可以发现对前期收集过程中未发现的一些新的风险源。

3. 确定风险识别的方法

工程项目风险识别的方法非常多。每一种方法都有其特定的使用条件。具体工程的风险识别的方法使用哪一种或哪几种要根据工程项目所在地的具体情况和工程项目的具体特点来确定。

4. 工程项目风险识别

主要是根据已确定风险识别的方法识别所管理的工程可能遇到的具体风险。由于遗漏风险就可能给工程带来损失，因此，在工程项目风险识别应该按照"宁滥毋缺"的原则从多个角度进行风险的仔细地识别，防止遗漏风险。

5. 建立风险清单

将已识别的风险一一列出，建立一个关于本项目的风险清单。开列的风险清单必须做到科学、客观、全面，尤其是不能遗漏主要风险。

9.3 风险评价

9.3.1 风险评价的内容和过程

1. 风险评价的内容

（1）风险存在和发生的时间分析

即风险可能在项目的哪个阶段、哪个环节上发生。有许多风险有明显的阶段性,直接与具体的工程活动相联系。这个分析对风险的预警有很大的作用。

(2) 风险的影响和损失分析

风险的影响是个非常复杂的问题,有的风险影响面较小,有的风险影响面很大,可能引起整个工程的中断或报废。而风险之间常常是有联系的,例如:经济形势的恶化不但会造成物价上涨,而且可能会引起业主支付能力的变化;通货膨胀引起了物价上涨,则不仅会影响后期的采购、工人工资及各种费用支出,而且会影响整个后期的工程费用。由于设计图纸提供不及时,不仅会造成工期拖延,而且会造成费用提高(如人工和设备闲置、管理费开支),还可能在按原计划可以避开的冬雨期施工,造成更大的拖延和费用增加。

有的风险是相克的,其作用可以相互抵消。例如反常的气候条件、设计图纸拖延、承包人设备拖延等在同一段时间段发生,则它们之间对总工期的影响可能是有重叠的。

(3) 风险发生的可能性分析

风险发生的可能性分析,是研究风险自身的规律性,通常可用概率表示。

(4) 风险级别

风险因素非常多,涉及各个方面,但人们并不是对所有的风险都予以十分重视。否则将大大增加管理费用,而且谨小慎微,反过来会干扰正常的决策过程。在二维坐标表示的风险预测图中,一个具体的风险所处点的位置可定出该风险的级别,如 A、B、C 分类法。

A 类:损失期望值很大的风险。通常发生的可能性很大,而且一旦发生损失也很大。

B 类:损失期望值一般的风险。通常发生的可能性不大,损失也不大的风险,或可能性很大但损失极小,或损失比较大但可能性极小的风险。

C 类:损失期望值极小的风险,即发生的可能性极小,即使发生损失也很小的风险。

在具体的风险管理中 A 类是重点,B 类要顾及,C 类可以不考虑。

(5) 风险的起因和可控性分析

对风险起因的研究是为风险预测、对策研究、责任分析服务的。

风险的可控性是指人对风险影响的可能性,如有的风险是人力(业主、项目管理者或承包商)可以控制的,而有的却不可控制。可控的,例如承包商对招标文件的理解风险,实施方案的安全性和效率风险,报价的正确性风险等;不可控制的,例如物价风险,反常的气候风险等。

2. 风险评价的过程

(1) 采集数据

首先必须采集与所要分析的风险相关的各种数据。这些数据可以从投资者或者承包商过去类似项目经验的历史记录中获得。所采集的数据必须是客观的、可统计的。某些情况下,直接的历史数据资料还不够充分,尚需主观评价，特别是那些对投资者来讲在技术、商务和环境方面都比较新的项目，需要通过专家调查方法获得具有经验性和专业知识的主观评价。

（2）完成不确定性模型

以已经得到的有关风险的信息为基础，对风险发生的可能性和可能的结果给以明确的定量化。通常用概率来表示风险发生的可能性，可能的结果体现在项目现金流量表上，用货币表示。

（3）对风险影响进行评价

在不同风险事件的不确定性已经模型化后，紧接着就要评价这些风险的全面影响。通过评价将不确定性与可能结果结合起来。

9.3.2 风险评价方法

1. LEC 评价法

LEC 评价法是对具有潜在危险性作业环境中的危险源进行半定量的安全评价方法。该方法由美国安全专家 K. J. 格雷厄姆和 K. F. 金尼提出，用于评价操作人员在具有潜在危险性环境中作业时的危险性、危害性。

LEC 评价法用与系统风险有关的事故发生的可能性 L（likelihood）、人员暴露于危险环境中的频繁程度 E（exposure）和一旦发生事故可能造成的后果 C（consequence,）三个因素指标值的乘积 D（danger，危险程度）来评价操作人员伤亡风险大小，即：

$$D = L \times E \times C \tag{9-1}$$

D 值越大，说明该系统危险性大，需要增加安全措施，或改变发生事故的可能性，或减少人体暴露于危险环境中的频繁程度，或减轻事故损失，直至调整到允许范围内。

对 L、E 和 C 分别进行客观的科学计算，得到准确的数据，是相当烦琐的过程。为了简化评价过程，一般采取半定量计值法确定 L、E 和 C，即根据以往的经验和估计，分别对事故发生的可能性 L、人员暴露于危险环境中的频繁程度 E 和一旦发生事故可能造成的后果 C 划分不同的等级并赋值。具体的赋值方法如表 9-3、表 9-4 和表 9-5 所示。

事故发生的可能性 L 的赋值方法　　　　　　　　　表 9-3

分数值	事故发生的可能性
10	完全可以预料
6	相当可能
3	可能，但不经常
1	可能性小，完全意外
0.5	很不可能，可以设想
0.2	极不可能
0.1	实际不可能

暴露于危险环境的频繁程度 E 的赋值方法	表 9-4
分数值	暴露于危险环境的频繁程度
10	连续暴露
6	每天工作时间内暴露
3	每周一次或偶然暴露
2	每月一次暴露
1	每年几次暴露
0.5	非常罕见暴露

发生事故产生的后果 C 的赋值方法	表 9-5
分数值	发生事故产生的后果
100	10 人以上死亡
40	3~9 人死亡
15	1~2 人死亡
7	严重
3	重大，伤残
1	引人注意

LEC 评价法应用的关键是如何根据危险程度 D 值来评价工程系统的危险性。根据经验可以用表 9-6 所示的方法来评价工程系统的危险性，即危险程度 D 值在 20 以下是被认为低危险的，这样的危险比日常生活中骑自行车去上班还要安全些；如果危险程度 D 值在 70~160 之间，那就有显著的危险性，需要及时整改；如果危险程度 D 值在 160~320 之间，那么这是一种必须立即采取措施进行整改的高度危险环境；如果危险程度 D 值在 320 以上的高分值表示环境非常危险，应立即停止生产直到环境得到改善为止。

根据危险程度 D 值评价工程系统危险性的方法	表 9-6
D 值	危险程度
>320	极其危险，不能继续作业
160-320	高度危险，要立即整改
70-160	显著危险，需要整改
20-70	一般危险，需要注意
<20	稍有危险，可以接受

值得注意的是，LEC 风险评价法对危险等级的划分，一定程度上凭经验判断，应用时需要考虑其局限性，根据实际情况予以修正。

2. 列举法

通过对同类已完工项目的环境、实施过程进行调查分析、研究，可以建立该类项目的基本风险结构体系，进而可以建立该类项目的风险知识库（经验库）。它包括该类项目常见的风险因素。在对新项目决策或用专家经验法进行风险分析时给出提示，列出所有可能的风险因素，以引起人们的重视，或作为进一步分析的引导。

3. 专家经验法

专家经验法不仅用于风险因素的罗列，而且用于对风险影响和发生可能性的分析，一般采用专家会议的方法。

（1）组建有代表性的专家小组，一般以 4～8 人最好，专家应具有实践经验和代表性。

（2）通过专家会议，对风险进行界定、量化。召集人应让专家尽可能多地了解项目目标、项目结构、环境及工程状况，并对项目的实施、措施的构想做出说明，使大家对项目有一个共识，否则容易增加评价的离散程度。

（3）召集人有目标地与专家合作，一起定义风险因素和结构，以及可能的成本范围，作为讨论的基础和引导。专家对风险进行讨论，按以下次序逐渐深入：

1）引导讨论各个风险的原因；

2）风险对实施过程的影响；

3）风险对具体工程的影响范围，如技术、工期、费用等；

4）将影响统一到对成本的影响上，估计影响量。

（4）风险评价。各个专家对风险的程度（影响量）和出现的可能性给出评价意见。在这个过程中，如果有不同的意见，可以提出讨论，但不能提出批评。为了获得真正的专家意见，可以采用匿名的形式发表意见，也可以采用争吵技术进行分析。

（5）统计整理专家意见，得到评价结果。专家咨询得到的风险期望的各单个值（风险期望值为风险损失值与风险发生可能性的乘积），按统计方法进行信息处理。总风险期望值为各单个风险期望值之和，而各个风险期望值与各个风险影响值和出现的可能性有关。它们可分别由专家意见结合相加得到。

4. 其他分析方法

人们对风险分析、评价方法做了许多研究，有许多常用的切实可行的分析评价方法，如：

（1）对历史资料进行统计分析的方法；

（2）蒙特卡罗法即模拟方法；

（3）决策树分析法；

（4）敏感性分析；

（5）因果关系分析；

（6）头脑风暴法；

（7）价值分析法；

（8）变量分析法等。

9.4　工程项目风险应对

1. 风险的分配

一个工程项目总的风险有一定的范围和规律性，这些风险必须在项目参加者（如投资者、业主、项目经理、各承包商、供应商等）之间进行分配。对已被确认的有重要影响的风险应指定专人负责风险管理，并赋予相应的职责、权限和资源。

每个参加者都必须有一定的风险责任，这样他才有管理和控制的积极性与创造性。风险分配通常在任务书、责任证书、合同和招标文件等中定义，在起草这些文件的时候都应对风险做出预计、定义和分配。只有合理地分配风险，才能调动各方面的积极性，才能有高效益的项目。

合理地分配风险有如下好处：

（1）可以最大限度地发挥各方风险控制的积极性。任何一方如果不承担风险，则他就没有管理的积极性和创造性，项目就不可能优化。

（2）减少工程中的不确定性，风险分配合理就可以比较准确地计划和安排工作。

（3）业主可以得到一个合理的报价，承包商报价中的不可预见风险费较少。

对项目风险的分配，业主起主导作用，因为业主作为买方，负责起草招标文件和合同条件，确定合同类型，确定管理规则；而承包商和供应商等处于从属的地位。但业主不能随心所欲，不能不顾主客观条件把风险全部推给对方，而对自己免责。风险分配有以下基本原则。

（1）从工程整体效益的角度出发，最大限度地发挥各方的积极性

项目参加者如果不承担任何风险，则他就没有任何责任，就没有控制的积极性，就不可能做好项目工作。从工程的整体效益的角度出发，分配风险的准则是：

1）谁能有效地防止和控制风险或将风险转移给其他方面，则应由他承担相应的风险责任；

2）风险承担者控制相关风险是经济的、有效的、方便的、可行的，只有通过他的努力才能减少风险的影响；

3）通过风险分配，加强责任，能更好地进行计划，发挥双方管理的和技术革新的积极性等。

（2）体现公平合理，责权利平衡

1）风险责任和权力应是平衡的。风险的承担是一项责任，即承担风险控制和风险产生的损失责任，但风险承担者应有控制和处理风险的权力。

2）风险与机会对等。风险承担者，同时应享受风险控制获得的收益和机会收益。

3）承担的可能性和合理性。给承担者以预测、计划、控制的条件和可能性，给他以迅速采取控制风险措施的时间和信息等条件，否则对他来说风险管理成了投机。

（3）符合工程项目的惯例

一方面，惯例一般比较公平合理，较好地反映双方的要求；另一方面，合同双方对惯例都很熟悉，工程更容易顺利实施。如果明显地违反国际（或国内）惯例，则常常显示出一种不公平、一种危险。

2. 风险应对策略

（1）减轻风险

减轻风险策略，顾名思义，是通过缓和或干预等手段来减轻风险，降低风险发生的可能性或减缓风险带来的不利后果，以达到风险减少的目的。减轻风险的有效性在很大程度上要看风险是已知风险、可预测风险还是不可预测风险。

对于已知风险，项目管理组可以在很大程度上加以控制，可以动用项目现有资源降低风险的严重后果和风险发生的频率。例如，可以通过压缩关键工序时间、加班或采取"快速跟进"来减轻项目进度风险。

对于可预测风险或不可预测风险，这是项目管理组很少或根本不能够控制的风险，因此有必要采取迂回策略。例如，政府投资的公共工程，其预算不在项目管理组直接控制之中，存在政府在项目进行中削减项目预算的风险。为了减轻这类风险，直接动用项目资源一般无济于事，必须进行深入细致的调查研究，降低其不确定性。

在实施风险减轻策略时，最好将项目每一个具体"风险"都减轻到可接受的水平。项目中各个风险水平降低了，项目整体风险水平在一定程度上也就降低了，项目成功的概率就会增加。

（2）预防风险

风险预防是一种主动的风险管理策略，通常采取有形和无形的手段。

1）有形手段

工程法是一种有形的手段，此法以工程技术为手段，消除物质性风险威胁。例如，为了防止山区区段山体滑坡危害高速公路过往车辆和公路自身，可采用岩锚技术锚住松动的山体，提高山体的稳定性。工程法预防风险有多种措施。

① 防止风险因素出现。在项目活动开始之前，采取一定措施，减少风险因素。

② 减少已存在的风险因素。施工现场若发现各种用电机械和设备日益增多，及时果断地换用大容量变压器就可以减少其烧毁的风险。

③ 将风险因素同人、财、物在时间和空间上隔离。风险事件发生时，造成财产毁损和人员伤亡是因为人、财、物于同一时间处于破坏力作用范围之内。因此，可以把人、财、物与风险源在空间上实行隔离，在时间上错开，可以达到减少损失和伤亡的目的。

2）无形手段

① 教育法

项目管理人员和所有其他有关各方的行为不当可构成项目的风险因素。因此，要减轻与不当行为有关的风险，就必须对有关人员进行风险和风险管理教育。教育内容应该包含有关安全、投资、城市规划、土地管理及其他方面的法规、规章、规范、标准和操作规程、风险知识、安全技能及安全态度等。风险和风险管理教育的目的，是要让有关人员充分了解项目所面临的种种风险，了解和掌握控制这些风险的方法，使他们深深地认识到个人的任何疏忽或错误行为，都可能给项目造成巨大损失。

② 程序法

工程法和教育法处理的是物质和人的因素，但是，项目活动的客观规律性若被破坏也会给项目造成损失。程序法指以制度化的方式从事项目活动，减少不必要的损失。项目管理组织制定的各种管理计划、方针和监督检查制度一般都能反映项目活动的客观规律性。因此，项目管理人员一定要认真执行。我国长期坚持的基本建设程序反映了固定资产投资活动的基本规律。实践表明不按此程序办事，就会犯错误，就要造成浪费和损失，所以要从战略上减轻项目风险，就必须遵循工程建设的基本程序，那种图省事、走捷径、抱侥幸心理甚至弄虚作假的想法和做法都是项目风险的根源。

合理地设计项目组织形式也能有效地预防风险。项目发起单位如果在财力、经验、技术、管理、人力或其他资源方面无力完成项目，可以同其他单位组成合营体，预防自身不能克服的风险。

（3）风险回避

风险回避就是在考虑到某项目的风险及其所致损失都很大时，主动放弃或终止该项目以避免与该项目相联系的风险及其所致损失的一种处置风险的方式。它是一种最彻底的风险处置技术，在风险事件发生之前将风险因素完全消除，从而完全消除了这些风险可能造成的各种损失。

风险回避是一种消极的风险处置方法，因为再大的风险也都只是一种可能，既可能发生，也可能不发生。采取回避，当然是能彻底消除风险，但同时也失去了实施项目可能带来的收益，所以这种方法一般只在存在以下情况之一时才会采用：

1）某风险所致的损失频率和损失幅度都相当高。

2）应用其他风险管理方法的成本超过了其产生的效益时。

（4）风险转移

对损失大、概率小的风险，可通过保险或合同条款将责任转移。

风险转移是指借用合同或协议，在风险事件发生时将损失的一部分或全部移到有相互经济利益关系的另一方。风险转移主要有两种方式，即保险风险转移和非保险风险转移。

1）保险风险转移

保险是最重要的风险转嫁方式，是指通过购买保险的办法将风险转移给保险公司或保险机构。

2）非保险风险转移

非保险风险转移是指通过保险以外的其他手段将风险转移出去。非保险风险主要有：担保合同、租赁合同、委托合同、分包合同、责任约定、合资经营、实行股份制等。

（5）风险保留

对损失小、概率小的风险留给自己承担，这种方法通常在下列情况下采用：

1）处理风险的成本大于承担风险所付出的代价。

2）预计某一风险造成的最大损失项目可以安全承担。

3）当风险降低、风险控制、风险转移等风险控制方法均不可行时。

4）没有识别出风险，错过了采取积极措施处置的时机。

9.5 工程项目风险监控

1. 风险监控的含义

（1）风险监控

风险监控就是通过对风险规划、识别、估计、评价、应对全过程的监视和控制，从而保证风险管理能达到预期的目标。它是项目实施过程中的一项重要工作。监控风险实际上是监视项目的进展和项目环境，即项目情况的变化，其目的是：核对风险管理策略和措施的实际效果是否与预见的相同；寻找机会改善和细化风险规避计划，获取反馈信息，以便将来的决策更符合实际。在风险监控过程中，及时发现那些新出现的以及预先制定的策略或措施不见效或性质随着时间的推延而发生变化的风险，然后及时反馈，并根据对项目的影响程度，重新进行风险规划、识别、估计、评价和应对，同时还应对每一风险事件制定成败标准和判据。

（2）风险监视

监视风险之所以非常必要，是因为时间的影响是很难预计的，一般说来，风险的不确定性随着时间的推移而减小。这是因为风险存在的基本原因，是由于缺少信息和资料，随着项目的进展和时间的推移，有关项目风险本身的信息和资料会越来越多，对风险的把握和认识也会变得越来越清楚。

（3）风险控制

风险控制是为了最大限度地降低风险事故发生的概率和减小损失幅度而采取的风险处置技术，以改变项目管理组织所承受的风险程度。为了控制工程项目的风险，可采取以下措施：根据风险因素的特性，采取一定措施使其发生的概率接近于零，从而预防风险因素的产生；减少已存在的风险因素；防止已存在的风险因素释放能量；改善风险因素的空间分布，从而限制其释放能量的速度；在时间和空间上把风险因素与可能遭受损害的人、财、物隔离；改变风险因素的基本性质；加强风险部门的防护能力；做好救护受损人、物的准备。这些措施有的可用先进的材料和技术达到，此外，还应有针对性地对实施项目的人员进行风险教育以增强其风险意识，制订严格的操作规程以控制因疏忽而造成不必要的损失。风险控制是实施任何项目都应采用的风险处置方法，应认真研究。

2. 风险监控的内容

（1）风险应对措施是否按计划正在实施。

（2）风险应对措施是否如预期的那样有效，收到显著的效果，或者是否需要制订新的应对方案。

（3）对工程项目建设环境的预期分析，以及对项目整体目标实现可能性的预期分析是否仍然成立。

（4）风险的发生情况与预期的状态相比是否发生了变化，并对风险的发展变化做出分析判断。

（5）识别到的风险哪些已发生，哪些正在发生，哪些有可能在后面发生。

（6）是否出现了新的风险因素和新的风险事件，它们的发展变化趋势又是如何等。

3. 风险监视方法

（1）工程项目进度风险监视方法。可以用横道图法和前锋线法监视局部工程进度情况，用 S 曲线法监视整体工程进度实施情况。

（2）工程项目技术性能或质量风险监视方法。对工程项目技术性能或质量风险的监视主要在项目施工阶段进行，其监视应分施工过程和工程产品两个层面。对这两个层面的风险监视，均可采用控制图。

控制图，也称管理图，它既可用来分析施工工序是否正常，工序质量是否存在风险，也可用来分析工程产品是否存在质量风险。

（3）工程项目费用风险监视方法。费用风险监视可采用横道图法和净值分析法，前者可用于局部费用风险分析，后者则用于对工程项目的整体风险作分析。

4. 风险控制措施

通过项目风险监视，不但可以把握工程项目风险的现状，而且可以了解工程项目风险应对措施的实施效果，以及出现了哪些新的风险事件。在风险监视的基础上，则应针对发现的问题，及时采取措施。这些措施包括应变措施、纠正措施，以及提出项目变更申请或建议等，并对工程项目风险重新进行评估，对风险应对计划作重新调整。

（1）应变措施。风险控制的应变措施，即是未事先计划或考虑到的应对风险的措施。工程项目是一个开放性系统，建设环境较为复杂，有许多风险因素在风险计划时是考虑不到的，或者对其没有充分的认识。因此，对其的应对措施可能会考虑不足，或者事先根本就没有考虑。而在风险监控时才发现某些风险的严重性甚至是一些新的风险。若在风险监控中面对这种情况，就要求能随机应变，提出应急应对措施。对这些措施必须有效地做记录，并纳入项目和风险应对计划之中。

（2）纠正措施。纠正措施就是使项目未来预计绩效与原定计划一致所作的变更。借助于风险监视的方法，或发现被监视工程项目风险的发展变化，或是否出现了新的风险。若监视结果显示，工程项目风险的变化在按预期发展，风险应对计划也在正常执行，这表明风险计划和应对措施均在有效地发挥作用。若一旦发现工程项目列入控制的风险在进一步发展或出现了新的风险，则应对项目风险做深入分析的评估，并在找出引发风险事件影响因素的基础上，及时采取纠正措施（包括实施应急计划和附加应急计划）。

（3）项目变更申请。如提出改变工程项目的范围、改变工程设计、改变实施方案、改变项目环境、改变工程项目费用和进度安排等的申请。一般而言，如果频繁执行应急计划或应变措施，则需要对项目计划进行变更以应对项目风险。

在工程项目施工阶段，无论是业主、监理单位、设计单位，还是承包商，认为原设计图纸、技术规范、施工条件、施工方案等方面不适应项目目标的实现，或可能会出现风险，均可向监理工程师提出变更要求或建议，但该申请或建议一般要求是书面的。工程变更申请一般由监理工程师组织审查。监理工程师负责对工程变更申请书或建议书进行审查时，应充分与业主、设计单位、承包商进行协商，对变更项目的单价和总价进行估算，分析因变更引起的该项工程费用增加或减少的数额，以及分析工程变更实施后对控制项目的纯风险所产生的效果。工程变更一般应遵循的原则有：

1）工程变更的必要性与合理性。

2）变更后不降低工程的质量标准，不影响工程完工后的运行与管理。

3）工程变更在技术上必须是可行、可靠的。

4）工程变更的费用及工期是经济合理的。

5）工程变更尽可能不对后续施工在工期和施工条件上产生不良影响。

（4）风险应对计划更新

风险是一随机事件，可能发生，也可能不发生；风险发生后的损失可能不严重，比预期的要小，也可能损失较严重，比预期的要大。通过风险监视和采取应对措施，可能会减少一些已识别风险的出现概率和后果。因此，在风险监控的基础上，有必要对项目的各种风险重新进行评估，将项目风险的次序重新进行排列，对风险的应对计划也相应进行更新，以有效地控制新的风险和重要风险。

5. 项目风险应急计划

工程项目风险应急计划是假定风险事件肯定发生的条件下，所确定的在工程项目风险事件发生时所实施的行动计划。该计划主要包括项目预备费计划和项目技术措施后备计划。

（1）项目预备费计划

工程项目预备费或应急费，在一般的工程概算中也称不可预见费，是指在实施前难以预料而在实施过程中又可能发生的费用。预备费包括基本预备费和价差预备费两项。

1）基本预备费。指工程建设过程中初步设计范围以内的设计变动增加的费用、国家的政策性变动增加的费用等。

2）价差预备费。指工程建设过程中，因人工、材料、施工机械使用费和工程设备价格上涨而导致费用增加的部分。

在工程概算中，预备费一般取工程直接费和间接费之和的5%左右。但在工程项目风险管理中，宜根据工程项目具体风险的情况，按已识别的风险及其排列，分别考虑每一风险事件的预备费用，然后汇总。

应对风险的预备费用一般是不能分散到项目的具体费用中去的，一般也是不宜随便动用的。

没有一定量的预备费用是不行的，可能不足以抵抗风险；盲目地预留预备费用也是不可取的，因为这样会增加工程项目的筹资成本和分散项目建设资金。

（2）项目技术措施后备计划

工程项目技术措施后备计划是专门应对技术类风险的，是一系列事先研究好的工程技术方案，如工程质量保证措施、施工进度调整方案等。这些工程技术方案是针对具体的项目风险而制订的，不同风险有不同的技术方案。仅当项目风险事件发生，一般才能启动这些方案，常常也需要和项目预备费计划协调实施。

本章小结及学习指导

1. 充分了解工程项目的风险是进行工程项目风险管理的前提和基础。
2. 通过本章的学习应该掌握工程项目风险的识别和监控方法。

思考题

9.1 工程项目风险的概念及其特征有哪些？

9.2 工程项目风险的分类方法有哪些？

9.3 工程项目风险管理的主要任务有哪些？

9.4 工程项目风险识别的步骤和方法有哪些？

9.5 如何应对工程项目风险？

第10章
工程项目信息管理

本章知识点

【知识点】

工程项目信息的概念和特征、工程项目信息管理、工程项目文档资料管理、工程项目报告、管理信息系统。

【重点】

掌握工程项目信息管理、工程项目文档资料管理及工程项目报告的编写方法。

【难点】

工程项目文档资料管理及工程项目报告的编写方法。

10.1 工程项目信息

10.1.1 信息的概念和特征

1. 信息

信息这一概念已广泛渗透到其他各门学科，成为一个内容丰富、运用极广的概念。信息在自然界、社会以及人体自身都广泛存在着。人类进行的每一社会实践、生产实践和科学实验都在接触信息、获得信息、处理信息和利用信息。

信息指的是用口头、书面或电子的方式传输（传达、传递）的知识、新闻，或可靠的或不可靠的情报。声音、文字、数字和图像等都是信息表达的形式。

2. 信息的特征

和人们一般意义上理解的消息不同，信息在产生、传递和处理过程中具有以下特性：

（1）客观性。信息是客观存在的，具有物质特性，作为项目的资源之一。

（2）可存储性。信息可以储存在一定的介质上长期保存。

（3）可传递性。信息可以在项目的组织成员之间，项目与环境之间传递。

（4）可加工性。通过信息加工，可以使原始的信息（资料）符合各种人对信息的不同要求。

（5）可共享性的。信息可以作为一种资源被使用和共享。信息的共享能够提高管理效率，消除组织中的组织孤岛现象。

3. 信息与数据的区别和联系

（1）数据的概念。数据是用来记录客观事物的性质、形态、数量和特征的抽象符号。不仅文字、数字和图形可以看作是数据，声音、信号和语言也可以认为是数据。

（2）数据与信息的关系。信息是根据要求加工处理后的数据。同一组数据可以按管理层次和职能不同，将其加工成不同形式的信息；不同数据如采用不同的处理方式，也可得到相同的信息。数据和信息的关系如图10-1所示。

图 10-1　数据和信息的关系

10.1.2　工程项目信息的概念和特征

1. 工程项目信息的概念

与工程项目有关的所有信息统称为工程项目信息。

工程项目信息包括工程项目的决策、实施和运行过程中所涉及的各种数据、表格、图、文字、音像资料等。

从信息管理的角度上看，纷繁复杂的工程项目的决策和实施过程中包含了两类过程，一类是信息流过程，二类是物质流过程。在项目的决策阶段、设计阶段和招标投标阶段等的主要任务之一就是收集、处理、加工、传递、生产和应用信息，这些阶段主要是信息流过程；而工程项目的施工阶段则是信息流过程和物质流过程的高度融合，如图10-2所示。

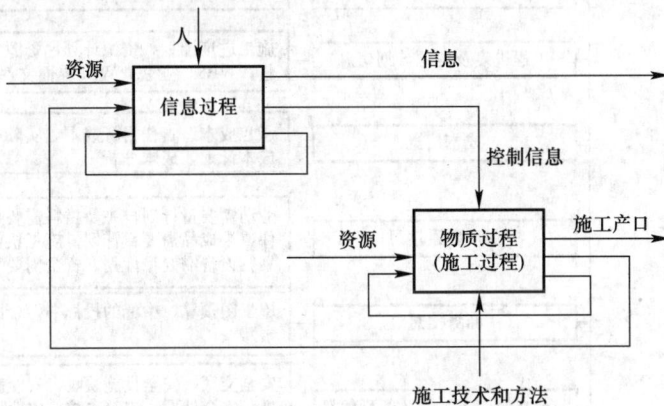

图 10-2　工程项目施工信息示意图

2. 工程项目信息的特点

（1）信息量大

工程项目的实施需要大量的人力、资金和物质资源。这些资源在项目的各个阶段的需求量、可供应量、价格等信息对工程项目的建设有着很大的影响。在工程项目的决策、实施和运行过程中也产生大量的信息，这些信息包括在项目的设计、施工和物资采购等过程中产生的信息，以及其他与项目建设有关的信息。因此，工程项目所涉及的信息量是非常大的。如仅工程项目的施工阶段就涉及图 10-3 中所列的那么多信息。

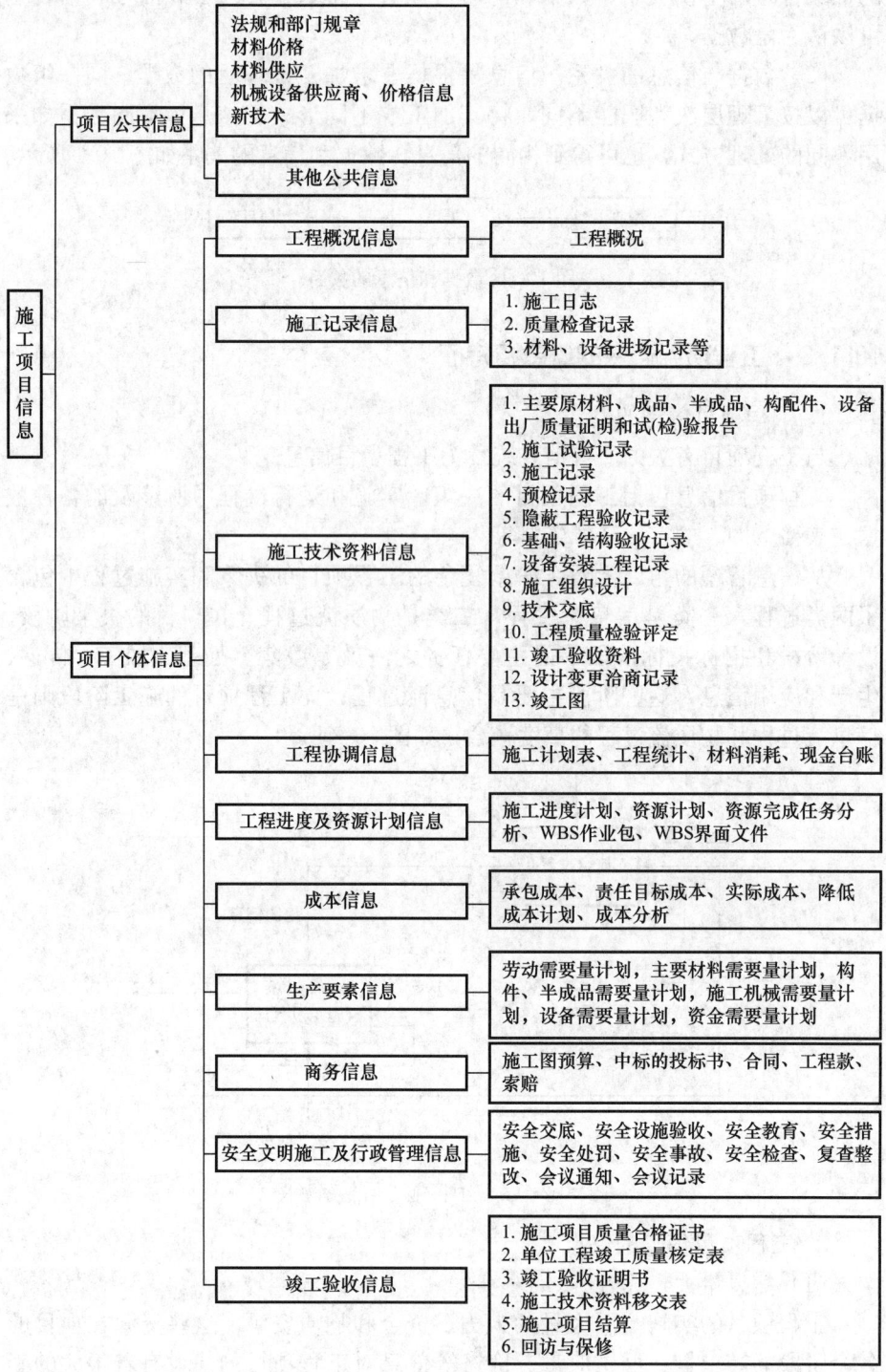

图 10-3　施工项目信息结构

（2）种类繁多

在工程项目的决策、实施和运行过程中，既需要掌握国家和地方的法律法规信息，又需要掌握市场信息，更需要掌握项目本身的自然条件、计划、成本、商务、质量、进度、检查、验收等信息，其种类非常繁多。

10.2 工程项目信息管理

10.2.1 工程项目信息管理的含义

工程项目信息管理是指对信息的收集、整理、处理、储存、传递与应用等一系列工作的总称。信息管理的目的就是通过有组织的信息流通，使决策者能及时、准确地获得相应的信息。为了达到信息管理的目的，就要把握好信息管理的各个环节，并要做到以下几点：

（l）了解和掌握信息来源，对信息进行分类。

（2）掌握和正确运用信息管理的手段，如计算机。

（3）掌握信息流程的不同环节，建立信息管理系统。

信息管理指的是信息传输的合理组织和控制。项目的信息管理是通过对各个系统、各项工作和各种数据的管理，使项目的信息能方便和有效地获取、存储、存档、处理和交流。项目信息管理的目的是通过有效的项目信息传输的组织和控制（信息管理）为项目提供服务。

10.2.2 工程项目信息管理的重要性

在项目管理的六大基本任务中，信息管理是相当重要的方面，但是普遍没有引起重视。在许多项目的管理过程中信息管理工作是相当薄弱的。至今多数业主方和施工方的信息管理还相当落后，主要表现在对信息管理的理解，以及信息管理的组织、方法和手段基本上还停留在传统的方式和模式上。在许多国际工程中，由于信息管理工作不规范、不到位、不重视所引起的损失是相当惊人的，因此，到国外参加过工程建设，甚至在国内与国际工程公司合作过的公司对信息管理工作都非常重视。

在现代信息社会，信息技术的应用是非常广泛的，在建设工程项目的信息管理中也离不开信息技术。但是，我国在这方面的应用明显比较落后。据有关文献资料介绍，建设工程项目实施过程中存在的诸多问题，其中 2/3 与信息交流（信息沟通）的问题有关；工程项目中 10%～33% 的费用增加与信息交流存在问题有关；在大型建设工程项目中，信息交流的问题导致工程变更和工程实施的错误占工程总成本的 3%～5%。由此可见信息管理的重要性是显著的。

10.2.3 工程项目信息管理工作的原则

对于大型项目，建设工程产生的信息数量巨大，种类繁多。为便于信息的收集、处理、储存、传递和利用，建设工程信息管理应遵循以下基本原则。

1. 标准化原则

要求在项目的实施过程中对有关信息进行统一分类，并对信息流程进行规范，产生的控制报表应力求做到格式化和标准化；通过建立健全的信息管理制度，从组织上保证信息生产过程的效率。

2. 有效性原则

项目管理人员所提供的信息应根据不同层次管理者的要求进行适当加工，针对不同管理层，提供不同要求和不同浓缩程度的信息。例如，对于项目的高层管理者而言，提供的决策信息应力求精练、直观，尽量采用形象的图表来表达，以满足其战略决策的信息需要。这一原则有利于保证信息产品对于决策支持的有效性。

3. 减量化原则

建设工程产生的信息不是项目实施过程中产生数据的简单记录，而是经过信息处理人员的比较与分析的结果。对有关数据进行处理、加工、分析和比较是十分必要的。

4. 时效性原则

考虑工程项目决策过程的时效性，建设工程的成果也应具有相应的时效性。建设工程的信息都有一定的生产周期，如月报表、季度报表、年度报表等，这都是为了保证信息产品能够及时服务于决策。

5. 高效处理原则

通过采用高性能的信息处理工具（如建设工程信息管理系统），尽量缩短信息在处理过程中的延迟，项目管理人员的主要精力应放在对处理结果的分析和控制措施的制定上。

6. 可预见原则

建设工程产生的信息作为项目实施的历史数据，可以用于预测未来的情况。项目管理者应通过采用先进的方法和工具为决策者制定未来目标和行动规划提供必要的信息。

10.2.4　工程项目信息管理的基本内容

建设项目信息管理的具体内容很多，包括如下几个方面：

（1）建立工程项目信息管理工作任务目录。

业主方和项目参与各方都有各自的信息管理任务，为充分利用和发挥信息资源的价值，提高信息管理的效率，以及实现有序的和科学的信息管理，各方都应编制各自的信息管理手册，以规范信息管理工作。信息管理手册是描述和定义信息管理做什么、谁做、什么时候做和其工作成果是什么等。

项目管理人员承担着项目信息管理的任务，负责收集项目实施情况的信息及各种信息的处理工作，并向上级、向外界提供各种信息。项目信息管理的任务主要包括：

1）项目组织基本情况信息的收集和系统化，编制项目手册。项目管理的任务之一是按照项目的任务和实施要求，设计项目实施和管理中的信息和信息流，确定它们的基本要求和特征，并保证项目实施过程中信息顺利流通。

2）遵循项目报告及各类资料的规定，如资料的格式、内容、数据结构要求等。

3）按照项目组织、实施、管理工作过程建立项目管理信息系统，并在实际工作中保证系统正常运行。

4）文件档案管理工作。有效的项目管理需要更多的工程项目信息，信息管理影响项目组织和整个项目管理系统的运行效率，是人们沟通的桥梁。因此，项目管理人员应引起足够的重视。

（2）信息管理的任务分工。

（3）信息的分类和编码。

（4）建立信息的输入、输出模型。

（5）确定各项信息管理工作的流程。

（6）建立信息处理的工作平台。

（7）建立使用管理制度。

（8）确定各种报表和报告的格式，以及报告的周期。

（9）项目的月度报告、季度报告、年度报告和工程总报告等报告的编制。

（10）建立工程档案管理制度。

（11）建立信息管理的保密制度。

在项目管理班子中各个工作部门的管理工作都与信息处理有关，而信息管理部门的主要工作任务包括：

（1）负责编制信息管理手册，在项目实施过程中进行信息管理手册的必要的修改和补充，并检查和督促其执行。

（2）负责协调和组织项目管理班子中各个工作部门的信息处理工作。

（3）负责信息处理工作平台的建立和运行维护。

（4）与其他工作部门协同组织收集和处理信息，并形成各种反映项目进展和项目目标控制的报表和报告。

（5）工程档案资料管理等。

在工程项目建设中，信息的类型是很多的，信息管理的任务非常烦琐，任务也是很艰巨并长期的，必须在项目管理班子中明确具体的负责人员、分工，同时必须对信息进行分类、编码，并建立适当的信息管理流程图。

由于建设工程项目需要处理大量的数据，在当今应重视利用信息技术的手段进行信息管理。其核心手段是基于网络的信息处理平台。在国际上，许多建设工程项目都专门设立信息管理部门（或称为信息中心），以确保信息管理工作的顺利进行；也有一些大型建设工程项目专门委托咨询公司从事项目信息动态跟踪和分析，以信息流指导物质流，从宏观上对项目的实施进行控制。

10.3 工程项目信息管理的方法

10.3.1 工程项目信息的分类

由于工程项目信息具有的种类繁多和信息量大的特点，因此，要做好工程项目信息管理工作的首要任务是要对大量的纷繁复杂的信息进行系统的分类。

关于工程项目信息的分类，目前还没有统一的标准。可以从不同的角度对建设工程项目的信息进行分类。在实际工程中常用的分类方法有如下：

(1) 按项目管理工作的对象分类，即按项目的分解结构，如子项目 1、子项目 2 等进行信息分类。

(2) 按项目实施的工作过程分类，如按设计准备、设计、招标投标和施工等过程进行信息分类。

(3) 按项目管理工作的任务分类，如按投资控制、进度控制、质量控制等进行信息分类。

(4) 按信息的内容属性分类，如按组织类信息、管理类信息、经济类信息、技术类信息和法规类信息等进行信息分类。

(5) 按信息与项目的关系分类，如分成工程内部信息（包括工程概况、施工记录、施工技术资料、工程协调、工程进度计划及资源计划、成本、商务、质量检查、安全文明施工及行政管理、交工验收等信息）和工程外部信息（包括法规和部门规章制度、市场信息、自然条件信息等公共信息）。

(6) 按信息的流向分类，如分成自上而下的信息、自下而上的信息、横向交流信息等。

在实际工程中，项目参与各方可根据各自的项目管理的需求确定其信息分类的标准和方法，但为了信息交流的方便和实现部分信息共享，项目参与各方应尽可能作一些统一分类的规定。

为满足项目管理工作的要求，往往需要对建设工程项目信息进行多层次综合分类。通常将工程项目信息分为三个层次：

(1) 第一层次：按项目的结构分类，即首先按项目的结构将工程项目信息分成子项目 1 的信息、子项目 2 的信息等。

(2) 第二层次：按项目实施的过程，即按各子项目的实施的过程分成决策信息、勘察设计信息、施工信息等各个阶段的信息。

(3) 第三层次：按项目管理工作的任务分类，即按各子项目的实施的过程分成子项目 1 的决策信息、子项目 1 的施工质量信息等。

通过上述的多层次综合分类后，形成了一个清晰的工程项目信息结构系统，可以非常方便地进行信息存储和查找等管理。

10.3.2 工程项目信息的编码

一个工程项目有不同类型和不同用途的信息，为了有组织地进行信息存储，也为了方便信息加工整理和检索，往往需要对项目的信息进行编码。

工程信息的编码是工程项目信息管理的一项重要的基础性工作，一般在工程项目信息进行多层次综合分类的基础上进行。在进行工程信息的代码系统设计时，应该采用简单、清晰和通俗易懂的编码方式。工程信息的代码通常由一系列的字母和数字组成。通常采用"层次代码＋流水号"的结构形式。如"1号楼基础工程设计资料"可以设计成"1-jcgcsj001、1-jcgcsj002、……"这样的编码方式就非常简单、清晰和通俗易懂。

当然，工程档案的编码应根据有关工程档案的规定、项目的特点和项目实施单位的需求而建立，可以根据不同的用途而编制，如投资项编码（业主方）、成本项编码（施工方）等。通常在进行单位的工程信息的代码系统设计时应该进行以下的设计：

（1）工程类别代码，如咨询类项目、设计类项目、施工类项目等。

（2）项目的结构代码，如基础工程、主体结构工程、装饰工程等。

（3）参与单位代码，如政府、业主方、设计单位、监理单位等。

（4）项目实施阶段的代码，如决策过程的编码、设计过程的编码等。

（5）工作内容代码，如进度控制、质量控制、成本控制等。

（6）资料类别代码，如合同、函件、报表、报告等。

总之，工程项目信息编码时应该对照项目结构图，对项目结构的每一层次的每一个组成部分进行编码，进行系统设计。

10.3.3　工程项目信息管理的过程控制

工程项目信息管理的过程控制包括工程项目从开始到结束的各个阶段的信息管理过程控制和各个阶段内的信息管理过程控制，其中各个阶段内的信息管理过程控制是基础。各个阶段内的信息管理过程控制工作做好了，整个项目的信息管理工作也就做好了。因此，工程项目信息管理的过程控制的关键是做好各个阶段内的信息管理过程控制工作。

另外，从信息管理的过程来看，各个阶段内的信息管理的内容大同小异，都包括了信息的收集、加工整理、存储、检索和传递等许多环节，因此，本书仅介绍工程项目施工阶段的信息管理过程控制工作。

1. 施工阶段的信息收集

建设项目信息的收集，就是收集项目决策和实施过程中的原始数据，这是很重要的基础工作，信息管理工作的质量好坏，很大程度上取决于原始资料的全面性和可靠性。其中，建立一套完善的信息收集制度是十分有必要的。

（1）工程项目施工前的信息收集

工程项目在正式开工之前，需要进行大量的工作，这些工作将产生大量包含着丰富内容的文件，工程建设单位应当了解和掌握这些内容。

1）收集可行性研究报告及其有关资料。

2）设计文件及有关资料的收集。

① 社会调查情况。调查建设地区的工农业生产、社会经济、地区历史、

人民生活水平及自然灾害等情况。

②工程技术勘测情况调查。收集建设地区的自然条件资料，如河流、水文、资源、地质、地形、地貌、气象等资料。

③技术经济情况调查。主要收集工程建设地区的原材料、燃料来源，水电供应和交通运输条件，劳动力来源、数量和工资标准等资料。

3）合同文件及其有关资料的收集。招标投标文件中包含了大量的信息，包括甲方的全部"要约"条件，乙方的全部"承诺"条件；甲方所提供的材料供应、设备供应、水电供应、施工道路、临时房屋、征地情况、通信条件等；乙方投入的人力、机械方面的情况、工期保证、质量保证、投资保证、施工措施、安全保证等。

项目建设前期除以上各种资料外，上级关于项目的批文、指示、土地征用、拆迁赔偿等资料均是十分重要的信息资料。

（2）施工期间的信息收集

工程的施工阶段是大量的信息发生、传递和处理的阶段，工程项目信息管理工作主要集中在这一阶段。施工期间的信息收集内容如下：

1）业主信息。业主作为工程项目建设的组织者，要按照合同文件规定提供相应的条件，要不时表达对工程各方面的意见和看法，下达某些指令。因此，应及时收集业主提供的信息。当业主负责某些材料的供应时，需收集提供材料的品种、数量、质量、价格、提货地点、提货方式等信息。工程项目负责人应及时收集这些信息资料，同时应收集对项目进度、质量、投资、合同等方面的意见和看法。

2）承包商信息。现场发生的各种情况承包商必须掌握和收集，工程项目负责人也必须掌握和收集，并汇集成相应的信息资料。承包商在施工中经常向有关单位，包括上级部门、设计单位、业主及其他方面发出某些文件，传达一定的内容，如向业主报送施工组织设计、各种计划、单项工程施工措施、月支付申请表、各种项目自检报告、质量问题报告、有关意见等，项目负责人应全面系统地收集这些信息资料。

3）施工记录。主要包括：工程施工历史记录、工程质量记录、工程计量、工程款记录和竣工记录等。

①各种日报。主要包括：现场每日的天气记录、当天的施工内容、参加施工的人员、施工用的机械（名称、数量等）、发现的施工质量问题、施工进度与计划施工进行的比较（若发生施工进度拖延应说明原因）、当天的综合评论及其他说明（应注意的事项）等。

②施工及管理日记。主要包括：当天所做的重大决定，对施工单位所做的主要指示，发生的纠纷及解决办法，领导在施工现场谈及的问题，该工程项目总负责人的口头谈话摘要，对驻施工现场管理工程师的指示，与其他人达成的任何主要协议，或对其他人的主要指示等。

③各种月报。驻施工现场管理负责人应每月向总负责人及业主汇报工地施工进度状况，工程款支付情况，工程进度拖延的原因分析，工程质量情况，

工程进展中主要困难与问题。如施工中的重大差错，重大索赔事件，材料、设备供货及组织、协调方面的困难，异常的天气情况等。

④ 驻施工现场管理人员对施工单位的指示。主要包括：正式发出的重要指示、日常指示、在每日工地协调会中发出的指示、在施工现场发出的指示等。

⑤ 补充图样。设计单位给施工单位的各种补充图样。

⑥ 工地质量记录。主要包括试验结果记录及样本记录。

4）工地会议记录。工地会议是工程项目管理的一种重要方法，会议中包含着大量的信息，要求项目管理工程师必须重视工地会议，并建立一套完善的会议制度，以便于会议信息的收集。会议制度包括会议的名称、主持人、参加人、举行会议的时间、会议地点、会议内容等，每次工地会议都应有专人记录，会后应有工作会议纪要等。

① 第一次工地会议。第一次工地会议由甲方主持，主要内容是介绍业主、工程师、承包商的职员，问题澄清，检查承包商的动员情况（履约保证金、进度计划、保险、组织、人员、现场准备情况等），介绍业主的合同履行情况（如资金、投保，确定工地、图样等）、管理工程师的工作情况（如提交水准点、图样、职责分工等）、为管理工程师提供设备的情况（如住宿、试验、通信、交通工具、水电等条件），明确工作程序，包括填报支付报表。

② 经常性工地会议。经常性工地会议一般由业主主持，定期召开。会议参加人员有工程项目负责人员、承包商、监理方、业主代表等。会议主要内容：确定上次工地会议纪要、进度汇报、进度预测、技术事宜、变更事宜、财务事宜、管理事宜、索赔和延期事宜，下次工地会议及其他事项。工地会议确定的事情视为合同文件的一部分，相关单位必须执行。工地会议记录忠实于会议发言人，确保记录的真实性。

（3）工程竣工阶段的信息收集

工程竣工验收时，需要大量竣工验收资料。这些资料一部分是在整个施工过程中长期积累形成的；一部分是在竣工验收期间，根据积累的资料整理分析而形成的。完整的竣工资料应由承包商编制，经工程项目负责人和有关方面审查后，移交业主并通过业主移交管理部门。

2. 建设项目信息的加工整理和存储

建设项目的信息管理除应注意各种原始资料的收集外，更重要的是对资料进行加工整理，并对工程决策和实施过程中出现的各种问题进行处理。

（1）信息处理的要求和方法。

1）信息处理的要求。要使信息能有效地发挥作用，在信息处理的过程中就必须符合及时、准确、适用、经济的要求。

2）信息处理的方法。从收集的大量信息中，找出信息与信息之间的关系和运算公式；从收集的少量信息中，得到大量的输出信息。信息处理包括收集、加工、整理、传输、存储、计算、检索、输出等内容。

（2）收集信息的分类。工程项目信息管理中，对收集来的资料进行加工整理后，按其加工整理的深度可分为如下几个类型：

1）对资料和数据进行简单整理和过滤。

2）对信息进行综合、分析、概括后产生的辅助决策信息。

3）通过应用数学模型统计推断产生的决策信息。

（3）在项目建设过程中，依据当时收集到的信息所做的决策或决定有如下几个方面：

1）依据进度控制信息，对施工进度状况的意见和指示。

2）依据质量控制信息，对工程质量控制情况提出意见和指示。

3）依据投资控制信息，对工程结算、决算情况的意见和指示。

4）依据合同管理信息，对索赔的处理意见。

3. 建设项目信息的检索和传递

无论是存入档案库还是存入计算机存储器的信息、资料，为了查找的方便，在入库前都要拟定一套科学的查找方法和手段，做好编目分类工作。健全的检索系统可以使报表、文件、资料、人事和技术档案既保存完好，又查找方便；否则会使资料杂乱无章，无法利用。

信息的传递是指借助于一定的载体（如纸张、光盘、硬盘等）在建设项目信息管理工作的各部门、各单位之间的传递。通过传递，形成各种信息流。畅通的信息流，将利用报表、图表、文字、记录、电信、各种收发文、会议、审批及计算机等传递手段，不断地将建设项目信息输送到项目建设各方手中，成为他们工作的依据。

信息管理的目的，是为了更好地使用信息，为决策服务。处理好的信息，要按照需要和要求编印成各类报表和文件，以供项目管理者使用。信息检索及传递的效率和质量随着计算机的普及而提高。存储于计算机数据库中的数据，已成为信息资源，可为各个部门所共享。因此，利用计算机做好信息的加工储存工作，是为更好地进行信息检索和传递，也是信息使用的前提。

10.4　工程项目文档资料管理

工程项目管理信息大部分是以文档资料的形式出现的，因此工程项目文档资料管理是工程项目信息管理的核心工作之一。工程项目文档资料是有形的，是信息或数据的载体，它以记录的方式存在，具有集中、归档的性质。对项目文档资料进行科学系统的管理，能使项目实施过程规范化、正规化，提高项目的管理工作效率，确保项目归档文件材料的完整性和可靠性。项目文档资料管理是具体的，它的工作主要包括文档资料传递流程的确定，文档资料登录和编码系统的建立，文档资料的收集积累、加工整理、检索保管、归档保存和提供服务等。

工程项目文档资料包括各类文件、信件、设计图样、合同书、会议纪要，各种报告、通知、记录、鉴证、单据、证明、书函等文字、数值、图表、图片及音像资料。

10.4.1　文档资料概念与特征

1. 文档资料概念

建设项目文档资料是指建设项目在立项、设计、施工、监理和竣工活动中形成的具有归档保存价值的基建文件、监理文件、施工文件和竣工图的统称。

2. 文档资料特征

建设项目文档资料有以下特征：

(1) 分散性和复杂性。

(2) 继承性和时效性。

(3) 全面性和真实性。

(4) 随机性。

(5) 多专业性和综合性。

10.4.2　建设项目档案资料编制的质量要求与组卷方法

对建设项目档案资料编制的质量要求与组卷方法，各行政管理区域以及各行业都有自己的要求，但就全国来讲还没有统一的标准体系。地方城建档案部门的一般性要求如下。

1. 编制质量要求

(1) 工程档案资料必须真实地反映工程实际情况，具有永久和长期保存价值的文件材料必须完整、准确、系统，责任者的签章手续必须齐全。

(2) 工程档案资料必须使用原件。若有特殊原因不能使用原件的，应在复印件或抄件上加盖公章并注明原件存放处。

(3) 工程档案资料的签字必须使用档案规定用笔。工程资料宜采用打印的形式并手工签字。

(4) 工程档案资料的编制和填写应适应档案缩微管理和计算机输入的要求，凡采用施工蓝图改绘竣工图的，必须使用新蓝图并反差明显，修改后的竣工图必须图面整洁，文字材料字迹工整、清楚。

(5) 工程档案资料的缩微制品，必须按国家缩微标准进行制作，主要技术指标（解像力、密度、海波残留量等）要符合国家标准，保证质量，以适应长期安全保管。

(6) 工程档案资料的照片（含底片）及声像档案，要求图像清晰，声音清楚，文字说明或内容准确。

2. 组卷要求

(1) 严格执行组卷的质量要求。

(2) 说明组卷的基本原则。

(3) 案卷页号的编写应规范。

(4) 案卷的封面、脊背、工程档案卷内目录、卷内报表的编制、填写方法应按照地方城建档案部门具体填写说明执行。

10.4.3　工程项目文档资料的传递和使用

确定项目文档资料的传递流程是要研究文档资料的流转通道及方向，研究资料的来源。使用者和保存节点，规定传输方向和目标。项目管理班子中的信息管理人员是文档资料传递渠道的中枢，所有文档资料都应统一传递至信息管理者，进行集中收发和管理，以避免散落和遗失。信息管理人员将接收到的文档资料经加工整理、归类保存后，再按信息规划规定的传递渠道传递给文档资料的接收者。同时，信息管理人员也应按照文档资料的内容，有目的地把有关信息传递给其他相关的接收者。当然，项目管理人员根据需要随时都可自行查阅经整理分类后的文档资料。负责项目文档资料的管理人员必须熟悉各种项目管理的业务，通过研究分析项目文档资料的特点和规律对其进行科学管理，使文档资料在项目管理中得到充分利用。除此之外，管理人员还应全面了解和掌握项目建设的进展情况和项目管理工作开展的实际情况，结合对文档资料的整理分析，对重要信息资料进行摘要综述，编制相关工程报告。

10.4.4　建设项目档案资料验收与移交

1. 档案资料的验收

工程档案资料的验收是工程竣工验收的重要内容。在工程竣工验收时建设单位必须先提供一套工程竣工档案报请有关部门进行验收。建设单位以外的工程档案资料由建设单位进行验收，向地方城建档案部门报送的工程档案资料由地方城建档案部门验收。

国家、省市重点建设项目或一些特大型、大型的建设项目的预验收和验收会，应有地方城建档案部门参加验收。

为确保工程档案资料的质量，各编制单位、接受单位、地方城建档案部门、档案行政管理部门等要严格进行检查、验收。编制单位、制图人、审核人、技术负责人必须进行签字或盖章。对不符合技术要求的，一律退回编制单位进行改正、补齐，问题严重者可令其重做。不符合要求者，不能交工验收。

凡报送的工程档案资料，如验收不合格将其退回建设单位，由建设单位责成责任者重新进行编制，待达到要求后重新报送。检查验收人员应对接收的档案负责。地方城建档案部门负责工程档案资料的最后验收，并对编制报送工程档案资料进行业务指导、督促和检查。

2. 档案资料的移交

施工单位、监理单位等有关单位应在工程竣工验收前将工程档案资料按合同或协议规定的时间和套数移交给建设单位，并办理移交手续。

竣工验收通过后三个月内，建设单位将汇总的全部工程档案资料移交地方城建档案部门。若遇特殊情况，需要推迟报送日期，必须在规定报送时间内向地方城建档案部门申请延期报送并申明延期报送原因，经同意后办理延期报送手续。

10.4.5 建设项目档案资料的分类

建设项目档案资料归档过程的组卷工作应按照当地城建档案主管部门的有关要求进行。一般性城建档案资料可以按照以下内容进行组卷。

1. 基建文件。
(1) 决策立项文件。
(2) 建设用地、征地、拆迁文件。
(3) 勘察、测绘、设计文件。
(4) 工程招标投标及承包合同文件。
(5) 工程开工文件。
(6) 商务文件。
(7) 工程竣工备案文件。
(8) 其他文件。
2. 工程监理资料。
(1) 监理合同类文件。
(2) 工程的监理管理资料。
(3) 监理工作记录。
(4) 监理验收资料。
3. 施工资料。
(1) 施工管理资料。
(2) 施工技术资料。
(3) 施工物质资料。
(4) 施工测量记录。
(5) 工程施工记录。
(6) 施工试验记录。
(7) 施工验收资料。
(8) 竣工图。
4. 工程资料目录。

10.4.6 项目文档资料的存储

为使文档资料在项目管理中得到有效的利用和传递,需要按科学方法将文档资料存储与排列。随着工程建设的进程,信息资料的逐步积累,数量会越来越多,如果随意存储,需要时必然查找困难,且极易丢失。存放与排列可以编码结构的层次编码作为标识,将文档资料一件件、一本本地排列在书架上,位置应明显,易于查找。

为做好项目建设档案资料的管理工作,全面、完整地反映工程建设和项目管理的工作活动和成果,客观地记录项目建设的整个历史过程,充分发挥档案资料在项目建设、项目建成以后的使用管理以及项目维护中的作用,应将文档资料整理、立卷、装订成册,并及时归档。工程项目信息资料经过科学系统地组合与排列，才能成为系统的、完整的文档，为项目管理服务，同时作为归档保存的项目资料。

10.5　工程项目报告

10.5.1　工程项目报告的作用

工程中报告的形式和内容很多，它是人们沟通的主要工具。报告的种类很多，例如，按时间可分为日报、周报、月报、季报和年报等；按项目结构可分为工作包、单位工程、单项工程、分部分项工程和整个项目的报告等；按内容可分为质量报告、成本报告、工期报告等。此外，还有部分特殊情况的报告，如风险分析报告、总结报告、特别事件报告等。报告在信息管理中意义重大，具体作用有：

（1）作为决策的依据。通过报告所反映的内容，可以使人们对项目计划和实施状况、目标完成程度等有比较清楚的了解，从而使决策科学化。

（2）用来评价项目。评价过去的工作及阶段成果。

（3）总结经验，分析项目中的问题。每个项目结束时都应有一个内容详细的总结分析报告。

（4）提出问题，解决问题，安排后期的工作。

（5）预测将来情况，提供预警信息。

（6）作为证据和工程资料。工程项目报告便于保存，能提供工程的永久记录。

10.5.2　工程项目报告的要求

为了使项目各组织间能够顺利沟通，起到报告的作用，报告必须符合下面几点要求：

（1）与目标一致。报告的内容和描述必须与项目目标一致，主要说明目标的完成程度和围绕目标存在的问题。

（2）规范化、系统化。管理信息系统中应完整地定义报告系统的结构和内容，对报告的格式、数据结构进行标准化。在项目中要求各参加者采用统一形式的报告。

（3）文字要简练、内容要清楚。

（4）重点要突出。工程项目报告通常包括概况说明和重大的差异说明，主要的活动和事件的说明，而不是面面俱到。它的内容较多地是考虑实际效用，而不是考虑信息的完整性。

10.5.3　工程项目报告系统

项目初期，在建立项目管理系统时必须包括项目的报告系统，并建立报告目录表（见图 10-4），其主要解决两个问题：

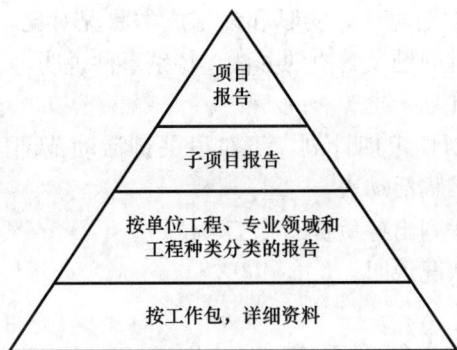

图 10-4　报告目录表

（1）列举出项目实施过程中应有的各种报告，并系统化。

（2）确定各种报告的形式、结构、内容、数据、采撷和处理方式，并标准化。

在设计报告前，应给各层次的人员列表提问：需要什么信息？这些信息从何处来？怎样传递？怎样标识它的内容等？

在编制工程计划时，应考虑需要的各种报告及其性质、范围和频率，并在合同或项目手册中确定。原始资料应一次性收集，以保证同一信息的来源相同。收入报告中的资料应进行可信度检查，以保证资料的准确性。

工程项目报告应从基层做起。资料最基础的来源是工程活动，上层的报告应在基层抓取的基础上，按照项目结构和组织结构层层归纳、总结，并做出分析和比较得到，形成金字塔形的报告系统。

项目月报是最重要的项目总体情况报告，其内容通常包括：

（1）工程项目概况。

1）简要说明本报告期中工程项目及主要活动的状况，如设计工作、批准过程、招标、施工及验收状况等。

2）计划总工期与实际总工期的对比，可以采用不同颜色的图例，或采用前锋线方法。

3）总的趋向分析。

4）成本状况和成本曲线，包括整个项目总结报告、各专业范围或各合同、各主要部门等层次。其中，需要分别说明原预算成本、工程量调整的结算成本、预计最终总成本、偏差原因及责任、工程量完成情况、支出等内容。可以采用对比分析表、柱形图、直方图、累计曲线加以描述。

5）项目形象进度。用图示的方法描述建筑和安装工程的进度。

6）对质量问题、工程量偏差、成本偏差、工期偏差的主要原因进行说明。

7）说明下一报告期的关键活动。

8）下一报告期必须完成的工作。

9）工程状况照片。

（2）项目进度详细说明。

1）按分部工程列出成本状况、实际和计划进度曲线的对比。

2）按每个单项工程列出：控制性工期实际和计划工期对比，其中关键性

245

活动的实际和计划工期对比，实际和计划成本状况对比，工程状态，各种界面的状态，目前关键问题及解决的办法，特别事件说明等。

(3) 预计工期计划。

包括下阶段控制性工期计划，下阶段关键活动范围内详细的工期计划，以后几个月内关键工程活动表。

(4) 按部分工程列出各负责的施工单位。

(5) 项目组织状况说明。

10.6　工程项目信息管理系统

10.6.1　管理信息系统的概念

管理信息系统（Management Information System，MIS）是在管理科学、系统科学、计算机科学等的基础上发展起来的新兴学科。作为一门处于发展过程中的边缘学科，其概念尚不统一，且处于不断发展和完善中。广义的管理信息系统是从系统论和管理控制论的角度，认为管理信息系统是存在于任何组织内部，为管理决策服务的信息收集、加工、存储、传输、检索和输出系统，即任何组织和单位都存在一个管理信息系统。狭义的管理信息系统是指按照系统思想建立起来的以计算机为工具，为管理决策服务的信息系统。因此，可以将管理信息系统理解为一个以计算机为工具，具有数据处理、预测、控制和辅助决策的信息管理系统。

10.6.2　工程项目管理信息系统的概念

工程项目管理是针对一系列分别独立、又相互联系的工序而进行的多目标管理，是一个复杂而庞大的系统工程。一个大型复杂的工程项目的管理，实际上就是利用能够控制的各种资源（人力、机具、材料、资金、工期），在一定的条件下对一个既定目标（进度、质量、费用）系统进行科学的计划，并对项目各个阶段的定性和定量的数据进行深入动态分析，从而达到对工程进行有效的控制，以尽可能小的投入，获得最大的效益的过程。工程项目的单件性、时代性、多门类性、环境性决定了工程项目信息的大规模性、变动性、多门类性。信息技术使工程成为数字工程，并通过数字化工程实体，更好地把握工程项目本质，有效地进行工程项目全过程的控制。

国际上对工程项目管理信息系统（Project Management Information system，PMIS）的定义是处理项目信息的人—机系统。它通过收集、存储及分析项目实施过程中的有关数据，辅助工程项目的管理人员和决策者规划、决策和检查，其核心是对项目目标的控制，即针对建设工程项目中的投资、进度、质量目标的规划与控制。

工程项目管理信息系统与一般管理信息系统的差别在于：一般管理信息系统是针对企业中的人、财、物、产、供、销，以企业管理系统为基础而建立的管理信息系统；而工程项目管理信息系统是针对工程项目中的投资、进度、质量目标的规划与控制，以建设工程系统为基础而建立的管理信息系统。二者无论是在数据的收集范围、还是在功能设计上都存在着很大的差别。

工程项目管理信息系统的目标是实现工程项目信息的系统管理，并为项目的决策提供必要的支持。工程项目管理信息系统应该及时地为工程项目的管理者和工程师提供有可靠的数据来源预测、决策所需的信息，以及相应的物理和数学模型；为计划的编制、修改和调控提供必要的科学手段及应变程序；保证对工程中出现的各种问题能够随机地处理，并为建设工程管理者、工程师提供多个可供选择的方案。

10.6.3 工程项目管理信息系统的工作机制

工程项目管理信息系统的工作机制可以从系统的构成（横向）和信息管理（纵向）两个方面来理解。从横向看，通过对系统构成的分析，可以逐层了解工程项目管理信息系统的各个子系统，熟悉各子系统的基本功能，甚至是实现某个子系统某项基本功能的程序文件。从纵向看，贯通的信息管理系统不仅衔接了各横向子系统，也联系了建设工程项目的各参与主体。信息管理系统以统一的信息共享平台和工具为依托，按照参与项目的各主体之间明晰的信息关系和合理的信息流程，实现对信息的收集、传递、加工、整理、检索、分发和存储。这其中，大量相关信息的输入和获取是系统后续预测、控制、决策等工作得以正常运作的前提。参与项目的各主体之间明晰的信息关系、合理的信息流程是确保信息有效、真实、及时的组织条件。统一的信息共享平台和工具为各参与主体具备共同的交流语言创造了环境和氛围，实现了各子系统之间的横向联系与交流，从而避免"信息孤岛"问题的产生。

1. 工程项目管理信息系统的构成

按照基本功能的划分，一般认为工程项目管理信息系统应包括投资控制、进度控制、质量控制、合同管理、安全管理、文档管理及物资管理七个子系统，其主要子系统应实现的基本功能如图 10-5 所示。每个子系统都有实现其基本功能的软件，以及必要的事务性决策支持软件，由大量的单一功能的"功能模块"，配合数据库、模型库、知识库组合而成。工程项目管理信息系统则是从建设工程项目管理的全过程出发，通过有效地集成和整合各子系统的"功能模块"及数据库，协助工程建设各参与方以最大限度地获得管理绩效。

2. 建设工程项目的信息管理系统

（1）工程项目建设过程中的信息关系

工程项目的建设是一个由多个单位、多个部门组成的复杂系统，这是由工程项目的复杂性决定的。在工程项目的全寿命周期管理过程中，涉及投资方、开发方、监理方、设计方、施工方、供货方、项目使用期的管理方等多方参与。参加建设的各方要能够实现随时沟通，必须规范相互之间的信息流程，组织合理的信息流，保证工程数据的真实性和信息的及时产生。图 10-6 给出了按工程项目建设过程描述的信息关系图。

248

图 10-5　工程项目管理信息系统及各子系统基本功能

工程项目管理信息系统

合同管理子系统	投资控制子系统	质量控制子系统	进度控制子系统
①标准的合同文本； ②合同文件、资料的管理； ③合同执行情况的跟踪和处理过程的管理； ④涉外合同的外汇折算； ⑤经济法规库(国内外经济法规)的查询； ⑥各种合同管理报表	①投资分配分析； ②编制项目概算和预算； ③投资分配与项目概算的对比分析； ④项目概算与预算的对比分析； ⑤合同价也投资分析、概算、预算的对比分析； ⑥实际投资与概算、预算、合同价的对比分析； ⑦项目投资变化趋势预测； ⑧项目结算与预算、合同价的对比分析； ⑨项目投资的各类数据查询； ⑩多种(不同管理平面)项目投资报表	①项目建设的质量要求和质量标准的制定； ②分项工程、分部工程和单位工程的验收记录和统计分析； ③工程材料验收记录(包括机电设备的设计质量、制造质量、开箱检验情况、资料质量、安装调试质量、试运行质量、验收及索赔情况)； ④工程设计质量的鉴定记录； ⑤安全事故的处理记录； ⑥多种工程质量报表	①编制双代号网络计划和单代号搭接网络计划； ②编制多阶网络(多平面群体网络)计划； ③工程实际进度的统计分析； ④实际进度与计划进度的动态比较； ⑤工程进度变化趋势预测； ⑥计划进度的定期调整； ⑦工程进度各类数据的查询； ⑧多种(不同管理平面)工程进度报表； ⑨绘制网络图； ⑩绘制横道图

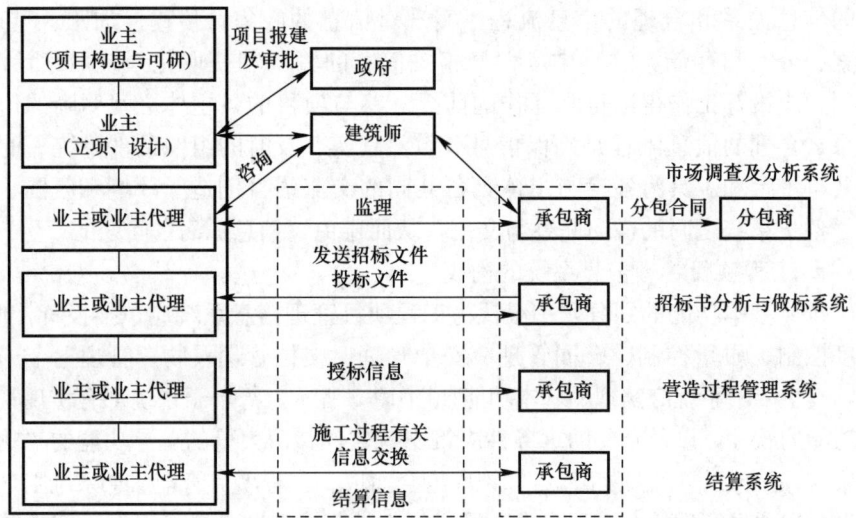

图 10-6　工程项目建设过程信息关系图

（2）工程项目参与各方信息交换平台

要实现工程建设项目各参与方的信息化，必然要求工程建设项目的各参与方都要建立起各自的工程项目管理信息系统。为了真正实现整个工程建设项目管理全方位的信息化，势必要求工程项目各参与方建立起进行信息交流和信息共享的平台和工具，为工程项目各参与方具有共同语言创造环境和氛围，这也是更高层次的工程项目管理的客观需要。图 10-7 给出了工程项目参与各方信息交换平台的示意图。

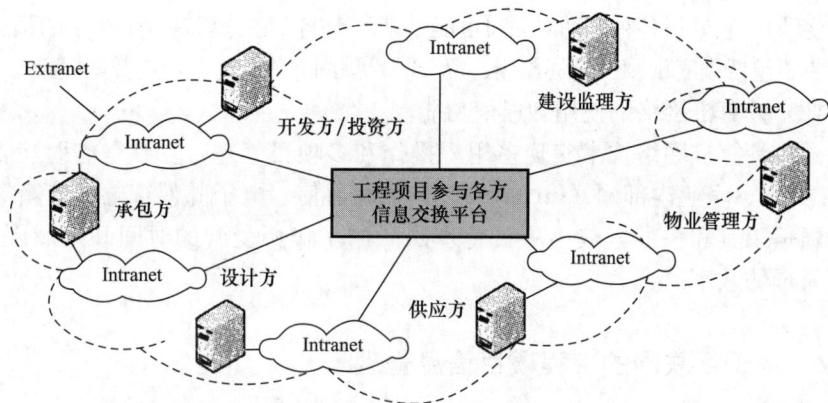

图 10-7　工程项目参与各方信息交换平台的示意图

10.6.4　工程项目管理软件

当今世界跨地区、跨部门的合作项目越来越多，管理过程更加复杂，项目的进度、质量和投资控制要求越来越高，如何更好地完成项目，实施项目管理迫在眉睫。国内外大型项目中，因忽视项目管理而造成项目亏损和失败的例子屡见不鲜。为使企业具备先进的项目管理能力以及有效控制项目的进度、质量和投资，提升团队的有效协作和绩效管理逐渐受到越来越多的企业的重视。作为执行和监控项目的有效工具，工程项目管理软件正是应这样一种背景而产生的。从宏观分析来看，工程项目管理软件的应用加速了信息的流动，提高了建设工程的管理水平，同时适应国际化竞争的需求；从微观分析来看，工程项目管理软件对于提升企业的核心竞争力，提高业主对项目目标的控制能力，有效提高企业的决策水平，降低企业成本以及改善企业的经营状况都起到了至关重要的作用。

总体说来，项目管理软件的应用主要集中在以下两个层次：

第一层次：业务管理层次。通常服务于项目管理层，满足进度控制、投资控制、合同管理、质量管理、资源管理、资金管理等基本功能。这类软件通常是对基层工作流程的模拟，在一定程度上实现数据共享，从而减轻基层项目管理人员的工作强度。国外在 20 世纪 80 年代已基本完成这方面的功能开发并成功地把软件从大型机、小型机上移植到个人电脑，使项目管理软件走进普通办公室，并被广大基层项目管理工作人员接受。

第二层次：总控管理层次。由第一层次的项目级软件上升为企业级软件，可实现企业内部项目与项目之间的资源优化与共享，通常服务于集团或项目群的最高决策层。在第一层次的基础上新增了如下两个突出特点。

（1）分析预测功能

在对工程项目历史进展信息进行分析的基础上，对工程项目的未来进展进行一定程度的预测，包括工期变动分析、成本变动分析、资源变动分析、资源替代分析、不可预见事件分析（如恶劣气候、汇率变动、市场物价变动、分包商等情况变动），它分析各种变动对项目可能带来的影响。在分析基础上产生的预测功能，主要包括进度预测、投资预测、资金需求预测等，并有相应的数学模型。

（2）计算机网络的使用和通信功能

通过计算机网络技术实现多用户操作和多项目管理，主要是借助互联网（Internet）、企业内部网（Intranet）、局域网通信、电子邮件、电子信箱等先进的通信工具和手段，减小项目管理团队的工作所受到的时间和地域限制，提高管理的效率。

10.7　基于互联网的工程项目信息管理

10.7.1　项目信息门户

1. 定义

项目信息门户 PIP（Project information Portal，PIP）属于电子商务的范畴。电子商务有电子交易和电子协同两大分支。其中电子交易包括电子采购、供应链管理等方面的内容；而电子协同包括信息门户等方面的内容。所以 PIP 属于电子商务中电子协同工作的范畴。

项目信息门户是在项目主题网站（Project-Specific Web Sites）和项目外联网（Project Extranet）的基础上发展起来的一种工程管理信息化的前沿研究成果。根据国际学术界较公认的定义，项目信息门户是在项目实施全过程中，对项目参与各方产生的信息和知识进行集中式存储和管理的基础上，为项目参与各方在互联网平台上提供的一个获取个性化（按需索取）项目信息的单一入口，为项目参与各方提供项目信息共享、信息交流和协同工作的环境。国内也有研究人员称之为基于互联网的项目信息（管理）系统（Internet-based Project Information System）。

PIP 的实质是利用互联网技术为项目参与各方营造一个信息沟通与协调合作的共享环境，其应用平台是互联网及其相适应的虚拟组织环境。通过 PIP 标准的 Web 界面项目参与各方及社会大众，可在其权限范围内访问统一存放于中央数据库的各种项目信息；另外 PIP 还在其 Web 界面上集成或实现诸如工作流管理、项目信息发布、视频会议、项目公告牌、在线录像、虚拟现实及应用程序共享等功能，从而有效解决大型工程建设的信息沟通问题。PIP 的概念可用图 10-8 直观地表示。

2. 特点

PIP 具有如下基本特点：

（1）以外联网作为信息交换工作的平台，其基本形式是项目主题网。与一般的网站相比它对信息的安全性有较高的要求。

（2）采用浏览器—服务器模式（即 B/S 结构），用户在客户端只需要安装一台浏览器即可。浏览器界面是通往全部项目授权信息的唯一入口，项目参与各方可以不受时间和空间的限制，通过定制来获得所需的项目信息。

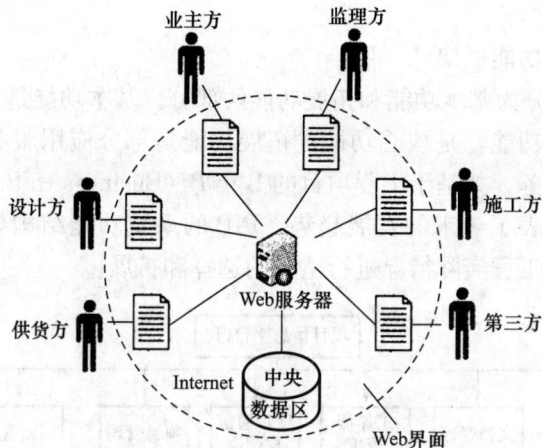

图 10-8　项目信息平台示意图

（3）系统的核心功能是项目信息的共享和传递而不是对信息进行加工、处理。这方面的功能可通过与项目信息处理系统或项目管理软件系统的有效集成来实现。

（4）该系统不是一个简单的文档管理系统和群件系统，它可以通过信息的集中管理和门户设置为项目参与各方提供一个开放、协同、个性化的信息沟通环境。

3. 系统功能结构

基于互联网的建设工程信息管理系统是在项目实施过程中对项目参与各方产生的信息和知识进行集中式管理，主要是项目信息的共享和传递，而不是对信息进行加工和处理。因此它是一个信息管理系统，而不是一个管理信息系统，其基本功能包括文档信息和数据信息的分类、存储、查询。

（1）系统的逻辑结构

一个完整的 PIP 逻辑结构应具有 8 个层次，从数据源到信息浏览界面分别为：

1）基于互联网的项目信息集成平台可以对来自不同信息源的异构信息进行有效集成；

2）项目信息分类层对信息进行有效的分类编目，以便于项目各参与方的信息利用；

3）项目信息搜索层为项目各参与方提供方便的信息检索服务；

4）项目信息发布与传递层支持信息内容的网上发布；

5）工作流支持层使项目各参与方通过项目信息门户完成一些工程项目的日常工作流程；

6）项目协同工作层使用同步或异步手段使项目各参与方结合一定的工作流程进行协作和沟通；

7）个性化设置层使项目各参与方实现个性的界面设置；

8）数据安全层通过安全保证措施使用户一次登录就可以访问所有的信

息源。

（2）系统的功能框架

PIP 的功能分为基本功能和拓展功能两部分。基本功能是大部分商业和应用服务所具备的功能，是核心功能；拓展功能是部分应用服务商在其应用平台上所提供的服务，如基于工程项目的 B to B（Business to Business）电子商务，这些服务代表了未来的发展趋势。PIP 的系统功能结构如图 10-9 所示。在应用中应结合工程实际情况进行适当的选择和扩展。

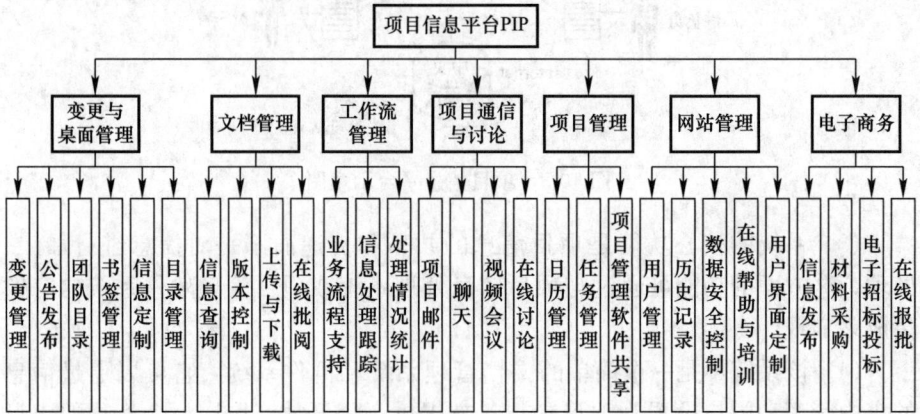

图 10-9　项目信息平台的功能结构

4. PIP 对建设项目的意义

（1）PIP 的最显著的特点是改变了传统工程项目信息交流的点对点式沟通方式，实现了项目实施全过程中项目参与各方的信息共享，大大提高了项目建设的信息透明度，如图 10-10 所示。传统的建设工程项目由于地理位置和组织界限的限制，项目参与各方在信息沟通与协同工作上存在许多困难。信息沟通不畅引起的决策失误、应对迟缓、协调困难等是造成超投资、拖工期等问题的主要原因之一。据国际有关文献资料介绍，建设项目实施过程中存在的诸多问题，其中三分之二与信息交流（信息沟通）的问题有关；建设工程

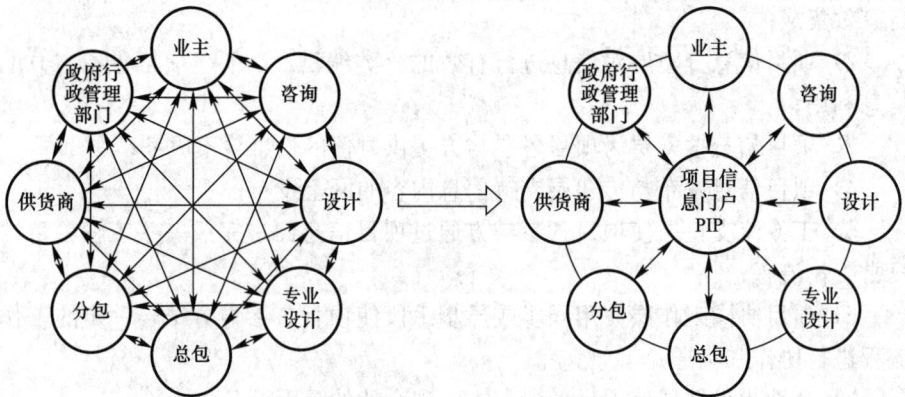

图 10-10　从点对点到集中共享

项目 10%～33%的费用增加与信息交流存在的问题有关；在大型建设工程项目中，信息交流的问题导致工程变更和工程实施的错误占工程总成本的 3%～5%。

（2）PIP 在工程项目中的应用使工程项目的信息流动大大加快，信息处理效率极大提高，项目管理的作用得到充分的发挥，传统项目实施过程中的信息不对称现象得到有效遏制，由此造成的工程损失和浪费得到了根本的控制，工程建设的综合效益也得到显著的提高。国外大型工程项目实施的有关统计结果显示，PIP 在大型工程项目中的应用使工程项目的综合经济效益平均提高 10%左右。

5. 项目信息门户（PIP）与工程项目管理信息系统（PMIS）的比较

PIP 与 PMIS 的比较如表 10-1 所示。

项目信息门户与工程项目管理信息系统的比较　　　　表 10-1

比较	PIP	PMIS
概念	对项目实施全过程中项目参与各方产生的信息和知识进行集中式存储和管理的基础上，为项目参与各方在 Internet 平台上提供的一个获取个性化（按需索取）项目信息的单一入口，为项目参与各方提供项目信息共享、信息交流和协同工作的环境	处理项目信息的人-机系统通过收集、存储及分析项目实施过程中的有关数据，辅助工程项目的管理人员和决策者规划、决策和检查，其核心是对项目目标的控制，即针对建设工程项目中的投资、进度、质量目标的规划与控制
目标	信息交流和共享	项目目标控制
基本功能	变更与桌面管理、文档管理、工作流管理、项目通信与讨论、项目管理、网站管理、电子商务等	辅助确定项目目标计划值，项目实际数据的采集，项目投资/成本、进度、质量、合同等各类信息的查询，项目计划值与实际值的比较分析，项目变化趋势的预测等
使用者	项目参与各方	业主方或项目参与方的某一方
应用技术	应用信息/通信技术尤其是在 Internet 上处理一些非结构化的项目文档，也包括一小部分结构化项目数据	应用信息处理技术处理与项目目标控制有关的结构化数据，为项目管理者提供信息处理的结果和依据
系统环境	高效协同的工作环境	相对封闭的信息系统

10.7.2　工程项目信息门户的应用

工程项目 PIP 的实现方式主要有以下三种。

1. 自行开发

用户可以聘请咨询公司和软件公司针对项目的特点自行开发，完全承担系统的设计、开发及维护工作。

2. 直接购买

业主或总承包商等项目的主要参与方出资购买（一般还需要二次开发）商品化的项目管理软件，安装在公司的内部服务器上并供所有的项目参与方共同使用。目前比较流行的 PIP 商品软件包括 Active project、Banyan Site-minder、Projectwise 等。

253

3. 租用服务

即应用服务供应商（Application Service Provider，ASP）模式。用户只需提供自己的业务数据，支付一定的租金，就可以通过浏览器或者客户机技术连接到位于远端的、集中式服务器上的应用程序，然后在本地处理应用程序计算产生的结果。由于工程项目的一次性、单件性、流动性的特点，应用服务供应商模式越来越受到大多数业主、项目管理公司、建筑工程公司等的欢迎。目前比较著名的应用服务供应商有美国的 Bidcom. com、Buzzs-aw. com、Projectgrid. com、Projecttalk. com 和欧洲的 Build-onlion. com 等网络公司。根据选择的应用模式和厂商的不同，服务供应商提供的功能也会有所差异。综合看，成功的面向项目管理的 ASP 一般提供文档管理、工作流程自动化、项目通讯录、集中登录和修改控制、高级搜索、在线讨论、进度管理、项目视频、成本管理、在线采购和招标投标、权限管理等功能。

以上三种实现方式的比较如表 10-2 所示。

工程项目 PIP 实现模式的比较　　　　　　　　表 10-2

	自行开发	直接购买	租用服务（ASP 模式）
优点	对项目的针对性最强，安全性和可靠性最好	对项目的针对性较强，安全性和可靠性较好	实施费用最低，实施周期最短，维护工作量最小
缺点	开发费用最高，实施周期最长，维护工作量较大	购买费用较高，维护费用较高	对项目的针对性最差，安全性和可靠性较差
适用范围	大型工程项目，复杂性程度高的工程项目，对系统要求高的工程项目	大型工程项目	中小型工程项目，复杂性程度低的工程项目，对系统要求低的工程项目

10.7.3　虚拟组织环境

PIP 的应用平台是互联网及其相适应的虚拟组织环境。虚拟组织与互联网都是致力于跨越地理界限与组织边界实现资源共享，只不过虚拟组织是从组织的角度出发而互联网则是从信息技术（尤其是电子通信网络）的角度出发。要从根本上解决信息沟通问题，还必须为 PIP 的应用创造一个与之相适应的虚拟组织环境。

虚拟组织是一种新的组织形式，是指为了抓住稍纵即逝的市场机会而快速组合起来的临时性的企业网络，是迅速聚集一系列核心能力，以利用市场机会的独立企业的动态联盟。

组成虚拟组织的每一个独立企业都是实实在在的组织。它们拥有各自的核心能力和资源，为了一个共同的市场机会，这些独立的企业通过互联网和企业内部网联合起来贡献各自的核心能力和资源，相互协作，以谋求实现共同的市场目标，同时使虚拟组织整体价值最大化。虚拟组织具有六个基本特征：地理上分布广、充分利用信息/通信技术、跨越组织边界、互补核心竞争力/共享资源、参与方不断变动、参与方地位平等。上述六个特征表明，虚拟组织形式适用于工程项目尤其是大型工程项目管理。工程项目管理的虚拟组织环境如图 10-11 所示。

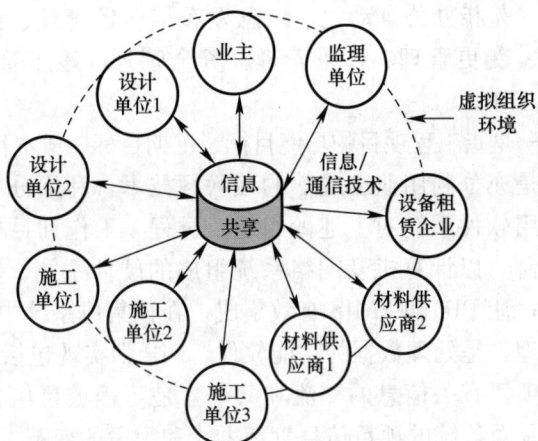

图 10-11　大型工程建设的虚拟组织环境

具体而言，基于互联网的工程项目管理系统的虚拟组织结构是以工程项目为核心，由业主、项目管理公司、设计院、施工企业、设备租赁企业、材料供应商、监理单位、政府行政管理部门等所有参与项目的组织机构，通过互联网连接和合同制约而组建的一个临时的、虚拟的网络式企业组织。在这种组织结构中，业主通过自行管理或将项目委托给项目管理公司管理，项目管理公司成立专门的项目部，从前期策划阶段开始着手进行项目管理，并以项目部为核心，根据工程项目的具体情况，运用网络平台逐步地将业绩好、信誉好的设计院、施工单位、设备租赁企业、材料供应商、监理单位等单位纳入项目网络，从而形成一个临时的虚拟企业。将原来单个的企业变成项目网络中的一个节点，整个网络实际上组成了一个敏捷制造系统。

构建虚拟的工程项目管理组织的实质是充分利用计算机网络和数字通信技术为项目参与各方营造一个信息沟通与协调合作的共享环境；建立工程参与各方的信息传递平台和管理协作框架；搭建以互联网/企业内部网（互联网/Intranet）技术为核心的网络应用环境；实现硬件系统、软件系统和工程数据信息在本网络系统中的高度集成与所有工程参与者在此环境下的有效组织、协同工作。

10.7.4　基于互联网的工程项目集成管理系统

1. 基于互联网的工程项目集成管理系统的概念

基于互联网的工程项目集成管理是通过互联网组建一个虚拟的企业网络，以工程项目为核心来对工程项目的全体组织（人员）、全部过程、全部工作和全部目标进行实时的、智能化的远程的管理和控制，其中：

全体组织（人员）——是指参与项目的所有的单位和人员，如业主、承包商、材料供应商、监理、政府行政管理部门和相关人员。

全部过程——是指从项目构思、设计、招标投标、施工、验收、试运行甚至项目正常运行的整个过程。

全部工作——是指办公自动化、信息发布、项目管理、计划进度、质量管理、合同管理、变更管理、计量管理、资金管理、竣工管理、工程决算、物资设备管理等工作。

全部目标——是指工程项目的功能目标、工期目标、成本目标和环境目标。

这种模式就是充分利用业已成熟的互联网技术，利用分布式数据库系统和项目管理，应用软件系统对上述的组织、过程、工作和目标进行实时的智能化的管理和控制。以计算机及网络系统组成的硬件系统、操作系统、一般工具软件为基础，让 PIP 和 PMIS 有效集成。在该集成系统中，PMIS 对工程相关数据进行处理，是处理数据的功能软件，PIP 则实现包括项目管理软件处理的信息在内的项目有关信息的交流和共享，是工程项目信息平台信息交流的枢纽。该模式是对传统的项目信息管理方式和手段的变革。

基于互联网的工程项目集成管理系统的最终目的是形成一个工程项目管理信息的交互系统。该系统的定位是工程项目各参与方之间的信息交互平台，是工程项目管理工作平台，也是工程管理应用软件集成化平台。

2. 基于互联网的工程项目集成管理系统的应用

应政府项目管理机构、集团公司项目管理部门、大型项目业主、项目管理公司信息化需求，由于这类主体具备投资大、周期长、技术难、接口多、管理协调复杂等特点，因此项目管理信息化已从过去采用单一软件的形式走向采用集成的形式，同时集成的方式也从信息管理为主走向以项目管理技术为主，信息管理为辅。普华 PowerPIP 工程项目管理平台和梦龙 LinkProject 项目管理中心平台正是顺应这样一种需要，结合企业管理、项目管理和 IT 系统运用的前沿发展而开发的企业级工程项目管理平台软件。

本章小结及学习指导

1. 全面掌握工程项目信息是进行工程项目管理的前提和基础。

2. 通过本章的学习应该熟悉工程项目信息的概念和特征，掌握工程项目信息管理、工程项目文档资料管理及工程项目报告的编写方法，了解工程项目管理信息系统。

思考题

10.1　什么是工程项目管理信息系统？

10.2　简述工程项目管理信息系统的构成与工作机制。

10.3　简述项目信息门户的概念、特点及其实现方式。

10.4　简述项目信息门户与工程项目管理信息系统的区别。

10.5　简述什么是基于互联网的工程项目集成管理系统。

10.6　试总结基于互联网的工程项目集成管理系统的架构方式。

第11章
工程项目安全及环境管理

本章知识点

> 【知识点】
> 工程项目安全管理的概念、安全生产管理制度、施工现场的安全管理、工程项目环境管理。
>
> 【重点】
> 掌握工程项目安全保证体系建立和施工现场安全管理的方法。
>
> 【难点】
> 施工现场安全管理的方法。

11.1 工程项目安全管理概述

11.1.1 工程项目安全管理的概念

工程项目安全管理是指工程项目在建设、使用或运营过程中，为保证安全生产而进行的全部管理活动，其目的是保证劳动者的身体健康和生命安全及国家、集体和个人的财产安全。

工程项目的安全管理贯穿于工程项目的全生命周期，涉及工程项目相关的所有专业技术领域，关系到参加项目的全体人员的身体健康和生命安全。因此，工程项目的安全管理是工程项目管理中不可缺少的重要组成部分。

11.1.2 工程项目安全管理的内容

工程项目安全管理包括安全生产保证体系的建立和安全生产的日常管理两个方面。

1. 安全生产保证体系的建立

安全生产保证体系是保证生产安全的所有因素的总称，包括安全生产的组织保证体系和技术保证体系两个部分。

安全生产保证体系是保证生产安全的基础，因此，工程项目的安全管理的首要任务是要建立施工项目的安全保证体系。

（1）安全生产的组织保证体系

安全生产的组织保证体系一般包括安全生产管理组织和安全生产管理制

257

度两个方面。因此安全生产的组织保证体系建立包括安全生产管理组织机构的建立和安全管理制度的建立两个部分。

1) 安全生产管理组织机构的建立

工程项目的安全生产管理组织机构一般包括企业层面和工程项目管理团队层面两个层次。从企业层面上讲，工程项目的相关单位应该建立起以企业负责人为首，包括安全生产管理部门及基层管理人员在内的完善的安全生产管理组织体系。从工程项目管理团队层面上讲，工程项目管理团队应该建立起以项目经理为总负责人，由施工员、安全员、班组长等共同组成的安全生产管理小组，并组成安全管理网络。

2) 安全生产管理制度的建立

安全管理制度分为很多层次，一般包括国家的安全管理政策和法律法规，地方或行业的条例、规范和标准，企业的安全生产管理制度，以及工程项目管理团队的安全生产管理制度等。地方或行业的条例、规范和标准应该符合国家的安全管理政策和法律法规的要求，企业的安全生产制度应该符合国家的安全管理政策和法律法规及地方或行业的条例、规范和标准的要求，工程项目管理团队的安全生产管理制度符合国家、地方、行业和企业的安全生产管理制度的要求。企业负责人和项目经理要严格遵守国家的安全管理政策和法律法规及地方或行业的条例、规范和标准，认真执行有关劳动保护标准和安全技术规程，并制定出相应的安全生产管理制度。

安全生产管理制度一般包括安全生产教育制度、安全管理人员的岗位职责、安全生产检查制度、安全评价制度和安全事故管理制度等。

(2) 安全生产的技术保证体系的建立

安全生产的技术保证体系一般包括安全设施及相关的安全技术管理制度。

1) 安全设施的建设

《中华人民共和国安全生产法》第二十四条明确规定："生产经营单位新建、改建、扩建工程项目（统称建设项目）的安全设施，必须与主体工程同时设计、同时施工、同时投入生产和使用。"因此，在工程项目的建设过程中，必须要保证安全设施与主体工程的同时建设。在编制工程项目的技术方案时，必须按照《中华人民共和国安全生产法》的要求，结合工程实际，编制切实可行安全技术方案。技术管理部门在审核工程项目的技术方案时必须要进行安全技术方案的审查，对于没有安全技术方案的工程项目的技术方案应该不予通过。

工程项目建设和运营的各个阶段应该做好的具体安全设施的建设管理工作如下：

① 决策阶段

工程项目的决策阶段安全设施的建设工作主要是做好工程项目的选址和安全设施建设方案的编制工作。

建设项目的厂（场）址选择是项目决策中的重要环节，如果选址不当将会造成建设项目的"先天不足"，给日后的生产运营和服务功能带来难以弥补的缺陷，直接影响项目的正常生产、运营和收益。因此，工程项目的选址必须根据建设项目的特点和要求，对厂（场）址进行深入细致的调查研究，进行多点、多方案比较后再择优选定厂（场）址。从安全管理的角度上讲，应该看地形、地貌和地质条件是否适合项目的建设，即所选厂（场）址是否处在强地震带、滑坡区、易发生泥石流区，场地内有无断层、溶洞、软土层等不良地质现象，还应该收集周围河流的流向、流量、水质、年降水量等资料，主要注意防止自然和地质灾害可能对拟建工程的潜在威胁。

工程项目安全设施建设方案将直接影响工程项目的运行安全，因此，在制定建设项目的技术方案时要采用安全可靠的工艺流程，同时要研究工程项目建设对地区环境的影响，并制定出相应的环境保护技术方案。

② 勘察、设计阶段

项目的勘察、设计阶段工程项目安全设施建设应该做好以下两个方面的工作：一是对所选厂（场）址及附近地区的地形、地貌和地质条件的调查，对自然和地质灾害可能对拟建工程的潜在威胁进行分析；二是做好安全保障和环境保护设施的同时设计工作。

③ 施工阶段

施工阶段应该制定好安全设施的建设方案，保证安全设施的建设质量，同时做好建设过程中的安全生产管理工作，确保建设过程中的安全生产。

④ 运营或使用阶段

工程项目的运营或使用阶段应该做好安全设施的围护和保养工作，确保安全设施的正常运行。

⑤ 结束阶段

工程项目的结束阶段应该做好环境的恢复工作，保证项目结束后的环境安全。

2) 安全设施的管理制度的建立

在安全设施建成后，相关的运营单位应该建立起完善的安全设施的运行和管理制度，具体应该包括安全技术交底制度、安全运行管理制度和所有设备的安全操作规程等。

2. 安全生产的日常管理

在项目实施过程中，所有的项目实施管理和作业人员均应该认真执行技术方案中的所有安全技术措施，项目负责人和安全技术人员要检查安全技术措施的落实情况，项目的技术管理人员要注意收集安全技术措施执行情况，对项目实施过程中暴露出的一些安全技术问题，技术人员要参照有关的安全技术标准采取妥善的安全防护措施，弥补技术方案中安全措施的不足，确保项目实施和运行或使用过程中的安全，需要改变安全技术方案时，要报原技术方案审批部门负责人，经批准后方可变更。

在工程收尾总结时，专门编辑项目全生命周期的安全技术资料，以利于今后借鉴。

11.2　安全生产管理制度

如前所述，安全管理制度包括国家、地方或行业、企业和工程项目管理团队等多个层次，根据本课程的特点，这里仅对工程项目管理团队层面的安全生产管理制度进行介绍。从工程项目管理团队层面上讲，安全生产管理制度的范围非常广泛，常用的有安全生产岗位责任制、安全教育制度、安全技术交底制度、安全检查制度、安全事故管理制度和安全设施运行管理制度。

11.2.1　安全生产岗位责任制

项目经理部应该根据安全生产责任制的要求，把安全责任目标分解到岗，落实到人。安全生产责任制必须经项目经理批准后实施。

1. 项目经理的安全职责

项目经理的安全职责应该包括认真贯彻安全生产方针、政策、法规和各项规章制度，制定和执行安全生产管理办法，严格执行安全考核指标和安全生产奖惩办法，严格执行安全技术措施审批和施工安全技术措施交底制度；定期组织安全生产检查和分析，针对可能产生的安全隐患制定相应的预防措施；当施工过程中发生安全事故时，项目经理必须按安全事故处理的有关规定和程序及时上报和处置，并制定防止同类事故再次发生的措施。

2. 安全员的安全职责

安全员的安全职责应包括落实安全设施的设置，对施工全过程的安全进行监督，纠正违章作业，配合有关部门排除安全隐患，组织安全教育和全员安全活动，监督劳保用品质量并正确使用。

3. 作业队长的安全职责

作业队长的安全职责应包括向作业人员进行安全技术措施交底，组织实施安全技术措施；对施工现场安全防护装置和设施进行验收；对作业人员进行安全操作规程培训，提高作业人员的安全意识，避免产生安全隐患；当发生重大或恶性工伤事故时，应保护现场，立即上报并参与事故的调查处理。

4. 班组长的安全职责

班组长的安全职责包括安排施工生产任务时，向本工种作业人员进行安全措施交底；严格执行本工种安全技术操作规程，拒绝违章指挥；作业前应对本次作业所使用的机具、设备、防护用具及作业环境进行安全检查，消除安全隐患，检查安全标牌是否按规定设置，标识方法和内容是否正确完整；组织班组开展安全活动，召开上岗前的安全生产会；每周应该进行安全讲评。

5. 操作工人的安全职责

操作工人的安全职责包括认真学习并严格执行安全技术操作规程，不违规作业，自觉遵守安全生产规章制度，执行安全技术交底和有关安全生产的规定；服从安全监督人员的指导，积极参加安全活动；爱护安全设施；正确使用防护用具；安全作业，拒绝违章指挥。

6. 承包人对分包人的安全生产责任

承包人对分包人的安全生产责任应包括：审查分包人的安全施工资格和安全生产保证体系，不应将工程分包给不具备安全生产条件的分包人；在分包合同中应明确分包人的安全生产责任和义务；对分包人提出安全要求并认真监督、检查；对违反安全规定冒险蛮干的分包人，应令其停工整改；承包人应该统计分包人的伤亡事故，按规定上报，并按分包合同的约定协助处理分包人的伤亡事故。

7. 分包人安全生产责任

分包人安全生产责任应包括：分包人对本施工现场的安全工作负责，认真执行分包合同规定的安全生产责任；遵守承包人的有关安全生产制度，服从承包人的安全生产管理，及时向承包人报告伤亡事故并参与事故调查，处理善后事宜。

11.2.2　安全教育制度

安全生产教育是提高全员安全素质，实现安全生产的基础。通过安全生产教育可以提高各级生产管理人员和广大职工的安全责任感和自觉性，增强项目参加人员的安全意识，调动项目参加人员掌握安全生产知识的积极性，增强员工自我防护能力，从而达到不断地提高安全管理水平和安全操作技术水平的目的。

工程项目管理人员要认真学习国家、地方、行业和企业的安全生产、劳动保护规章，在组织生产时要树立"安全第一，预防为主"的指导思想，在计划、布置、检查生产作业时，要同时计划、布置、检查安全工作是否落实，项目经理要亲自组织全体管理人员的安全教育，消除只重进度、只抓生产、忽视安全的思想意识，从根本上杜绝违章指挥的发生。

参加项目的所有人员在进入岗位前，均要进行入场安全教育和岗位安全技术教育，特种作业人员（如电工、架子工、起重机操作工、电焊工等）还要经专业培训、考核，持证上岗，除了以上这些基础安全教育工作外，还要对全体场内施工人员进行上岗后的经常性安全教育，使职工的安全生产意识保持较高的平稳状态。

1. 安全生产教育的主要内容

（1）安全生产思想教育

通常从方针政策和劳动纪律教育两个方面进行安全生产思想教育。目的是提高各级生产管理人员和广大职工的安全责任感和自觉性，增强项目参加人员的安全意识。

（2）安全知识教育

主要是施工现场的情况介绍，内容一般包括施工工艺和方法，施工中的危险区域、危险部位、各类不安全因素等及其安全防护的基本知识和注意事项。

（3）安全技能教育

安全技能知识是指针对操作工人的具体岗位的安全知识教育，是专业性非常强的安全知识教育，需要细致而深入地进行。它包括安全技术、劳动卫生和安全操作规程。通过安全技能教育应该使每一个职工都要熟悉本岗位专业安全技术知识。

（4）事故教育

施工现场的事故教育是指结合典型的事故教训进行安全教育，使每一个职工从以往的事故中吸取教训，防止类似事故的再一次发生。

（5）法制教育

定期和不定期对个体职工进行遵纪守法的教育，可以提高广大职工的安全意识，尽可能地避免违章指挥和违章操作。

2. 安全教育的方式

（1）安全基础教育

安全基础教育是指新工人（包括新招收的合同工、临时工、学徒工、实习和代培人员）进入施工现场必须进行企业、工地和班组的 3 级安全教育，这是企业必须坚持的安全生产基本教育制度之一。

3 级安全教育一般由安全、教育和劳资等部门配合组织。经教育考试合格者才准许进入生产岗位，不合格者必须补课、补考。

对新工人的 3 级安全教育情况，要建立档案，如职工安全生产教育卡等，新工人工作一个阶段后，还应进行复杂性的再教育，以加深对安全的感性和理性认识。

（2）特殊工种安全技术教育

特殊工种是指对操作者本人，或操作者可能对他人和周围设施的安全产生重大危害的工作岗位，如脚手架架设、电气、起重、机械操作等工作的作业人员。

从事特种作业的人员，必须经国家规定的有关部门进行安全教育和安全技术培训，并经考核合格，取得操作证后，方准独立作业。

（3）经常性教育

安全生产教育工作，必须做到经常化、制度化，把经常性的普及教育贯穿于管理工作的全过程，并根据接受教育对象的不同特点，采取多层次、多渠道和多种方法进行，保证良好的效果。生产作业班组应每周安排一次安全活动日，可利用班前或班后进行。

3. 实施安全教育应符合下列规定

（1）项目经理部的安全教育内容应包括：学习安全生产法律，讲解安全事故案例。

（2）作业队安全教育内容应包括：了解所承担施工任务的特点，学习施工安全基本知识、安全生产制度及相关工种的安全技术操作规程；学习机械设备和电气使用、高处作业等安全基本知识；学习防火、防毒、防爆、防洪、防尘、防雷击、防触电、防高空坠落、防物体打击、防坍塌、防机械伤害等知识及紧急安全救护知识；了解安全防护用品发放标准、防护用具、用品使用基本知识。

（3）班组安全教育内容应包括：了解本班组作业特点，学习安全操作规程、安全生产制度及纪律；学习正确使用安全防护装置（设施）及个人劳动防护用品知识，了解本班组作业中的不安全因素、防范对策、作业环境及所使用的机具安全要求。

11.2.3　安全技术交底制度

单位工程开工前，项目经理部的技术负责人必须将工程概况、施工方法、施工工艺、施工程序、安全技术措施，向承担施工的作业队负责人、工长、班组长和相关人员进行技术交底。

结构复杂的分部分项工程施工时，项目经理部的技术负责人应有针对性地进行全面而细致的安全技术交底。

1. 安全技术交底主要内容

（1）本工程项目的施工作业特点和危险点；

（2）针对危险点的具体预防措施；

（3）应注意的安全事项；

（4）相应的安全操作规程和标准；

（5）发生事故后应及时采取的避难和急救措施。

2. 安全技术交底的基本要求

（1）项目经理部必须实行逐级安全技术交底制度；

（2）技术交底必须具体、明确，针对性强；纵向延伸到班组全体作业人员；

（3）技术交底的内容应针对分部分项工程施工中给作业人员带来的潜在危险因素和存在的问题；

（4）应优先采用新的安全技术措施；

（5）应将工程概况、施工方法、施工程序、安全技术措施等向工长、班组长进行详细交底；

（6）定期向由两个以上作业队和多工种进行交叉施工的作业队伍进行书面交底；

（7）项目经理部应保存双方签字确认的安全技术交底记录。

11.2.4　安全检查制度

安全检查是发现不安全行为和不安全状态的重要途径，也是落实安全技术措施、消除事故隐患、防止事故发生和改善劳动条件的基础性工作。项目经理部要定期和不定期的组织安全管理人员对安全保证计划的执行情况进行检查、考核和评价，及时发现工程中存在的不安全行为和隐患，及时查找不安全行为和隐患产生的原因，并有针对性地采取相应整改的防范措施。

1. 安全检查的内容

项目经理部应该根据工程的特点和安全目标的要求，确定安全检查的内容，制定安全检查的项目、标准，主要是检查安全思想、安全生产制度、安全保证计划、安全技术交底、安全组织机构、持证上岗情况、安全保证措施落实情况、机械设备的安全状态、安全设施建设和运行状况、安全教育培训情况、操作行为、劳保用品使用情况、安全记录、伤亡事故的处理等；各级生产组织者，应在全面安全检查中对照安全生产的方针、政策和管理制度，发现和排除安全隐患。

2. 安全检查的组织

（1）成立以项目经理为首，业务部门、安全管理人员参加的安全检查组织。

（2）建立安全生产检查制度，并按制度要求的时间、规模和原则组织安全检查。

（3）安全检查必须做到有计划、有目的、有准备，并对每一次安全检查进行总结。对检查过程中发现的安全隐患有整改要求、处理意见和处理结果。

3. 安全检查的准备

（1）思想准备。发动全员开展自查，形成自查自改、边查边改的局面。使全员发现危险因素的能力得到提高，在消除危险因素中受到教育，从安全检查中受到锻炼。

（2）组织准备。确定检查负责人和检查人员，并确定检查的内容及要求。

（3）业务准备。通过对安全资料的分析确定安全检查的目的、步骤、方法和重点，把重点放在对事故多发部位和工种的检查。准备好规范的检查记录表格，配备必要的检查设备或器具，使安全检查做到规范化和科学化。

4. 安全检查的形式

（1）定期安全检查。工程项目必须建立定期分级安全检查制度，按照国家的有关规定定期开展安全检查工作。

（2）专业性安全检查。由企业有关业务部门组织有关专业人员对某项专业的安全问题（如脚手架、塔吊、电气设备、压力容器的安全检查等）或对工程中普遍存在的专业性安全问题进行专项检查。

（3）经常性安全检查。通常有班组进行的班前、班后岗位安全检查；各级安全员及安全值日人员的日常安全巡查；各级管理人员在检查生产的同时进行的安全检查等。

（4）突击性安全检查。指无固定检查周期、针对某些部门、某些设备或某一区域的安全检查。

5. 常用安全检查方法

从宏观上讲，安全检查一般采用随机抽样、现场观察、实地检测相结合的方法进行。从细节上讲，安全检查可以采用"看""听""嗅""问""量""测""验""析"等方法。

（1）"看"

主要查看安全管理资料、持证上岗、现场标志、交接验收记录，机械设备的防护装置，洞口、临边的安全设施情况等。

（2）"听"

有听汇报、听介绍、听反映、听意见、听批评、听声音（如机械设备的运转声音、承重物发出的声音等）。

（3）"嗅"

对挥发物、腐蚀物、有毒气体进行辨别。

（4）"问"

对影响安全的问题进行详细询问。

（5）"量"

主要是用尺进行量测，如脚手架各种杆件的间距、塔吊的轨道间距、电气开关箱的安装高度、在建工程临边高压线的距离。

（6）"测"

用仪器、仪表对各种安全指标进行实地的测量、测试和监测。

（7）"验"

进行必要的试验和化验。例如对塔吊的力矩限制器、限位装置、设备制动装置等进行现场试验。

（8）"析"

对安全检查的结果进行分析，对已达标的项目、存在的问题、发现的安全隐患等进行说明，对现场的安全状态进行分析和评价，并制定出有针对性的对策和措施。

在安全检查过程中，对违章指挥和违章作业行为，应该当场给予纠正。对于存在的问题应要求限期整改，发现的安全隐患要及时采取措施进行排除。

6. 安全隐患的控制

安全隐患是指潜在安全危险。在安全检查及数据分析过程中发现安全隐患时，应利用通知责任人制定纠正和预防措施、限期改正和安全员跟踪验证的方法对安全隐患进行控制。具体应该做好以下几项工作：

（1）安全检查组对检查出的安全隐患应该立即发出安全隐患整改通知单。对有可能造成事故的危险隐患，检查组应责令受检测单位立即停工整改。

（2）检查组对安全检查过程中发现的安全隐患应该进行登记，作为整改的依据和安全动态分析的重要基础资料。

（3）检查组对检查过程中发现的安全隐患应该针对通病、顽症、首次出现、不可抗力等不同类型区别对待。

（4）受检单位应对安全隐患产生的原因进行分析，立即研究整改方案，制定纠正和预防措施。纠正和预防措施应经检查单位负责人批准后才可以实施。

（5）受检单位整改完成后要及时向有关部门提出申请，要求对整改情况进行检查。检查部门在接到申请后，要立即派人进行检查，检查合格后要进行销案。

7. 检查结果的评价

安全检查结束后应该对检查结果进行评价。检查结果的评价可以分为现场打分、得分汇总和等级评定3个步骤。

（1）现场打分

检查的现场打分根据事先设计好的分项检查评分表和检查评分汇总表及相应的评分标准进行。如在对建筑工程施工现场进行安全检查时，一般可以按照安全管理、文明工地、脚手架、基坑支护与模板工程、"三宝（安全帽、安全带和安全网）""四口"（通道口、预留洞口、楼梯口、电梯井口）防护、施工用电、物料提升机与外用电梯、塔吊、起重吊装和施工机具十个分项事先设计分项检查评分表和一张检查评分汇总表。各分项检查评分表中，满分为 100 分。上述十个分项的评分标准可以设计为安全管理 10 分、文明施工 20 分、脚手架 10 分、基坑支护与模板工程 10 分、"三宝""四口"防护 10 分、施工用电 10 分、物料提升机与外用电梯 10 分、塔吊 10 分、起重吊装 5 分和施工机具 5 分。

在安全检查的分项检查评分表中还可以设立保证项目和一般项目，对保证项目进行重点安全检查。如在建筑工程施工现场的分项检查评分表中可以在安全管理、文明施工、脚手架、基坑支护与模板工程、施工用电、物料提升机与外用电梯、塔吊和起重吊装八个分项检查评分表中设立保证项目和一般项目。

（2）得分汇总

在安全检查的总得分一般可以由各个分项检查评分表中的得分累加得出总分。对得分汇总过程中遇到的一些特殊情况可以作如下处理：

1）同一项目有多个检查点的处理

对于同一项目有多个检查点的，如有多处脚手架、多台塔吊、多个龙门架等，则该项得分应为各单项实得分数的算术平均值。

在汇总表中各分项项目实得分数应按下式计算：

汇总表中各分项项目实得分数＝各检查点的实得总分数/汇总表中该项应得满分分值

2）缺项的处理

检查中遇有缺项时，汇总表总得分应按下式换算：

有缺项时汇总表总得分＝实查项目在汇总表中各对应的实得分值之和/实查项目在汇总表中各对应的应得分值之和

3）同一项目检查多人评分的处理

对于多人对同一项目检查评分时，可以按加权评分方法确定总分值，如可以按照专职安全人员的权数取 0.6，其他人的权数取 0.4 的权数分配原则进行处理。

（3）等级评定

安全检查结果的等级评定一般按照事先确定好的等级划分标准进行，如进行建筑工程施工现场安全检查结果的等级评定时，可以按照安全检查评分汇总表的总得分及保证项目达标与否作为对施工现场安全生产情况的评价依据，将评价结果分为优良、合格、不合格 3 个等级，各个等级的划分标准如下：

1）优良

保证项目分值均达到规定得分标准，汇总表得分大于等于 80 分。

2）合格

① 保证项目分值均应达到规定得分标准，汇总表的得分大于等于 70 分。

② 有一分项评分表未得分，汇总表的得分大于等于 75 分。

③ 如果起重吊装检查评分表或施工机具检查评分表未得分，汇总表得分大于等于 80 分。

3）不合格

① 汇总表得分低于 70 分。

② 有一分表未得分，且汇总表得分低于 75。

③ 起重吊装检查评分表或施工机具检查评分表未得分，且汇总表得分低于 80 分。

11.2.5　安全事故管理制度

安全事故是人们在进行有目的的活动过程中，发生了违背人们意愿的不幸事件，使其有目的的行动暂时或永久地停止。

尽管谁都不愿意发生事故，但在实际工程中，由于种种原因，工程安全事故还是时有发生，因此，工程安全事故管理是工程项目管理工作中不可缺少的管理工作之一。工程安全事故管理包括事故的预防和事故发生后的处理两个方面，其中事故预防的主要措施是加强对安全隐患的控制。

1. 安全事故的分类

安全事故的分类方法和标准很多。根据不同的方法和标准可以得出不同的安全事故的分类结果。例如按照事故发生的行业和领域可以将安全事故划分为工矿商贸企业生产安全事故、火灾事故、道路交通事故、农机事故和水上交通事故 5 种类型；按照事故原因可以将安全事故划分为物体打击事故、车辆伤害事故、机械伤害事故、起重伤害事故、触电事故、火灾事故、灼烫事故、淹溺事故、高处坠落事故、坍塌事故、冒顶片帮事故、透水事故、放炮事故、火药爆炸事故、瓦斯爆炸事故、锅炉爆炸事故、容器爆炸事故、其他爆炸事故、中毒和窒息事故和其他伤害事故 20 种类型。

在众多的安全事故分类方法中，应用最多的是《生产安全事故报告和调查处理条例》中制定的分类方法。该方法根据生产安全事故造成的人员伤亡或者直接经济损失，将安全事故划分为特别重大、重大事故、较大事故和一般事故 4 个等级。

（1）特别重大事故

指造成 30 人以上死亡，或者 100 人以上重伤（包括急性工业中毒，下同），或者 1 亿元以上直接经济损失的事故。

（2）重大事故

指造成 10 人以上 30 人以下死亡，或者 50 人以上 100 人以下重伤，或者 5000 万元以上 1 亿元以下直接经济损失的事故。

（3）较大事故

指造成 3 人以上 10 人以下死亡，或者 10 人以上 50 人以下重伤，或者 1000 万元以上 5000 万元以下直接经济损失的事故。

（4）一般事故

指造成 3 人以下死亡，或者 10 人以下重伤，或者 1000 万元以下直接经济损失的事故。

2. 安全事故处理的原则

安全事故处理必须坚持"事故原因不清楚不放过，事故责任者和员工没有受到教育不放过，事故责任者没有处理不放过，没有制定防范措施不放过"的"四个不放过"原则。

3. 安全事故的处理程序

安全事故应按程序处理，使之有序、有效。对安全事故应进行分析，明确性质，制定纠正和预防措施，编写事故调查报告。

安全事故处理程序如下：

（1）报告安全事故

发生安全事故后，受伤者或最先发现事故的人员应立即用最快的速度，将发生事故的时间、地点、伤亡人数、事故原因等情况，上报给企业的安全管理部门。企业安全主管部门应视事故造成的伤亡人数或直接经济损失情况，按规定向政府主管部门报告。

（2）事故处理

安全事故发生后，现场人员切不可惊慌失措，要在统一指挥下，有组织地做好应急处理工作。首先要抢救伤员、排除险情、尽量防止事故的蔓延。同时注意，为了事故调查分析的需要，要做好标识，尽量保护好事故现场。

（3）事故调查

事故调查应由技术、安全、质量等部门的人员，会同企业工会代表组成调查组，开展调查。事故调查组的具体人员组成应根据事故的等级和事故处理的有关规定确定。

调查组成立后，应立即对事故现场进行勘察，勘察的主要内容有：做出笔录、实物拍照、现场绘图。在事故现场勘察调查的基础上，要进行事故原因分析，确定事故性质，并找出防止类似事故的具体措施。

（4）调查报告编写

调查组应把事故发生的经过、原因、性质、损失责任、处理意见、纠正和预防措施撰写成调查报告，并经调查组全体人员签字确认后报企业安全主管部门。

11.2.6　安全设施运行管理制度

从我国现有的政府管理体制上讲，安全设施运行的管理涉及劳动保护、安全技术、工业卫生和安全事故管理等许多方面。

1. 劳动保护

主要是通过法律法规的建设，以政策、规程、条例、制度等形式，规范操作或管理行为，从而使劳动者的劳动安全与身体健康得到法律保障。

2. 安全技术管理

侧重于对劳动手段和劳动对象的管理，主要是预防伤亡事故的工程技术和安全技术规范、技术规定、标准、条例等规章制度的建设。通过规章制度的建设，减少或消除生产设备的不安全状态及人的不安全行为，对生产设备的运行状态进行有效控制，从而减轻或消除生产设备对人的威胁，减少或避免事故的发生，尤其是人身伤害的事故的发生。

3. 工业卫生管理

侧重于对工业生产中高温、粉尘、振动、噪声、毒物等有害物质和作业环境的管理，主要是通过防护、医疗、保健等措施，防止劳动者的安全与健康受到不良作业环境的危害。

4. 安全事故管理

主要内容包括事故的预防、调查与处理等。

安全管理的所有工作都是既相互联系又相互独立的。一方面，劳动者的生产行为、作业环境的安全状况、生产设备的运行状态都是影响劳动者的健康与安全的重要因素，要想保证劳动者的健康与安全生产，必须对劳动者的生产行为和作业环境及生产设备的运行状态都进行有效的控制。因此，工程项目的安全状态是由劳动者的生产行为、作业环境的安全状况、生产设备的运行状态共同决定的，劳动保护、安全技术和工业卫生工作是一个有机的整体，3个方面的工作缺一不可。另一方面，安全管理各项工作又可以自成体系，各自独立地开展工作。

11.3 施工现场的安全管理

施工现场是施工生产因素的集中点，直接从事施工的人员非常密集，机械设备和材料集中，常常还会出现多工种立体作业，属于危险因素多，事故易发的场所，因此，施工现场的安全管理是建设项目安全管理的重点环节之一。

施工现场安全管理的重点，控制人的不安全行为、物的不安全状态和作业环境的不安全因素，预防与避免伤害事故，保证生产处于最佳安全状态。

由于施工现场作业环境的多变性，人员和机械又具有很强的流动性，直接从事施工操作的人随时随地活动于危险因素的包围之中，随时受到自身行为失误和危险状态的威胁或伤害。因此，对施工现场应该强化动态管理，即对施工现场的安全状态必须经常性地进行检查、分析、判断，及时调整安全管理工作重点。

11.3.1 施工现场安全管理的总体要求

1. 平面布置

开工前，施工组织设计（或施工方案）中，必须有详细的施工平面布置图。运输道路、临时用电线路布置、各种管道、仓库、加工车间（或作业场所）、主要机械设备位置及工地地办公、生活设施等临时工程的安排，均要符合安全要求。

工地四周应有与外界隔离的围护设置，入口处一般应有（特殊工程工地除外）工程名称、施工单位名称牌，并设置施工现场平面布置图、施工概况表（或称"施工公告"）、安全纪律（或"施工现场安全管理规定"）。使进入该工地的人能对该工程的概况有一个基本的了解和注意安全的忠告。

工地排水设施应全面规划，排水沟的截面及坡度应进行计算，其设置不得妨碍交通和工地周围环境，排水沟还应经常清理疏浚，保持畅通。

2. 道路运输

工地的人行道、车行道应坚实平坦，保持畅通。主要道路应与主要临时建筑物的道路连通。场内运输道路应尽可能减少弯道和交叉点。频繁的交叉处，必须设有明显的警告标志，或设临时交通指挥（指挥人员或指挥信号）。

施工通道不得任意挖掘或截断，如因工程需要，必须开挖时，必须经过相关部门的事先协调，进行统一规划，并且在通过道路的沟渠上搭设安全牢固的桥板。

3. 材料堆放

一切建筑施工器材（包括建筑材料、预制构件、施工设施构件等）都应该按施工平面布置图规定的地点分类堆放整齐、稳固。各类材料的堆放不得超过规定高度，严禁靠近场地围护栅栏及其他建筑物的墙壁处堆置，且其间距应在50cm以上，两头空间应予封闭，防止有人入内，发生意外伤害事故。

作业使用过程中剩余的器材及现场拆下来的模板、脚手架杆件和余料、废料等都应随时清理回收，并且将钉子拔掉或者打弯再分类集中堆放。

油漆及稀释剂和其他对职工健康有害的物质仓库以及沥青应放置在干燥、通风的场所。

4. 施工现场的安全设施

（1）作业部门（班组及人员）必须认真遵照经审定批准的措施方案和有关安全技术规范进行施工作业。

（2）各项安全设施如脚手架、井字架、龙门架、模板、塔吊、安全网，施工用电、洞口、临边等的搭设及其防护设施必须经验收合格后方可使用。

（3）安全网、洞口盖板、护栏、防护罩、各种限制保险装置等安全设施都必须齐全，在使用过程中要进行经常性的检查维修，确保安全有效。

（4）各项安全设施，防护装置如确因施工工序中需要临时拆除或移位时，必须按照规定报告，经过批准后方可拆移，并采取其他必要的防范措施，工序完工后要及时复原。

（5）施工作业完成后，安全设施、防护装置确认不再需要时，经批准后方可拆除。对复杂和危险性的设施必须按照拆除方案，并按照工程拆除的相关规定要求进行拆除。

5. 安全标牌

施工现场除应设置安全宣传标语牌外，在危险部位还必须悬挂符合国家的相关标准要求的安全色和安全标志标牌，夜间有人经过的坑洞等处还应设红灯示警。

6. 防火

施工现场防火工作是安全生产的重要组成部分。为了避免发生火灾，在编制施工组织设计或施工方案时，应该有消防安全要求，在施工过程中要及时消除火灾隐患。

施工现场平面布置、临时建筑搭建的位置、用火、用电和易燃、易爆、易腐蚀物品的安全管理、工地消防设施和消防责任制等都应按消防要求周密考虑，并认真落实。

施工现场要明确划分用火作业区、易燃、可燃材料堆放场、仓库、易燃废品集中点和生活区等。各区域之间间距要符合防火规定。

工棚或临时宿舍的搭建及间距要符合防火规定。

施工现场的防火具体应该认真做好以下工作：

（1）认真学习和贯彻执行有关消防和防火的规章制度，提高全体施工人员的防火意识，增强他们的法律意识。

（2）在拟定施工组织设计时，要同时制定现场防火措施、配备足够数量的消防灭火器具，并在施工平面图上标明的消防通道，设计合理的专用消防水管网，配备消防栓。高层施工时要设计消防竖管，保证消防水枪的射程范围。

（3）必须组织现场义务消防队，并对这些人员进行消防技能培训，使他们懂得各类火灾的灭火知识，学会使用各种消防器具。另外，要根据现场情况安排消防值班人员，建立现场的防火制度。

（4）严格按规定划分用火作业区、易燃材料区、生活区，保持防火间距，特别是对现场的临建设施和仓库，更要严格管理。存放易燃液体和易燃材料的库房，要采取专门的防火措施，如仓库内采用防爆灯具，库内不设明开关，电气控制设在室外，汽油等挥发性较强的易燃液体的存放，要特别注意采取密封措施和库房通风措施，防止爆炸事故。对于遇水挥发可燃气体的库房，要加强防漏防潮措施，建立库内作业的防火制度。

（5）建立现场的明火管理制度。在施工现场，不论是生产小的电焊、气焊，还是生活区的厨房、茶炉用火，未经过现场消防负责人批准，任何人不准擅自动用明火。

从事电焊、气焊作业时，要每班办理用火证，严格按批准范围作业，并且要根据现场情况配备着火人员。在易燃材料较多处用明火，必须设置足够的看火人员。

厨房和茶炉的位置应该尽可能远离易燃料场，烟囱要采取防火措施。

冬期施工现场的采暖要指定专人负责管理。采暖设施要符合防火要求，并且要经常检查采暖明火点的情况。

（6）现场内要建立严禁吸烟的制度，发现违章吸烟者要从严处罚。为落实好这项制度，要在现场设专门的吸烟室，室内有存放烟头、烟灰的水桶和必要的消防器具。

（7）在不同的施工阶段，防火工作应有不同的侧重点。

1）结构施工时，要注意电焊作业和现场照明设备，特别是易燃模板施工时要加强看火。高层焊接时火星一落数层，应注意电焊下方的防火措施。

2）装修施工时，要注意电气线路短路引起的火灾，对电气设备和线路要严格检查。在易燃材料较多处施工时，要设防火隔板，控制火花飞溅。油漆和一些挥发性的易燃易爆气体的涂料作业时，要注意通风，严禁明火。同时，还应注意在这种场所施工时工具碰撞打火和静电起火。在施工后期收尾时，还要注意个别电气线路变更或其他变更项目时，如果需要用电气焊，应该采取防火措施。

7. 防爆

对于爆破及引爆物品的储存、保管、领用都必须严格按规定执行。

各种气瓶、可燃性液体、油漆涂料等在运输、保存、使用中，应该严格按照有关规定执行，并根据其性能特点采取相应的防爆措施。

8. 特殊工程施工现场

（1）特殊工程的施工要编制特殊工程施工现场的专门的安全管理制度并向全体施工人员进行安全教育和安全技术交底。

（2）特殊工程施工现场周围要设置围护，要有门卫或值班人员把守，并有出入登记制度。

（3）强化安全监督检查制度，并认真做好安全日记。

（4）对于从事危险作业的人员要进行安全检测和设置监护，如在容器内、地下室，特别是做防水、防腐蚀涂料、油漆、爆破、吊装、拆除工程和清模施工等。

（5）施工现场应设医务室或派医务人员。

（6）要备有灭火、防爆炸等器材和物资。

9. 安全技术资料管理

安全技术资料要及时地进行编制及整理。与工程施工相关的主要安全技术资料如下：

（1）施工组织设计中的安全技术措施或工程的安全技术方案。

（2）安全技术交底资料。

（3）安全设施的设计和施工资料。

（4）安全设施的验收资料。

（5）采用的新工艺、新技术、新设备、新材料安全技术交底资料和安全操作规定。

（6）特种作业人员验证记录。

（7）安全检查和隐患整改资料。

10. 冬雨期施工

在冬季从事工程施工时，除了要采取确保施工质量的技术措施外，还要落实冬期施工的安全措施。在冬期施工期间一般要注意以下问题，并做好工作：

（1）在冬季大风雪之后，应尽快组织人力清理现场作业区和脚手架，并检查脚手架是否存在安全隐患，防滑措施是否落实。大风大雪后的现场脚手架和高大设施均要经检验后方可投入使用。

（2）参加冬期施工的人员衣着要灵便，以防从事高处作业时刮绊、摔伤或坠落。

（3）在冬期施工中现场使用蒸汽锅炉时，应当选用安全装置齐全的合格锅炉，并对司炉人员进行培训。

（4）在冬季使用亚硝酸钠等有毒物的外加剂时，要严格保管限量领用，余下的及时收回，防止遗失造成误食亚硝酸钠等有毒物的中毒事故。

（5）现场临时的办公室内如果用煤炉取暖，必须安装风斗，以防一氧化碳中毒。

在组织雨期施工时应当注意以下问题：

（1）在雨期到来之前，要组织电气人员认真检查现场的所有电器设备。凡露天使用的设备和电闸等，都要有可靠的防雨、防潮措施。要认真检查各种设备的接零或接地保护措施是否牢固。检查漏电保护装置是否灵敏，对于雨期使用的手持电动工具要从严检查，坚持无漏电保护装置不准使用的手执电动工具的管理制度。对现场内的电线也要认真检查，发现接头处包扎绝缘不好时，要及时包扎处理。

（2）在雨期到来之前还要做好塔式起重机、外用电梯、钢管脚手架、钢管井字架、龙门架等高大设施的防雷保护。在周围无高大建筑的宽旷场地施工时，也应架设避雷设备。

（3）在雨期中，应尽可能避开开挖土方管沟等作业，尽可能在雨期施工之前做好地下工程施工及基础土方的回填。如果在雨期从事基础或管沟施工时，要在基础和沟边采取挡水和排水措施。雨后槽边如有积水，要及时排除，以防积水造成坍方。同时，对坑槽要经常检查，如有裂纹或土质松动现象，要立即将坑槽内的作业人员撤到安全位置，不准冒险施工。

（4）雨期还要检查存放构件和钢模板的场地，发现地基下沉、构件模板倾斜时，要及时采取加固措施。雨后要对脚手架、井字架、塔式起重机等设备的地基进行检查，如发现有下沉现象要及时处理。

11.3.2　施工安全保证体系

施工安全保证体系是施工项目安全管理的基础，因此，施工项目的安全管理的首要任务是要建立施工项目的安全保证体系。施工项目的安全保证体系一般包括安全管理组织、安全管理制度和施工安全技术保证措施三个部分。

1. 施工项目安全管理组织

施工项目要成立以项目经理为总负责人，由施工员、安全员、班组长等共同组成的安全生产管理小组，并组成安全管理网络。

2. 施工项目安全管理制度

施工项目安全管理制度的内容非常多，一般施工工地要建立健全各类人员的安全生产责任制、安全宣传教育、安全检查和评价制度、奖惩制度和事故报告等管理制度。

273

班组新进入工地时，应将班组安全员名单向工地安全生产管理小组报告。属特种作业的班组还应报告本班组的持有操作证的情况。同时，工地安全管理小组要向班组进行安全交底。

总、分包工程或多单位联合施工工程，总包单位应统一领导和管理安全工作，并成立以总包单位为主，分包单位（或参加施工单位）参加的联合安全生产领导小组，统筹、协调、管理施工现场的安全生产工作。

3. 施工安全技术保证措施

施工现场是火灾、中毒、爆炸、洪水灾害、雷击、触电、坍塌、物体打击、机械伤害、溜车、高空坠落、交通事故、寒流、中暑及防环境污染等方面的灾害多发的场所。为了防止以上灾害对施工人员造成伤害，或给施工单位造成财产损失，施工单位应该制定好详细的施工安全技术保证措施。

施工安全技术保证措施一般包括防火、防毒、防爆、防洪、防雷击、防触电、防坍塌、防物体打击、防机械伤害、防溜车、防高空坠落、防交通事故、防寒、防暑、防疫、防环境污染等方面的措施。具体工程的安全保证措施应针对工程具体特点和环境条件，结合具体工程的劳动组织、作业方法、施工机械、供电设施等情况有针对性地拟定。安全保证计划是施工组织计划的重要组成部分。

项目经理应根据项目施工目标的要求，配置必要的资源，确保施工安全。专业性较强的施工项目，应编制专门的安全施工组织设计，并采取相应的安全技术措施。

项目安全技术保证措施应该在项目开工前编制，经项目经理批准后实施。项目经理部应该根据工程的特点、施工方法、施工程序、安全法规和技术标准的要求，采取可靠的安全技术措施，消除安全隐患，保证施工安全。对结构复杂、施工难度大、专业性强的项目，还必须制定专门的单位工程或分部、分项工程的安全施工方案。

单位工程的安全技术保证措施要根据工程特点进行制定，并组织实施。实施过程中还要注意收集反馈信息，进行必要的技术调整，不断完善安全技术措施，提高安全技术效果。

11.3.3　安全设施的技术要求

1. 土方工程

工程施工中的土方量很大，特别是山区和城市大型高层建筑工程的深基础工程。土方工程施工的对象和条件比较复杂，如工程地质条件、地下水的分布情况、气候条件、开挖深度、施工场地条件与施工设备等，对于不同的工程不尽相同。因此，土方工程是施工中安全事故多发的施工环节，也是施工安全管理的重点之一。

（1）施工准备工作

1）资料收集

施工前，施工单位应该广泛收集开挖土层的工程地质和水文地质资料、地下埋设物（古墓、旧人防工程、地下水管线等）的分布情况、施工场地周围的交通状况、邻近建筑物的情况，以便有针对性地采取安全措施。

2）勘查现场

实地验证所搜集资料的准确程度，并调查了解是否有资料收集过程中未发现的新情况。

3）施工现场准备

主要是做好施工现场的全面规划，测量各部分的标高，清除地面及地下障碍物，备好施工用电、用水、道路及其他设施，做好施工场地防洪排水工作。施工现场排水不通畅时，场地周围应该设置必要的截水沟和排水沟。

4）测量放线

主要是确定土方开挖标高的位置和开挖尺寸，并保证土方开挖的标高位置与尺寸准确无误，同时还应该主要做好测量基准点的保护工作。

5）编制施工方案

主要是确定施工顺序，合理配置相应的人员和设备。施工方案中要有施工安全论证方案。

6）安全施工交底

根据施工方案做好具有针对性的安全施工交底工作。

（2）土方开挖

1）根据土方工程开挖深度和工程量的大小，选择人工挖土或机械挖土方案。

2）如开挖的基坑邻近建筑物基础深时，开挖应保持一定的距离和坡度，以免在施工过程中影响邻近建筑物的安全，如不能满足安全要求，应采取边坡加固措施，并在施工中严格按照施工方案作业。同时应该做好沉降和位移观测工作，发现异常应该立即采取措施。

3）弃土应及时运出，如需要临时堆土，或留作回填土，堆土的坡度及至基坑边的距离应按挖坑的深度、边坡坡度和土的类别确定，在边坡支护设计时应考虑堆土附加应力。

4）基坑开挖要注意预防基坑被浸泡，引起坍塌和滑坡事故的发生。为此在制定土方施工方案时应注意采取排水措施。

（3）安全措施

1）在施工组织设计中，要有单项土方工程施工方案，对施工准备、开挖方法、排水、边坡支护应根据有关规范要求进行设计，边坡支护要有设计计算书。

2）人工开挖基坑时，操作人员之间要保持安全距离，一般大于 2.5m；多台机械开挖，挖土机间距应大于 10m，挖土要自上而下，逐层进行，严禁先挖坡脚的危险作业。

3）挖土方前对周围环境要认真检查，不能在危险岩石或建筑物下面进行作业。

4）基坑开挖应严格按要求放坡或采取相应的支护措施。操作时应随时注意边坡的稳定情况，发现问题及时加固处理。

5）机械挖土，多台机械同时开挖土方时，应验算边坡的稳定，并根据规定和验算确定挖土机械离边坡的安全距离。

6）深基坑四周应该设防护栏杆，人员上下要有专用爬梯。

7）运土道路的坡度、转弯半径要符合有关安全规定。

8）爆破土方要遵守爆破作业安全的有关规定。

2. 脚手架工程

脚手架是工程施工中不可缺少的临时设施。脚手架的架设情况对施工的速度、工作效率、工程质量以及施工安全都有着直接的影响；因此，脚手架工程也是施工安全管理工作的重点之一。

（1）脚手架的搭设和使用

1）脚手架要有足够的牢固性和稳定性，保证在施工期间在规定的荷载和当地的气候条件的影响下不变形、不摇晃、不倾斜，能确保施工人员的安全。

2）要设置供施工人员上下使用的安全扶梯、爬梯或斜道。

3）按规定设置斜撑、剪刀撑、抛撑和连墙杆。

4）高层建筑的脚手架地基应分层夯实，做灰土或混凝土垫层。在地基和垫层达到规定的强度后再铺设垫层木，架设立杆。

5）脚手架搭设完毕后应进行检查验收，经检查合格后才准使用。特别是高层脚手架和特种工程的脚手架，更要在进行严格检查后才能使用。

6）严格控制各式脚手架的施工使用荷载，特别是对于桥式、吊、挂、挑等脚手架更应严格控制施工使用荷载。

7）在脚手架上同时进行多层作业的情况下，各作业层之间应设置可靠的防护棚挡（在作业层下挂棚布、竹笆或小孔绳网等），以防止上层坠物伤及下层作业人员，任何人不准私自拆改架子。

8）遇有立杆沉陷或悬空，节点松动、架子倾斜、杆件变形、脚手板上结冰等问题，在未解决以前应停止使用脚手架。

9）遇有六级以上大风、大雾、大雨和大雪天气应暂停脚手架作业。雨雪后进行操作要有防滑措施，且复工前必须检查无问题后方可继续作业。

（2）脚手架的拆除

1）架子拆除时应划分作业区，周围设围栏或竖立警戒标志，非作业人员严禁入内。

2）拆架的高处作业人员必须戴安全帽，系安全带，裹腿，穿软底鞋。

3）拆除顺序应遵循由上而下，先搭后拆，后搭先拆的原则。即先拆栏杆、脚手板、剪刀撑、斜撑，后拆小横杆、大横杆、立杆等，并按一步一清的原则依次进行，要严禁上下同时进行拆除作业。

4）拆立杆时，应先抱住立杆再拆开最后两个扣，拆除大横杆、斜撑、剪刀撑时，应先拆中间扣，然后托住中间，再解端头扣。

5）连墙杆应随拆除进度逐层拆除，拆抛撑前，应设临时支撑，然后再拆抛撑。

6) 拆除时要统一指挥,上下呼应,动作协调。当解开与另一人有关的结扣时,应先通知对方,以防坠落。

7) 在大片架子拆除前应将预留的斜道、上料平台等先行加固,以便拆除后能确保其完整、安全和稳定。

8) 拆除时如附近有外电线路,要采取隔离措施。严禁架杆接触电线。

9) 拆除时不应碰坏门窗、玻璃、落水管、房檐、瓦片、地下明沟等物品。

10) 拆下的材料,应用绳索拴住,利用滑轮徐徐下运,严禁抛掷,运至地面的材料应按指定地点,随拆随运,分类堆放,当天拆当天清,拆下的扣件或铁丝要集中回收处理。

11) 在拆脚手架过程中,不得中途换人,如必须换人,应将拆除情况交代清楚后人方可离开。

12) 拆除烟囱、水塔外脚手架时,严禁架料碰断缆风绳,同时拆至缆风处方可解除该处缆风,不得提前解除。

3. 模板工程

由于高层和超高层建筑的蓬勃发展,现浇结构的数量越来越大,相应的模板工程施工的工程量也逐渐增大,模板工程的安全管理就显得越来越重要。

(1) 模板施工前的安全技术准备工作

1) 模板施工前,要认真审查施工组织设计中关于模板的设计资料,要审查下列项目:

① 模板结构的设计计算过程中的荷载取值是否符合工程实际,计算方法是否正确,审核手续是否齐全。

② 模板设计主要应包括支撑系统的布置及支撑模板的楼、地面的承受能力等。

③ 模板设计图应该包括结构构件的大样图及支撑体系、连接件等。在模板结构的设计审查过程中,除了要审查图纸是否齐全外,还应该要审查其设计计算是否安全可靠。

④ 模板设计审查中要检查其安全措施是否周全,安全措施的设计图纸是否齐全。

2) 当模板构件进场后,要认真检查构件和材料是否符合设计要求,例如钢模板构件是否有严重的锈蚀或变形,构件的焊缝或连接螺栓是否符合要求。木料的材质以及木构件拼接结头是否牢固等:自己加工的模板构件,特别是承重钢构件的检查验收手续应该齐全。

3) 模板工程施工过程中,要及时排除现场的不安全因素,保证运输道路的畅通,现场防护设施应该齐全。地面支模场地必须整平夯实。要做好夜间施工照明的准备工作,电动工具的电源线、绝缘、漏电保护装置要齐全,并做好模板垂直运输的安全措施准备工作。

4) 现场施工负责人在模板施工前要认真向有关人员作安全技术交底,特别是新的模板工艺,必须通过试验,并对操作人员进行培训。

（2）模板安装的一般要求

1）模板安装必须按模板的施工设计进行，严禁任意变动。

2）整体式的多层房屋和构筑物安装上层模板及其支架时，应该符合下列规定：

① 下层楼板的结构强度能够承受上层模板、支撑和新浇混凝土的重量时才能够拆除下层楼板结构的支撑系统。同时，应保证上下支柱在同一垂直线上。

② 如果采用悬吊模板、桁架支模方法时，其支撑结构必须有足够的强度和刚度。

3）当层间高度大于5m时，如果采用多层支架支模，应该在两层支架立柱间铺设垫板。垫板面应该平整。同时要保证垫板上下层支柱在同一垂直线上。

4）模板及共支撑系统在安装过程中，必须采取临时固定措施，严防倾斜。

5）支柱全部安装完毕后，应及时沿横向和纵向加设水平撑和垂直剪刀撑，并与支柱固定牢固。当支柱高度小于4m时，水平撑应设上下两道，两道水平撑之间，在纵、横向加设剪刀撑。支柱每增高2m再增加一道水平撑，水平撑之间还需增加剪刀撑一道。

6）采用分节脱模时，底模的支点应按设计要求设置。

7）承重焊接钢筋骨架和模板一起安装时，模板必须固定在承重焊接钢筋骨架的节点上。

8）组合钢模板采取预拼装用整体吊装时，应注意以下要点：

① 拼装完毕的大块模板或整体模板，吊装前应该确定吊点位置。

② 安装钢筋模板组合体时，吊索应在模板设计的吊点位置绑扎，并在先行试吊后方可正式吊装。

③ 安装整块柱模板时，不得用柱子钢筋代替临时支撑。

（3）模板安装注意事项

1）单片柱模吊装时，应该采用卸扣和柱模连接，严禁用钢筋钩代替，以免柱模板翻转时造成脱钩事故。吊装要在模板立稳并拉好支撑后方可摘除吊钩。

2）支模应按工序进行，模板没有固定前，不得进行下一道工序。

3）支设4m以上的立柱模板和梁模板时，应该设工作台，不足4m的，可使用马凳操作。不准站在柱模板上操作或在梁底模板上行走，更不允许利用拉杆、支撑攀登上下。

4）墙模板在未装对拉螺栓前，板面要向后倾斜一定角度并撑牢，以防倒塌；安装过程中要随时拆换支撑或增加支撑，以保持墙模处于稳定状态。模板未支撑稳固前不得松动吊钩。

5）安装墙模板时，应从内、外墙角开始，向相互垂直的两个方向拼装，连接模板的U形卡要正反交替安装，同一道墙（梁）的两侧模板应同时组合，以便确保模板安装时的稳定。当墙模板采用分层支模时，第一层模板拼装后，应立即将内外钢楞、穿墙螺栓、斜撑等紧固件全部安设固定。当下层模板不能独立安设支承件时，必须采取可靠的临时固定措施，否则严禁进行上一层模板的安装。

6）用钢管和扣件搭设双排立柱支架支撑梁模板时，扣件应该拧紧，且应抽查扣件螺栓的扭力矩是否符合规定，不够时可放两个扣件与原扣件挨紧。横杆步距按设计规定布置，严禁随意增大。

7）平板模板安装就位时，要在支架搭设稳固，板下横楞与支架连接牢固后进行。U形卡要按设计规定安装，以增强整体性，确保模板结构安全。

8）五级以上大风时，应停止模板的吊运作业。

（4）模板拆除

1）承重模板应在混凝土达到规定的强度后方可拆除。

2）拆除时应严格遵守"拆模作业"要点的规定。

3）高处、复杂结构模板的拆除，应有专人指挥和切实的安全措施，并在下面划定警戒区，严禁非操作人员进入作业的警戒区。

4）工作前要检查所使用的工具是否牢固，扳手等工具必须用绳链系挂在身上，工作时思想要集中，防止钉子扎脚和从空中滑落。

5）遇到六级以上大风时，应暂停室外的高处作业。有雨、雪、霜时应先清扫施工现场，不滑时再进行工作。

6）拆除模板一般应采用长撬杠，严禁操作人员站在正拆除的模板上。

7）已拆除的模板、拉杆、支撑等应及时运走或妥善堆放，严防操作人员因扶空、踏空而坠落。

8）在混凝土墙体、平板上有预留洞时，应在模板拆除后，随时在墙洞上做好安全护栏，或将板的洞盖严。

4. 高处作业保护设施

高处作业，是从相对高度的概念出发的。凡在有可能坠落的高处进行施工作业，当坠落高度距离基准面在2m及以上时，该项作业即称为高处作业。所谓基准面，即坠落下去的底面，如地面、楼面、楼梯平台、相邻较低建筑物的屋面、基坑的底面、脚手架的通道板等。底面可能高低不平，所以对基准面的规定为发生坠落通过最低着落点的水平面，最低坠落着落点，指在坠落中可能跌落到的最低点。与此相反，如果处于四周封闭状态，那么即使在高空，例如在高层建筑的居室内作业，也不能算为高处作业。按照上述定义，工程施工中有90%左右的作业都称为高处作业。进行各项高处作业，都必须采取必要的安全防护技术措施。

（1）临边作业

施工现场内任何场所，当工作面的边沿无围护设施，使人与物有各种坠落可能的高处作业，属于临边作业，包括屋面边、楼板边、阳台边、基坑边等。若围护设施高度低于80cm时，如窗台、墙等，近旁的作业亦属临边作业。

临边作业的安全防护，主要为设置防护栏杆，也有其他防护措施，大致可分以下三类。

1) 设置防护栏杆

地面基坑周边，无外脚手架的楼面与屋面周边，分层施工的楼梯口与楼段边，尚未安装栏杆或栏板的阳台、料台周边、挑平台周边、雨篷与挑檐边、井架、施工用电梯、外脚手架等通向建筑物的通道的两侧边，以及水箱与水塔周边等处，均应设置防护栏杆。顶层的楼梯口应随工程结构的进度而安装正式栏杆，由于此时结构施工接近完成，这样做可以节约工时和材料。

2) 架设安全网

高度超过 3.2m 的楼层周边，以及首层墙高度超过 3.2m 时的二层楼面周边，当无外脚手架时，必须在外围边沿架设一道安全平网。

3) 装设安全门

各种垂直运输用的平台、楼层边沿、接料口等处，都应装设安全门或活动栏杆。

（2）洞口作业

1) 建筑物或构筑物在施工过程中，常常会出现各种预留洞口、通道口、上料口、楼梯口、电梯井口，在其附近工作，称为洞口作业。

2) 通常将较小的口称为孔，较大的口称为洞。并规定为：楼板、屋面、平台面等横向平面上，短边尺寸小于 25cm 的，以及墙等竖向平面上，高度小于 75cm 的称孔。横向平面上，短边尺寸大于或等于 25cm 的，竖向平面上高度等于或大于 75cm，宽度大于 45cm 的称为洞。

3) 凡深度在 2m 及以上的桩孔、人孔、沟槽及管道孔洞等边沿上的施工作业，亦归入洞口作业的范围。

4) 洞口作业的安全防护，根据不同类型，可按下列六类方式进行：

① 各种板的孔口和洞口，必须视具体情况分别设置牢固的盖板、防护栏杆、安全网或其他防坠落的防护设施。

② 各种预留洞口、桩孔上口、杯形、条形基础上口、未回填的坑槽，以及人孔、天窗等处，均应该设置稳固的盖板以及防止人、物坠落的小孔的钢丝网等覆盖。

③ 电梯井口必须设防护栏杆或固定棚门。电梯井内每隔两层并最多隔 10m 设一道安全平网。

④ 没安装踏步的楼梯口应该像预留洞口一样覆盖。安装踏步后，楼梯边应设防护栏杆，或者用正式工程的楼梯栏杆代替临时防护栏杆。

⑤ 各类通道口、上料口的上方，必须设置防护棚，其尺寸大小及强度要求可视具体情况而定，但必须达到使在下面通行的工作人员不受任何落物的伤害。

⑥ 施工现场大的坑槽陡坡等处，除需设置防护设施与安全标志外，夜间还应设红灯示警。

（3）悬空作业

在周边临空且无立足点或无牢靠立足点的条件下进行的作业统称为悬空作业。悬空高度大于或等于 2m 的悬空作业，称为悬空高处作业。

悬空作业必须适当地建立牢靠的立足点，如搭设操作平台、脚手架或吊篮等方可进行施工。

悬空作业所用索具、脚手架、吊篮、吊笼、平台、搭架等设备，均必须为经过技术鉴定的合格产品或经过技术部门鉴定合格后，方可采用。

（4）交叉作业

在贯通的空间状态下同时进行的作业，称为交叉作业。进行交叉作业时，必须遵守下列安全规定：

1）立模、砌墙、粉刷等各工种，在交叉作业中，不得在同一垂直方向上下同时操作。下层作业的位置，必须处于以上一层高度确定的可能坠落范围半径之外，不符合此条件的，中间应设置安全防护层。

2）拆除脚手架与模板时，下方不得有其他操作人员。

3）拆下的模板、脚手架等部件的临时堆放处离楼层边沿应不小于1m，堆放高度不得超过1m。楼梯边口、通道口、脚手架边缘等处，严禁堆放拆下来的部件。

4）结构施工自二层起，凡人员进出的通道口（包括井架、施工用电梯的进出通道口），均应搭设安全防护棚。高层建筑施工中，对高度在24m以上的防护棚，应采用双层结构。

5）上方施工可能坠落物体，以及处于起重机把杆回转半径范围之内的通道，必须搭设顶部能防止穿透的双层防护盖或防护棚。

5. 施工现场临时用电安全设施

施工现场临时用电安全技术措施主要包括以下几个方面：

（1）编制临时用电的施工组织设计

施工现场的用电设备在5台及5台以上或设备总容量在50kW以上者，应编制临时用电施工组织设计。它是临时用电方面的基础性技术、安全资料。临时用电施工组织设计的内容应该包括：

1）现场踏勘要求。

2）电源进线和变电所、配电室、总配电箱等的装设位置及线路走向。

3）用电负荷计算。

4）变压器的容量、导线截面面积、电气的类型和规格。

5）电气平面图、立面图和接线系统图。

6）安全用电技术措施和电气防火措施。

施工现场临时用电工程应采用放射与树下型相结合的分级配电形式。第一级为配电室的配电盘或总配电箱，第二级为分配电箱，第三级为开关箱。开关箱以下就是用电设备。用电设备要实行"一机一闸"制。

在施工现场专用电源（变压器等）为中性点直接接地的电力线路中，电气设备的金属外壳必须与专用保护穿线连接，即必须采用TN—S接零保护系统。专用保护零线应由工作接地线、配电室的零线或第一级漏电保护器电源侧的零线引出；电气设备金属外壳的保护零线要与工作零线分开单独敷设，即在三相四线制的施工现场中，要使用五根线，第五根即为保护零线，也称

PE线。

（2）线路敷设

施工现场的配电线路包括室外线路和室内线路。室外线路一般采用绝缘导线架空敷设（架空线路）或绝缘电缆埋地敷设（埋地电缆线路），也有用电缆线路架空明敷设的。室内线路通常用绝缘导线或电缆明敷设（即明设线路或暗设线路）。

1）架空线路的安全要求

① 架空线必须采用绝缘导线。

② 架空线的档距不得大于35m，线间距不得小于30mm。最大弧垂处与地面的最小垂直距离在施工场所不得小于4m，机动车道上方不得小于6m，铁路轨道上方5～7m。

③ 用作架空线路的铝绞线的截面面积不得小于16mm²，铜线的截面面积不得小于10mm²。跨越公路、铁路、河流及电力线路档距内的铝线截面面积不得小于35mm²。

④ 架空线路必须设在专用电杆上，严禁设在树木和脚手架上。

2）电缆线路的安全要求

① 室外电缆的敷设分为埋地和架空两种，以埋地为宜。埋地敷设可以减少对人的伤害，更加安全可靠。

② 埋设地点应保证电缆不受机械损伤或其他热辐射，并应避开建筑物和交通要道。

③ 电缆埋深不能小于0.6m，并在电缆上下均匀铺设不小于50mm厚的细砂，然后覆盖砖等硬质物体作为保护层。

④ 橡皮电缆架空敷设时，应沿墙壁或设置电杆，严禁用金属裸线绑线，电缆的最大弧垂处距地面的高度不得小于2m。

（3）漏电保护

施工现场的漏电保护系统至少应按两级设置，并应具备分级分段漏电保护功能。第一级漏电保护应设在开关箱，即在开关箱中必须装设漏电保护器。一般场所的额定漏电动作电流应不大于30mA，额定漏电动作时间应小于0.1s；用于潮湿场所和有腐蚀介质场所的漏电保护器，其额定漏电动作电流应不大于15mA，额定漏电动作时间应小于0.1s，并应采用防溅型产品。

第二级漏电保护应该设在配电屏（盘）或总配电箱，即在配电屏（盘）或总配电箱中也必须装设漏电保护器。

为了充分体现漏电保护系统的分组分段保护功能，即开关箱以下用电设备的漏电由开关箱中的漏电保护器保护，开关箱以上、配电屏（盘）或总配电箱以下配电系统的漏电由配电屏（盘）或总配电箱中的漏电动作电流和额定漏电的动作时间来控制。

（4）照明装置

为了从技术上保证现场工作人员免受发生在照明装置上的触电伤害，照明装置必须采取以下措施：

1）照明开关箱（板）中的所有正常不带电的金属部件，都必须做保护接零；所有灯具的金属外壳，也必须做保护接零。

2）照明开关箱（板）应装设漏电保护器。

3）照明线路的相线必须经过开关，才能进入照明器，不得直接进入照明器。

4）螺口灯头的中心触头必须与相线连接，其螺口部分必须与工作零线连接，以免在更换和擦拭照明器时意外地触及螺口相线部分而发生触电。

5）灯具的安装高度既要符合施工现场实际，又要符合安装要求。室外灯具距地不得低于3m；室内灯具距地不得低于2.4m。

6. 垂直运输设备的常用安全防护装置

（1）安全停靠装置

在吊篮到位后应该能够承受吊篮及吊篮内全部荷载的重量。

（2）断绳保护装置

当钢丝绳突然断开时，断绳保护装置应该能够及时弹出，并将吊篮卡在架体上，使吊篮不坠落，确保吊篮内的作业人员不受伤害。

（3）吊篮安全门

安全门应该能够在吊篮运行中起防护作用。当吊篮落地时，应该能够自由开启；当吊篮上升时，必须能够关闭。安全门最好制成自动开启型，这样可避免因操作人员忘记关闭时安全门失效。

（4）楼层口停靠栏杆

升降机与各层进料口的结合处应该搭设楼层口停靠栏杆。当吊笼上下运行时，各楼层通道口的停靠栏杆应该处于封闭状态，以防发生高处坠落事故。此护栏（或门）只有在吊篮运行到位停靠时方可开启。

（5）上料口防护棚

升降机地面进料口是运料人员经常出入和停留的地方，易发生落物伤人。为此要在距离地面一定高度处搭设防护棚，其材料需能承受一定的冲击荷载。尤其当建筑物较高时，其尺寸不能小于坠落半径的规定。

（6）超高限位装置

当司机因误操作或机械电气故障而引起吊篮失控时，为防止吊篮上升与大梁碰撞事故的发生而安装的超高限位装置需按提升高度进行调试。

（7）下极限限位装置

安装下极限限位装置时，应该将下限位调试到碰撞缓冲器之前可自动切断电源，确保运行安全。

（8）超载限位器

应该将下限位调试到吊笼内载荷达额定载荷的90％时可以发出信号，达到100％时可以切断起开电源的状态。

（9）通信装置

司机存在视线障的升降机，如高架升降机或利用建筑物内通道运行的升降机，应该增加的通信装置设施，以便司机与各层运料人员进行联系。

11.4　工程项目环境管理

为了合理使用和有效保护现场及周边环境，保证正常的生产秩序，工程项目应该做好环境管理工作。工程项目环境管理应根据批准的建设项目环境影响报告，通过对环境因素的调查和评估，确定管理目标及主要指标，遵照《环境管理体系要求及使用指南》GB/T 24000 的要求，建立环境管理体系，在项目进行的各个阶段贯彻实施，并实施不断改进和完善环境管理体系。

项目经理是工程项目环境管理的第一责任人，负责现场环境管理工作的总体策划和部署，管理组织机构的建立，管理制度和措施的制定、宣传和落实等工作。工程项目环境管理的内容非常广泛，并且和安全管理等其他管理工作有交叉，一般包括以下几个方面：

1. 施工现场文化建设

施工现场的入口处的醒目位置应该有包括工程概况、施工平面图、项目经理部组织机构及主要管理人员名单、劳动纪律、防火须知、安全生产与文明施工要求等内容在内的公示牌。

2. 场容管理

施工现场的场容管理应符合施工平面图设计的合理安排和物料器具定位管理标准化的要求，并保持作业环境整洁卫生。项目经理或有关责任人要对现场的作业环境、卫生条件和工作秩序进行定期检查，发现问题及时解决。对检查过程中发现的违反场容管理规定和要求的要及时纠正，并做好类似事件的预防工作。

3. 生产秩序管理

项目经理部应依据施工条件，按照施工总平面图、施工方案和施工进度计划的要求，认真进行所负责区域的施工平面图的规划、设计、布置、使用和管理，积极做好现场的主要机械设备、脚手架、密封式安全网与围挡、模具、施工临时道路、各种管线、施工材料制品堆场及仓库、土方及建筑垃圾堆放区、变配电间、消火栓、警卫室、现场的办公、生产和生活临时设施等的布置，努力为施工作业创造有序的条件。

4. 环境污染控制

项目经理部应对施工现场的环境因素进行分析，对于可能产生的污水、废气、噪声、固体废弃物等污染源采取措施，进行控制，尽可能地减少对居民和环境的不利影响，并制定好突发环境污染事故的应急准备和响应措施。在出现环境事故时，应及时消除污染，并立刻采取措施，防止环境二次污染。在项目的进行过程中，项目经理要保证信息通畅，预防可能出现非预期的损害。

建筑垃圾和渣土应堆放在指定地点，定期进行清理。装载建筑材料、垃圾或渣土的运输机械，应采取防止尘土飞扬、洒落或流溢的有效措施。施工现场应根据需要设置机动车辆冲洗设施，冲洗污水应进行处理。

除有符合规定的装置外，不得在施工现场熔化沥青和焚烧油毡、油漆，亦不得焚烧其他可能产生有毒有害烟尘和恶臭气味的废弃物。项目经理部应按规定有效地处理有毒有害物质。禁止将有毒有害废弃物现场回填。

施工现场应设置畅通的排水沟渠系统，保持场地道路的干燥坚实。施工现场的泥浆和污水未经处理不得直接排放。地面宜做硬化处理。有条件时，可对施工现场进行绿化布置。

施工中需要停水、停电、封路而影响环境时，应经有关部门批准，事先告示。

5. 文明管理

施工现场的文明程度代表了该企业的形象。为了树立良好的企业形象，项目经理应该做好文明施工管理工作。特别要通过对现场人员进行培训教育，努力提高其文明素质和文明意识。

6. 节能管理

项目经理部应进行现场节能管理，有条件时应规定能源使用指标。

7. 安全管理

该部分内容前面已经做了详细的叙述，在此不再重复。

8. 绩效考核

项目经理在项目开始前应制定好文明施工考核标准，并按照文明施工考核标准，定期进行评定、考核和总结。

9. 资料管理

项目经理部应保存有关环境管理的工作记录。

10. 其他管理

项目经理部应在施工前了解经过施工现场的地下管线，标出位置，加以保护。施工时发现文物、古迹、爆炸物、电缆等，应当停止施工，保护现场，及时向有关部门报告，并按照规定处理。

本章小结及学习指导

1. 工程项目安全管理工作是保证参与工程项目建设人员的生命和财产安全的基础，因此，工程项目管理人员应该要重视工程项目安全管理工作。

2. 工程项目安全保证体系建立和施工现场安全管理的方法是本章的重点。通过本章的学习应该要掌握工程项目安全保证体系建立和施工现场安全管理的方法，特别是要掌握施工现场的安全技术管理方法。

3. 安全生产管理制度是工程项目安全管理工作的基础，为了做好工程项目安全管理工作，我们平时应该注意学习安全生产管理的法律法规。

思考题

11.1 工程项目安全管理的含义是什么？

11.2　工程项目安全管理的内容有哪些?

11.3　安全生产管理制度一般包括哪些层次?

11.4　安全生产管理制度一般包括哪些内容?

11.5　施工现场安全管理的总体要求包括哪些方面?

11.6　施工安全保证体系一般由哪几个部分构成?

11.7　施工现场的安全设施有哪些?

11.8　安全技术交底的内容有哪些?

11.9　工程项目环境管理的内容有哪些?

11.10　安全员的岗位职责有哪些?

第12章 工程项目招标投标管理

本章知识点

【知识点】
工程项目招投标管理的依据、我国的工程项目招投标管理制度、工程项目招投标过程的管理。

【重点】
掌握工程项目招投标过程的管理的方法。

【难点】
工程项目招投标过程的管理的方法。

12.1 概述

工程项目的招投标包括工程项目本身的招投标和工程项目施工过程中所涉及的物资的招投标两个方面，因此，工程项目的招投标管理也包括工程项目的招投标管理和工程项目施工过程中所涉及的物资的招投标两个方面管理。通常所说的工程项目招投标管理一般是指工程项目本身的招投标管理。

12.1.1 工程项目招投标管理的依据

工程项目招投标管理的依据一般包括国家和地方的法律法规、项目管理合同等，主要包括以下几个方面：

1. 国家的法律法规

《中华人民共和国招标投标法》《中华人民共和国招标投标法实施条例》《中华人民共和国建筑法》等。

2. 行业主管部门的管理规章

住房城乡建设部发布的《工程建设施工招标投标管理办法》《关于房屋建筑和市政基础设施工程施工分包管理办法》、商务部发布的《机电产品国际招标综合评价法实施规范（试行）》等。

3. 地方性管理规章

江西省发布的《房屋建筑和市政基础设施工程施工招标投标管理办法》、陕西省发布的《房屋建筑和市政基础设施工程招标投标管理办法》等。

12.1.2 我国的工程项目招标投标管理制度

我国目前实施的工程项目招标投标管理制度主要有：

1. 部分工程实行强制招标

我国的法律法规对招标项目性质和规模作了相关规定。国家发展改革委根据《中华人民共和国招标投标法》第三条的规定，制定并公布了必须进行招标的工程建设项目范围。国家对必须进行招标的工程建设项目范围作出了如下4个方面的规定：

（1）工程性质

大型基础设施、公用事业等关系社会公共利益、公众安全的项目，如石油、电力、水利、教育、科技等。

（2）资金来源

全部或者部分使用国有资金投资或者国家融资的项目，使用国际组织或者外国政府、贷款、援助资金的项目。

（3）项目内容

勘察、设计、施工、监理以及与工程建设有关的重要设备、材料等的采购。

（4）工程规模

施工单项合同估算价在200万元人民币以上的；重要设备、材料等货物外采购，单项合同估算价在100万元人民币以上的；勘察、设计、监理等服务的采购，单项合同。估算价在50万元人民币以上的；单项合同估算价低于前3项规定的标准，但项目总投资在3000万元人民币以上的。

但是建设项目的勘察、设计，主要工艺、技术采用特定专利或者专用技术的，或者其建筑艺术造型有特殊要求的，经项目主管部门批准，可以不进行招标；涉及国家安全、国家秘密、抢险救灾或者属于利用扶贫资金实行以工代赈、需要使用农民工等特殊情况，不宜进行招标的项目，按照国家有关规定可以不进行招标。

国家发改委同时还说明，省级及省级以上人民政府可以根据实际情况，规定本地区必须进行招标的具体范围和规模标准，但不得缩小国家强制性招标范围。

2. 工程招标实行备案制

《中华人民共和国招标投标法》第十二条规定："依法必须进行招标的项目，招标人自行办理招标事宜的，应当向有关行政监督部门备案。"《房屋建筑和市政基础设施工程施工招标投标管理办法》第十九条规定："依法必须进行施工招标的工程，招标人应当在招标文件发出的同时，将招标文件报工程所在地的县级以上地方人民政府建设行政主管部门备案。建设行政主管部门发现招标文件有违反法律、法规内容的，应当责令招标人改正。"

在工程招标备案时，要求招标工程必须具备以下基本条件：

（1）需按现行规定履行了审批、核准、备案手续；

（2）有相应资金或资金来源已经落实。

必须进行招标的工程项目，除了上述两项基本条件外，还应当具备以下条件才能招标：

（1）建设项目法人已经成立；

（2）招标范围、招标方式、招标组织形式应当履行核准手续的，已经核准；

（3）初步设计及概算已经核准；

（4）有招标所需的设计图纸及技术资料。

对于设备招标，还应当提供所需设备清单及使用技术要求。

办理工程招标备案登记需要以下材料：

（1）立项批文及招标核准意见；

（2）建设用地规划许可证；

（3）资金落实证明；

（4）建设工程项目报建登记表；

（5）招标文件相应的条件（完整的施工图）；

（6）代理合同；

（7）初步设计批复等。

其中对工程建设项目报建的要求是：由建设单位或其代理机构在工程项目可行性研究报告或其他立项文件被批准后，须向当地建设行政主管部门或其授权机构进行报建，交验工程项目立项的批准文件，包括银行出具的资信证明以及批准的建设用地等其他有关文件。凡未报建的工程建设项目，不得办理招标投标手续和发放施工许可证，设计、施工单位不得承接该项工程的设计和施工任务。

报建的内容主要有：工程名称，工程建设地点，项目建设内容，投资规模，资金来源，当年投资额，工程规模，计划开工、竣工日期，发包方式，项目建议书或可行性研究报告批准书。

工程报建程序主要有：

（1）工程建设项目立项文件被批准后，建设单位到建设行政主管部门或其授权机构领取工程建设项目报建表；

（2）按报建表的内容及要求认真填写；

（3）向建设行政主管部门或其授权机构报送工程建设项目报建表，交验工程项目立项的批准或备案文件，包括银行资信证明和有关部门批准文件，并按要求进行招标准备。

工程建设项目的投资和建设规模有变化时，建设单位应及时到建设行政主管部门或其授权机构进行补充登记。筹建负责人变更时，应重新登记。

3. 对从业单位实行资质管理

在我国的建设行业承担工程的勘察、设计、施工、咨询、监理等许多项目都实行了资质管理制度，即承担工程的勘察、设计、施工、咨询、监理等工程技术任务的单位必须具备相应的资质。

4. 工程项目招标投标应该遵循以下原则

（1）公开原则

公开原则就是招标投标活动要高度透明。实行招标信息公开，即招标资格预审公告、招标公告、招标文件（包括评标标准和评标方法）等信息公开，开标程序和内容公开，中标结果公开。使每个投标人获得同等的信息，知悉招标的条件和要求，获得相同的竞争机会。使招标投标工作置于公众监督之下，成为一项阳光工程。

（2）公平原则

公平原则就是给予所有投标人平等的竞争机会，使其享有同等的权利并履行相应的义务，一视同仁，不歧视或倾向任何一方。

（3）公正原则

公正原则就是公开合法。要严守已经公布的评标规则、评标标准和评标方法，保证招标投标双方在平等的基础上，维护各自的权利和义务。

（4）诚实信用原则

招标投标属民事活动，必须遵守诚实信用原则。招标投标双方必须以诚实、守信的态度行使权利和履行义务，以维护双方的利益平衡和社会利益的平衡。

12.2　工程项目招标投标过程的管理

工程项目的招标投标工作包括招标和投标两个方面，可分为招标准备阶段、招标和投标阶段、评标定标阶段三个阶段，详见图 12-1。具体的操作程序如下。

1. 建立招标组织

在满足招标条件后，招标人应当组建招标机构，负责整个项目的招标工作。招标机构要有相应的资质。招标人可以自行办理招标事宜，也可以委托招标代理机构组织招标。

（1）招标人自行招标

《中华人民共和国招标投标法》第十二条规定：招标人具有编制招标文件和组织评标能力的，可以自行办理招标事宜，任何单位和个人不得强制其委托招标代理机构办理招标事宜。

依法必须进行招标的项目，招标人自行办理招标事宜的，经核准可自行招标；未经核准的，招标人应委托招标代理机构办理招标事宜。

由于工程招标活动经济性、专业性强，所以招标自行组织的招标机构，须经招标管理机构审查合格，确认有编制招标文件和组织评标的能力后，才允许自行组织招标。

招标人自行办理招标事宜，应当具有编制招标文件和组织评标的能力，具体包括：

1）具有项目法人资格或独立法人资格；

2）具有与招标项目规模和复杂程度相适应的工程技术、概预算、财务和工程管理等方面专业技术力量；

3）有从事同类工程建设项目招标的经验；

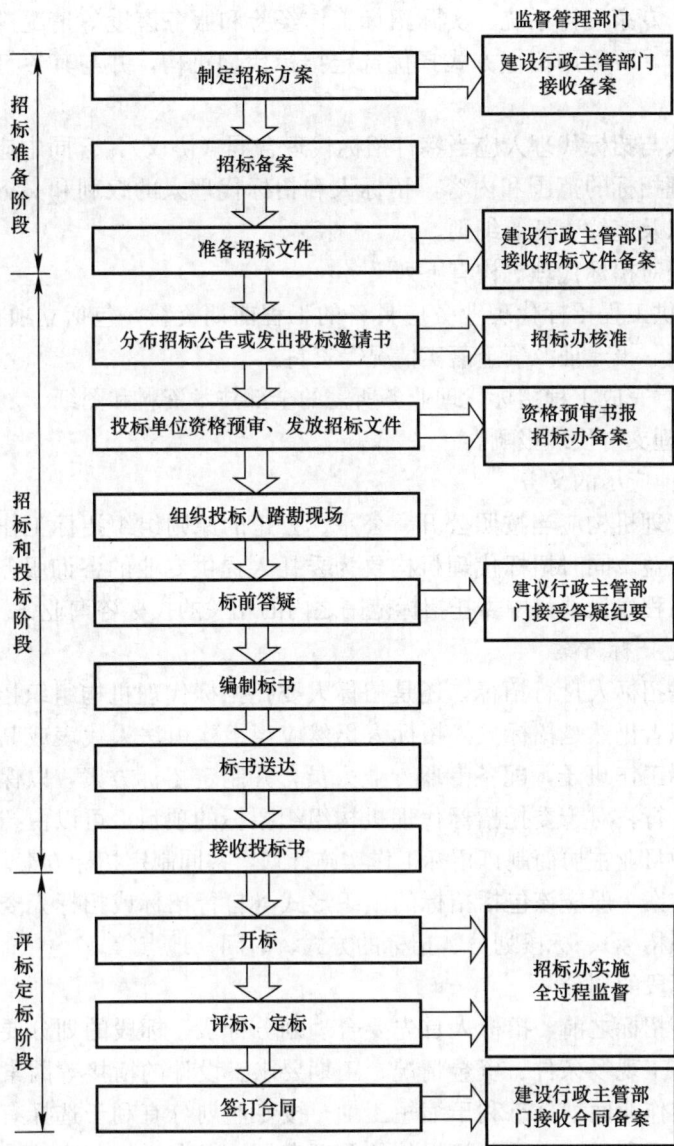

监督管理部门

| 招标准备阶段 | 制定招标方案 → 建设行政主管部门接收备案 |
| 招标备案 |
| 准备招标文件 → 建设行政主管部门接收招标文件备案 |

图 12-1 工程项目招标投标工作程序

4）设有专门的招标机构或者拥有 3 名以上专职招标业务人员；

5）熟悉和掌握招标投标法等有关法规。

（2）委托招标代理机构组织招标

如果招标人不具备自行招标的条件，就要委托具备相应资质的招标代理机构办理招标事宜。

招标代理机构是依法设立、从事招标代理业务并提供相关服务的社会中介组织。招标代理机构从事招标代理业务要有专门的资质、固定的营业场所和相应资金，要有编制招标文件和组织评标的相应专业力量，以及拥有评标委员会成员入选的技术、经济等方面的专家库。

招标人在选择招标代理机构时应该对招标代理机构的资质和招标工作业

绩、实力、专家支持系统、实际招标工作经验和服务态度等情况进行详细了解。必要时，可采用招标方式择优选定招标代理机构，并与其签订委托招标协议。

招标人与招标代理人应当签订招标代理合同（协议），合同中应具体地规定委托代理招标的范围和内容，招标人和招标代理人的权利和义务，代理费用的支付以及违约责任等细则。

招标人对招标代理机构有下列义务：

1) 提供工程招标代理业务应具备的工程前期资料，包括立项批准手续、规划许可证、报建证及资金落实情况等资料。

2) 提供完成工程招标代理业务所需的全部技术资料和图纸。

3) 合理支付代理报酬。

4) 其他应尽的义务。

招标代理机构应当按照公开、公平、公正的原则组织招标工作，维护各方的合法权益。同时招标代理机构要为委托人提供专业的咨询服务，但不得接受与本工程建设项目中委托招标范围之内的相关的投标咨询业务。

2. 制定招标方案

无论是招标人自行招标，还是招标人委托招标代理机构组织招标，项目招标的组织者仍然是招标人。招标人仍然应当组建由法人代表或其授权代表领导的招标工作班子，配备专职专业人员，并制定招标方案，以保证招标工作的顺利进行。对于委托招标代理机构组织招标的项目，可以由招标代理机构与建设项目业主协商制订招标工作实施计划，共同制定招标方案。

招标方案一般应该包括招标的组织形式（自行招标或招标人委托招标代理机构组织招标）、标段划分、招标的方式、时间、地点等。

(1) 标段的划分

在项目招标之前，招标人首先要合理划分标段。标段的划分要根据项目的特点、施工现场条件、资金情况、工期要求、设计的衔接等因素合理划分标段，如按作业面划分有利于缩短工期；按专业划分有利于选择有专长的承包商，并且有利于减少承包商报价的管理费用，但会增加业主的协调管理工作。如果大型项目采用总承包模式，符合招标条件的投标人可能很少，使招标缺乏竞争性，若公开招标的话，很可能会导致重新招标的结果。如果项目标段划分过多，又会增加招标成本。

划分招标范围，主要应考虑以下因素：

1) 项目的专业要求。如一般项目将设计、土建施工、设备安装分别招标。

2) 施工现场管理要求。如果施工过程中有几个独立承包商同时进行施工，就有可能导致交叉作业，互相干扰，协调管理困难。

3) 资金情况。招标人有可能暂时没有足够的资金完成整个项目的建设，就有可能分期或分段招标，例如房地产项目将工程分为一期、二期、三期，在一期项目启动后，再利用一期项目销售获得的资金投入第二期工程。

4）项目费用要求。标段划分过多，不仅增加招标成本，同时也会大大增加管理费用。对于中标多个单项合同而提出优惠的，评标委员会可以对投标人提出的优惠进行审查，以决定是否将招标项目作为一个整体合同授予中标人，将招标项目作为一个整体合同授予的，整体合同中标人的投标应当最有利于招标人。

（2）招标方式的选择

项目的招标方式有公开招标、邀请招标和议标三种形式。公开招标与邀请招标的区别见表12-1。

公开招标与邀请招标的比较　　　　　　　　表 12-1

比较	公开招标	邀请招标
信息发布方式	招标公告	招标邀请书
资格审查方式	资格预审	资格后审
适用范围	依法必须进行招标的项目，全部使用国有资金投资或者国有资金投资占控股或者主导地位的，应当公开招标	① 项目技术复杂或有特殊要求，只有少量几家潜在投标人可供选择的； ② 涉及国家安全、国家秘密或者抢险救灾，适宜招标但不宜公开招标的； ③ 项目规模小，采用公开招标不值得的； ④ 法律、法规规定不宜公开招标的
招标费用	较高	较低
招标时间	相对较长	没有招标公告和资格预审的时间，且与公开招标相比投标人数少，所需时间相对较短
中标价格	投标人多，竞争大，中标价格较低	投标人少，竞争有限，中标价格相对较高

1）公开招标

公开招标是指招标人以招标公告方式邀请不特定的法人或者其他组织投标。公开招标是一种无限竞争性招标。招标人通过报刊、信息网络或者其他媒介发布招标公告。其优点是：

① 采用公开招标方式可以形成投标人之间的竞争，有利于招标人取得最佳经济效益。

② 公开招标有利于引进国外先进的技术和管理水平。

③ 采用公开化的招标方式，有利于增加管理的透明度，减少舞弊和贿赂行为。

其缺点是：公开招标程序比较烦琐，文件多，工作量大，时间长，造成的费用也比较高。

2）邀请招标

邀请招标是指招标人以投标邀请书的方式邀请特定的法人或者其他组织投标。招标人采用邀请招标方式的，应当向3个以上具备承担招标项目的能力、资信良好的特定的法人或者其他组织发出投标邀请书。其优点是：

① 可以直接选择资历雄厚、信誉良好的投标单位，相对公开招标而言时间短、费用低。

② 采用邀请的方式使投标人不容易串通抬价。

③ 由于邀请招标的竞争范围小，有利于提高投标人的中标机会。

其缺点是：邀请招标是有限竞争招标，就有可能失去有竞争实力的潜在投标人，同时中标的合同价格也可能相对较高。

国家规定，重点建设项目以及使用国有资金或者国有资金投资占有控股或者主导地位的工程建设项目，应该选择公开招标。有下列情形之一的，经批准可以选择邀请招标：

① 建设项目技术复杂或有特殊要求的；

② 受自然地域环境限制的；

③ 涉及国家安全、国家秘密或者抢险救灾，适宜招标但不适宜公开招标的；

④ 拟公开招标的费用与项目的价值相比，不值得的；

⑤ 法律、法规规定不宜公开招标的。

3) 议标

议标是招标人采取与一家和或几家投标人或供货商通过直接谈判达成交易的一种招标方式。在《中华人民共和国招标投标法》中没有把议标列入法定的招标方式，但一些不适宜采用公开招标、邀请招标进行招标的项目，如专业性非常强，只有极少数承包商可以承担的项目、保密性要求很高的项目、抢险项目等，议标是招标的方式之一。

3. 准备招标文件

编制招标文件是招标工作中的一个重要环节，招标文件的严谨和准确程度直接影响整个项目的建设。首先，招标文件是潜在投标人编写投标文件和参加投标的重要依据。其次，整个招标活动都是按招标文件上的规定一步一步进行的。再次，招标文件是招标人与中标人订立的合同基础。《中华人民共和国招标投标法》对招标文件的要求做出了详细规定：招标人应当根据招标项目的特点和需要编制招标文件；招标文件应当包括招标项目技术要求、对投标人资格审查的标准、投标报价要求和评标标准等所有实质性要求和条件；以及拟签订合同的主要条款；国家对招标项目的技术、标准有规定的，招标人应当按照其规定在招标文件中提出相应要求；招标项目需要划分标段、确定工期的，招标人应当合理地划分标段、确定工期，并在招标文件中载明。这些规定详细地说明了编制招标文件的要求。

招标文件一般由以下文件构成：

(1) 投标邀请书；

(2) 投标人须知；

(3) 合同主要条款；

(4) 投标文件格式；

(5) 采用工程量清单招标的，应当提供工程量清单；

(6) 技术条款；

(7) 设计图纸；

(8) 评标标准和方法；

(9) 投标辅助材料。

（10）标底

标底是招标单位对招标工程的预期价格，是由招标单位或委托经有关部门批准的、具有编制标底资格的单位根据设计图纸和有关规定计算，并经本地工程造价管理部门核定的发包造价。编制标底具有很强的专业性，招标人可以自己编制，也可以委托具有资质的咨询单位或招标机构编制。

4. 发布招标公告或发出投标邀请书

招标公告是指采用公开招标方式的招标人（或招标代理机构）向所有潜在的投标人发出的一种广泛的通告。采用招标公告可以吸引众多的潜在投标人，为了保证招标的公平，《中华人民共和国招标投标法》第十六条规定："招标人采用公开招标方式的，应当发布招标公告。依法必须进行招标项目的招标公告，应当通过国家指定的报刊、信息网络或者其他媒介发布招标公告。"招标公告应当注意以下几点：

（1）招标公告或投标邀请书的内容要求

招标公告和投标邀请书都是招标人向潜在投标人发出的招标信息，它们都包含以下信息：

1）项目名称、性质、数量、实施地点和时间。

2）项目资金来源和落实情况。

3）投标申请人应具备的企业资质类别和等级要求。

4）投标申请人获取招标文件的方法，包括时间、地点以及付款方式。

5）投标文件递交的地点和截止日期。

6）招标人或招标代理人的名称、地址、联系人和联系方式。

（2）招标人或其委托的招标代理机构应当保证招标公告内容的真实、准确和完整。

（3）招标人或其委托的招标代理机构应至少在一家指定的媒体发布招标公告。指定报纸在发布招标公告的同时，应将招标公告如实抄送指定网络。在指定报纸免费发布的招标公告所占版面一般不超过整版的 1/4，且字体不小于六号字。

（4）招标人或其委托的招标代理机构在两家以上媒体发布的同一招标项目的招标公告的内容应当相同。

投标邀请书可以通过邮件、传真等方式直接向 3 个以上有承担项目能力、资信良好的特定法人或者其他组织发出投标邀请。

5. 招标备案

当招标人完成了前述的工作后，应该按照有关规定，准备好相应的备案资料向有关行政监督部门备案。

6. 资格预审

资格预审的主要程序如下：

（1）编制资格预审文件。资格预审文件主要内容包括资格预审公告、资格预审申请人须知、资格预审申请书及各种附表四部分。在申请人须知中必须明确并公开资格预审的条件内容、评审标准和方法。

（2）发出资格预审通知书。实行公开招标的项目应当刊登资格预审公告，并与招标公告同时发布。

（3）出售资格预审文件。

（4）对资格预审文件答疑。

（5）投标人编制资格预审申请文件。

（6）接收投标企业提交的预审申请书和相关资料。

（7）对资格预审申请文件进行评审。对资格预审申请文件进行评审时，应该组织资格评审小组对投标人进行评审。在资格预审合格的投标人过多时，可以由招标人从中选择不少于 7 家资格预审合格的投标申请人。资格预审主要对投标申请人的以下内容进行审查：

1）法人资格。投标申请人应该具有独立的法人资格。

2）履行合同的能力，包括专业、技术资格和能力，资金、设备和其他物质设施状况，管理能力，经验、信誉和相应的从业人员。

3）有无不良记录。

4）以往承担类似项目的业绩情况。

5）法律、行政法规规定的其他资格条件。

资格审查时，招标人不得以不合理的条件限制、排斥和歧视潜在投标人或投标人。任何单位和个人不得以行政手段或者其他不合理方式限制投标人的数量。

（8）编写资格预审评审报告。

（9）招标人确定资格预审合格人名单，并将资格预审合格人名单报主管部门备案。

（10）发出资格预审合格通知书，并告知获取招标文件的时间、地点和方法，同时向资格预审不合格的投标申请人告知资格预审结果。

7. 发售招标文件

招标人编制完成招标文件后，应该按照招标公告或投标邀请书中规定的时间、地点向有兴趣投标且经过审查符合资格要求的投标申请人发售招标文件。各投标人在领取招标文件时，须交纳标书费、图纸押金等。

8. 组织投标人踏勘现场与答疑

《中华人民共和国招标投标法》第二十一条规定："招标人根据招标项目的具体情况，可以组织投标人踏勘项目现场。"踏勘现场时，招标人应组织投标人对现场的经济、地理、地质、气候等客观条件和周围环境进行调查。在招标文件发售后，投标人应当按照招标文件规定的时间组织投标人踏勘现场。《工程建设项目施工招标投标办法》第三十二条规定："招标人根据招标项目的具体情况，可以组织投标人踏勘项目现场，向其介绍工程场地和相关环境的有关情况。潜在投标人依据招标人介绍的情况做出的判断和决策，由投标人自行负责。招标人不得单独或者分别组织任何一个投标人进行现场踏勘。"

对于潜在投标人在阅读招标文件和踏勘现场中提出的疑问，招标人可以书面形式或召开投标预备会的方式解答，招标人对已发出的招标文件进行必要的澄清或修改的，应当在招标文件要求提交投标文件截止时间至少十五天前，以书面方式通知所有购买招标文件的潜在投标人，解答的内容为招标文件的组成部分。同时，招标人需要向建设行政主管部门办理答疑纪要备案。

在踏勘现场和答疑的过程中也会存在一些问题，如集中安排现场踏勘及答疑工作，虽然方便了招标人的组织工作，但"集中"就可能导致投标人身份的泄密，给不法投标人提供了相互串通投标的机会，损害了招标人的利益，同时也违反了《中华人民共和国招标投标法》中"招标人不得向他人透露已获取招标文件的潜在投标人的名称、数量"的规定。

9. 编制标书

投标人购买招标文件并踏勘现场后，应按招标文件的规定认真编制标书。标书应该对招标文件提出的所有实质性要求和条件作出响应。

10. 标书送达

投标人应在招标文件规定的时间内将标书送达招标文件规定的地点。

11. 接收投标文件

招标人应按招标文件规定的时间和地点接收投标文件，接受投标书的工作人员应核查投标人员的身份。投标人在递交投标文件时应填写登记表，并将接收的投标书按时间顺序进行编号，不得接收在投标时间截止后送来的或未予以密封的投标书，招标人要做好投标书的保密工作。

12. 组建评标委员会

按《中华人民共和国招标投标法》规定，评标委员会一般由招标人的代表和有关技术、经济等方面的专家组成，成员人数为 5 人以上的单数，其中技术、经济等方面的专家不得少于 2/3，评标专家一般由招标人从国务院有关部门或者省、自治区、直辖市人民政府有关部门提供的专家名册或者招标代理机构的专家库内的相关专业的专家名单中采取随机抽取方式确定，特殊招标项目可以由招标人直接确定，但与投标人有利害关系的人不得进入相关项目的评标委员会。

13. 开标

开标会议由招标人主持，公证人员当场公证，招标投标管理机构监督。主要程序有：

（1）主持人介绍参加开标会议的单位和人员；

（2）主持人宣布开标纪律、开标程序及注意事项；

（3）查验各投标人参加开标会的法定代表人或其委托代理人的身份证明；

（4）宣布评标办法和有关规定；

（5）投标人当众检验标书的密封情况；

（6）当众启封投标文件，并按报送投标文件的时间先后顺序唱标，宣读投标人名称、投标报价、工期、质量承诺和主要材料用量等内容，做好记录；设有标底的，招标人当众拆封并宣读标底；

（7）投标人签字确认；

（8）公证人员作公证说明。

开标过程中，投标文件有下列情形之一的，视为废标：

（1）投标书无单位盖章并无法定代表人或法定代表人授权的代理人签字或盖章的。

（2）投标书未按规定的格式填写，内容不全或关键字迹模糊、无法辨认的。

（3）投标人递交两份或多份内容不同的投标文件，或在一份投标文件中对同一招标项目报有两个或多个报价，且未声明哪一个有效，按招标文件规定提交备选投标方案的除外。

（4）投标人名称或组织结构与资格预审时不一致的。

（5）投标人未按招标文件要求提交投标保证金的。

（6）联合体投标未附联合体各方共同投标协议的。

（7）在投标截止时间后送达的。

（8）没有密封的。

14. 评标

评标就是对标书进行综合评价。评标工作由评标委员会完成。根据《中华人民共和国招标投标法》第三十九条和第四十条的规定，评标委员会的主要工作是按照招标文件确定的评标标准和方法，对投标文件进行评审和比较，设有标底的，应当参考标底。

评标的程序一般包括初步评审、详细评审、投标文件澄清和提交书面评标报告 4 个阶段。

（1）初步评审

初步评审阶段评标委员会主要是在了解和熟悉招标文件和投标文件的基础上，对投标文件进行符合性审查。

符合性审查主要是对投标文件的有效性、完整性，以及与招标文件要求的一致性进行审查。重点是审查投标文件对招标文件的响应程度。投标文件应该对招标文件提出的所有实质性要求和条件作出响应。

在初步评审过程中评标委员会如果发现投标文件应该对招标文件提出的实质性要求和条件没有作出响应的，应该将该投标人确定为不合格投标人，并逐项列出该投标文件没有作出响应的实质性要求和条件。

在初步评审过程中评标委员会如果有疑问，可以要求投标人对投标文件做必要的澄清、说明或者纠正。

（2）详细评审

详细评审阶段评标委员会将严格按照招标文件上的评标办法对投标书进行技术和商务两个方面的评审。

1）技术评审

技术评审的主要任务，是比较与审查投标人完成招标项目的技术能力与实力，审查投标人总体布置的合理性、施工方案的可行性和先进性、施工进度计划及保证措施的可靠性、施工质量保证体系方案及措施的先进合理性与可靠性、劳动力计划及主要设备材料与构件用量计划是否满足设计和招标文件中的要求、安全措施的可靠与完善性等。如有分包的，应当审查分包商的资格条件和是否有完成分包工程的能力与经验等。如招标文件规定了提交建议和替代方案的，还应对投标文件中的建议或替代方案进行技术评审。

对于施工项目的招标，技术标评审的核心内容进行施工组织设计审查，主要审查项目管理机构的人员配备情况、各分部分项工程的主要施工方法、进度计划安排、工程质量和工期的保证措施、安全生产和文明施工措施、主要施工机械设备的投入情况及进场计划、劳动力安排情况、施工总平面布置情况等内容。如果有部分工程准备分包的，还应该附有拟分包项目情况表。

若为明标，项目管理机构配备情况包括项目管理机构配备情况表、项目经理简历表、项目技术负责人简历表，以及其他辅助说明资料等也是投标文件技术标部分。若为暗标，此部分一般则放到商务标书内。

如果技术标标书内的施工组织设计中缺少相关内容，则说明该标书的质量较差，投标人工作的不规范性，应该对其承担工程的能力表示怀疑。

2) 商务评审

① 格式审查

当采用综合单价形式时，商务标标书应该包括：投标报价说明、投标报价汇总表、主要材料清单报价表、设备清单报价表、工程量清单报价表、措施项目报价表、其他项目报价表、工程量清单项目价格计算表及投标报价需要的其他资料。当采用工料单价形式时，商务标标书应该包括：投标报价说明、投标报价汇总表、主要材料清单报价表、设备清单报价表、分部工程工料价格计算表、分部工程费用计算表及投标报价需要的其他资料。

如果商务标的标书内缺少上述内容，则说明该标书有严重缺陷。如果投标人较多时，可以将该标书定为不合格标书。如果投标人较少时，该标书的得分应大大降低。

② 价格评审

工程施工招标评标时，重点是评审投标报价，包括投标报价的核对与全部报价数据计算的正确性审查。既要比较总价，也要分析单价、计日工价，要分析单价构成及所附资金流量表的合理性，有无严重的不平衡报价，分析财务或付款方面的建议条款和优惠条件，评估如果接受这些条件时的利弊和有无可能导致风险，分析报价高低的原因等。要注意有无提出与招标文件合同条款相悖的要求或对合同条款有无重要保留等；如果是有标底招标评标，还要参考标底，与标底价格进行对比分析。

（3）投标文件澄清

在对投标文件进行符合性评审、技术评审和商务评审的整个评标过程中，评标委员会若发现投标文件的内容有含义不清或需对某些问题作出说明的，可以请投标人进行澄清与说明，但是澄清或者说明不得超出投标文件的范围或者改变投标文件的实质性内容。

投标人对所提的问题应该以书面的形式进行澄清和答复，但不允许对投标报价等实质性问题进行任何改动。投标人对标书作出的澄清和答复应该经其法定代表人或授权代理人签字,并作为投标文件的组成部分。

(4) 提交书面评标报告。

评标委员会完成评标后,应当向招标人提出书面评标报告,阐述对各投标文件的评审意见,并推荐合格的中标候选人或经招标人授权直接确定中标人。如果有招标人的授权,评标委员会也可直接确定中标人。

15. 定标

定标是指根据评标结果确定中标人的过程。

《工程建设项目施工招标投标办法》规定:"评标委员会提出书面评标报告后,招标人一般应当在 15 日内确定中标人,但最迟应当在投标有效期结束日 30 个工作日前确定。"

中标人的确定方法有经评审的最低投标价法、综合评分法、最低评标价法和性能价格比法等。

(1) 经评审的最低投标价法

经评审的最低投标价法是指选择能满足招标文件实质性要求,经评审的最低投标报价(低于成本的除外)的投标人为中标候选人的定标方法。评委会首先对已通过符合性审查的投标人的投标文件进行技术评审。技术评审合格后,进入商务评审。在商务评审时,要对投标人的商务偏差作价格调整。这种方法适用于招标人对技术、性能没有特殊要求的一般项目。

(2) 综合评分法

综合评分法是指在最大限度地满足招标文件实质性要求前提下,按招标文件中规定的各项因素进行综合评审后,以评标总得分最高的投标人作为中标候选人的定标方法。适用于以最大限度满足招标文件实质要求为主要评标因素的复杂和有特殊要求的项目。

(3) 最低评标价法

根据招标文件中规定的评标因素价格调整方法,对投标人的投标报价、投标文件的商务偏差与技术偏差进行价格折算与调整,用货币形式计算出投标人的评标价,在商务、技术条款均满足招标文件要求时,评标价格最低的投标人被推荐为中标人的定标方法。当投标人的标书全部或大多数满足技术、商务方面的各项要求,并能取得较好技术经济效果的项目,可选用此方法。

(4) 性能价格比(简称性价比)法

该方法主要用于建筑材料、构配件和设备的招标。在价格相同或相差不多的情况下,选择产品的技术性能较好、质量较高的投标人;在产品的技术性能与质量相差不多的情况下,选择价格较低的投标人。

招标人应当在评标委员会推荐的中标候选人中确定排名第一的中标候选人为中标人。排名第一的中标候选人放弃中标或因不可抗力原因不能履行合同,或者没有按照招标文件的规定在规定的期限内提交履约保证金的,招标人可以确定排名第二的中标候选人为中标人。

中标人确定后,招标人应当向中标人发出通知书,并同时将中标结果通知所有未中标的投标人。

根据《评标委员会和评标方法暂行规定》，评标和定标最迟应当在距投标有效期结束日 30 个工作日前完成；不能按期完成的，招标人应当通知所有投标人延长投标有效期限。

16. 签订合同

根据《中华人民共和国招标投标法》的规定，招标人和中标人应当自中标通知书发出后的 30 日内，按照招标文件和中标人的投标文件订立书面合同。

合同订立后，招标文件要求中标人提交履约保证金或者其他形式履约担保的，中标人要按照约定提交履约保证金，拒绝提交履约保证金的，视为放弃中标项目，其中标资格将被取消，并承担赔偿招标人损失的法律责任。招标人不履行与中标人订立合同的，应当双倍返还中标人的履约保证金；没有提交履约保证金的，应当对中标人的损失承担赔偿责任。

为了公平，招标人要求中标人提供履约保证金或其他形式履约担保的，招标人应该同时向中标人提供工程款支付担保。

合同订立后，招标人应该退还投标人的投标保证金，中标人不履行与招标人订立合同的，投标保证金不予退还。

合同订立后，中标人还应在签订合同后的 7 日内将合同送工程所在地的县级以上地方人民政府建设行政主管部门备案。

本章小结及学习指导

1. 工程项目招投标管理制度是我国的推行的工程项目管理制度之一。
2. 通过本章的学习应该重点掌握工程项目招标投标过程的管理的方法。

思考题

12.1 我国的工程发包有哪些制度上的规定？

12.2 工程项目招标应该遵循哪些基本原则？

12.3 简述必须进行招标的建设项目范围和规模标准。

12.4 工程建设项目招标方式有哪些？各有什么特点？

12.5 简述招标文件的构成。

12.6 简述工程建设施工项目评标的主要内容及要求。

12.7 简述工程建设项目的招标投标程序。

12.8 简述工程建设项目招标的主要工作内容及要求。

12.9 简述工程建设项目的评标原则与基本要求。

12.10 招标投标工程的合同签订有哪些规定？

第13章
工程建设监理

本章知识点

【知识点】

工程建设监理制度、工程建设监理机构、监理规划、监理实施细则、工程建设监理工作程序、监理工程师的合同管理。

【重点】

掌握监理规划和监理实施细则的编制方法、工程建设监理工作程序及监理工程师的合同管理方法。

【难点】

监理规划和监理实施细则的编制方法。

13.1 工程建设监理制度

工程建设监理制度是在我国推行的一种工程项目管理制度，是指具备相应资质的建设监理单位接受工程项目建设单位的委托，依据国家批准的工程项目建设文件，有关工程建设的法律、法规和监理合同及其他工程建设合同，对工程建设实施的监督管理活动。

我国的工程建设监理工作起源于云南的鲁布革水电站工程。1983 年，该水电站的引水工程根据为该项目提供贷款的世界银行的要求，设置了专司监理职能的"工程师机构"，按照国际工程管理方式进行工程项目管理。1985 年深圳在改革的试验中，在建设领域引入我国香港地区工程建设地盘管理的制度。1988 年 7 月建设部发出《关于开展建设监理工作的通知》，并开始了建设工程监理工作的试点，标志着我国正式开始推行建设工程监理制度，从而使建设工程监理工作在全国范围内进入了全面推行阶段。到 1989 年年底，全国已有 17 个省和 12 个部门开展了建设监理工作，全国共成立监理单位 52 个，实施监理的工程 79 项，总投资 395 亿元，上海国贸大厦和金桥大厦、京津高速公路、广州抽水蓄能电站、河南永城矿区等工程的建设监理工作均取得较大成效。1989 年建设部又颁布了《建设监理试行规定》，使我国的建设监理事业开始走上了法制的轨道。1997 年 11 月颁布的《建筑法》在第四章中专门规定了建筑工程监理活动的范围、依据、原则、责任，明确提出"国家推行建筑工程监理制度"，进一步确立了建设监理的法律地位。2000 年，建设部颁布了《建设工程监理规范》GB 50319—2000，建设监理活动得到了进一步规范，也促进了建设监理行业的健康发展。2002年，建设部颁布了《房屋建筑工程施工旁站监理管理办法》，强调监理人员在工程施工阶段，对关键部位、关键工序的施工质量实施全过程现场跟踪的监督活动。至此，建设监理制度已成为我国工程建设领域的一项重要的管理制度，建设监理活动的成效得到了建筑市场参与各方的广泛认可。

建设监理制度的确立和实施，使工程建设市场中出现了新的主要参与主体，形成了在政府监督下的，由项目业主单位、承包商和监理单位构成的"三角形"管理体制。这一体制可以用图 13-1 来表示。

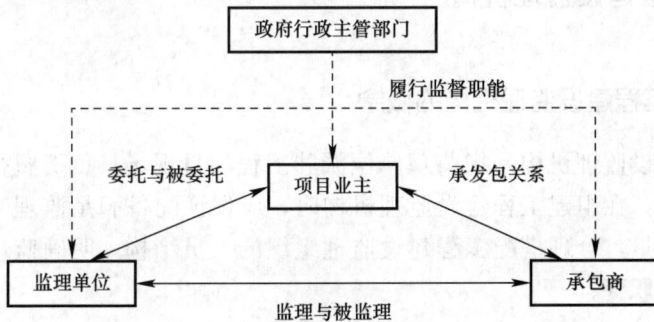

图 13-1　我国的建设监理管理体制

围绕着工程项目建设，建设单位、监理单位和施工单位之间形成了三种市场关系：建设单位和施工单位是承发包关系、建设单位和监理单位形成委托服务关系及监理单位和施工单位之间的监理与被监理的关系。建设单位利用市场竞争机制，择优选择施工单位和监理单位。监理单位受建设单位的委托，根据工程施工合同的约定，对施工单位进行监理。市场三大主体通过这三种关系紧密地联系在一起，形成相互协作、相互促进和相互制约的项目管理组织系统。而这一结构中，监理单位起着重要的协调和约束作用。通过具有专业知识和实践经验的监理工程师的监理，使整个项目组织系统始终朝着工程项目的总目标运行。

经过 30 多年的发展，我国已初步建立了与建设监理制度配套的较为完善的建设监理法规体系。建设工程监理涉及的有关法律法规如表 13-1 所示。

我国与建设监理制度配套的法律法规体系　　　　　　表 13-1

法律	行政法规	部门规章
《中华人民共和国建筑法》 《中华人民共和国合同法》 《中华人民共和国招标投标法》 《中华人民共和国土地管理法》 《中华人民共和国城乡规划法》 《中华人民共和国城市房地产管理法》 《中华人民共和国环境保护法》	《建设工程质量管理条例》 《建设工程勘察设计管理条例》 《中华人民共和国土地管理法实施条例》	《工程建设监理企业资质管理规定》 《监理工程师资格考试和注册试行办法》 《建设工程监理范围和规模标准规定》 《建筑工程设计招标投标管理办法》 《房屋建筑物和市政基础设施工程施工招标投标管理办法》 《评标委员会和评标方法暂行规定》 《建筑工程施工发包与承包计价管理办法》

续表

法律	行政法规	部门规章
《中华人民共和国环境影响评价法》	《建设工程质量管理条例》 《建设工程勘察设计管理条例》 《中华人民共和国土地管理法实施条例》	《实施工程建设强制性标准监督规定》 《房屋建筑工程质量保修办法》 《房屋建筑工程和市政基础设施工程竣工验收备案管理暂行办法》 《建设工程施工现场管理规定》 《工程建设重大事故报告和调查程序规定》 《城市建设档案管理规定》

13.2　工程建设监理机构

13.2.1　工程建设监理机构的概念

工程建设监理机构是指监理单位派驻工程项目现场，负责履行监理合同的组织机构。在组建工程建设监理机构时，应保证配备满足监理工作强度要求的人员数量，合理搭配工程建设监理组织的人员结构，明确监理组织各个层次人员的职责。

13.2.2　工程建设监理机构的建立

通常，监理单位首先要根据监理工程的特点、监理单位人员工作状况、监理投标文件的约定及建设单位的要求，选定工程项目的总监理工程师。监理单位应对项目总监理工程师做出正式的书面授权，由监理单位技术部门和人力资源管理部门会同总监理工程师共同组建工程建设监理机构。在委托监理合同签订后 10 个工作日之内，监理单位应将工程建设监理机构的组织形式、人员构成及对总监理工程师的授权书面送达建设单位。

工程建设监理机构一般包括总监理工程师、专业监理工程师和监理员三个层次，必要时配备一定的行政管理人员。工程建设监理机构的成员构成应该做到资质能力组合适当、专业配套、人数合理，以保证能对项目的实施进行有效控制。总监理工程师认为有必要时，可以在工程建设监理机构中设置总监理工程师代表，行使总监理工程师授予的职权。总监理工程师必须对总监理工程师代表的权限做出正式、书面的授权。

工程建设监理机构在监理实施过程中应保持相对稳定，在需要对总监理工程师进行调整时，监理单位应征得建设单位同意，并提前书面通知建设单位及相关单位。对专业监理工程师进行调整时，总监理工程师亦应提前书面通知建设单位及其他相关单位。

工程建设监理机构的人员数量和结构应根据工程建设的投资规模、工程的复杂程度、监理工作阶段等因素，配备适当的监理人员。例如广东省、厦门市、武汉市等地区都出台了与工程建设的投资规模、工程的复杂程度、监理工作阶段等因素相对应的工程项目监理人员配置参照表。

组建工程建设监理机构，不但应保证足够的监理人员数量，还应保证监理人员的结构合理性。项目监理组织的人员结构合理性包括专业结构、技术结构和年龄结构的合理性。首先，项目监理组织应配备适当的专业人员结构，也就是监理专业人员配套。例如，一般工业与民用建筑工程需要配备土建专业、给水排水专业、电气专业、装饰专业的监理人员；公路工程则需要配备公路专业、桥梁专业、测绘专业、给水排水专业的监理人员等。其次，项目监理组织应配备适当的职称结构。合理的职称结构是指监理机构中各专业监理人员应有与监理工作要求相称的高级职称、中级职称和初级职称比例。一般来说，在前期阶段、设计阶段，具有中级及中级以上职称的人员在整个监理人员构成中占绝大多数，初级职称人员仅占少数。施工阶段监理的职称结构应以中级为主，高级职称人员和初级职称人员都较少。第三，项目监理组织应配备适当的年龄结构。年龄结构是指项目监理班子中，老、中、青构成比例。老年人经验丰富，中年人对新技术掌握能力强，青年人体力充沛。适当的年龄结构，对发挥各个年龄层次监理人员的特点、顺利地开展监理工作是十分有益的。

13.2.3 监理机构人员的职责

根据《建设工程监理规范》的规定，在工程建设监理机构中各层次人员的职责如下：

1. 总监理工程师的职责

总监理工程师应按照委托监理合同中建设单位所授予的权限履行合同规定的职责。其职责主要包括：

（1）确定项目监理机构人员及其岗位职责。

（2）组织编制监理规划，审批监理实施细则。

（3）根据工程进展及监理工作情况调配监理人员，检查监理人员工作。

（4）组织召开监理例会。

（5）组织审核分包单位资格。

（6）组织审查施工组织设计、（专项）施工方案。

（7）审查开、复工报审表，签发工程开工令、暂停令和复工令。

（8）组织检查施工单位现场质量、安全生产管理体系的建立及运行情况。

（9）组织审核施工单位的付款申请，签发工程款支付证书，组织审核竣工结算。

（10）组织审查和处理工程变更。

（11）调解建设单位与施工单位的合同争议，处理工程索赔。

（12）组织验收分部工程，组织审查单位工程质量检验资料。

（13）审查施工单位的竣工申请，组织工程竣工预验收，组织编写工程质量评估报告，参与工程竣工验收。

（14）参与或配合工程质量安全事故的调查和处理。

（15）组织编写监理月报、监理工作总结，组织整理监理文件资料。

如果工程需要，工程建设监理机构可设置总监理工程师代表。总监理工程师代表可以负责总监理工程师指定或交办的监理工作，并按总监理工程师的授权，行使总监理工程师的部分职责和权力，但总监理工程师不得将下列工作委托总监理工程师代表：

(1) 组织编制监理规划，审批监理实施细则。

(2) 根据工程进展及监理工作情况调配监理人员。

(3) 组织审查施工组织设计、（专项）施工方案。

(4) 签发工程开工令、暂停令和复工令。

(5) 签发工程款支付证书，组织审核竣工结算。

(6) 调解建设单位与施工单位的合同争议，处理工程索赔。

(7) 审查施工单位的竣工申请，组织工程竣工预验收，组织编写工程质量评估报告，参与工程竣工验收。

(8) 参与或配合工程质量安全事故的调查和处理。

2. 专业监理工程师的职责

专业监理工程师的工作直接对总监理工程师负责，其工作的职责和权限由总监理工程师授予。总监理工程师必须将专业监理工程师的工作职责及权限书面告知建设单位及施工单位。专业监理工程师的工作职责主要包括：

(1) 参与编制监理规划，负责编制监理实施细则。

(2) 审查施工单位提交的涉及本专业的报审文件，并向总监理工程师报告。

(3) 参与审核分包单位资格。

(4) 指导、检查监理员工作，定期向总监理工程师报告本专业监理工作实施情况。

(5) 检查进场的工程材料、构配件、设备的质量。

(6) 验收检验批、隐蔽工程、分项工程，参与验收分部工程。

(7) 处置发现的质量问题和安全事故隐患。

(8) 进行工程计量。

(9) 参与工程变更的审查和处理。

(10) 组织编写监理日志，参与编写监理月报。

(11) 收集、汇总、参与整理监理文件资料。

(12) 参与工程竣工预验收和竣工验收。

3. 监理员的职责

监理员协助专业监理工程师开展监理工作，履行检查、复核、记录和旁站的职责。监理员的工作职责主要包括：

(1) 检查施工单位投入工程的人力、主要设备的使用及运行状况。

(2) 进行见证取样。

(3) 复核工程计量有关数据。

(4) 检查工序施工结果。

(5) 发现施工作业中的问题，及时指出并向专业监理工程师报告。

13.3　监理规划和监理实施细则

13.3.1　监理规划的概念

监理规划是由总监理工程师组织专业监理工程师编制的，结合项目的实际情况，阐述监理工作的组织、制度、内容、程序、方法及项目实施建议的纲领性监理文件，其深度应满足监理工作的要求。监理规划应在委托监理合同签订后及时组织编制，经监理单位技术负责人审批后，在召开第一次工地会议前报送建设单位。在工程实施过程中，总监理工程师应根据需要对监理规划进行补充完善。若发生重大修改，应经监理单位技术负责人批准后报建设单位。

13.3.2　监理规划的作用

首先，监理规划是工程建设监理机构开展监理工作的依据和指南。在监理规划中，明确了工程建设监理机构应该做哪些工作，由谁来完成，工作的时间和地点以及工作的目标。工程建设监理机构各个成员应严格地按照监理规划的要求，完成各项监理工作内容。

其次，监理规划是建设单位确认监理单位是否全面实际履行监理合同的依据。监理单位如何履行工程监理合同，如何落实建设单位委托监理人所承担的各项监理服务工作，作为监理任务的委托方，建设单位不但需要而且应当加以了解和确认。监理规划能够全面、详细地为建设单位监督监理合同的履行提供依据。

第三，监理规划是工程建设监理主管部门对监理单位实施监督的重要依据。政府的建设行政主管部门，对工程建设过程的合法性和质量实施社会监督。其中，判断监理单位工作的质量依据之一，就是监理规划。通过了解监理单位所说的和所做的能否统一，来判断监理的规范性和质量。

13.3.3　监理规划的编制依据

监理规划的编制依据应包括：
（1）有关工程建设的法律、法规。
（2）有关规范、规程和技术标准。
（3）政府批准的工程建设文件。
（4）委托监理合同。
（5）其他工程建设合同。
（6）项目可行性研究报告、勘察设计文件、招标投标文件、工程概预算及工程咨询报告。
（7）工程项目的自然和社会外部条件。
（8）项目监理投标文件等。

13.3.4　监理规划的内容

根据《建设工程监理规范》的规定，监理规划的基本内容应包括：

(1) 工程概况。

(2) 监理工作的范围、内容、目标。

(3) 监理工作依据。

(4) 监理组织形式、人员配备及进退场计划、监理人员岗位职责。

(5) 监理工作制度。

(6) 工程质量控制。

(7) 工程造价控制。

(8) 工程进度控制。

(9) 安全生产管理的监理工作。

(10) 合同与信息管理。

(11) 组织协调。

(12) 监理工作设施。

根据工程特点和建设单位要求，监理工程师有时还应将环境保护、节能、节地、节水、节材等内容纳入监理规划。

13.3.5　监理实施细则

监理实施细则是专门针对工程中的某一个专业或部位（如土建中的主体结构工程、电气工程、装修工程等）编制的监理工作的指导性监理文件。总监理工程师应根据工程规模、难度和技术需要，决定是否编制监理实施细则。如果需要，总监理工程师应指导和安排有关专业监理工程师根据监理规划编制相应专业监理实施细则。

监理实施细则应补充说明监理规划中未详细说明的、主要针对专业监理工作的管理制度、方法及措施。监理实施细则应包括专业工程的特点、监理工作的流程、监理工作的控制要点和目标值、监理工作的方法和措施。总之，较监理规划而言，监理实施细则更强调可操作性。

对专业性较强、危险性较大的分部分项工程，项目监理机构应编制监理实施细则。

监理实施细则应在相应工程施工开始前由专业监理工程师编制，并应报总监理工程师审批。

1. 监理实施细则编制的依据

监理实施细则的编制应依据下列资料：

(1) 监理规划。

(2) 工程建设标准、工程设计文件。

(3) 施工组织设计、（专项）施工方案。

2. 监理实施细则的主要内容

监理实施细则应包括下列主要内容：

（1）专业工程特点。

（2）监理工作流程。

（3）监理工作要点。

（4）监理工作方法及措施。

在工程实施过程中，监理实施细则应根据实际情况进行修改和完善。监理实施细修改和完善后，应重新报总监理工程师批准。

13.4　工程建设监理工作程序

为了保证监理活动的质量，工程建设监理应该按照如下程序开展工作。

1. 签订建设监理合同

建设监理活动是一种约定的专业服务行为，其合法性是由委托监理合同确立的。监理单位在实施监理工作前，应与项目建设单位签订书面监理合同。通常，监理合同中应包括合同书、通用条件、专用条件和附加协议书。在合同书中，对拟进行的监理活动的范围、期限和监理酬金的支付办法、时间予以约定；在通用条件中，对适用于大多数监理合同的词语定义、适用语言和法规，监理任务和内容，监理单位的义务、权利和责任，建设单位的义务、权利和责任，合同生效、变更与终止，监理酬金，奖励与处罚，其他争议的解决予以约定；在专用条件和附加协议条款中，对一些针对工程特点的，有关质量、时间和酬金的条款予以确定。监理合同，既是开展监理工作的前提和依据，又是监理单位工作权益的保障。

2. 确定总监理工程师

总监理工程师是项目监理工作的核心和灵魂。项目监理工作的成效高低，是与项目总监理工程师的责任心、素质、经验、技术水平和管理水平息息相关的。监理单位应根据建设工程的规模、技术特点、监理投标文件中的约定和建设单位对监理的要求，委派称职的注册监理工程师担任项目的总监理工程师，代表监理单位全面负责项目的监理工作，履行监理合同。

3. 成立工程建设监理机构

工程建设监理机构，是指监理单位派驻工程项目负责履行委托监理合同的组织机构。在我国，工程项目建设监理实行总监理工程师负责制，工程建设监理机构的搭建通常需要由监理单位相关业务和人力资源管理部门调配，由总监理工程师认可。

4. 收集开展监理工作的依据

为了优质高效地履行监理合同，监理工程师应广泛收集工程信息，作为进行监理工作的依据。主要收集的信息种类有：反映工程项目特征的资料，如工程项目的批文、规划部门关于规划红线和设计条件的通知、工程施工许可证、工程项目勘察、设计文件等；反映工程建设技术和管理的资料，如通用的建设工程监理规范、工程质量验收规范和针对工程项目技术特点的技术与管理资料；反映当地工程建设的政策、法规和信息资料，如工程建设当地建筑主管部门、质量监督部门、安全监督部门的工作程序和方法，工程建设当地施工单位管理和建筑材料供应的有关规定，工程建设当地工程造价信息等；反映工程所在地技术经济状况等建设条件资料，如气象资料，水、电、燃气供应状况资料，取（弃）土场地资料等。

5. 编制建设工程监理规划

建设工程监理规划是开展监理活动的纲领性文件，其内容上文已有阐述。

6. 制定各专业监理实施细则

为了保证监理工作更加细致到位，工程建设监理机构应在总监理工程师的指导下，根据工程规模、技术特点，组织专业监理工程师和监理员编制专业监理实施细则。实施细则的内容应强调专业性和可操作性。

7. 开展监理工作

建设监理工作，是基于技术的一项管理工作，也是一项多目标的管理工作。为此，监理工程师在开展监理工作时必须满足几个原则：首先，监理工作要有依据。这里，依据包括各种法规、规范、设计文件、监理合同、施工合同和监理规划等。其次，监理工作要及时。工程建设是一项有严密逻辑顺序的工作，如果监理工作不能及时到位，许多工程部门在隐蔽后将难以检查，工程质量也难以判断。最后，监理工作要有节。也就是说监理人员要明确自己的职责。监理工作不是施工单位的技术和组织管理工作，监理人员可以向施工单位提出技术建议，审核施工单位的技术文件，但不是施工单位的技术顾问，不能越权。同样，监理人员必须在建设单位的授权范围内行使监理职能，并及时与建设单位沟通，而不能代替建设单位。第四，监理人员要勤勉。监理人员在工作中要勤记录、勤检查、勤跟踪，保证总监理工程师和专业监理工程师的指令得到落实，保证设计文件、施工合同得到全面和适当的履行。

在施工准备及施工阶段，监理工程师的具体监理工作内容包括：

(1) 工程建设监理机构进驻施工现场。

(2) 协助建设单位做好开工前的准备工作。

(3) 协助建设单位向施工单位交付测量基准点，督促施工单位作好施工准备。

(4) 审查施工单位提交的施工组织设计文件。

(5) 审查施工单位的安全保障措施。

(6) 审查分包单位资质。

(7) 组织设计交底和施工图会审。

(8) 组织或参与第一次工地会议。

(9) 签发开工令。

(10) 跟随工程进展，对工程实施进行全方位监控，如严格监控工程材料与构配件质量；监控工序质量；组织隐蔽工程验收；组织分部分项工程验收；检查施工单位的安全保障措施落实情况；协助建设单位进行设备采购，组织设备的调试验收；跟踪进度计划，监控工程进度；组织工程会议，协调工程有关各方关系；进行工程计量及工程支付；处理工程变更事宜；处理或参与处理工程质量和安全事故；处理工程索赔，调解合同争议；审查施工单位的技术资料，提出工程质量评估报告。

8. 参与验收，签署建设工程监理意见

施工完成后，监理工程师根据施工单位的竣工验收申请，对单位工程和单项工程进行初步验收，检查施工单位质量保证资料的完善情况和工程实体的观感质量，向建设单位提出质量评估报告，并同意施工单位的竣工申请，配合建设单位组织工程竣工验收。

9. 向建设单位移交建设工程监理档案资料

建设监理工作完成后，监理单位向建设单位移交工程监理文档资料。

10. 监理工作总结

监理工作完成后，监理工程师应向建设单位和监理单位提交监理工作总结。

总监理工程师应书面征询建设单位和施工单位对本工程监理工作的意见和建议，并根据监理履约情况和建设单位、施工单位的意见，组织工程建设监理机构编制监理工作总结，向建设单位报告。监理工作总结应包括如下内容：委托监理合同的履行情况，监理任务或监理目标的完成情况，建设单位提供的监理用房和监理设备清单等。

总监理工程师应向监理单位提交的项目监理工作总结，应包括如下内容：该工程监理工作的经验，监理工作存在的问题，建设单位和施工单位对监理工作的评价和意见，监理工作改进建议，对监理机构专业工程师和监理人员工作能力、工作态度和工作业绩的评价。

11. 工程保修阶段的监理

监理单位应在工程竣工验收后，根据委托监理合同，积极履行工程保修阶段的监理义务，包括：参与工程交付，签发工程移交证书；定期对建设单位回访，督促施工单位履行工程保修义务。

13.5 监理工作制度

通常，工程建设监理机构应建立如下的监理工作制度。

1. 第一次工地监理会议制度

第一次工地监理会议在开工之前召开，主要向施工单位介绍有关监理的情况，以及监理工作的主要规定。

2. 组织设计图纸会审及设计技术交底制度

在工程开工前，会同施工及设计单位复查设计图纸，广泛听取意见，避免图纸中的差错、遗漏；督促、协助组织设计单位向施工单位进行施工设计图纸的全面技术交底（设计意图、施工要求、质量标准、技术措施），并根据讨论的事项做出书面纪要交设计、施工单位执行。

3. 监理日志制度

监理工程师应每天将所从事的监理工作写入监理日志，特别是涉及设计、施工单位和需要返工、改正的事项，应详细记录。

总监理工程师定期检查监理工程师所记录的监理日志，看其记录是否真实、详细。监理日志应该是施工情况的综合描述，如实反映情况，应是最公正、最原始的记录。

4. 监理月度、季度总结制度

月度、季度总结，主要是将监理工作中取得的成绩，以及工作中不够完善的地方，加以总结，不断提高监理业务水平。

5. 工程（设计）变更处理制度

工程变更包括施工单位提出的变更要求、监理或建设单位提出的变更要求和设计单位提出的变更。由提议方提出变更申请，经施工单位、设计单位、监理单位、建设单位四方会商同意后进行变更。

在任何情况下，所有与设计有关的工程变更，均必须经设计单位同意，并发出设计变更通知或图纸后，方可在现场实施。

6. 现场协调会及会议纪要签发制度

协调总承包单位不能解决的内、外关系问题，检查上次协调会执行结果，协调处理现场有关重大事宜和管理上的问题。

7. 隐蔽工程分项（部）工程质量验收制度

隐蔽工程完成后，先由施工单位自检合格后，填报隐蔽工程质量验收通知单，报告现场监理工程师检查验收。

8. 工程质量事故处理制度

工程质量事故发生后，施工单位（总包、分包）必须用电话或书面形式逐级上报。对重大事故或工伤事故，现场监理组应立即报告建设单位。

凡对工程质量事故处理不当，或处理结果未经监理工程师同意的，对事故部分及受其影响部分不予验工计价，待合格后，再补办工程计量。

施工单位经批准后方能进行事故处理，待事故处理完成后，经监理工程师复查，确认无误，方可继续施工。

9. 工程例会制度

工程例会由总监理工程师（或其代表）主持，参加人员主要为：建设单位代表、施工单位代表、监理工程师，必要时邀请有关设计人员参加。工程例会内容为：现阶段有关工程质量、进度、投资、安全、施工条件等方面存在的主要问题及解决措施；检查上次会议提出问题的执行情况，商讨难点问题等。

10. 旁站监理和现场巡视检查制度

旁站监理和现场巡视检查是现场监理人员的一种主要检查方式，即在施工过程中于现场全时段检查施工全过程。注意发现事故苗头，以尽早避免问题发生。及时发现违章操作和不按设计要求，不按施工图纸或施工规范、规程或质量标准施工的现象，对不符合质量要求的要及时进行纠正和严格控制。

11. 原材料、半成品、试件检验制度

所有建筑材料、构配件和设备进入施工现场时，必须在监理工程师的监督下，由施工单位组织验收。

应审阅出厂证明、材质证明、试验报告、检验报告等，对有疑问的主要材料进行抽样复检。关键建筑材料、构配件须在监理单位的见证下，由施工单位取样送检，检查合格后方可在工程中使用。

未经验收、检验或检验不合格的建筑材料、构配件和设备，不得使用。

13.6 施工准备工作的监理

1. 组织或协助组织技术交底和图纸会审工作

项目总监理工程师应组织或协助建设单位组织设计单位、施工单位进行设计技术交底和图纸会审工作。

在设计技术交底和图纸会审过程中，先由设计单位介绍设计意图、结构特点、施工要求、关键部位的技术措施和有关注意事项，然后由施工单位提出图纸中存在的问题和需要解决的技术难题，共同研究协商，拟定解决的办法。最后由监理单位提出审图意见，并写出图纸会审纪要，并交与会者签名认可。

监理公司参加人员一般为：技术负责人、总监理工程师及现场监理人员。会审前，由项目总监理工程师将监理机构审图意见汇总，必要时应先与设计单位协商处理方案，再组织会审。在会审的时间上，应与各参与方协商确定。

2. 对施工单位质量管理体系的审查确认

工程项目开工前，总监理工程师应审查施工单位现场项目管理机构的质量管理体系，确保工程项目施工质量。对质量管理体系应审核以下内容：质量管理的组织机构；质量管理制度；专职管理人员和特种作业人员的资格证、上岗证。其中，对施工单位项目组织的主要人员的核查是重点。通过核查，以保证施工单位在投标文件中承诺的或施工合同规定的项目组织中的主要成员在工程实施中得到落实。

工程施工过程中，监理工程师应拒绝施工单位在未经批准的情况下对项目组织中的主要成员进行任何替换。如果施工单位有足够的理由要求进行此类替换，应该在事先提出更换人员的书面申请，经监理工程师审查并报建设单位批准后方可实施替换。

在施工过程中，若发现施工单位的组织不能有效的运作，难以对项目实施有效的管理，监理工程师应及时要求施工单位进行改进，对不能胜任岗位要求以及有违职业操守的人员，应要求施工单位或通过建设单位予以撤换。

3. 审查施工组织设计

施工组织设计是施工单位纲领性的技术经济文件，是施工单位从工程的全局出发，按照施工的客观规律和当时、当地的具体施工环境，统筹考虑施工活动的人力、资金、材料、机械和施工方法这五个主要因素后，对整个工程的施工进度和资源消耗等做出的科学而合理的安排。施工组织设计，既是施工单位的施工管理依据，又是监理工程师进行工程监理的依据。监理工程师对施工组织设计的审核，是实施事前控制的关键环节，对监理项目的成败，起着事半功倍的作用。

监理工程师对施工单位施工组织设计审核的主要内容包括：

（1）施工组织管理架构与职责分工

组织架构。审核施工单位施工组织管理架构的层次是否清晰，管理人员的配置是否足够，兼职是否过多。

资质等级。审核施工单位项目管理人员是否持证上岗，资质是否符合工程类别的要求。

职责分工。审核施工单位项目管理机构职责分工是否体现了项目经理负责制和责权一致的原则，是否有利于快捷、优质高效的工作，是否没有缺漏且不交叉，是否具体落实到质量、进度、成本控制与安全文明生产责任制上。

（2）施工部署

施工平面图的设计。审核施工单位是否将拟建建筑物标注于施工平面图上。施工平面图是布置施工现场的依据，因此，首先应将建筑施工图中的拟建建筑物按一定比例标注于图中，否则后续的运输设备与临建设施的选址设计将无法准确进行，在实际中将某些拟建建筑物漏掉的现象并非鲜见，应注意对拟建建筑物标注齐全性的审核。

审核施工单位起重运输设施的设置合理性。此处审核中所常见的问题是：履带吊和轮胎吊等自行式起重机没有与行驶顺序形成一次性起吊完成的行驶路线；井架、门架等固定式垂直运输设施，或者不能方便地组织分层分段的流水施工，或者不便于楼层和地面的运输，或者运距过长；塔式起重机或者起吊半径没能覆盖整个建筑物的轮廓，或者它的基础与拟建建筑的基础合二为一，造成拟建建筑的沉降差异与开裂。因此，应注意对移动式起重机的开行路线与垂直运输设施设置合理性的审核。

审核施工单位临时设施的设置合理性。应注意以下三个方面：一是材料放置场地的布置应尽可能减少二次搬运，以及前后工序之间，各施工单位之间的相互干扰；二是材料放置的位置还应与施工工艺相配合；三是不同施工阶段的临建、设备与堆载地会有不同的要求，应有规划与部署地相应调整方案。

审核施工单位运输道路的设计周全性。常见的问题有：道路两侧没有设置排水沟。这在南方地区雨期施工时，会造成作业面的大量积水，以至无法施工。在实际审核中，所应提醒施工单位的，还绝非仅是应不应该设置排水沟的问题，更重要的是设置技巧问题。违反道路设计的基本规范，如消防车道小于法定的 3.5m 等。

审核施工单位临时水、电、气、热等动力供应的设计可行性。临时水、电、气、热的设计，一般由甲方提供，对其审核主要在于现场实际动力需求量应在设计安全幅度以内，以免出现安全与质量事故。

（3）施工总进度计划

施工总进度计划不仅关系到施工方自身的劳动力计划、施工机械计划、材料与设备计划等的制订，也关系到建设单位的出图计划、分包计划、建设单位供料计划，以及其他分包单位的施工进度计划的安排与制订。因此，在所有的进度计划中它属于纲领性的文件，在施工组织设计中处于举足轻重的地位。其审核要点有：

审核施工单位施工项目划分的合理性与周全性。在实际审核中，应把握三点：一是应明确到分项工程或更具体的施工过程，否则就会因内容太空泛而起不到控制作用。二是划分的项目不应与施工方案相冲突。三是凡与施工直接有关的内容均应列入，而间接的施工辅助性项目和服务性项目则不必列入。

审核施工单位工程量与项目延续时间的确定是否合理。工程量的确定直接关系到项目延续时间的确定，对其的审核可以依据建设单位所提供的工程量清单或设计院所提供的预算文件，也可根据图纸并按所划分的施工项目与施工方案自行计算审核。项目延续时间的审核经常出现的问题是赋予相关分项工程的延续时间过短，由此必将造成盲目抢工而致浪费。审核时，可以先按正常情况确定一个初始计划时间，而后再结合实际施工条件与作业班组的能力加以调整，这样得出的延续时间的工程耗费是最低的。

审核施工单位施工顺序是否合理。对工艺顺序的审核，应把握两点：一是总体把握，即先地下、后地上，先土建、后设备，先主体、后围护，先结构、后装修；二是细部把握，当施工方案确定后，细部工艺顺序也就确定了。因此，这一部分的审核主要是对施工方案的审核。对组织顺序的审核主要体现在对流水作业的施工组织的审核，也应把握两点：一是流水段的划分是否合理；二是流水方向是否合理。

审核施工单位施工进度计划的均衡性。无数实践证明，如果施工初期，不主动抢工，势必最后阶段要被动赶工，并且越到施工后期，越要进行诸如收尾、设备调试、生产和使用前的准备等慢工出细活的施工活动。因此，为施工进度计划的总体均衡计，前紧后松是明智之举。

审核施工单位施工进度计划的表述科学性。横道图能反映出流水施工的组织过程，而网络图则能反映出各工序之间的逻辑关系，并能进行各种时间参数的计算，应两者皆有，各取所长。在实际审核中往往只有其一，应注意对此的纠正。

（4）施工准备

审核施工单位施工现场的准备。应督促施工单位对建立现场测量控制网、土地征用、居民迁移、障碍拆除、临建、施工用水、施工用电、施工道路与场地平整等工作做出安排。

审核施工单位施工机械的准备，审查其是否编制了施工机械进场计划。

审核施工单位所需材料与设备的准备，其材料与设备进场时间是否满足了施工总进度计划的需求。审查其对预制构件、预埋件是否还根据进场计划制订出配套的订货或加工计划，同时，某些大型设备待到结构封顶时再行安装，可能难度会较大，甚至造成土建返工，因此，应注意该部分设备的进场应与土建施工交叉进行；审查材料与设备的计划数量、品种是否与设计或合同中的工程量相符合；是否有工程材料与设备进场安排一览表。

审核劳动力准备。审查施工单位是否编制了劳动力计划。需要注意：各工种劳动力配置是否齐全，应避免小工过多、大工过少的现象；各工种劳动力数量以及进场时间是否满足施工总进度计划的要求；是否有配套的劳动力技术与安全培训计划；是否有劳动力需求一览表。

审核技术准备。审核的内容包括：施工单位是否掌握地形、地质、水文等资料，并对建设地区的社会、经济、生活条件等进行调查分析，以掌握第一手资料的工作安排；是否掌握设计进度与意图的安排；是否研究有关施工技术措施，以及新结构、新材料、新技术的试制和试验工作的安排；是否在正式开工前，完成了审图、图纸会审和技术工作；是否对工程定位放线及验线等工作进行了合理的安排。

（5）施工方案

审核主要项目施工方法的合理性。施工方法是施工方案的核心。对其审核包括以下三个方面：一是主要施工内容的划分是否正确。在实际审核中，可以发现没有因地制宜对主要项目做出甄别和划分，是施工组织设计的通病之一，因此，主要施工项目的正确划分应是施工方案审核的首要任务。二是施工工法是否条件允许、方法可行。三是施工方法是否与建筑安装成本和施工措施费保持一致。施工组织设计并非只是技术文件，它也是经济文件。施工单位在施工过程中所提出的设计变更与现场签证，其是否成立的判定标准之一就是看施工组织设计中是否已有相应内容。因此，应注意保持两者的一致。这一点是审核业务中的重点内容，需格外注意。

审核是否有降低成本的技术措施及其可行性。降低成本一般体现在工艺成本与组织成本两个方面。对此，结合样板引路、进行节约挖潜是一种有效手段。样板引路是指先做好样板工程，再进行大面积施工。因此，最有可能在样本工程中，引进新技术、改造旧工艺，同时优化组织结构。在技术费、机械设备费、工具费、劳动力费用、间接费的节约上做文章，据此计算出经济效果，并加以评价、决策。取得成功经验后，再由点及面加以推广，最终达到降低成本的目的。此外，降低成本应以不影响施工质量与安全为前提，这一点也是施工单位易忽略之处，应注意纠偏。

（6）质量保证措施

该部分是施工组织设计编制者带有创造性的工作，从中可看出施工单位的基本素质，因此，监理工程师应重视这一部分的审核工作。在审核中，应具体把握以下两个方面：一是质量保证体系是否完善。应审核质量管理体系的"PDCA"循环是否完善，这主要体现在以下6个方面：原材料的进场验收、报审制度是否完善；工序检查制度是否完善；隐蔽工程验收与报审制度是否完善；分项分部工程的验收移交与报审制度是否完善；竣工验收移交与报审制度是否完善；工程档案资料的保管与移交制度是否完善。二是特殊项目的质量保证措施是否完备。对采用的新工艺、新材料、新技术和新结构以及有技术疑难点的项目，如新型防水材料的施工、巨型框架结构的施工、体型复杂的结构体系的放线定位施工以及饱和软土地基的桩基础施工等，应制定有针对性的质量保证措施。

（7）安全文明保证措施

审核施工单位安全文明保证体系是否完善。体现在两个方面：一是技术措施。审核的内容包括：预防自然灾害，如防台风、防雷击、防洪水、防地震、防暑降温、防冻、防寒、防滑等防护措施；高空与立体交叉作业的防护措施；防火防爆措施；针对新工艺、新技术、新材料和新结构的专门安全技术措施；安全用电和机电设备的保护措施；工人宿舍与食堂的卫生防护措施；安全文明档案资料的保管与移交措施。二是组织措施是否行之有效。

审核施工单位安全文明施工措施是否与其费用相吻合。在经济标与合同中的安全文明施工措施费往往较为笼统与含糊，其对应的细化项目只体现在施工组织设计中，因此，两者是否吻合，需细加核实。

（8）施工进度保证措施

审核施工单位是否有与总进度计划相配套的细部实施计划。没有细部实施计划的总进度计划等于是没有进度计划。在实际审核中把握三点：一是细部实施计划应分工协作完成。二是应有每天收工时的计划实施检查制度。三是应有周例会中的进度计划检查制度。

审核是否有进度控制的应变措施及其可行性。一般来讲，有如下几种情况：一是外部原因。包括政府批文与办理许可证的滞后，施工图矛盾较多，工程变更频繁，工程款支付不及时，甲方供材料供货迟缓，总包或建设单位指定分包的配合不力，监理的检查、验收行动较慢、所给予的配合不力等。对这类原因，主要是对外协调问题。这包括应有明确的供监理与甲方审批通过的进度报表制度，应有对总包与监理的进度控制意见的反馈纠偏制度以及对来自外部原因所造成的进度滞后的索赔意识。二是内部原因。包括项目部管理架构不健全，项目管理人员的素质欠佳，项目部的组织与技术措施不力，分包单位的管理架构线路不清，管理人员兼职多、变动大，分包给予的配合不力，工人劳动积极性较低、劳动力数量不够或技能欠佳，资金周转不灵，施工机具或设备欠缺，物资供应不及时，多次收到整改通知书，检查验收难过关等。对这类原因，主要是自检纠偏问题。应采取在每日收工碰头会与项目部内部例会上分析成因、查漏补缺等反应调整措施。

4. 审查分包商资质

监理工程师应审查施工单位的分包计划，在分包单位进场前应对其身份予以确认，并检查该分包单位的资质是否与投标文件和施工要求一致。如果施工单位在工程进行过程中提出变更分包计划，包括分包范围的变化及提出新的分包单位，监理工程师必须对其进行审查：由专业监理工程师对施工单位提交的分包范围的合理性和分包单位的资质进行审核；如果专业监理工程师对施工单位的分包计划无异议，经总监理工程师签认后，交建设单位审批。

5. 审查复核施工单位的测量放线

在施工准备阶段，建设单位应书面并在现场向施工单位交付测量基准点，总监理工程师应派专业监理工程师参与交付过程。专业监理工程师应监督施工单位对测量基准点进行校核，并要求其采取适当的保护措施使基准点不受损坏。对施工单位报送的工程测量放线成果及保护措施，专业监理工程师应进行核查，并予以签认。

6. 确认开工条件

总监理工程师在签发开工令之前，应审查确认下述条件：

（1）工程施工许可证、安全生产许可证已获政府主管部门批准；

（2）施工单位施工相关人员已具备法律法规要求的资格证书；

（3）施工单位施工组织设计已经总监理工程师批准；

（4）工程设计交底和图纸会审已完成；

（5）施工所需的现场道路及水、电、通信等已满足开工要求；

（6）施工单位的人员、机具、材料等施工条件已满足施工要求；

（7）施工单位的开工申请报告已获得监理单位的批准。

如果条件均满足，则总监理工程师应签发开工令。

开工令，是指总监理工程师根据委托监理合同的授权，向施工单位签发的用于批准施工单位开始施工作业及确认合同工期起算日的通知书。如果因为施工单位的原因致使工程不能在施工合同中规定的最迟开工日之前开工，则总监理工程师应向施工单位发出书面通知，说明合同工期的起算日，由施工单位承担工期拖延的责任。总监理工程师应在通知中明确告知施工单位，如果施工单位对合同工期的起算日有异议，应在通知要求的时间内书面提出。如果施工单位对合同工期起算日提出异议，并且总监理工程师和建设单位已经接受，总监理工程师应重新签发书面通知，确认新的合同工期起算日。

7. 召开第一次工地会议

第一次工地会议应在签发开工令之前举行。会议由建设单位或总监理工程师召集和主持，参加人员应包括：建设单位、项目监理单位、施工单位及设计单位的相关人员，必要时，可邀请与项目建设有关的其他单位人员参加。监理工程师应在会议开始之前的合理时间内，将召集会议的通知，包括会议议程等书面送达与会各方，以便准备会议所需的各项资料。

第一次工地会议的主要内容应包括：明确工程各方有关人员的授权、职责分工及组织机构；介绍监理规划的主要内容、明确监理工作有关的程序及要求；介绍建设单位负责的开工准备情况；介绍施工单位开工准备情况；明确工程进行过程中的信息传递程序、联络方式和渠道；明确工地例会的例行议程、时间、地点及会议纪要的确认方式；处理其他需要解决的问题。

13.7　施工过程的监理

1. 施工质量监理

（1）工程材料、构配件的进场监督和材料检验试验

在工程材料与构配件进场前，监理工程师应要求施工单位提出进场申报。必要时监理工程师还应要求施工单位在订货前提供其样品，审查通过后方可

同意工程材料与构配件进场。

工程材料与构配件进场后，监理工程师应组织或参与联合验收，除数量及外观质量验收外，尚应查验生产厂商出具的产品合格证、质量检验报告及政府主管部门颁发的使用许可证等质量证明文件，符合要求后予以签认。必要时，监理工程师可以在工程材料与构配件进场前，对其加工、生产的过程进行检查、抽验，施工单位有义务配合监理工程师进行这一类的检查、抽验。

监理工程师应监督施工单位将进场的工程材料与构配件按不同品种、规格分区进行适当的堆放，并对其进行相应的登记编号，即做出明显的标识。若堆放条件不能满足保证其质量的要求时，应及时指令施工单位进行改善。

监理工程师必须严格履行工程材料用前检验的见证责任，按规定的批量及频率对进场的工程材料与构配件进行见证抽样、送检，在获得检验合格的证明文件之前，监理工程师不应准许施工单位启用。

对于质量不符合要求的工程材料与构配件，无论该材料是由施工单位还是建设单位提供，监理工程师均应禁止施工单位将其用于工程，并督促施工单位或建设单位将其尽快退场，同时监理工程师应对退场的过程进行监督并做出适当的记录。必要时，监理工程师应将情况报告质量监督机构。

施工单位进场的工程材料与构配件数量应和计划及工程实际需要相符，监理工程师应对其进行动态的跟踪及检查，发现进场数量与计划及实际需要明显不适应时，监理工程师应及时对施工单位进行警示。

(2) 分部（子分部）分项工程监理

1) 工序质量控制

监理工程师应监督及协助施工单位完善质量保证措施，将分项工程中重要的工序作为质量控制重点加以控制。

监理工程师应要求施工单位将质量保证措施落实到具体施工过程之中：工程材料与构配件，必须经见证送检合格后方可使用；施工单位的操作程序必须符合批准的施工组织设计及施工技术方案的规定；施工单位对施工过程中工序间的内部交接检查，包括自检、互检及专职检查，其记录必须齐全。

施工过程中，监理工程师应加强对施工单位质量保证措施落实情况的检查，若不满足要求，应及时书面指令施工单位进行整改。专业监理工程师对施工过程应进行经常的、有目的的巡视检查及检测，对隐蔽工程的隐蔽过程，施工完成后难以检查、出现问题后难以处理的重要工序及部位，应安排监理员按照旁站监理方案对其施工过程进行现场监督、检测。

完成施工的工序，施工单位必须进行内部交接检查，合格后向监理工程师提出验收申请，经专业监理工程师检查签认后，施工单位方可进行后续工序的施工。专业监理工程师应对施工单位工序质量验收资料进行审核和现场抽查。

2) 隐蔽工程验收

专业监理工程师必须按照设计图纸、技术说明及施工质量验收规范要求，对照施工现场对需要隐蔽的分项工程进行检查验收，以确保其施工符合图纸及规范的要求。

隐蔽工程验收程序为：施工单位完成内部交接检查并合格后，应及时通知监理工程师进行隐蔽工程验收；接到施工单位通知后，专业监理工程师应在合同规定的时限内到施工现场对隐蔽工程进行检查复核。

若隐蔽工程符合设计及施工质量验收规范的要求，专业监理工程师应及时签署隐蔽验收记录以便施工单位进行后续工序的施工；若隐蔽工程不符合设计及施工质量验收规范的要求，专业监理工程师应书面通知施工单位进行整改，待施工单位整改完成后提交整改回复单，再按上述程序进行验收。验收合格之前，专业监理工程师应禁止施工单位进行后续工序的施工；若专业监理工程师在超过合同规定的时限后未到施工现场进行隐蔽工程验收，应视为专业监理工程师同意隐蔽。

3）分部分项工程验收

施工单位完成施工的分项工程，必须经内部交接检查合格后方可报监理工程师。专业监理工程师应按照有关质量验收标准的要求及时对该分项工程进行质量验收，其内容包括：对主控项目和一般项目的质量进行抽样检验；对施工单位提交的质量验收记录表进行核查。

若分项工程的质量符合验收标准的规定，专业监理工程师应及时签署分项工程质量验收记录表。若不符合质量验收规范的规定，专业监理工程师应指令施工单位进行整改，待施工单位整改完毕后再报监理工程师验收。

分部（子分部）工程施工完成后，施工单位必须经过自评，自评完成后提交监理工程师进行分部（子分部）工程验收。

专业监理工程师对施工单位报送的分部（子分部）工程质量验评资料进行审查，重点审查质量控制资料是否完整、真实，并与工程进展同步；工程材料、构配件的检验和评定是否合格；施工中形成的观测数据是否满足相关规范的要求；检验批和分项工程质量验收记录资料是否完整。

专业监理工程师参照质量验收规范的要求对分部（子分部）工程的现场观感质量进行量测和检查，并对安全与功能抽验的结果进行审核。

若工程质量符合验收标准，总监理工程师应及时对施工单位的分部（子分部）工程质量验收资料进行签认。若不符合要求，应书面指令施工单位进行整改，待施工单位整改完成后再按上述程序进行验收。

对需要在施工过程中进行中间验收的重要分部（子分部）分项工程，总监理工程师应及时组织对其进行中间验收。验收的参与人员应包括：建设单位、工程建设监理机构、设计单位、施工单位，并应按照政府有关规定通知质量监督机构对验收进行监督。

验收通过后，验收参与人员应对其分部（子分部）工程的质量做出最终确认，并对中间验收证明书进行签认。

4）特殊检验与试验

对工程中采用的新结构、新工艺、新材料，监理工程师认为有必要时，应建议建设单位委托专业机构进行试验分析，条件确实具备后方可批准在工程中使用。

无论是在工程进行中，还是在工程结束即将进行质量验收时，若监理工程师对构件或结构的质量有怀疑，均应建议建设单位委托具有专门资质的检测机构进行检验。

（3）工程质量缺陷与事故的处理

1）工程质量缺陷的处理

在工程施工过程中，若监理工程师发现施工单位的施工作业可能产生工程质量缺陷，应及时指令施工单位采取必要的措施，防止缺陷产生。对已经产生的工程质量缺陷，总监理工程师应组织专业监理工程师根据国家的有关规定对缺陷的性质进行分析和判别，必要时建议建设单位委托第三方进行检测。

若缺陷尚不构成工程质量事故，监理工程师应要求施工单位提交工程质量缺陷报告，对质量缺陷的严重程度、造成缺陷的原因进行说明，同时要求施工单位提出修补缺陷的具体方案和保证质量的技术措施。监理工程师应根据缺陷的实际情况并结合施工单位的质量缺陷报告对缺陷提出处理要求，并书面通知施工单位。必要时，监理工程师在取得设计单位确认后方可指令施工单位实施。施工单位对质量缺陷处理完成后，监理工程师应进行检查确认。

2）工程质量事故的处理

当工程质量缺陷十分严重，已构成工程质量事故，总监理工程师应及时书面指令施工单位暂停缺陷部位及关联部位的施工，并采取适当的保护措施。必要时，可以先发出口头指令，并在 24 小时内书面对口头指令进行确认。同时，工程建设监理机构应按照政府有关规定，将事故情况上报质量监督机构及行政主管部门，总监理工程师应主持或参加对事故的调查与处理。

事故处理方案确定后，监理工程师应在实施事故处理之前指令施工单位针对施工工艺、质量、安全等具体问题编制详细的施工技术方案，总监理工程师必须对事故处理的施工技术方案详细审查后方可批准施工。施工单位应该严格按照总监理工程师批准的施工技术方案进行施工。监理工程师要加强检查和监督。

事故处理完毕后，总监理工程师应及时组织有关人员根据规范及处理方案对工程进行检查验收。验收合格后，总监理工程师方可签发复工令，施工单位方可恢复施工，并向质量监督机构及建设单位提交工程质量事故处理报告。

（4）竣工验收程序

《建设工程施工合同（示范文本）》GF-2013-0201 规定：除专用合同条款另有约定外，承包人申请竣工验收的，应当按照以下程序进行。

1）承包人向监理人报送竣工验收申请报告，监理人应在收到竣工验收申请报告后 14 天内完成审查并报送发包人。监理人审查后认为尚不具备验收条件的，应通知承包人在竣工验收前还需完成的工作内容，承包人应在完成监理人通知的全部工作内容后，再次提交竣工验收申请报告。

322

2）监理人审查后认为已具备竣工验收条件的，应将竣工验收申请报告提交发包人，发包人应在收到经监理人审核的竣工验收申请报告后 28 天内审批完毕并组织监理人、承包人、设计人等相关单位完成竣工验收。

3）竣工验收合格的，发包人应在验收合格后 14 天内向承包人签发工程接收证书。发包人无正当理由逾期不颁发工程接收证书的，自验收合格后第 15 天起视为已颁发工程接收证书。

4）竣工验收不合格的，监理人应按照验收意见发出指示，要求承包人对不合格工程返工、修复或采取其他补救措施，由此增加的费用和（或）延误的工期由承包人承担。承包人在完成不合格工程的返工、修复或采取其他补救措施后，应重新提交竣工验收申请报告，并按本项约定的程序重新进行验收。

5）工程未经验收或验收不合格，发包人擅自使用的，应在转移占有工程后 7 天内向承包人颁发工程接收证书；发包人无正当理由逾期不颁发工程接收证书的，自转移占有后第 15 天起视为已颁发工程接收证书。

除专用合同条款另有约定外，发包人不按照本项约定组织竣工验收、颁发工程接收证书的，每逾期一天，应以签约合同价为基数，按照中国人民银行发布的同期同类贷款基准利率支付违约金。

（5）竣工日期

工程的竣工日期确认是工程建设的重要绩效考核指标，是计算施工单位工程工期奖罚的重要依据。《建设工程施工合同（示范文本）》GF-2017-0201规定：工程经竣工验收合格的，以承包人提交竣工验收申请报告之日为实际竣工日期，并在工程接收证书中载明；因发包人原因，未在监理人收到承包人提交的竣工验收申请报告 42 天内完成竣工验收，或完成竣工验收不予签发工程接收证书的，以提交竣工验收申请报告的日期为实际竣工日期；工程未经竣工验收，发包人擅自使用的，以转移占有工程之日为实际竣工日期。

当工程竣工日期确定后，总监理工程师应书面告知建设单位及施工单位。如果建设单位或施工单位对竣工日有异议，应在合同或工程会议中约定的时间内向监理工程师书面提出。总监理工程师应及时组织协商，重新确认竣工日。若各方不能就竣工日达成一致，应视为发生合同争议，按照合同争议的有关程序处理。

2. 施工造价监理

（1）工程量的计量

总监理工程师应组织监理工程师对施工单位的计量申请进行认真审查。审查方式主要包括图纸计量和现场计量。

工程计量的依据主要包括：合同文件；工程量清单及说明；工程款支付申请表；施工图纸及技术规范；工程变更指令；建设单位的书面指令。在施工过程中的计量范围包括如下方面：工程量清单中的工程项目；合同文件中规定的费用项目；经建设单位和监理工程师批准的工程变更项目。

工程计量的程序包括：对于已经完成的分部分项工程，经监理工程师验收合格后，施工单位在约定的时间内填报工程量清单和工程款支付申请表；总监理工程师应安排专业监理工程师对施工单位提供的申请资料进行审查。只有验收手续齐全、资料符合验收要求并属于计量范围内的项目，方可进行计量。对于计量项目较大，一次性计量支付的时间周期较长，对施工单位的施工有较大影响的，可以将该项目划分成若干子项分别进行计量。

专业监理工程师应在约定的时间内按合同规定的计量方法进行计量，若专业监理工程师未在约定的时间内进行计量，施工单位可认为其申报的工程量已被监理工程师确认，可作为申请工程款支付的依据；监理工程师在进行计量时应按约定的时间提前通知施工单位派代表参加，若施工单位未按要求参加计量，以专业监理工程师计量的结果为准，如监理工程师未按约定的时间通知施工单位，致使施工单位无法参加计量，计量结果无效。

（2）工程款支付

按我国工程管理惯例，工程款支付主要有按月支付、分阶段按形象进度支付两种方式，具体支付方法和金额往往在合同中予以明确规定。在工程款支付阶段，监理工程师首先应保证支付程序的合理性，其次应进行工程造价的初步审查。

1）工程款支付程序

通常，在工程款支付环节，监理工程师首先应督促建设单位按照工程施工合同的要求向施工单位支付工程预付款。其次，在工程计量完成的基础上进行，总监理工程师及时签署施工单位提交的申请支付证书。

工程中期支付具体程序如下：施工单位根据合同约定的时间或形象进度向监理工程师提交已经过计量的项目付款申请；专业监理工程师对付款申请进行审核，计算施工单位实际应得款项，总监理工程师审核后，签署工程款支付证书，报建设单位审批；若建设单位委托工程造价咨询机构审核工程中期支付，监理工程师应予以配合；建设单位批准付款后，应在合同规定的时间内向施工单位付款。

工程的竣工结算必须在竣工验收完成后进行，其程序如下：施工单位在竣工申请报告批准后、合同约定的时间内向监理工程师报送竣工结算报表；专业监理工程师对竣工结算报表进行审核，计算施工单位实际应得款项，总监理工程师审核并与建设单位和施工单位协商一致后，签署竣工结算文件和最终的工程款支付证书报建设单位；若建设单位委托具有相应资质的工程造价咨询机构审查工程竣工结算，监理工程师应予以配合；保修金可以在工程竣工验收完成后、保修期满时分期或一次性退还给施工单位，监理工程师应根据施工合同的规定配合建设单位办理。

2）工程造价的审查

因为监理工程师在现场办公时间长，对工程比较了解。通过增加监理工程师对工程造价的审查环节，可以提高工程款在中期支付和竣工支付环节的准确性，弥补非现场工程造价管理人员的信息盲点。监理工程师应依据委托监理合同对工程预付款、工程中期支付、工程竣工结算、工程变更费用、费用索赔等工程造价文件进行审查。

监理工程师审查工程造价的依据主要包括：施工合同文件；施工过程中产生的文件；造价管理机构颁布的各种工程造价管理资料；有关的政策法规。实际上，监理工程师只在委托监理合同约定的范围内，对施工单位提交的工程造价文件进行审核，审核重点为工程造价文件的真实性、合法性和合理性。如果建设单位委托了专业造价咨询单位对工程的造价进行控制，则监理工程师的审查重点是工程量的真实性。

值得注意的是，如果委托监理合同没有委托监理单位对工程造价进行全面审查，监理工程师只对工程款支付进行初步审查。审查主要内容包括：审查施工单位报送的工程造价文件所涉及的工作内容是否均已完成并验收合格；审查施工措施费用是否与实施情况相符；审查工程款支付申请所列项目是否与工程量清单项目一致；审查工程款支付申请所列变更及签证费用是否与工程变更指令一致；审查工程款支付申请所列索赔费用是否与索赔文件一致。在专业监理工程师对工程造价文件审查后，由总监理工程师签署后报建设单位。

当建设单位对总监理工程师签署的工程造价文件存在异议时，可以自行或委托有工程造价审查资质的单位予以审核，审核过程中，监理工程师应予以积极配合。

（3）工程变更的确认

工程变更包括设计单位提出的变更、建设单位提出的变更和施工单位提出的变更。变更程序如下：当设计单位对原设计存在的缺陷进行变更时，应编制设计变更文件，监理工程师必须密切注意其对投资支出及工期的影响；当建设单位或设计单位提出变更要求时，总监理工程师应组织专业监理工程师进行审查，并对变更涉及的工期和费用影响进行评估，评估结果报建设单位同意后，由总监理工程师签发变更指令；当施工单位提出工程变更时，应申报变更涉及的工期和费用，总监理工程师应组织专业监理工程师进行审查，若变更要求合理，报建设单位批准后，由总监理工程师签发变更指令。

若建设单位及施工单位提出的变更涉及图纸变动，总监理工程师应在取得设计单位编制的设计变更文件后方可签发变更指令。若有关变更涉及安全、环保等内容，应由建设单位报有关部门审定后，总监理工程师方可签发工程变更指令。

设计变更通常会引起造价变化，有两种处理方法：对于可能涉及金额较大的工程变更，总监理工程师应协助建设单位对上述工程变更所涉及的变更费用及工期与施工单位进行协商，未经总监理工程师审查同意，施工单位不得实施，监理工程师也不得予以计量；对于工程进度要求紧急，预计费用不大的签证项目，在征得建设单位同意后，监理工程师可在变更完成后，予以计量和支付。

对某些现场施工的需要采取的施工措施，因在合同中并未明确约定，需要监理工程师进行工程量计量签证。这类现场签证在工程中是经常发生的，如现场土石方挖掘、土石方清理运输、抽水台班计量等。可以将现场签证视为一种不涉及设计图纸变化的工程变更，其程序也较简化。

当监理工程师同意进行工程变更时，应签署工程变更指令。工程变更指令应包括下列主要内容：工程变更的项目、部位；变更的原因、依据及有关的文件、图纸、工程量清单等；工程变更估计涉及的工期和费用；工程变更后，施工安排的相关事宜。

施工单位接到总监理工程师签发的工程变更指令后，应遵照变更指令进行施工，监理工程师应根据工程变更指令监督施工单位实施。

（4）工程索赔处理

引起索赔的事件发生后，监理工程师对于施工单位在约定的时间内用书面形式提交的索赔意向通知书或报告应予以受理。施工单位在索赔意向通知书中应写明发生索赔事件的时间，并声明其具有费用与工期索赔的权利。若引起索赔事件的影响持续存在，施工单位无法计算出该项事件最终补偿的款额和工期展延的天数时，监理工程师应要求施工单位按一定的时间间隔，定期报出每一间隔时间段内的索赔证据资料和索赔要求，待该项事件结束后，向监理工程师提交最终索赔报告。如果索赔意向通知书或报告送达时间已超过约定的时限，监理工程师可以拒绝受理。

施工单位提交索赔意向通知书后，监理工程师应要求施工单位在约定的时间内提交正式的索赔报告。索赔报告应包括以下内容：事件的描述；对施工单位权益影响的证据资料；索赔的依据；索赔要求补偿的款额和工期展延的天数；申请人，日期。

监理工程师受理施工单位提交的索赔报告后，总监理工程师应组织专业监理工程师对施工单位提交的索赔报告进行审查，对索赔事件进行调查、核实。专业监理工程师审查施工单位提出的补偿款额和工期展延天数时，应剔除施工单位不合理的要求，计算合理的索赔款额和工期展延天数。如果专业监理工程师认为施工单位提供的索赔证据资料不足，应要求施工单位提交进一步的证据资料。

总监理工程师应就索赔补偿款额和工期展延天数与施工单位进行协商。协商一致后，总监理工程师签署索赔报告并报建设单位审批。如果不能与施工单位协商一致，总监理工程师应暂定索赔补偿款额和工期展延天数并通知施工单位和建设单位，由建设单位和施工单位按合同争议的有关规定处理。

3. 施工进度监理

（1）施工项目进度监理的任务

施工项目进度监理的主要任务是审核施工单位编制的施工总进度计划、单位工程施工进度计划、分部分项工程施工进度计划及季度、月、旬作业计划，监督施工单位执行计划，完成既定工程目标。若目标与实际发生较大偏离，监理工程师应及时督促施工单位修改进度计划或采取相应的赶工措施。

（2）施工项目进度监理的方法

施工项目进度监理的方法主要是规划、控制和协调。规划是指确定施工项目总进度控制目标和分进度控制目标，审核施工单位进度计划与总目标以及分目标的符合性。控制是指在施工项目实施的全过程中，进行施工实际进度与施工计划进度的比较，出现偏差及时采取措施调整。协调是指协调与施工进度有关的单位、部门和工作班组之间的进度关系。

（3）施工进度计划的审查

监理工程师应要求施工单位在开工前按照合同约定或在监理工程师要求的合理时间内提交施工组织设计，其中应包括总施工进度计划及单位（单项）工程施工进度计划。当项目有总承包单位时，施工总进度计划由总承包单位负责编制，监理工程师负责审查。对于采取分期分批发包的大型工程项目，监理工程师应协助建设单位进行项目总进度计划的编制。

监理工程师应对施工单位提交的进度计划进行审查，其重点包括：项目划分的合理性；各专业工作衔接的正确性；工期目标和时间安排与施工合同的一致性；人力、材料、施工设备等资源配置的均衡性；施工单位与分包单位进度计划的匹配性。

在项目实施过程中，监理工程师必须要求施工单位按照合同约定或在监理工程师要求的合理时间内提交各种详细的进度计划，以及对原施工进度计划进行相应的修改。各种施工进度计划都须经总监理工程师批准后方可执行。对施工进度计划中的不妥之处，监理工程师应提出修改与完善计划的意见。

（4）施工进度计划的跟踪与调整

监理工程师应对工程的实际施工进度进行跟踪、记录，并督促施工单位及时整理和提交有关资料，认真检查和审核施工单位提交的进度统计分析资料和进度控制报表。

在各控制期末（如月末、季末，一个工程阶段结束），将各活动的完成程度与计划对比，确定整个项目的完成程度，并结合工期、生产成果、劳动效率消耗等指标，评价项目进度状况，分析其中的问题，找出哪些地方需要采取纠正措施。若发现实际进度过慢并可能影响工程按计划如期完成而施工单位又无任何理由取得合理延期，监理工程师应要求施工单位采取必要的措施加快施工进度，以保证工程进度目标如期实现。

由于非施工单位的原因而使工程进度延误时，监理工程师应依据合同规定的权力及程序对施工单位延长工期的申请进行审批。一旦申请获得批准，监理工程师应要求施工单位对原工程进度计划予以调整，并按调整后的进度计划实施。若施工进度计划的调整使总工期目标、阶段目标、资金使用等发生较大的变化时，监理工程师应提出处理意见报建设单位批准。监理工程师应定期向建设单位汇报工程实际进展状况，按期提交必要的进度报告。必要时，监理工程师应根据施工进度计划，采用工地例会、专题会议等方式，分析、通报工程进度状况，并协调施工单位之间的生产活动及施工单位与其他各方之间的关系。

4. 施工安全监理

（1）施工安全监理的依据

根据《建筑工程安全生产管理条例》，"工程监理单位应当审查施工组织设计中的安全技术措施或者专项施工方案是否符合工程建设强制性标准。工程监理单位在实施监理过程中，发现存在安全事故隐患的，应当要求施工单位整改；情况严重的，应当要求施工单位暂时停止施工，并及时报告建设单位。施工单位拒不整改或者不停止施工的，工程监理单位应当及时向有关主管部门报告。工程监理单位和监理工程师应当按照法律、法规和工程建设强制性标准实施监理，并对建设工程安全生产承担监理责任。"

工程监理单位违反《建筑工程安全生产管理条例》的规定，有下列行为之一的，责令限期改正；逾期未改正的，责令停业整顿，并处 10 万元以上 30 万元以下的罚款；情节严重的，降低资质等级，直至吊销资质证书；造成重大安全事故，构成犯罪的，对直接责任人员，依照刑法有关规定追究刑事责任；造成损失的，依法承担赔偿责任。

1) 未对施工组织设计中的安全技术措施或者专项施工方案进行审查的；

2) 发现安全事故隐患未及时要求施工单位整改或者暂时停止施工的；

3) 施工单位拒不整改或者不停止施工，未及时向有关主管部门报告的；

4) 未依照法律、法规和工程建设强制性标准实施监理的。

考虑工程顺利进行，保障人民生命财产安全的需要，以及建设法规对安全监理明确严格的要求，监理单位、总监理工程师和工程建设监理机构的专业监理工程师和监理员都应对安全监理予以充分的重视。

(2) 安全监理的组织

监理单位应建立有效的安全监理监督管理体系，制定完整的施工安全监理规章制度，并对监理工程师的安全监理工作实施指导和监督，应对监理人员进行安全生产教育，监理人员应接受安全监理技能培训。

总监理工程师对施工安全监理全面负责，监理人员在总监理工程师的领导下，负责具体的安全检查和监督工作。如果工程规模较大，工程建设监理机构可以设置专职的安全监理专业工程师和监理员。

总监理工程师应组织工程建设监理机构编制安全监理规划，或将安全监理规划的内容在监理规划中单独编写成章。安全监理规划应包括以下内容：安全监理的目标与依据；安全监理的范围和内容；安全监理工作制度与流程；安全监理的重点及相应的监督措施；其他有关内容。

对大中型项目或危险性较大的分部分项工程，监理工程师应编制安全监理实施细则，实施细则应具有可操作性，经总监理工程师签署后实施。安全监理实施细则应补充说明安全监理规划中未详细说明的、针对安全监理重点和难点的具体监督方法及措施。

(3) 安全监理的工作内容

安全监理的具体工作包括：

总监理工程师应组织专业监理工程师按照有关的施工安全法规、规范标准的要求对施工组织设计中的安全技术措施或专项施工方案进行审查，并提出审查意见。符合要求后；总监理工程师予以签认。若发现施工组织设计中的安全技术措施或专项施工方案未经总监理工程师签认，施工单位擅自开始施工，监理工程师应及时下达暂停令，并将情况及时书面报告建设单位。若施工单位仍拒绝暂停施工，监理工程师应书面报告建设行政主管部门。

专业监理工程师应检查施工单位的安全生产保证体系及安全生产许可证，检查特殊机械和特殊工种的操作人员的资格证、上岗证及年检合格证，检查施工现场各种安全标志和安全防护措施是否符合强制性标准要求，检查施工单位提交的施工起重机械、整体提升脚手架、模板等自升式架设设施和安全设施的验收记录，并由监理人员签收备案。

监理人员应对施工过程进行巡查，督促施工单位建立与完善安全生产、文明施工管理制度及安全技术操作规程，落实安全技术措施。若发现违规施工和存在安全事故隐患的，应及时书面要求施工单位整改。若发现施工现场存在严重安全隐患，应按照规范中的有关工程暂停的规定签发暂停令，要求施工单位停止施工并进行整改。施工单位拒不按照监理机构的要求进行整改或停工整改的，监理机构应及时书面向建设单位和建设行政主管部门报告。

监理工程师审查施工单位报送的《安全防护、文明施工措施费用支付申请表》，经专业监理工程师核准后，由总监理工程师签署并报建设单位。

（4）对施工单位安全生产方案的审查

审查施工单位安全生产方案的合理性，并监督施工单位严格执行，是安全监理的前提和关键。监理工程师对施工单位安全生产施工方案的审查，主要包括如下内容：

1）审查施工单位的有关安全生产的文件，包括：施工单位资质等级证明、营业执照；施工许可证；安全生产许可证；安全生产管理机构的设置及专职安全管理人员的配置；安全生产责任制等安全生产规章制度；特种作业人员的上岗证及管理情况；各工种的安全生产操作规程；主要施工机械、设备的技术性能及安全条件。

2）审查施工单位专项施工方案，包括：

高处作业施工方案，如临边作业的防护措施是否完整齐全，洞口作业的防护措施是否完整齐全，悬空作业的安全防护措施是否完整齐全。

交叉作业施工方案，如交叉作业时的安全防护措施是否完整齐全，安全防护棚的设置是否满足安全要求，安全防护棚的搭设方案是否完整齐全。

塔式起重机施工方案，如地基与基础工程施工是否能满足使用安全和设计需要，起重机拆装的安全措施是否完整齐全，起重机使用过程中的检查维修方案是否完整齐全，起重机驾驶员的安全教育计划和班前检查制度是否齐全，起重机的安全使用制度是否健全。

脚手架施工方案，如脚手架设计方案（图）是否完整、可行，脚手架设计计算书是否正确，脚手架施工方案及验收方案是否完整、齐全，脚手架使用安全措施是否完整、齐全，脚手架拆除方案是否完整、齐全。

临时用电施工方案，如电源的进线、总配电箱的装设位置和线路走向是否合理，负荷计算是否正确，选择的导线截面和电气设备的类型规格是否正确，电气平面图、接线系统图是否正确，施工用电是否采用具有专用保护零线的中性点直接接地的系统（即 TN-S 接零保护系统），是否实行"一机一闸"制，是否满足分级分段漏电保护，照明用电措施是否满足安全要求，机械设备等避雷、接地、接零是否按规定完成。

13.8 监理工程师的合同管理

1. 监理合同的履行

（1）监理工程师的权利

通常，委托监理合同要求监理工程师应认真、勤奋工作，为委托人提供与其水平相适应的咨询意见，公正维护各方面的合法权益。在此条件下，建设单位应授予监理工程师决定权、审批权和建议权三项权利。同时，建设单位也保留部分与此相对应的三项权利。

1）决定权

① 选择工程分包人的认可权。

② 工程上使用的材料和施工质量的检验权。对于不符合设计要求和合同约定及国家质量标准的材料、构配件、设备，有权通知承包人停止使用；对于不符合规范和质量标准的工序、分部分项工程和不安全施工作业，有权通知承包人停工整改、返工。停工整改的施工内容，承包人只有在得到监理机构复工令后才能复工。

③ 工程施工进度的检查、监督权，以及工程实际竣工日期提前或超过工程施工合同规定的竣工期限的签认权。

2）审批权

① 审批工程施工组织设计，并按照保质量、保工期和降低成本的原则，向承包人提出建议，同时向委托人提出书面报告；主持工程建设有关协作单位的组织协调，重要协调事项应当事先向委托人报告。

② 征得委托人同意后，监理人有权发布开工令、停工令、复工令。如在紧急情况下未能向委托人事先报告时，应在 24 小时内向委托人书面报告。

③ 在工程施工合同约定的工程价格范围内，工程款支付的审核和签认权，以及工程结算的复核确认权。

3）建议权

① 选择工程总承包人的建议权。

② 对工程建设有关事项包括工程规模、设计标准、规划设计、生产工艺设计和使用功能要求，向委托人的建议权。

③ 对工程设计中的技术问题，按照安全和优化的原则，向设计人提出建议。当发现工程设计不符合国家颁布的建设工程质量标准或设计合同约定的质量标准时，监理人应当书面报告委托人并督促设计单位及时更正。

（2）监理工程师的义务

与权利相对应，监理工程师的义务如下。

1）工作义务

① 监理单位应按合同约定派出监理工作需要的监理机构及监理人员，并向委托人报送委派的总监理工程师及其监理机构主要成员名单、监理规划，

完成监理合同专用条件中约定的监理工程范围内的监理业务。在履行合同义务期间，应按合同约定定期向委托人报告监理工作。

② 监理工程师在履行合同义务期间，应认真、勤奋地工作，为委托人提供与其水平相适应的咨询意见。

2）其他义务

委托人提供给监理人员使用的设施和物品属于委托人的财产，在监理工作完成或中止时，监理人员应将设施和剩余的物品按合同约定的时间和方式移交给委托人。

在合同期内或合同终止后，未征得有关方同意，不得泄露与本工程、本合同业务有关的保密资料。

（3）委托监理合同涉及的监理工程师的责任

1）工作有效期

监理单位的责任期即委托监理合同有效期。在监理过程中，如果因工程建设进度的推迟或延误而超过书面约定的日期，双方应进一步约定相应延长的合同期。

2）赔偿责任

① 监理单位在责任期内，应当履行约定的义务，如果因监理人员的过失而造成了委托人的经济损失，应当向委托人赔偿，但累计赔偿总额（除合同相关条款规定以外）不应超过监理报酬总额（除去税金）。

② 监理人对承包人违反合同规定的质量要求和完工（交图、交货）时限，不承担责任。因不可抗力导致委托监理合同不能全部或部分履行，监理单位不承担责任。但对违反监理合同中明确约定的相关事宜，应向委托人承担赔偿责任。

③ 监理单位向委托人提出赔偿要求不能成立时，监理单位应当补偿由于该索赔所导致委托人的各种费用支出。

（4）监理收费

目前，监理收费按照国家发展改革委和建设部于 2007 年联合下发的《建设工程监理与相关服务收费管理规定》（发改价格 [2007] 670 号）执行。该文件规定：

建设工程监理与相关服务收费根据建设项目性质不同情况，分别实行政府指导价或市场调节价。依法必须实行监理的建设工程施工阶段的监理收费实行政府指导价；其他建设工程施工阶段的监理收费和其他阶段的监理与相关服务收费实行市场调节价。

实行政府指导价的建设工程施工阶段监理收费，其基准价根据《建设工程监理与相关服务收费标准》计算，浮动幅度为上下 20%。发包人和监理人应当根据建设工程的实际情况在规定的浮动幅度内协商确定收费额。实行市场调节价的建设工程监理与相关服务收费，由发包人和监理人协商确定收费额。

发包人将施工监理服务中的某一部分工作单独发包给监理人，按照其占施工监理服务工作量的比例计算施工监理服务收费，其中质量控制和安全生产监督管理服务收费不宜低于施工监理服务收费额的 70%。

建设工程监理与相关服务收费包括建设工程施工阶段的工程监理（以下简称"施工监理"）服务收费和勘察、设计、保修等阶段的相关服务（以下简称"其他阶段的相关服务"）收费，见表13-2。

建设工程监理与相关服务的主要工作内容　　　　　表13-2

服务阶段	主要工作内容	备注
勘察阶段	协助发包人编制勘察要求，选择勘察单位，核查勘察方案并监督实施和进行相应的控制，参与验收勘察成果	建设工程勘察、设计、施工、保修等阶段监理与相关服务的具体工作内容执行国家、行业有关规范、规定
设计阶段	协助发包人编制设计要求，选择设计单位，组织评选设计方案，对各设计单位进行协调管理，监督合同履行，审查设计进度计划并监督实施，核查设计大纲和设计深度、使用技术规范合理性，提出设计评估报告（包括各阶段设计的核查意见和优化建议），协助审核设计概算	
施工阶段	施工过程中的质量、进度、费用控制，安全生产监督管理、合同、信息等方面的协调管理	
保修阶段	检查和记录工程质量缺陷，对缺陷原因进行调查分析并确定责任归属，审核修复方案，监督修复过程并验收，审核修复费用	

施工监理服务收费按照下列公式计算：

施工监理服务收费＝施工监理服务收费基准价×(1±浮动幅度值)

施工监理服务收费基准价＝施工监理服务收费基价×专业调整系数×工程复杂程度调整系数×高程调整系数

式中，施工监理服务收费基准价见表13-3；施工监理服务收费专业调整系数见表13-4；常见的建筑、人防工程复杂程度调整系数见表13-5；高程调整系数见表13-6。

施工监理服务收费基价表　　　　　表13-3

单位：万元

序号	计费额	收费基价
1	500	16.5
2	1000	30.1
3	3000	78.1
4	5000	120.8
5	8000	181.0
6	10000	218.6
7	20000	393.4
8	40000	708.2
9	60000	991.4
10	80000	1255.8
11	100000	1507.0
12	200000	2712.5
13	400000	4882.6
14	600000	6835.6
15	800000	8658.4
16	1000000	10390.1

注：计费额大于1000000万元的，以计费额乘以1.039%的收费率计算收费基价，其他未包含的其收费由双方协商议定。

332

施工监理服务收费专业调整系数表　　　　　表 13-4

工程类型	专业调整系数
1. 矿山采选工程	
黑色、有色、黄金、化学、非金属及其他矿采选工程	0.9
选煤及其他煤炭工程	1.0
矿井工程，铂矿采选工程	1.1
2. 加工冶炼工程	
冶炼工程	0.9
船舶水工工程	1.0
各类加工工程	1.0
核加工工程	1.2
3. 石油化工工程	
石油工程	0.9
化工、石化、化纤、医药工程	1.0
核化工工程	1.2
4. 水利电力工程	
风力发电、其他水利工程	0.9
火电工程、送变电工程	1.0
核能、水电、水库工程	1.2
5. 交通运输工程	
机场场道、助航灯光工程	0.9
铁路、公路、城市道路、轻轨及机场空管工程	1.0
水运、地铁、桥梁、隧道、索道工程	1.1
6. 建筑市政工程	
园林绿化工程	0.8
建筑、人防、市政公用工程	1.0
邮政、电信、广播电视工程	1.0
7. 农业林业工程	
农业工程	0.9
林业工程	0.9

建筑、人防工程复杂程度表　　　　　表 13-5

等级	工程特征	调整系数
Ⅰ级	1. 高度<24m 的公共建筑和住宅工程； 2. 跨度<24m 的厂房和仓储建筑工程； 3. 室外工程及简单的配套用房； 4. 高度<70m 的高耸构筑物	0.85
Ⅱ级	1. 24m≤高度<50m 的公共建筑工程； 2. 24m≤跨度<36m 的厂房和仓储建筑工程； 3. 高度≥24m 的住宅工程； 4. 仿古建筑，一般标准的古建筑、保护性建筑以及地下建筑工程； 5. 装饰、装修工程； 6. 防护级别为四级及以下的人防工程； 7. 70m≤高度<120m 的高耸构筑物	1.0

等级	工程特征	调整系数
Ⅲ级	1. 高度≥50m 的公共建筑工程，或跨度≥36m 的厂房和仓储建筑工程； 2. 高标准的古建筑、保护性建筑； 3. 防护级别为四级以上的人防工程； 4. 高度≥120m 的高耸构筑物	1.15

高程调整系数　　　　　　　　　　表 13-6

海拔高程	调整系数
<2000m	1.0
2001~3000m	1.1
3001~3500m	1.2
3501~4000m	1.3

注：海拔高程 4001m 以上的，高程调整系数由发包人和监理人协商确定。

2. 建设工程施工合同管理

监理工程师在施工阶段的合同管理，主要是对建设工程施工合同的管理。监理工程师应掌握施工合同的主要条款，并在工作中反复进行核对和督促履行。

（1）建设工程施工合同的组成

标准的建设工程施工合同应该包括协议书、通用条款和专用条款三个部分。协议书包括工程概况、承包范围等合同主要内容，明确了包括协议书在内的组成合同的所有文件，并约定了合同生效的方式和合同订立的时间、地点。通用条款是根据法律法规编制的，多有通用性的、大多数工程都应履行或遵守的合同条件。专用条款是根据工程具体技术经济特点，双方协商一致约定的合同条款。

（2）建设工程施工合同中有关监理的职责

我国的标准建设工程施工合同（简称施工合同）中，对监理和监理工程师进行了定义。"社会监理：甲方委托具备法定资格的工程监理单位或人员对工程进行的监理。总监理工程师：工程监理单位委派的监理总负责人。"约定了监理工程师的授权。"甲方任命驻施工现场的代表，按照以下要求，行使合同约定的权力，履行合同约定的职责。……实行社会监理的工程，甲方委托的总监理工程师按协议条款的约定，部分或全部行使合同中甲方代表的权力，履行甲方代表的职责，但无权解除合同中乙方的义务。甲方代表和总监理工程师易人，甲方应提前 7 天通知乙方，后任继续承担前任应负的责任（合同文件约定的义务和其职权内的承诺）。"涉及工程进度，监理工程师对进度计划审批、延期开工审批、暂停施工、工期延误确认、工期确认等问题具有审批确认权。涉及工程质量，监理工程师负责隐蔽工程验收、工程质量验收、工程质量评定和试车。工程造价管理，监理工程师负责工程款预付审批、工程计量、工程款支付审批、工程结算、竣工结算等技术环节。另外，监理工程师有权对施工单位安全施工进行监督管理。值得注意的是，监理工程师的权力来自委托监理合同的授权，其权力范围是不固定的。也就是说，施工合同中监理工程师的权力是有限的。

3. 合同纠纷的处理

在施工阶段，因种种原因，工程参与各方可能产生合同纠纷。如果施工合同约定争议由总监理工程师处理，一方当事人应将争议书面提交工程建设监理机构，同时应将副本送达另一方当事人。总监理工程师在接到争议的书面文件后，应确定其处理争议所需要的合理时间，并将该时间书面告知双方当事人。

在争议调解过程中，除已达到施工合同规定的暂停履行合同的条件之外，监理工程师应要求双方继续履行施工合同。

总监理工程师应及时组织专业监理工程师进行调查和取证，与合同争议的双方进行磋商后提出调解意见。如果双方当事人接受总监理工程师的调解意见，则按照调解意见处理。如果双方当事人不接受总监理工程师的调解意见，则可以提出诉讼或仲裁。

本章小结及学习指导

1. 对工程项目建设进行监理是国际上通用的工程项目管理制度在我国的表现形式，工程建设监理制度是具有中国特色的工程项目管理制度。

2. 通过本章的学习应该重点掌握监理规划和监理实施细则的编制方法、工程建设监理工作程序及监理工程师的合同管理方法。

思考题

13.1　什么是工程建设监理？

13.2　工程建设监理机构有哪几个层次，各自的职责如何界定？

13.3　项目监理规划的内容有哪些？

13.4　项目监理程序是怎样的？

13.5　施工准备阶段的建设监理主要包括哪些工作？

13.6　施工阶段的建设监理主要包括哪些工作？

参 考 文 献

[1] 全国一级建造师执业资格考试用书编写委员会. 建设工程项目管理 [M]. 北京：中国建筑工业出版社，2018.

[2] 陈金洪等. 工程项目管理 [M]. 北京：中国电力出版社，2008.

[3] 左美云，周彬. 实用工程项目管理与图解 [M]. 北京：清华大学出版社，2006.

[4] 李政训主编. 项目施工管理与进度控制 [M]. 北京：中国建筑工业出版社，2003.

[5] 顾勇新主编. 施工项目质量控制 [M]. 北京：中国建筑工业出版社，2003.

[6] 关罡主编. 工程经济学 [M]. 郑州：郑州大学出版社，2007.

[7] 成虎主编. 建筑工程合同管理与索赔（第四版）[M]. 南京：东南大学出版社，2008.

[8] 周翔. 建筑工程项目管理手册 [M]. 长沙：湖南科学技术出版社，2004.

[9] 刘景园主编. 土木工程建设监理 [M]. 北京：科学出版社，2005.

[10] 韩明，邓祥发主编. 建设工程监理基础 [M]. 天津：天津大学出版社，2004.

[11] 杨南方，尹辉主编. 住宅工程质量通病防治手册（第二版）[M]. 北京：中国建筑工业出版社，2002.

[12] 丁士昭. 工程项目管理（第二版）[M]. 北京：中国建筑工业出版社，2014.

[13] 许焕兴主编. 监理工程师实务手册 [M]. 北京：机械工业出版社，2005.

[14] 潘文，丁本信主编. 建设工程合同管理与案例分析 [M]. 北京：中国建筑工业出版社，2004.

[15] 陈天样，王国颖编著. 人力资源管理（第三版）[M]. 广州：中山大学出版社，2004.

[16] 田金信. 建设项目管理（第三版）[M]. 北京：高等教育出版社，2017.

[17] 吴锡桐主编. 新编建设工程监理实用操作手册 [M]. 上海：同济大学出版社，2003.

[18] 邓铁军. 工程项目管理（下）[M]. 武汉：武汉理工大学出版社，2008.

[19] 中国建设监理协会. 建设工程合同管理 [M]. 北京：知识产权出版社，2008.

[20] 成虎. 工程项目管理 [M]. 北京：高等教育出版社，2004.

[21] 吕宗斌主编. 建设工程技术资料管理（第二版）[M]. 武汉：武汉理工大学出版社，2009.

[22] 建设工程项目管理规范 GB/T 50326—2017 [S]. 北京：中国建筑工业出版社，2017.

[23] 建设项目工程总承包管理规范 GB/T 50358—2017 [S]. http://www.mohurd.gov.cn/wjfb/201706/t20170629_232410.html.

[24] 中国建设监理协会. 建设工程监理规范 GB/T 50319—2013 [S]. 北京：中国建筑工业出版社，2013.

[25] 中国建筑业协会工程建设质量管理分会. 工程建设施工企业质量管理规范 GB/T

50430—2017 实施指南［M］. 北京：中国建筑工业出版社，2017.

［26］郝元元. 建筑工程项目风险管理技术及应用分析［D］. 重庆大学，2017.

［27］李新禹. 建筑能源应用工程［M］. 北京：机械工业出版社，2016.

［28］彭圣洁. 建筑工程质量通病防治手册（第四版）［M］. 北京：中国建筑工业出版社，2014.

［29］周建华，何玉红. 建筑工程施工质量验收［M］. 北京：机械工业出版社，2016.

［30］吕佳丽. 施工现场监理［M］. 武汉：华中科技大学出版社，2015.

［31］刘鑫. 建筑与装饰工程施工工艺［M］. 北京：机械工业出版社，2016.

［32］中国建设监理协会. 建设工程进度控制［M］. 北京：中国建筑工业出版社，2014.

［33］刘允延. 建设工程造价管理（第二版）［M］. 北京：机械工业出版社，2016.

［34］吴卫红. 工程项目管理理论与实践［M］. 北京：机械工业出版社，2016.

［35］袁建新，袁媛. 建筑工程预算与清单报价（第二版）［M］. 北京：机械工业出版社，2016.

［36］李明庚. 建筑工程测量［M］. 北京：机械工业出版社，2016.

［37］李林. 建筑工程安全技术与管理（第二版）［M］. 北京：机械工业出版社，2016.

［38］刘立等. 建筑环境与能源应用工程概论（中英文对照）［M］. 北京：机械工业出版社，2016.

［39］付庆红. 建设工程质量控制［M］. 北京：中国建筑工业出版社，2012.

［40］白燕. 建筑工程材料检测（第二版）［M］. 北京：机械工业出版社，2016.

［41］张志勇等. 建筑工程招投标与合同管理（第二版）［M］. 北京：高等教育出版社，2015.

高等学校土木工程学科专业指导委员会规划教材
（按高等学校土木工程本科指导性专业规范编写）

征订号	书名	作者	定价
V21081	高等学校土木工程本科指导性专业规范	土木工程专业指导委员会	21.00
V20707	土木工程概论（赠课件）	周新刚	23.00
V32652	土木工程概论（第二版）（含习题集、赠课件）	何培斌	85.00
V20628	土木工程测量（赠课件）	王国辉	45.00
V34199	土木工程材料（第二版）（赠课件）	白宪臣	49.00
V20689	土木工程试验（含光盘）	宋彧	32.00
V35121	理论力学（第二版）（赠课件）	温建明 韦林	58.00
V23007	理念力学学习指导（赠课件素材）	温建明 韦林	22.00
V20630	材料力学（赠课件）	曲淑英	35.00
V31273	结构力学（第二版）（赠课件）	祁皑	55.00
V31667	结构力学学习指导	祁皑	44.00
V20619	流体力学（赠课件）	张维佳	28.00
V23002	土力学（赠课件）	王成华	39.00
V22611	基础工程（赠课件）	张四平	45.00
V22992	工程地质（赠课件）	王桂林	35.00
V22183	工程荷载与可靠度设计原理（赠课件）	白国良	28.00
V23001	混凝土结构基本原理（赠课件）	朱彦鹏	45.00
V31689	钢结构基本原理（第二版）（赠课件）	何若全	45.00
V20827	土木工程施工技术（赠课件）	李慧民	35.00
V20666	土木工程施工组织（赠课件）	赵平	25.00
V34082	建设工程项目管理（第二版）（赠课件）	臧秀平	49.00
V32134	建设工程法规（第二版）（赠课件）	李永福	42.00
V20814	建设工程经济（赠课件）	刘亚臣	30.00
V26784	混凝土结构设计（建筑工程专业方向适用）	金伟良	25.00
V26758	混凝土结构设计示例	金伟良	18.00
V26977	建筑结构抗震设计（建筑工程专业方向适用）	李宏男	38.00
V29079	建筑工程施工（建筑工程专业方向适用）（赠课件）	李建峰	58.00
V29056	钢结构设计（建筑工程专业方向适用）（赠课件）	于安林	33.00
V25577	砌体结构（建筑工程专业方向适用）（赠课件）	杨伟军	28.00
V25635	建筑工程造价（建筑工程专业方向适用）	徐蓉	38.00
V30554	高层建筑结构设计（建筑工程专业方向适用）（赠课件）	赵鸣 李国强	32.00
V25734	地下结构设计（地下工程专业方向适用）（赠课件）	许明	39.00
V27221	地下工程施工技术（地下工程专业方向适用）（赠课件）	许建聪	30.00

征订号	书名	作者	定价
V27594	边坡工程（地下工程专业方向适用）（赠课件）	沈明荣	28.00
V25562	路基路面工程（道路与桥工程专业方向适用）（赠课件）	黄晓明	66.00
V28552	道路桥梁工程概预算（道路与桥工程专业方向适用）	刘伟军	20.00
V26097	铁路车站（铁道工程专业方向适用）	魏庆朝	48.00
V27950	线路设计（铁道工程专业方向适用）（赠课件）	易思蓉	42.00
V27593	路基工程（铁道工程专业方向适用）（赠课件）	刘建坤 岳祖润	38.00
V30798	隧道工程（铁道工程专业方向适用）（赠课件）	宋玉香 刘　勇	42.00
V31846	轨道结构（铁道工程专业方向适用）（赠课件）	高　亮	44.00

注：本套教材均被评为《住房城乡建设部土建类学科专业"十三五"规划教材》。